MARABOUT *SAVOIRS*

Afin de vous informer de toutes ses publications, **marabout** édite des catalogues régulièrement mis à jour. Vous pouvez les obtenir gracieusement auprès de votre libraire habituel.

Dans la même série :

- 50 modèles de résumés de textes (8001).
- 50 modèles de dissertations (8002).
- 50 modèles de dissertations philosophiques (8022).

Véronique ANGLARD

50 modèles de commentaires composés

Pour les textes cités, tous les droits sont réservés.

© 1992, **Marabout**, Alleur (Belgique).

Toute reproduction d'un extrait quelconque de ce livre par quelque procédé que ce soit, et notamment par photocopie ou microfilm, est interdite sans autorisation écrite de l'éditeur.

INTRODUCTION

Apprendre à faire un commentaire composé, c'est un peu la même chose que s'initier à une langue étrangère : cet exercice exige un nouveau type de lecture d'un texte et une assimilation des méthodes de l'analyse littéraire. Pour vous immerger dans «ce bain linguistique» particulier, nous vous proposons une série de cinquante textes, extraits d'œuvres romanesques, poétiques et dramatiques des XIXᵉ et XXᵉ siècles.

Après avoir défini la méthode à suivre pour bien orienter sa démarche et rédiger l'introduction et la conclusion du commentaire, nous donnons des conseils pour la rédaction et pour votre culture personnelle — afin de vous former à l'appréciation, qu'il faudrait intuitive, des procédés stylistiques et de l'originalité d'un texte.

Puis, nous abordons les exercices proprement dits : dans nos fiches techniques, nous commençons par traiter, de manière générale, les notions à connaître pour étudier un texte romanesque, poétique et dramatique. Puis, nous utilisons ces éléments dans les commentaires composés de textes représentatifs des sujets donnés au baccalauréat ou dans des examens du même type.

SOMMAIRE

SECTION I
Les grands principes

Chapitre 1 : Qu'est-ce qu'un commentaire composé ?, p. 15.
Chapitre 2 : Comment lire un texte, p. 29.
Chapitre 3 : L'introduction et la conclusion, p. 37.
Chapitre 4 : Conseils pour la rédaction, p. 55.

SECTION II
Le roman

Fiche 1 – La question du point de vue, commentaire du texte 1, Diderot, *Jacques le Fataliste* (extrait), p. 80.
Commentaire composé 1, Giono, texte 2, *Noé* (extrait), p. 91.

Fiche 2 – Le conte philosophique voltairien, commentaire du texte 3, Voltaire, *L'Ingénu* (extrait), p. 102.

Fiche 3 – Le Nouveau roman, commentaire du texte 4, Sarraute, *Le Planétarium* (extrait), p. 109.
Commentaire composé 2, texte 5, Butor, *La Modification* (extrait), p. 116.

Fiche 4 – L'autobiographie, commentaire du texte 6, Rousseau, « Préambule du manuscrit de Neufchâtel », *Les Confessions* (extrait), p. 127.
Commentaire composé 3, texte 7, Duras, *L'Amant*, p. 134.

Fiche 5 – Le roman par lettres, commentaire du texte 8, Montesquieu, *Les Lettres persanes* (extrait), p. 142.
Commentaire composé 4, texte 9, Choderlos de Laclos, *Les Liaisons dangereuses* (extrait), p. 150.

Fiche 6 – Le fantastique, commentaire du texte 10, Maupassant, « La Main », *Contes du jour et de la nuit* (extrait), p. 159.
Commentaire composé 5, plan, texte 11, Pierre Mac Orlan, *Marguerite de la nuit* (extrait), p. 165.

Fiche 7 – La description réaliste, commentaire du texte 12, Balzac, *Le Lys dans la vallée* (extrait), p. 170.
Texte 13, commentaire composé, proposition de sujet, Flaubert, *L'Education sentimentale* (extrait), p. 179.
Commentaire composé 6, texte 14, Zola, *L'Assommoir* (extrait), p. 181.

Fiche 8 – Le personnage, commentaire du texte 15, Stendhal, *Le Rouge et le Noir* (extrait), p. 189.
Commentaire composé 7, texte 16, Green, *Adrienne Mesurat* (extrait), p. 197.

Fiche 9 – Le temps dans le récit, commentaire du texte 17, Pieyre de Mandiargues, *La Marge* (extrait), p. 203.
Commentaire composé 8, texte 18, Yourcenar, « La Veuve Aphrodissia », *Nouvelles orientales* (extrait), p. 210.

Fiche 10 – La place dans le récit, commentaire du texte 19, Tahar Ben Jelloun, *La Nuit sacrée* (extrait), p. 218.
Commentaire composé 9, texte 20, Camus, *La Chute* (extrait), p. 223.

Fiche 11 – L'espace, commentaire du texte 21, Hémon, *Monsieur Ripois et la Némésis* (extrait), p. 228.
Commentaire composé 10, texte 22, Modiano, *Rue des boutiques obscures* (extrait), p. 235.

Fiche 12 – La prose poétique, commentaire du texte 23, Colette, *Sido* (extrait), p. 241.
Commentaire composé 11, texte 24, Cohen, *O vous, frères humains* (extrait), p. 249.

Fiche 13 – Les niveaux de langue, commentaire du texte 25, Céline, *Voyage au bout de la nuit* (extrait), p. 256.

SECTION III
Le poème

Fiche 14 – La versification, commentaire du texte 26, Vigny, « La Maison du Berger », *Les Destinées* (extrait), p. 265.
Commentaire composé 12, texte 27, Victor Hugo, « Réponse à un acte d'accusation », *Les Contemplations* (extrait), p. 277.
Commentaire composé 13, texte 28, Baudelaire, « L'Ennemi », *Les Fleurs du mal,* p. 289.

Fiche 15 – Le poème en vers libres, commentaire du texte 29, Eluard, « Sans rancune », *Capitale de la douleur,* p. 298.
Commentaire composé 14, texte 30, Laforgue, « L'Hiver », *Derniers Vers,* p. 303.
Commentaire composé 15, texte 31, Supervielle, « Ascension », *Gravitations,* p. 311.

Fiche 16 – Le verset, commentaire du texte 32, Supervielle, « Marseille », *Débarcadères,* p. 318.
Commentaire composé 16, texte 33, Claudel, « L'Esprit et l'eau », *Cinq Grandes Odes* (extrait), p. 324.
Commentaire composé 17, texte 34, Saint-John Perse, poème 6, *Pour fêter une enfance,* p. 334.

Fiche 17 – Le poème en prose, commentaire du texte 35, Baudelaire, « Un Hémisphère dans une chevelure », *Petits Poèmes en prose,* p. 344.
Commentaire composé 18, texte 36, Ponge, « La Crevette dix fois (pour une) sommée », *Pièces* (extrait), p. 349.
Commentaire composé 19, texte 37, Césaire, *Cahier d'un retour au pays natal* (extrait), p. 359.

Fiche 18 – Les discours, commentaire du texte 38, La Fontaine, « Le Rat qui s'est retiré du monde », *Fables,* p. 370.
Commentaire composé 20, texte 39, La Fontaine, « La Fille », *Fables,* p. 374.
Commentaire composé 21, texte 40, Verlaine, « Colloque sentimental », *Les Fêtes galantes,* p. 384.

Fiche 19 – Le mélange des tons, commentaire du texte 41, Cendrars, *L'Homme foudroyé* (extrait), p. 393.
Commentaire composé 22, texte 42, Apollinaire, « Automne malade », *Alcools,* p. 399.
Commentaire composé 23, texte 43, Michaux, « La Paresse », *Mes Propriétés,* p. 410.
Fiche 20 – Les jeux d'images, commentaire du texte 44, Leiris, « Rêves », *Haut Mal,* p. 420.
Commentaire composé 24, plan, texte 45, Rimbaud, « Après le Déluge », *Illuminations,* p. 425.
Commentaire composé 25, Verhaeren, « La Ville », *Les campagnes hallucinées* (extrait), p. 433.

GROUPEMENTS THEMATIQUES
– La vision de la femme :
1. La Fontaine, « La Fille », *Fables.*
2. Baudelaire, « Un Hémisphère dans une chevelure », *Les Fleurs du mal.*
3. Verlaine, « Colloque sentimental », *Les Fêtes galantes.*
4. Eluard, « Sans rancune », *Capitale de la douleur.*
5. Aragon, « Un Homme passe sous la fenêtre et chante », *Elsa.*
– Le moi et l'espace :
1. Vigny, « La Maison du berger », *Les Destinées.*
2. Verhaeren, « La Ville », *Les Campagnes hallucinées.*
3. Supervielle, « Marseille », *Débarcadères.*
4. Perse, *Pour fêter une enfance,* VI.
5. Cendrars, extrait de *L'Homme foudroyé.*
6. Leiris, « Rêves », *Haut Mal.*
– La révolte :
1. Hugo, « Réponse à un acte d'accusation », *Les Contemplations.*
2. Rimbaud, « Après le Déluge », *Illuminations.*
3. Claudel, « L'Esprit et l'eau », *Cinq Grandes Odes.*
4. Michaux, « La Paresse », *Mes Propriétés.*
5. Césaire, *Cahier d'un retour au pays natal.*
– Le poète et le temps :
1. Baudelaire, « L'Ennemi », *Les Fleurs du mal.*
2. Laforgue, « L'Hiver », *Derniers Vers.*
3. Apollinaire, « Automne malade », *Alcools.*
4. Ponge, « La Crevette dix fois (pour une) sommée, *Pièces.*

SECTION IV
Le théâtre

Fiche 21 – L'exposition, commentaire du texte 47, Marivaux, *L'Ile des esclaves* (extrait), p. 444.

Fiche 22 – La péripétie, commentaire du texte 48, Beaumarchais, *Le Mariage de Figaro,* III, 16 (extrait), p. 449.

Fiche 23 – Le monologue, commentaire du texte 49, Genet, *Les Bonnes* (extrait), p. 454.

Fiche 24 – Le dénouement, commentaire du texte 50, Claudel, *Partage de midi* (extrait), p. 460.

SECTION I

Les grands principes

CHAPITRE 1

Qu'est-ce qu'un commentaire composé ?

Vous voilà arrivé à l'examen, le jour de l'épreuve de français : parmi les trois sujets distribués par le professeur de surveillance, on vous propose un texte littéraire qui se prête au commentaire composé. Or, le commentaire de texte vous effraie et même vous n'êtes pas sûr de ne pas « faire l'impasse » sur ce genre de sujet, que vous jugez trop périlleux. D'une certaine façon, le résumé de texte ou la discussion d'un sujet général semblent plus rassurants. Au cours de l'année scolaire, placé devant la nécessité de rédiger un commentaire composé, vous comprenez qu'il ne suffit plus d'abstraire les idées d'un auteur à partir d'un texte donné — comme il est recommandé de le faire pour le résumé de texte — et qu'il n'est plus possible de suivre les méthodes exigées par l'exercice de la dissertation — notamment, entre autres démarches possibles, le schéma qui consiste à exposer « la thèse », « l'antithèse » et « la synthèse ».

Certes, vous avez pu étudier des extraits d'œuvres classiques avec l'aide de votre professeur, qui orientait vos réponses en vous posant des questions précises... Mais, laissé à vous-même, vous vous sentez désemparé. Vous auriez tort de vous décourager par avance et d'accepter sans la vérifier l'opinion courante d'après laquelle rien n'est plus difficile qu'un commentaire de texte. En réalité, si vous avez compris ce qu'on vous demande, vous devez bénéficier d'une certaine assurance parce que le texte à analyser vous fournit, déjà, le support qui va orienter votre réflexion. Certes, direz-vous...

Mais s'il existe des règles générales qui permettent d'introduire le commentaire composé et de le conclure, entre l'introduction et la conclusion, qui sont relativement codifiées : que faire ?

Par rapport au résumé de texte ou à l'essai littéraire, l'épreuve du commentaire composé présente, en effet, une double difficulté : non seulement il faut étudier un texte littéraire en évitant la paraphrase mais il faut regrouper les idées mises en place par l'analyse. Or, il n'existe pas vraiment de « méthode » générale qui fournirait une grille de lecture cohérente.

> Pour faire un bon commentaire composé, il faut COMPOSER, c'est-à-dire non seulement TROUVER DES IDÉES mais encore LES ORGANISER en suivant une progression cohérente. Il est exclu d'expliquer le texte ligne par ligne.

L'exercice requiert donc une double compétence : il faut savoir **poser au texte les bonnes questions** afin de trouver les idées de l'auteur et de dégager l'intérêt du passage; puis, il faut trouver un plan original pour chaque texte. Toute votre étude consiste à adapter votre étude, en l'occurrence votre analyse et son plan, au texte considéré. Pour mettre en évidence l'originalité d'un texte, vous devez identifier ce qui le caractérise par rapport à d'autres appartenant au même genre littéraire puis adopter un plan spécifique au texte — deux démarches qui requièrent une pratique régulière de l'analyse littéraire. Il n'existe pas de « lecture type » ni de « plan type » du commentaire composé, à votre grand désespoir.

Sachez qu'il n'y a aucune « recette » mais que vous devez prendre l'habitude de questionner un texte : quand vous aurez compris de quoi parle le texte et comment, le plan de votre commentaire s'imposera à vous.

Les instructions officielles

Le 7 juillet 1983 paraissaient au Bulletin Officiel d'Education Nationale (numéro 27) les instructions officielles qui précisent les objectifs et les modalités de l'épreuve :

SERIES A, B, C, D, D' et E

Durée de l'épreuve : quatre heures.
Coefficients pour les séries A : 3 - pour les séries B, C, D, D', E, G, F, H : 2.

Les sujets sont les mêmes en Première (épreuve anticipée) et en Terminale (épreuve subie par dérogation).

Concernant les trois sujets, les instructions définissaient le but de l'épreuve en ces termes :

L'objectif essentiel de l'enseignement du français au lycée est de mettre les élèves en possession de la langue française :

— Communiquer et s'exprimer oralement et par écrit dans la langue d'aujourd'hui ;

— Effectuer dans cette langue, avec méthode, les principales opérations constitutives du discours ;

— Tirer de la pratique des textes et de la lecture des œuvres les éléments d'une culture personnelle.

Ces capacités sont celles que l'examen entend vérifier. Elles seront pour tous les candidats des facteurs décisifs aussi bien de la réussite universitaire que de l'efficacité professionnelle. Elles auront une importance majeure dans leur vie sociale comme dans leur vie personnelle.

A propos du deuxième sujet, ou Commentaire composé d'un texte littéraire, voici ce que nous pouvons lire :

L'épreuve porte sur un texte choisi en raison de sa qualité littéraire. Le candidat est invité à rendre compte de la lecture personnelle qu'il en a faite, c'est-à-dire de la façon dont il découvre, ressent et comprend cette qualité.

Précisions sur le libellé du sujet :

> Il a pour fin de faciliter les démarches du candidat. On lui suggère non un plan à suivre mais quelques points de départ pour une lecture efficace. On attire son attention sur tels caractères de la facture du texte dont l'examen peut conduire à mieux saisir les significations essentielles. Ces indications ne peuvent êtres exhaustives. Elles ne sont à aucun degré impératives ou contraignantes. Elles laissent au candidat toute liberté d'orienter autrement sa lecture, de l'ordonner, de l'élargir, de l'approfondir selon le sentiment qu'il a du texte.

Indications sur le plan :

> Il est nécessaire que **le commentaire soit composé**. C'est-à-dire qu'il doit présenter avec ordre un bilan de lecture organisé de façon à donner force au jugement personnel qu'il prépare et qu'il justifie.

Notre commentaire des instructions

1. Sur le commentaire : le candidat ne doit pas se contenter de répéter le contenu du texte. Il s'agit de remédier au risque de paraphrase : l'élève doit prouver qu'il est capable de réagir de façon originale et de ne pas produire d'explication purement psychologique (on ne vous demande pas de psychanalyser Baudelaire et surtout pas de raconter comment son enfance a pu le « traumatiser »!).

2. Sur le plan : les instructions officielles vous engagent à dégager la composition logique du texte en construisant un commentaire qui la respecte. La difficulté consiste à construire un plan qui ne soit pas la résultante de « grilles » de lecture purement formelles et passe-partout. Soyez attentif au fait que vous devez exprimer votre point de vue sur le texte : vous donnerez votre appréciation personnelle après avoir retenu tous les éléments essentiels du passage à commenter. Autrement dit, après avoir lu le texte avec attention, vous devez essayer d'énumérer ce qui en fait, pour vous, l'intérêt.

Vous remarquez, en outre, que les indications données pour faciliter votre lecture ne doivent pas limiter votre analyse, l'orienter dans une direction trop bien définie.

> **Attention : trop de candidats se contentent de reprendre les indications de l'énoncé et font un plan en une partie, ce qui constitue une aberration patente !**

Elaboration du barème pour l'évaluation :

> - **Les éléments négatifs,** (entraînant un refus de la moyenne) :
>   — explication juxtalinéaire non justifiée
>   — paraphrase
>   — séparation du fond et de la forme
>   — absence de plan apparent
>
> - **Les éléments positifs**
>   — étude s'appuyant constamment sur le texte
>   — culture, finesse du candidat
>   — connaissance des outils de langue et appréciation de leur rôle dans le texte[1]
>   — démarche cohérente, qui ménage une progression vers le sens du texte et l'appréciation de son originalité.

N.B. : les fautes d'orthographe et l'absence de ponctuation et d'accentuation sont également sanctionnées, jusqu'à concurrence de quatre points si le candidat commet cinq **incorrections graves** par page.

---

1. Voir nos « fiches techniques » valables pour la lecture méthodique et la connaissance de la grammaire appliquée au commentaire composé.

La situation de communication à l'écrit

Retenez donc l'idée que **chaque lecteur fait vivre le texte.**

1. De l'appréciation personnelle à la bonne lecture du texte

Autrement dit, d'après les instructions officielles, le candidat doit produire une interprétation originale du texte proposé : aujourd'hui, il n'est plus possible d'imaginer que l'élève va dégager le « mystère » d'un passage en exprimant un sens valable de toute éternité. Des hommes de lettres contemporains, comme Valéry et Borges, disent qu'une œuvre échappe à son auteur et vit sous le regard de ses lecteurs et à la faveur des interprétations multiples qu'ils en donnent. Si vous choisissez le commentaire composé, vous devez vous pénétrer de cette idée avant d'aborder le texte : chacun de nous ressent une certaine émotion, éprouve un intérêt particulier devant une œuvre et, à partir de cette « intuition », chacun de nous lit différemment. Cette « intuition » pour s'éduquer afin que vous sachiez plus vite et mieux dégager les idées et les procédés de l'auteur.

Ainsi, la construction du commentaire composé n'engage-t-elle pas seulement la personnalité du lecteur; elle exige une compétence et une certaine habitude de la lecture. En effet, même si on vous demande de donner votre hypothèse de lecture, vous comprendrez rapidement que savoir lire un texte, c'est dégager ses mécanismes intimes : ces « mécanismes » ne peuvent varier d'un lecteur à l'autre. Ils demeurent semblables à eux-mêmes puisqu'ils sous-tendent l'idée et les procédés stylistiques de l'auteur. Apprendre à faire des commentaires composés vous permet d'aller vers la signification juste du texte, qui ne varie pas, fondamentalement, d'un lecteur à l'autre. Sinon, il existerait une infinité de commentaires possibles; or, même s'il existe des variations, l'interprétation générale demeure identique à elle-même.

Les jugements tout faits ont la vie dure en matière d'analyse littéraire : quoi que vous en pensiez, l'épreuve anticipée de français au baccalauréat n'est pas livrée à l'appréciation de chacun dans l'anarchie la plus totale. Non, chaque élève ne dit pas n'importe quoi et de n'importe quelle manière. L'analyse d'un texte obéit à des règles d'autant plus subtiles qu'elles vous semblent, en apparence, laissées au hasard et difficiles à classer. Interrogez les correcteurs de l'épreuve : leurs remarques sur un texte finissent toujours par se rejoindre et leurs interprétations se recoupent. Il n'existe donc pas vraiment plusieurs lectures possibles d'un texte littéraire. Néanmoins, chaque lecteur met l'accent sur tel ou tel aspect du texte en fonction de sa personnalité. De toutes façons, il est clair que, dans le laps de temps limité dont vous disposez, vous ne pourrez pas tout dire sur un texte et que vous allez privilégier un axe d'analyse par rapport à un autre : en ce sens, on peut avancer que les éclairages diffèrent mais pas le contenu essentiel du commentaire.

2. Situation contextuelle

Qu'est-ce, d'ailleurs, qu'un texte littéraire ? Pourquoi étudie-t-on encore les écrits de Montaigne ou les poèmes de Ronsard, ces auteurs du XVIe siècle ? Ces textes ne sont pas seulement des témoignages du passé. D'abord, ils vous permettent de prendre connaissance des réflexions élaborées par de grands auteurs sur les questions essentielles que se pose l'homme. Ensuite, ils témoignent d'une grande maîtrise des techniques littéraires. Il faut donc que vous compreniez le sens du texte et que vous identifiez les techniques littéraires utilisées par l'auteur pour dépasser cet intérêt « documentaire » et que vous fassiez vôtre une lecture contemporaine de l'œuvre. Votre lecture réactualise toujours un texte même si elle le situe dans son contexte particulier.

3. Lecture intertextuelle

En outre, vous bénéficiez d'autres éléments dans la mesure où vous avez pu prendre connaissance de textes postérieurs. Quand vous étudiez un texte de Balzac, plus proche de nous, vous essayez de reconnaître son goût pour la description et vous tentez de le justifier. Puis, vous vous inspirez des autres romans que vous avez pu lire du même auteur pour mieux dégager l'intérêt d'un passage en particulier : vous procédez, inconsciemment, à une lecture intertextuelle de l'œuvre. Analyser un texte, c'est mettre en évidence l'originalité de l'auteur, la position particulière qu'il adopte sur telle ou telle question, sa technique littéraire...

Or, un auteur n'est jamais isolé dans l'histoire littéraire. Quand il écrit, il se sert de ce qu'il a appris. Voilà pourquoi votre professeur vous demande de préparer la biographie d'un auteur que vous allez étudier. Il faut que vous connaissiez quelle a été sa formation, quelles influences il a pu subir au contact des courants et des techniques littéraires développés par ses prédécesseurs et ses contemporains.

> Il faut donc être suffisamment cultivé pour être en mesure de produire une explication qui respecte l'originalité du texte.

La lecture méthodique (ou comment dégager une hypothèse de lecture)

Les instructions officielles remises à jour en 1987 insistent, de façon claire, sur la nécessité de procéder, pour le commentaire composé, à une « lecture » ou un « examen » méthodique préalable. La lecture méthodique d'un texte est une lecture « réfléchie », consciente des procédés relevant de la grammaire, du vocabulaire et du style, d'un texte littéraire. L'élève doit être actif : à partir de l'analyse du style, il reconstitue les procédés techniques qui produisent le sens du texte. En classe, il identifie d'abord les éléments qui reviennent dans le texte et il en tient compte pour orienter son interprétation personnelle avant de la confronter à celle de ses voisins et du professeur.

> On peut considérer la lecture méthodique comme une première étape nécessaire à l'élaboration de l'analyse plus approfondie développée dans le commentaire composé.

La lecture méthodique part donc d'une interprétation personnelle du texte qui sélectionne certaines « directions » de lecture. Chacune de celles-ci envisage un mécanisme de la création et ses implications. Au lieu de suivre le développement du texte ligne par ligne, vous privilégiez certains axes d'analyse et les étudiez en fonction des mécanismes qui ont été repérés à partir de l'analyse du style de l'auteur.

Nous avons déjà noté que vous devez identifier et retenir vos impressions sur le texte (mais vous n'en aurez que si vous avez éduqué votre approche du texte). La lecture méthodique vous engage à éliminer tout préjugé; vous devez:
1. lire le texte et repérer ses mécanismes.
2. sans le regarder, dégager votre interprétation et orienter votre analyse en fonction de ce PROJET initial.
3. fixer le plan et mettre en œuvre une stratégie dans votre exposé logique, qui vous rendra convaincant.

Entre les points 1 et 2 s'engage un mécanisme complexe, aboutissement de votre connaissance de la langue française et des textes littéraires. Vous devez, en effet, percevoir les grandes lignes d'organisation du texte qui vous permettront de suivre un plan logique dans la troisième phase de votre travail. Pour définir les axes de lecture, on peut travailler dans plusieurs directions que nous envisagerons dans nos fiches techniques avant de rédiger notre commentaire.

Admettons que vous deviez commenter la description de Gervaise, héroïne de *L'Assommoir* (Zola, XIXe siècle).
1. Lecture attentive: de quoi parle le texte?
2. Hypothèse de lecture: demandez-vous comment vous voyez le personnage pour comprendre quelle impression Zola

veut, d'emblée, vous communiquer sur cette femme. Supposons que vous pensiez que son destin est déterminé par son milieu familial et qu'elle court à la tragédie.

3. Plan :

— d'abord, analysez quels moyens se donne l'auteur pour parvenir à son but : vous identifierez les différents aspects privilégiés par l'auteur (physique, hérédité, moral, expérience de la vie) et vous associerez à chacun d'eux les procédés stylistiques, utilisés.

— ensuite, imaginez que vous voulez convaincre un ami réticent de votre appréciation du personnage et des intentions de l'auteur. Vous commencerez par lui montrer ce qui est indubitable (les mécanismes apparents du texte) : par exemple (*première partie*) sur l'apparence de Gervaise, sa fragilité et le fait qu'elle boite. Puis (*deuxième partie*), vous insisterez sur la fatalité que font peser sur elle son hérédité familiale (son infirmité symbolique et son abandon) et son expérience (sa faiblesse de caractère et sa fuite avec son premier amant) de la vie. Enfin (*troisième partie*), vous argumenterez en soutenant ce que vous pensez être la fonction de l'héroïne dans le système des personnages et l'évolution de l'action.

> **Attention, ne séparez JAMAIS l'étude du fond et celle de la forme : vous n'obtiendriez pas la moyenne. Chaque fois que vous dégagez une idée, dites comment elle est exprimée. Chaque fois que vous remarquez un procédé stylistique, précisez quelle est sa fonction dans l'interprétation du sens.**

Vous devez réagir et construire votre argumentation, donner une force à votre point de vue en suivant une démarche claire et précise. L'enseignement du français se veut donc à la fois participation active dans la découverte et apprentissage d'une technique de lecture. Celle-ci a pour but d'assouplir votre démarche intellectuelle et de vous rendre apte à réagir, dans votre vie professionnelle, à d'autres types de textes que des passages littéraires. Autrement dit, l'apparition de la lecture méthodique se justifie par l'ambition d'ouvrir l'école à la société.

L'épreuve orale

Les instructions officielles

> Coefficients pour les séries A et G1 : 2 – pour les séries B, C, D, D', E, G2, G3, F, H : 1

> L'épreuve comprend deux parties distinctes et complémentaires, permettant d'apprécier l'aptitude du candidat à deux démarches fondamentales de toute lecture :
> — **Une question d'ensemble** portant sur une œuvre entière, une partie d'œuvre ou un groupement de textes que l'examinateur choisit dans la liste présentée. Cette question invite le candidat à rendre compte de la lecture qu'il a faite de cet ensemble, en l'envisageant d'un point de vue large (contenu, organisation, personnages, enjeux, idées, structures, relation à l'époque, qualité esthétique, etc.);
> — **La lecture d'un court passage** (une quinzaine de vers ou une quinzaine de lignes de prose) tiré de la même œuvre ou du même groupement de textes que la question d'ensemble. Le candidat lit le texte à haute voix. Il l'examine méthodiquement. Il propose — en se fondant sur des remarques précises et au besoin littéraires — un jugement motivé sur ce qui constitue à ses yeux l'intérêt du texte.

L'épreuve se décompose en deux temps : après avoir préparé votre étude, vous disposez d'environ vingt minutes de temps de parole; pendant les dix premières minutes de l'interrogation, vous produisez une analyse construite d'un extrait étudié en classe; puis, au cours des dix minutes restantes, vous élaborez une synthèse en réponse à une question posée par l'examinateur à partir de l'étude d'une œuvre intégrale ou des groupements de textes présentés.

Le commentaire de texte à l'oral

S'exercer au commentaire composé, à l'écrit, permet d'aborder l'épreuve orale de façon relativement sereine. En effet, là encore, les instructions officielles sont formelles : il faut lutter contre la paraphrase en pratiquant une lecture structurée et personnelle du texte. Vous êtes engagé à faire preuve d'autonomie et à savoir poser des questions pertinentes aux passages présentés. Or, comment trouver une méthode de lecture si l'on ignore les courants et les techniques littéraires ?

Autrement dit, savoir composer un commentaire est aussi nécessaire à l'oral qu'à l'écrit : l'épreuve anticipée de français exige la mise en œuvre d'une compétence de lecteur et de qualités de réflexions personnelles. En effet, à l'oral, vous devez présenter des œuvres intégrales (au moins deux) et des textes regroupés en fonction d'un centre d'intérêt commun (question d'ordre littéraire ou mode d'expression).

Le questionnaire thématique à l'oral

L'épreuve de synthèse semble présenter une difficulté nouvelle par rapport à la lecture méthodique qui s'appuie sur un seul texte mais elle ne fait qu'en développer les contraintes. En effet, si vous savez procéder à un questionnement ordonné d'un texte littéraire, vous pourrez d'autant mieux le faire par rapport aux autres passages que vous connaissez. L'épreuve de synthèse corse un peu la difficulté mais elle permet de développer ce qui est souvent sous-entendu dans l'analyse construite d'un passage. Comme pour la lecture méthodique, vous devez commencer par vous interroger sur l'intitulé de la question posée et la définir dans une introduction où vous donnez aussi le plan de votre analyse. Puis vous organisez votre critique du texte en vous référant avec précision aux textes étudiés avant de conclure sur l'ensemble.

Sachez présenter une analyse personnelle et ne répétez surtout pas ce qui a été dit au cours sans prendre la précaution d'élaborer un commentaire personnel. Songez que vous passez devant un examinateur qui aura déjà entendu vos camarades de classe et qui finit par identifier la préparation qui n'est pas de vous. Votre correcteur n'a pas à noter votre professeur et vos seules capacités d'écoute. Il veut savoir quelle est votre appréciation personnelle des textes et comment vous pourrez tirer profit de votre apprentissage de la littérature plus tard.

Bibliographie

Vous pouvez trouver au Centre National de Documentation Pédagogique, ou CNDP situé à Paris, ou dans un Centre Départemental de Documentation Pédagogique, ou CRDP, si vous habitez en province, les publications suivantes; elles sont, en principe destinées aux professeurs mais elles peuvent vous apporter des informations sur les instructions officielles et sur les sujets proposés au baccalauréat :
— Bulletin officiel de l'Education Nationale :
— Instructions pour la classe de troisième, BOEN 525-4a, pages 46-7 (1989, n° 4 et 5)
— Instructions pour la classe de seconde, BOEN 524-5, pages 61-2 (1987, n° 4)
— Instructions pour la classe de première, BOEN 524-6, page 314 (1988, n° 7)
— Brochure du CNDP parue en juillet 1988 : *Français, Classes de seconde, première et terminale.*
— Le Français aujourd'hui, *La lecture méthodique*, n° 90, juin 1990
— CNDP/CRDP de Versailles, *Lecture méthodique, collège, lycée*, « Démarches pédagogiques »
— L'Ecole des lettres :
Alain Pagès, *A propos de la lecture méthodique*, numéros 4 et 8, année scolaire 1989-1990.
François-Marie Mourad, *La lecture méthodique : enjeu et débats*, numéro 11, année scolaire 1990-1991
— *L'Etude du français*, les épreuves de français au baccalauréat, « Je suis correcteur examinateur », Académie de Montpellier, M.A.F.P.E.N.
— *la Liste du baccalauréat-épreuve anticipée de français*, P. Molimard, collection pratiques d'enseignants, lettres-lycée, CRDP Dijon.

CHAPITRE 2

Comment lire un texte

Vous voilà de nouveau face à votre texte. Ne commencez pas à noter des idées en vrac! Mais réfléchissez et rappelez-vous les principes de la lecture méthodique énoncés dans notre introduction. Dans ce chapitre, nous allons montrer comment vous devez orienter votre première lecture du texte et procéder au brouillon.

▶ I. Fonction informative et fonction poétique du langage

Souvenez-vous :

Première phase

Lisez attentivement le passage à étudier afin d'en dégager l'idée générale et de repérer les mécanismes du texte.

Nous avons vu qu'on vous demande de poser votre hypothèse de lecture avant de commencer votre commentaire. Mais vous demeurez sceptique. D'habitude, vous lisez un texte au fil des lignes et les remarques de votre professeur vous plongent dans la plus grande perplexité : comment fait-il pour « voir » tant de choses dans un texte ? Il est, tout simplement, exercé à identifier l'écart qui existe entre la fonction informative et la fonction poétique du langage...

Imaginez que vous devez parler rapidement du texte à un ami : vous allez l'informer et non pas développer vos idées en faisant des efforts de style. C'est toute la différence qui existe entre l'homme de lettres et l'homme de la rue, autrement dit, entre la fonction informative et la fonction poétique du langage. Lorsqu'un auteur écrit, il ne se contente pas de délivrer un message, il suggère encore autre chose : on dit que son texte **dénote** un fait réel et **connote** (« note avec ») une atmosphère, une idée, etc. Aussi, quand vous avez dégagé l'idée initiale du texte, vous avez identifié de quoi il parle, ce qui définit sa fonction informative ; lorsque vous voulez souligner les effets stylistiques, vous montrez l'écart qui se creuse entre l'information pure et simple et la façon dont l'auteur la formule.

Exemple :

— *Fonction informative :* Bérénice s'est promenée au hasard dans les avenues proches de la place de l'Etoile. (Informations contenues dans l'extrait)

— *Fonction poétique :* Aragon, *Aurélien*. (L'extrait lui-même)

« Marcher autour de l'Etoile, prendre une avenue au hasard, et se trouver sans avoir vraiment choisi dans un monde absolument différent de celui où s'enfonce l'avenue suivante... C'était vraiment comme broder, ces promenades-là... Seulement quand on brode, on suit un dessin tout fait, connu, une fleur, un oiseau. Ici on ne pouvait jamais savoir d'avance si ce serait le paradis rêveur de l'avenue Friedland ou le grouillement voyou de l'avenue de Wagram ou cette campagne en dentelles de l'avenue du Bois. L'Etoile domine des mondes différents, comme des êtres vivants. Des mondes où s'enfoncent ses bras de lumière. Il y a la province de l'avenue Carnot et la majesté commerçante des Champs-Elysées. Il y a l'avenue Victor Hugo... Bérénice aimait, d'une de ces avenues, dont elle oubliait toujours l'ordre de succession, se jeter dans une rue traversière et gagner l'avenue suivante, comme elle aurait quitté une reine pour une fille, un roman de chevalerie pour un conte de Maupassant. »

Louis Aragon, Aurélien
© Editions Gallimard

Deuxième phase

Définissez votre hypothèse de lecture en vous demandant quelle impression l'auteur veut donner.
Dans notre exemple, analysez la vision de Paris, le comportement du personnage, etc.

— *Hypothèse de lecture :* manifestement, l'imaginaire d'Aragon travaille sur le nom donné à la place de l'Etoile : il développe tout le symbolisme impliqué par la configuration des lieux. Par voie de conséquence, il suggère le penchant à la rêverie de son héroïne au travers de son errance dans Paris et son cheminement symbolique révèle la nature de son caractère.

▶ II. Le travail au brouillon

Troisième phase

Essayez d'organiser votre réflexion : vous gagnerez du temps. Pour organiser votre plan, partez toujours de ce qui apparaît : vous remarquez certains procédés stylistiques et vous les regroupez en allant du plus évident au plus élaboré.

Après avoir identifié le genre littéraire (poésie, roman, théâtre) du texte, vous orienterez vos recherches en fonction des axes d'analyse suivants :

— *Les catégories prosodiques :* la technique du vers (voir fiches 1 à 8)

— *Les catégories narratologiques :* l'étude des formes du récit, la représentation des personnages, du temps, de l'espace (voir fiches 9 à 21)

— *Les catégories dramaturgiques :* l'action, l'intrigue, les péripéties ; les modalités de l'expression dramatique (voir fiches 22 à 25).

Revenons au texte d'Aragon

1. Relevez toutes les images

Sachez, d'abord qu'une comparaison repose sur le rapprochement de ce qui est comparé (ou comparé) et de ce à quoi fait penser le comparé (ou comparant). Entre le comparé et le comparant se trouve l'outil grammatical de comparaison (« comme », « ainsi que », « de même que », etc.) Lorsque, comme dans notre texte, cet outil n'est pas explicite, il faut reconstituer le processus mental qui conduit du comparé au comparant et inversement.

— Relevé des images suggérées par le nom « Etoile » : « broder », « le paradis rêveur », « le grouillement voyou », « cette campagne en dentelles »; « ses bras de lumière ».

— Le comparé : « la place de l'Etoile »; précision : « une avenue au hasard »; « un monde absolument différent »; « on ne pouvait jamais savoir d'avance »; retour au cadre général : « L'Etoile domine des mondes différents »; réduction du champ de vision : « l'avenue Victor Hugo »; cheminement de Bérénice : « ordre de succession » oublié, « se jeter dans une rue traversière et gagner l'avenue suivante ».

— Relevé des comparants (ce qui sert à comparer) : « un dessin tout fait », « connu, une fleur », « un oiseau »; « des êtres vivants »; « la province »; « la majesté »; « une reine pour une fille »; « un roman de chevalerie pour un conte de Maupassant ».

2. Le classement des éléments

Les images s'organisent en faisceau, à partir d'un centre donné par le nom de la place; elles orientent le point de vue dans trois directions qui révèlent les trois grandes aspirations de l'auteur. Projection de soi dans le décor, qui vit des contradictions du romancier et qui en rend compte comme sur une toile de Breughel où coexistent plusieurs personnages en train de vaquer à leurs occupations personnelles. En même temps, il est possible de changer de point de vue comme dans un film.

Un espace imaginaire en mouvement :
— l'ordre idéal (« le paradis rêveur »),
— l'attirance pour un monde inquiétant (« le grouillement voyou », « bras de lumière »),
— l'esthétique (« broder », « dentelles »).

Notons que ces images n'ont rien d'hermétique, à l'inverse de certaines métaphores qui, dans les textes contemporains et notamment dans la mouvance surréaliste, demeurent bien obscures à première lecture.

Les notations concernant le comparé mettent en évidence :

— *sa caractéristique fondamentale :* « L'Etoile domine toutes les avenues et chacune d'elles constitue un monde absolument différent. »

— *son influence sur le personnage,* l'état d'esprit engendré par le décor lui-même : esprit d'aventure (« hasard », « on ne pouvait jamais savoir d'avance », « gagner »), de liberté (« ordre » oublié), confiance absolue dans le dynamisme de l'espace (se jeter).

— *le cheminement du personnage* qui oriente le point de vue du texte : errance pratiquée par les surréalistes (Aragon commença par appartenir à leur groupe), sorte de pulsation vitale imprimée par l'ouverture ou la fermeture de son champ de vision (la place / une avenue / une rue traversière / une autre avenue).

L'analyse des comparants précise la nature de l'attraction exercée par l'Etoile :

— *rejet de l'ordre préétabli :* elle s'oppose aux constructions rigoureuses qui imposent une direction à l'avance (« un dessin tout fait », « une fleur », « un oiseau »). L'auteur rejette une certaine façon de vivre.

— *vision surréaliste des lieux* qui ont une âme : personnification (« comme des êtres vivants », « la majesté »). Ouverture vers une surréalité, un nouvel espace, celui de la vision ; multiplication du champ des possibles, pas d'idée préconçue (« une fille pour une reine »).

— *espace de la création artistique* («un roman de chevalerie pour un conte de Maupassant»): elle suggère des univers imaginaires déjà identifiés, très divers; elle engendre aussi un parcours symbolique et accroît les pouvoirs de l'imaginaire.

3. Le plan du commentaire composé

Reprenons les grandes lignes dégagées à partir de notre relevé stylistique:

Première partie: un espace imaginaire.
— les différentes images.
— leur organisation en fonction du nom de la place.
— une composition picturale et cinématographique.

Deuxième partie: la relation du décor et du personnage.
— un cadre dominant.
— son influence sur le personnage.
— les variations de points de vue.

Troisième partie: l'errance surréaliste.
— le rejet de l'ordre.
— l'ouverture vers une surréalité.
— une dynamique de l'imaginaire.

▶ III. La rédaction définitive

Quand vous aurez un plan détaillé, vous serez à même de rédiger votre introduction (et elle seule). Ne perdez pas de temps en écrivant entièrement votre commentaire au brouillon: passez immédiatement à la rédaction «au propre». En quoi consiste ce travail?
— D'abord, construisez bien vos phrases. N'employez pas un style «télégraphique», tout à fait déplacé dans un devoir écrit. Vous ne faites pas un devoir de mathématiques et il faut donner les chiffres en toutes lettres (sauf, lorsque le nombre est trop élevé, comme les dates, par exemple).

— Ensuite, donnez du « liant » à votre devoir. Surtout, ne reproduisez pas les grands titres de votre plan et n'annoncez pas l'introduction et la conclusion. A la fin de chaque partie de votre commmentaire, faites des transitions : sortes de conclusions transitoires, elles ont pour fonction de clore l'analyse précédente et d'annoncer la suivante. Enfin, n'oubliez pas de nourrir votre réflexion en produisant des références.

> **Dans nos commentaires, nous avons conservé certains repères pour faciliter votre lecture : nous notons en chiffres romains les différentes parties et en chiffres arabes les sous-parties. Mais vous devez effacer ces indications dans vos devoirs.**

Quatrième phase

Pour **étoffer votre analyse,** il faut que vous connaissiez les techniques mises au point par l'auteur et que vous le situez dans le contexte historique. Les thèmes et les effets recherchés dépendent étroitement du **courant littéraire** (romantisme, réalisme, surréalisme, etc.) auquel l'auteur appartient. Ainsi, il ne suffit pas de s'en tenir à la forme de l'expression : elle met en valeur l'idée, vise toujours à produire un effet sur le lecteur. C'est à vous de parfaire votre culture littéraire pour savoir situer un texte dans son contexte historique et repérer les implications de telle ou telle prise de position. Ainsi, si vous aviez eu à analyser le texte d'Aragon, vous n'auriez peut-être pas su que cet auteur avait été surréaliste et, ignorant tout de ce mouvement littéraire et des pratiques de ses adeptes, vous auriez manqué d'éléments pour comprendre vraiment le sens du passage. Néanmoins, même si l'on ignore tout d'un auteur particulier, il est toujours possible de saisir, intuitivement, les idées d'un texte si l'on connaît bien les grands mouvements littéraires.

> **Vous disposez de quatre heures pour faire votre commentaire composé : vous devez vous organiser pour tirer profit au mieux de ce laps de temps. Comptez une heure et demie de préparation au brouillon, une demi-heure pour l'introduction et deux heures de rédaction.**

CHAPITRE 3

L'introduction et la conclusion

Abordons à présent la démarche à suivre dans toutes les introductions et dans toutes les conclusions. Vous avez défini l'idée du texte et les grands axes de votre analyse...

▶ I. L'introduction

Quel est le rôle de l'introduction ?

L'introduction constitue une étape essentielle de votre travail. En effet, elle va produire une première impression sur le correcteur mais, surtout, elle oriente la lecture de votre devoir : elle témoigne de votre capacité à abstraire l'idée générale du texte et de votre faculté à annoncer votre plan de commentaire composé.

L'introduction permet de faire le lien entre le passage à étudier et votre travail. Pour rédiger une bonne introduction, il faut que vous supposiez que votre lecteur ne connaît rien du texte étudié. Bien entendu, il s'agit là d'une pure fiction mais vous devez accepter les règles du jeu.

Les règles du jeu de l'introduction

Si vous deviez parler du texte à un de vos amis, que lui diriez-vous ? Que ce texte a été écrit par tel ou tel auteur, qui a écrit à une époque donnée l'œuvre — roman, poème, pièce de théâtre — dont votre passage est extrait. Que le texte porte sur une question précise et qu'il développe un point de vue ou analyse un comportement en suivant une certaine logique. Sachez que vous avez déjà trouvé tout ce qui vous permet de rédiger votre introduction.

La méthode à suivre dans l'introduction ne change pas d'un texte à un autre. Retenez les règles du jeu : dites de qui est le texte, de quelle œuvre il est tiré, de quoi il parle et comment. Nous indiquerons la marche à suivre de l'introduction et de la conclusion. On se contentera de donner la méthode puis on évoquera quelques cas simples à partir de textes courts.

Voici la marche à suivre

Vous devez préciser :

1. (dans tous les cas) **la situation générale du texte :** rappelez le nom de l'auteur, l'époque où il écrit, le courant littéraire auquel il appartient, si vous le connaissez, et le genre, le nom de l'œuvre dont est extrait le texte à commenter.

1.2. (seulement si vous connaissez l'œuvre dont le texte est tiré) **la situation précise du texte :** donnez les éléments, et seulement ceux-là, qui permettent de comprendre où il se situe dans l'œuvre.

2. l'idée générale du texte.

3. le mouvement du texte.

4. votre plan du commentaire composé.

Vous avez intérêt à faire une introduction courte, qui ne laisse pas préjuger de votre appréciation personnelle du texte : ne cherchez pas à tout dire mais à faire entrer le lecteur dans votre analyse personnelle du passage sans brûler toutes vos cartouches.

1. Comment préciser la situation du texte ?

Faites comme si le correcteur n'avait pas lu le texte. Que lui dire ? Qui est l'auteur du passage; de quelle œuvre il est tiré; de quel moment de l'histoire littéraire date, de façon approximative, cette œuvre; s'il s'agit d'un roman, d'un poème, d'une pièce de théâtre. Vous avez réuni tous les éléments qui vous permettront de situer le texte dans son contexte au sens large du terme.

Supposez que vous vous trouviez devant un sujet de commentaire composé au baccalauréat. Deux cas peuvent se présenter : soit vous ignorez tout du texte parce que son auteur est relativement peu connu ou parce que le texte ne fait pas partie des œuvres classiques étudiées en classe. Soit le texte proposé est extrait d'un grand texte de la littérature française, comme *Le Rouge et le Noir*, *Eugénie Grandet*, *Madame Bovary* ou *L'Assommoir* ou de recueils de poésies comme les *Fables* de la Fontaine ou *Les Fleurs du mal* de Baudelaire. Vous bénéficierez d'un préjugé favorable si vous êtes en mesure de situer le passage dans son contexte. Reportez-vous à la liste de livres à connaître que vous trouverez à la fin de ce chapitre. Il est indispensable que vous lisiez pour exercer votre esprit critique et développer votre sensibilité littéraire.

Si vous ne connaissez pas l'œuvre dont le passage est extrait, lisez avec attention l'intitulé du sujet : il précise quel est le nom de l'auteur, à quelle époque il a écrit... Servez-vous de ces indications pour situer l'extrait dans son contexte littéraire tout en essayant de le replacer dans le courant (classicisme, romantisme, réalisme, naturalisme, etc.) auquel il appartient.

Les erreurs à éviter : l'appréciation personnelle et le rappel biographique non pertinent

Ne commencez pas en disant que le texte est merveilleusement bien écrit, que le style de l'auteur est enchanteur... Ce genre de jugement est tout à fait déplacé et il ne saurait qu'indisposer votre correcteur. Essayez d'être simple et clair sans avancer un jugement prématuré. Votre attitude doit être celle du scientifique qui juge en connaisseur un passage en fonction de critères purement littéraires.

Si vous connaissez l'auteur, ne plaquez pas tous vos souvenirs sur le texte à commenter : il ne faut pas que vous donniez l'impression de produire un devoir fourre-tout. Ne retenez que ce qui peut expliquer le passage.

2. Comment cerner l'idée générale du texte ?

Vous devez donner toutes les indications possibles pour **dégager l'originalité du passage** à commenter et vous en servir pour organiser votre plan.

Lorsque vous lisez un passage, vous comprenez quel en est le sujet général. Mais pour le commentaire composé, il ne faut pas se contenter de dire «de quoi parle le texte», il faut chercher en quoi il est original par rapport à un autre. Pour savoir si vous remplissez cette condition, relisez la phrase où vous donnez l'idée générale du texte : demandez-vous si elle pourrait s'appliquer à un autre texte ; si oui, vous êtes dans l'erreur ; recommencez et essayez de mettre en évidence la caractéristique propre au passage.

L'erreur à éviter : la tendance à la généralisation

Vous vous trouvez devant un extrait et vous cherchez à vous rassurer en vous rappelant ce que vous pouvez savoir de son auteur. Attention ! Il faut, à tout prix, que vous évitiez de tomber dans les généralités : si vous avez étudié un autre texte du même auteur, ne reprenez pas à la lettre les idées qui convenaient à cette analyse. Le plus souvent, elles ne correspondent pas à l'extrait à commenter.

3. Le mouvement du texte

Une fois que vous avez identifié l'idée générale du texte, mettez-vous à la place de l'auteur et essayez de dire comment il développe son idée. Par exemple, si vous voulez décrire quelqu'un, quelles caractéristiques retenez-vous ? Ce qui concerne son physique, son comportement, sa moralité, sa psychologie...

Le mouvement du texte doit suivre la démarche de l'auteur et vous devez éviter de trop fractionner le passage en sous-parties. Il faut que vous sachiez dégager les grandes étapes d'un raisonnement, d'une description, d'un dialogue, d'une analyse psychologique.

4. Première approche du plan

Nous avons vu que le plan du commentaire composé doit mettre en évidence les caractéristiques propres d'un texte. Or, l'idée générale que vous venez de dégager est, elle aussi, l'expression de l'originalité du passage à étudier. Vous comprenez bien qu'il doit exister un lien entre cette idée propre au texte et votre plan. **L'énoncé de l'idée générale doit vous aider à trouver votre plan.** Elle oriente votre hypothèse de lecture, qui détermine, à son tour, l'organisation de votre plan. Ne vous bornez surtout pas à reprendre intégralement le libellé des indications qui suivent le texte proposé. D'abord, elles ne donnent qu'un axe d'analyse et votre plan ne peut se réduire à une partie unique. Ensuite, elles ne constituent que des suggestions destinées à vous aider ; vous comprenez fort bien que tous les candidats ont lu l'énoncé du sujet et qu'il vous serait dommageable de faire le même plan que les autres. Nous verrons plus loin comment tirer parti du libellé du sujet.

Etudions, à présent, la mise en forme de notre méthode de rédaction de l'introduction à l'aide de deux exemples, un poème et un texte en prose.

EXEMPLE I

« Un Homme passe sous la fenêtre et chante »

Nous étions faits pour être libres
Nous étions faits pour être heureux
Comme la vitre pour le givre
Et les vêpres pour les aveux
Comme la grive pour être ivre
Le printemps pour être amoureux
Nous étions faits pour être libres
Nous étions faits pour être heureux

Toi qui avais des bras des rêves
Le sang rapide et soleilleux
Au joli mois des primevères
Où pleurer même est merveilleux
Tu courais des chansons aux lèvres
Aimée du Diable et du Bon Dieu
Toi qui avais des bras des rêves
Le sang rapide et soleilleux

Ma folle, ma belle et ma douce
Qui avais la beauté du feu
La douceur de l'eau dans ta bouche
De l'or pour rien dans tes cheveux
Qu'as-tu fait de ta bouche rouge
Des baisers pour le jour qu'il pleut
Ma folle, ma belle et ma douce
Qui avais la beauté du feu

Le temps qui passe passe passe
Avec sa corde fait des nœuds
Autour de ceux-là qui s'embrassent
Sans le voir tourner autour d'eux
Il marque leur front d'un sarcasme
Il éteint leur yeux lumineux
Le temps qui passe passe passe
Avec sa corde fait des nœuds

Louis Aragon, *Elsa*
© Louis Aragon

 **EXERCICE : vous ferez de ce texte un commentaire composé. Vous éviterez la division artificielle entre le fond et la forme. Vous pourrez, par exemple, étudier l'expression des sentiments amoureux du poète pour sa compagne et sa nostalgie des temps anciens.**

La marche à suivre

1. Situation du texte

Situation générale du texte

L'énoncé du sujet précise que ce poème a été édité en 1959 par Louis Aragon, auteur contemporain. Si vous ignorez tout d'Aragon, ces indications doivent vous suffire pour donner la situation au sens large du terme.

Exemple

> Extrait du recueil intitulé Elsa, publié en 1959, ce poème est l'œuvre de Louis Aragon, auteur français contemporain. Agé de soixante-trois ans, il rend hommage à sa compagne, Elsa, qui fut la source de son inspiration.

Situation plus précise du texte

Si vous connaissez un peu l'itinéraire d'Aragon, ne serait-ce que par la chanson chantée par Jean Ferrat, qui affirme que « La femme est l'avenir de l'homme », vous savez aussi qu'Aragon a célébré la femme et, en particulier, l'écrivain Elsa Triolet, qu'il rencontra en 1928. Si vous êtes encore plus savant, vous n'ignorez pas qu'Aragon, après avoir été un poète surréaliste dans les années vingt, s'est engagé dans l'action politique, et plus précisément dans les rangs communistes. Il pensait que le poète doit témoigner pour tous les hommes; d'après lui, son amour pour Elsa prenait une valeur symbolique : le monde vu au travers des yeux de la femme aimée reprenait, enfin, un sens.

Variante 1

> Ce poème est extrait du recueil intitulé Elsa; publié en 1959, il réunit des textes de Louis Aragon. Après avoir, comme tous les surréalistes, célébré la femme, médium de l'imaginaire, cet auteur contemporain fit de sa compagne, Elsa, la figure de l'amour, qui donne au monde sa consistance et lui restitue son authenticité.

Variante 2

> Voici un poème tiré d'Elsa, recueil de Louis Aragon, romancier et poète dont la vie et l'œuvre couvrent une grande partie du XXe siècle. D'abord surréaliste, il abandonne ce mouvement pour s'engager dans l'action politique. Il est connu comme le chantre de l'amour parfait et partagé. Il dédia de nombreux poèmes à sa compagne, l'écrivain russe Elsa Triolet, qui le sauva alors qu'il traversait une période difficile et l'aida à forger sa personnalité.

2. Idée générale du texte

Si vous vous contentez de dire que ce poème illustre un thème de la poésie amoureuse, vous ne dégagez pas son originalité. Ne reprenez surtout pas à la lettre l'énoncé du sujet, qui fait suite au texte : il vise simplement à orienter votre lecture vers le commentaire composé et à éviter que vous ne fassiez une analyse linéaire. Le correcteur n'apprécierait guère un simple recopiage du libellé. Néanmoins, tenez compte des indications qu'il vous donne concernant « l'expression des sentiments amoureux du poète pour sa compagne et sa nostalgie des temps anciens ».

Relisez bien le texte : le poète s'adresse à la femme aimée et il évoque non seulement la jeune Elsa mais aussi le couple qu'ils formaient tous les deux; ce couple est comparé aux phénomènes naturels, comme le givre ou le printemps. En outre, vous remarquez que ce poème est écrit à l'imparfait : il traduit les regrets de l'auteur. Certains vers reviennent comme dans une chanson : la tonalité du texte est lyrique (la poésie lyrique était chantée par les troubadours du Moyen

Age, qui s'accompagnaient à la lyre). Autrement dit, le poète regrette les premiers temps de son amour pour Elsa et il suggère que leur couple représentait, de façon symbolique, l'union naturelle à l'homme et à la femme en général.

Vous devez donc reprendre ces éléments : forme lyrique de la chanson, nostalgie de l'amour dans toute sa force, union symbolique des deux amoureux, emblème de l'amour qui devrait libérer tous les êtres de leurs tourments.

Exemple

> Sous une forme lyrique, le poète exprime le regret nostalgique d'une époque où son amour pour Elsa puisait sa vigueur dans la force de la jeunesse et où leur couple symbolisait, en toute liberté, l'union indéfectible de deux êtres faits l'un pour l'autre.

3. Mouvement du passage

Relevez les termes qui sont en position de sujet au début de chaque strophe : « Nous », « Toi », « Ma folle », « Le temps ». La première strophe concerne le couple, la seconde et la troisième célèbrent la femme aimée et la dernière traduit le sentiment de la fuite irrémédiable du temps.

Exemple

> Aragon évoque d'abord le couple qu'il formait avec Elsa (première strophe), puis il chante les charmes de la femme aimée (deuxième et troisième strophes) avant de constater les marques du temps, de son écoulement fatal sur les amoureux (dernière strophe).

4. Le plan du commentaire composé

Relisez l'idée générale que vous avez dégagée. Trois thèmes de réflexion se précisent immédiatement : la figure de la femme aimée dans sa jeunesse, la vision du couple et la nostalgie du temps passé.

Variante 1

> Nous commencerons par dégager les caractéristiques de la femme aimée; puis nous définirons la conception du couple qui sous-tend le texte; enfin nous insisterons sur les regrets manifestes du poète confronté à la fuite du temps.

Variante 2

> Dans ce poème, la célébration de la femme se révèle indissociable d'une vision du couple et, en contrepoint, des outrages du temps sur les amoureux sans rompre leur union.

Commentaire

Certains correcteurs admettraient parfaitement la variante 1 dans un devoir d'élève; d'autres pourraient la trouver un peu lourde. A vous de choisir.

Il est hors de question que vous distinguiez la forme du fond et que vous annonciez le plan suivant: « De prime abord, avant d'entreprendre l'étude des différents mouvements du poème, nous procéderons à l'analyse syntaxique et métrique du poème. »

C'est le modèle du mauvais plan, de l'absence de plan, plus exactement. Si vous vous entêtez à l'adopter, vous n'obtiendrez pas la moyenne.

Récapitulons

> Extrait du recueil intitulé Elsa, publié en 1959, ce poème est l'œuvre de Louis Aragon, auteur français contemporain. Âgé de soixante-trois ans, il rend hommage à sa compagne, Elsa, qui fut la source de son inspiration. Sous une forme lyrique, le poète exprime le regret nostalgique d'une époque révolue où son amour pour Elsa puisait sa vigueur dans la force de la jeunesse et où leur couple symbolisait, en toute liberté, l'union indéfectible de deux êtres faits l'un pour l'autre.
>
> Aragon évoque d'abord le couple qu'il formait avec Elsa (première strophe), puis il chante les charmes de la femme aimée (deuxième et troisième strophes) avant de constater les marques du temps, de son écoulement fatal sur les amoureux (dernière strophe). Dans ce poème, la célébration de la femme se révèle indissociable d'une vision du couple et, en contrepoint, des outrages du temps qui ne parviennent pas à rompre l'union des amoureux.

I. La célébration de la femme
II. La vision du couple
III. Les outrages du temps.

EXEMPLE 2

(Sujet de commentaire composé à partir d'un texte en prose donné à l'épreuve anticipée de français, 1990, en Polynésie française.)

Quel vent depuis trois jours! Notre maison assise au milieu des sables, notre maison de bois craque comme un bateau et va sûrement chavirer...

Il n'y a plus que nous, entre un ciel couleur de fumée et une mer plâtreuse qui s'en vient dans un galop coléreux et s'en va d'une glissade sournoise, en laissant des mouettes noyées, des soles mortes d'un blanc corrompu et des crabes verts, inertes...

Autour de notre maison, le vent tourne et aboie, cherche en vain une issue où faire glisser une de ses lanières cinglantes...

Il vient d'empoigner le volet et l'a collé contre le mur, comme la dernière page d'un livre qu'on ferme... Il embouche le tuyau de la pompe et corne dedans, comme un triton[1] dans un coquillage tors[2]... Il pianote, de tuile en tuile, sur toute la toiture. Prends garde! La frange de sable qu'il a poussée sur le seuil bouge! Peut-être qu'il va passer sous la porte sa main aux doigts insinuants et nous saisir aux jupes... Il mène autour de la maison un vacarme si humain que j'ai peur de le voir passer devant la fenêtre, transparent et tangible, immense, barbu de fumée, coiffé d'une chevelure de mage, drapé tout entier d'un orage gris...

Je ne me sens pas en sûreté derrière toutes ces fenêtres qui geignent sous l'effort du vent... Courons!... Epouvantées et fidèles, les chiennes nous suivent. Du fond de l'horizon, mille serpents de sable rampent, accourent vers nous en ruisseaux parallèles; toute la plage semble s'évanouir, bouillir, et nous jette au visage, en poignées d'épingles, une poudre de silex qui entame la peau...

Colette, *Paysages et portraits*
© Flammarion

---

1 Triton : dieu marin de la mythologie grecque.
2 Tors enroulé en forme de spirale.

**Vous ferez de ce texte un commentaire composé que vous organiserez à votre gré.
Vous pourrez montrer, par exemple, la façon dont l'auteur suggère concrètement l'action du vent.**

La marche à suivre

Vous remarquez que les indications élémentaires données par l'énoncé du sujet vous incitent à trouver votre propre plan : elles sont suffisamment floues pour que vous ne puissiez vous contenter de les reprendre puisque, aussi bien, votre commentaire n'aurait qu'une partie, la description concrète de « l'action du vent » — ce qui est tout à fait insuffisant. Cependant, ces éléments orientent votre lecture du passage et vous fournissent un point de repère : vous entrevoyez, alors, qu'il sera possible d'étudier comment se produit l'action du vent, quelles sont les diverses modalités de son action.

1. Situation du texte

Rares sont ceux qui n'ont pas lu un ouvrage de Colette ou étudié quelques extraits de ses nombreux textes ou vu une adaptation à l'écran de l'une de ses œuvres... Elle a passé sa jeunesse à la campagne et a toujours conservé la nostalgie de son enfance, de cette proximité de la nature qu'elle considère comme un privilège. Colette n'appartient à aucun mouvement littéraire particulier. Elle porte sur ses personnages le regard qu'elle pose sur tous les êtres vivants, elle restitue leurs tourments et leurs joies sans les juger. Son style, dru et coloré, est, lui aussi, « nature ».

Colette est née en 1873, mais elle n'a pas écrit au XIXᵉ siècle : son premier roman, *Claudine à l'école*, sort en librairie en 1900, avec le siècle. Soyez donc prudent dans la manipulation des données biographiques. D'autre part, elle n'a pas écrit que des romans. Alors ne dites pas : « Voici un extrait de *Paysages et portraits*, roman de Colette, auteur des XIXᵉ et XXᵉ siècles. » Vous feriez une double erreur.

50 / *Les grands principes*

Exemple :

> Extrait de Paysages et portraits, ce texte témoigne de la vivacité du style de Colette, romancière du XXe siècle. Son enfance se déroula au contact étroit de la nature qui fut une de ses sources d'inspiration privilégiées.

2. Idée générale

Vous ne pouvez vous contenter de dire que le texte parle du vent. Il faut que vous caractérisiez la description que Colette donne de cette force naturelle : rappelez-vous les textes que vous avez pu lire et qui traitaient du même thème. Dans les Fables de la Fontaine... dans des romans fantastiques ou policiers, où le vent peut créer une atmosphère.

Ici, Colette fait passer le vent au premier plan. D'abord, elle le montre en action; tout semble bouger, la maison, la mer et les habitants et tout est perçu par la narratrice. Ensuite, vous remarquez que Colette suggère l'impression produite par le vent en accumulant les métaphores : elle suggère que le vent est un être vivant, un cheval au galop, un être humain... Il se métamorphose, tel un être en perpétuel mouvement.

Exemple

> De sa maison du bord de mer, la narratrice observe les ravages causés par le vent : force en mouvement, il revêt des formes multiples, que l'auteur traduit avec des équivalents imagés.

3. Mouvement du texte

Colette commence par évoquer le spectacle que lui donne le vent, depuis sa maison; puis une gradation s'impose : le vent souffle si fort, de plus en plus fort, que, prise de panique, elle fuit.

Exemple

> Le vent souffle en tempête, semant la mort sur son passage et ramenant sur la plage des crabes « inertes »; puis il rôde et assaille la maison de la narratrice avec une telle impétuosité que, ne se sentant pas « en sûreté », celle-ci s'enfuit avec ses bêtes.

4. Plan du commentaire composé

Relisez l'énoncé de l'idée générale. Comment se manifeste l'action du vent? Colette donne à son lecteur la traduction concrète du bruit, du mouvement du vent. Elle fait de lui un assaillant, qui prend la maison d'assaut en essayant diverses stratégies. Plongée dans cette atmosphère, elle insiste sur ses réactions : la progression du sentiment de peur, la solitude de sa maison, sa panique.

Il faut donc que vous analysiez les représentations du vent, son action et l'impression qu'il produit sur la narratrice.

Exemple

> L'étude de ce texte s'attachera à détailler les métamorphoses du vent, ses assauts répétés contre la maison et à analyser les impressions produites sur la narratrice.

Récapitulons

> Extrait de Paysages et portraits, ce texte témoigne de la vivacité du style de Colette, romancière du XXe siècle. Son enfance se déroula au contact étroit de la nature qui fut l'une des sources d'inspiration privilégiées. De sa maison du bord de mer, la narratrice observe les ravages causés par le vent : force en mouvement, il revêt des formes multiples, que l'auteur traduit avec des équivalents imagés.
> Le vent souffle en tempête, semant la mort sur son passage et ramenant sur la plage des crabes « inertes »; puis il rôde et assaille la maison de la narratrice avec une telle impétuosité que, ne se sentant pas « en sûreté », celle-ci s'enfuit avec ses bêtes. L'étude de ce texte s'atta-

52 / *Les grands principes*

> chera à détailler les métamorphoses du vent, ses assauts répétés contre la maison et à analyser les impressions produites sur la narratrice.

I. Les métamorphoses du vent
II. Les assauts du vent
III. Les sentiments de la narratrice

▶ II. La conclusion

Fonction de la conclusion

Au cours de votre devoir, vous avez exploré le texte dans plusieurs directions. Il faut, à présent, nouer les fils du discours. La conclusion a pour fonction de **réunir les éléments essentiels** et de dégager l'intérêt du passage. Après avoir analysé le texte, vous êtes en mesure d'apprécier ses qualités littéraires et de porter un jugement fondé sur les intentions de l'auteur et la façon dont il les met en œuvre. Ne répétez donc pas ce que vous avez dit en introduction mais essayez de souligner la cohésion des thèmes traités.

La marche à suivre

Vous devez donc procéder de façon à :

1. dégager la synthèse des éléments importants du texte
2. éventuellement, mais ce n'est pas obligatoire, donner un avis personnel sur le texte.

Exemples de conclusion

Retour sur le texte d'Aragon

Ce poème prend acte d'une dissociation du poète : il se revoit tel qu'il était aux premiers temps d'un amour idéalisé et le souvenir de la passion dans sa pleine jeunesse redonne à l'amour du poète vieilli une certaine vigueur. Mais cette évocation est sous-tendue, en filigrane, par le constat d'une usure irrémédiable. Tout empreint de nostalgie parce que l'amour absolu est entré dans la durée, ce poème renouvelle l'expression de la passion : l'amour défie, certes, le temps mais les amants en subissent les atteintes. Le poème demeure le témoin d'un idéal et le poète a voulu manifester sa tendresse à celle qui lui apporta la joie de vivre.

Toute femme souhaiterait recevoir un tel témoignage de l'être cher. Ce poème ne laisse aucun doute sur les sentiments de l'auteur, plus forts que le temps.

Conclusion sur le texte de Colette

Au cours de cet épisode, l'identification du lecteur à la narratrice se produit tout naturellement à la faveur d'une description nerveuse et rapide. Par le choix des mots et le rythme de la prose, Colette fait entendre souffler le vent, craquer la maison. Son vocabulaire imagé inspire un sentiment de désolation face à la douleur et à la mort et impose une succession ininterrompue d'émotions. Et cette vitalité du texte fait oublier que certains caprices de la nature sont parfois difficiles à endurer.

Ce passage est très animé et laisse à penser que Colette devait être une personne saine et dynamique. Elle semble être à la fois très proche de la nature qu'elle personnifie et toute prête à reconnaître que la puissance des forces naturelles dépasse l'homme.

CHAPITRE 4

Conseils pour la rédaction

I. Conseils pour la rédaction

Essayez d'écrire lisiblement et de disposer votre devoir de façon à ce que votre plan soit apparent à la première lecture : sautez une ligne après l'introduction, entre les différentes parties et avant la conclusion. Consacrez un paragraphe par idée — sans pour autant revenir à la ligne après chaque point !

Certaines fautes reviennent fréquemment dans les devoirs d'élèves : sachez qu'elles ont le don d'exaspérer un correcteur qui les retrouve sans cesse dans les copies et qu'elles contribuent à donner une mauvaise impression de votre devoir. Aussi convient-il de les éviter.

Mise en forme

Exemple 1

Lisez la phrase suivante et dites si elle vous paraît cohérente : *Madame Bovary s'ouvre sur les mésaventures de Charles, moqué par ses camarades de classe.* A quoi renvoie « Madame Bovary » ? Au titre de l'œuvre et non au personnage. Mais, aucun indice graphique ne permet de le comprendre à la lecture de l'énoncé. Vous comprenez donc qu'il faut distinguer Madame Bovary, le titre, de Madame Bovary, le personnage. A cette fin, vous employerez le soulignement et tout s'éclairera! <u>Madame Bovary</u>[1] s'ouvre sur les mésaventures de Charles.

Exemple 2

Pouvez-vous prononcer toutes les syllabes de la ligne suivante : *Colette a passé son enfance à la campagne, dans l'/* et retour à la ligne. Non, vous ne pouvez pas revenir ainsi à la ligne; la coupure des mots en français tient compte du fait que la dernière syllabe en fin de ligne doit pouvoir se prononcer. Donc, n'oubliez pas d'aller à la ligne après avoir tracé un tiret après la dernière syllabe articulée; en cas de doublement de consonnes, vous coupez entre les deux consonnes.

Exemple 3

Relevez l'incorrection qui se trouve dans l'énoncé suivant : *Saint-John Perse est 1 poète contemporain.* Sachez qu'un commentaire composé n'a rien de commun avec un exemple de mathématiques. Vous ne devez pas utiliser de chiffre en français — sauf pour les dates et les adjectifs numéraux ordinaux (pour désigner les rois d'un pays, par exemple). Il faut donc écrire « *est un poète* ».

Syntaxe

Exemple 4

La phrase suivante est incorrecte, dites pourquoi : *Jean-Jacques Rousseau est plus sentimental, il cherche un refuge dans la nature.* N'avez-vous pas l'impression qu'il manque un élément qui aiderait à la compréhension de l'énoncé? En effet, pour établir une comparaison, il faut reprendre les deux

---

1. Dans un livre, le soulignement est remplacé par des caractères italiques.

termes: «plus», «moins», «aussi» doivent être complétés par le deuxième membre de la comparaison introduit par «que». Vous compléterez donc, à votre guise, la phrase précédente.

Exemple 5

Relevez l'incorrection dans: *A l'inverse de Diderot, les travaux du baron d'Holbach témoignent de l'acceptation totale du matérialisme.* On ne peut mettre en apposition des mots qui ne renvoient pas à la même chose: ainsi, Diderot est un nom de personne, que vous ne pouvez pas mettre en apposition à un nom commun.

Ecrivez: *A l'inverse de ceux de Diderot, les travaux du baron d'Holbach...*

Exemple 6

La phrase suivante est incorrecte: *Je pense que le néolithique offre une image la plus exacte de cette période de l'humanité.* L'article indéfini renvoie à une personne (ou une chose) inconnue: or, le superlatif «la plus exacte» définit le nom «image». Il faut donc dire: *l'image la plus exacte.*

Exemple 7

Relevez la faute: *La situation évoquée par Zola n'est pas la même que celle envisagée par Vallès dans son enfance.* Les journalistes emploient beaucoup la construction qui consiste à compléter un pronom par un participe passé employé comme adjectif; or, elle est incorrecte. Il faut dire: *la même que celle qu'envisage Vallès.*

Exemple 8

Corrigez: *Ce qui nous amène à la période romantique où les poètes y ont fait l'apologie du sentiment.* N'oubliez pas que le pronom relatif «où» renvoie déjà à un moment ou à un lieu et que vous n'avez pas à répéter l'indication spatio-temporelle avec «y». Même chose pour «dont» et «en».

Exemple 9

Parfois, une simple erreur de virgule vous fait commettre une incorrection qui, quoique légère, peut indisposer votre correcteur : *Albert Cohen qui adorait sa mère a écrit un livre pour célébrer sa mémoire*. En effet, la relative après un nom propre doit être précédée d'une virgule, sinon elle donne la définition de l'antécédent : Albert Cohen a, certes, beaucoup aimé sa mère, mais il a fait autre chose aussi. Donc « qui adorait sa mère » entre deux virgules. Soulignez la différence entre :
— *L'homme qui aime son prochain suit la loi de l'Evangile* (relative déterminative). L'énoncé ne précise pas qui est cet homme et la relative le définit précisément.
— *Louis Aragon, qui fut un des fondateurs du mouvement surréaliste, s'engagea dans les rangs communistes* (relative explicative). La relative se borne à compléter l'énoncé, à ajouter un détail biographique.

Style

Attention ! Les devoirs fourmillent de phrases qui :
— commencent sans majuscule.
— n'ont pas de proposition principale.
— accumulent les participes présents, très lourds : préférez les propositions subordonnées.
— changent de pronom en cours de phrase : quand vous commencez par dire « je » ou « on » ou « nous », continuez !
— ont un verbe précédé par un « datif éthique » : « l'auteur nous raconte », « le personnage nous dit que », et, plus horrible encore : « le romancier nous narre ». Supprimez tous ces pronoms qui n'ont pas lieu d'être dans un commentaire composé. Il est inutile de dire : « le poète nous évoque »; « le poète évoque » suffit.
— appuient une affirmation en développant un terme par un autre introduit par « et ce », du type : *Cyrano de Bergerac se moque des prétentions de ses contemporains et ce à la faveur d'une critique virulente de leur égocentrisme*. Renoncez au « et ce » qui n'ajoute rien au sens.

Relevez les fautes de style

1. Son opinion est basée sur sa connaissance de la vie africaine.
2. Pour Pascal, l'homme n'est qu'un roseau, par contre, c'est un roseau pensant.
3. Au niveau de la vie courante, Laclos fut un militaire de carrière.
4. Maupassant a écrit des romans naturalistes et, en plus, il a écrit des nouvelles fantastiques.
5. Baudelaire a été marqué par son adolescence difficile.
6. Dans cette évocation du Paris de l'Occupation, Modiano démontre le caractère complexe des personnages.
7. Ponge dépeint une huître avec la plus grande précision.
8. De part sa grande maîtrise du langage, Proust parvient à recréer l'ambiance du salon de Mme Verdurin.
9. Les poètes surréalistes ont célébré la femme et, la plupart du temps, ils donnent d'elle l'image de la fée, médiatrice de l'inconnu.

Correction

1. Faute : baser; mettre : fonder.
2. Faute : par contre; mettre; en revanche. Parce que l'opposition souligne un avantage. Dans le cas contraire, « par contre » est admis (voir Paul Désalmand, *Tester et enrichir son vocabulaire,* Marabout Service n° 104, p. 157).
3. Faute : au niveau de; mettre : dans la vie courante. Le mot « niveau » suppose qu'il existe toute une échelle de niveaux.
4. Faute : en plus; mettre : de plus, en outre.
5. Faute : a été marqué; mettre : ne s'est pas remis.
6. Faute : démontre; mettre : montre. Le poète n'est pas un logicien qui produit une démonstration mathématique.
7. Faute : dépeint; mettre : peint, décrit.
8. Faute : de part (horrible méprise puisque « part » est un nom commun et l'élève voulait employer la préposition « par »); mettre : avec une.
Faute : ambiance; mettre : atmosphère.

9. Faute : la plupart du temps ; mettre : le plus souvent. La « plupart » ne s'emploie qu'avec des noms qui renvoient à quelque chose de dénombrable.

Faute : vous ne devez pas changer de temps à l'intérieur d'une phrase. Il faut choisir : soit le passé (« ont célébré »), soit le présent (« donnent »).

Bibliographie

Un inventaire systématique de toutes les fautes de français excéderait notre propos. Nous vous renvoyons donc, pour plus ample information, aux ouvrages suivants publiés aux éditions Marabout :
H. Bénac, *Guide alphabétique des difficultés du français*, MS 81.
E. Bled et P. Burney, *Guide de l'orthographe*, MS 84.
A. Hamon, *Guide de grammaire*, MS 83.
P. Désalmand, *Tester et enrichir votre vocabulaire*, MS 104
A. Jouette, *L'Orthographe maîtrisée*, MS 70.

II. Lexique

Figures de style

La **RHÉTORIQUE** est l'art du discours. Elle répertorie les figures de style. Nous retenons, ici, les plus fréquentes.

ALLÉGORIE (rhéto.) n.f. : représentation concrète et imagée d'une idée abstraite. Exemple : la Fortune pour symboliser le destin.

ALLITÉRATION, n.f. : répétition d'un même son pour produire un effet stylistique, toucher le lecteur.
Exemple :

> « D'une subite horreur ses cheveux se hérissent... »
> (Boileau)

La répétition des (s) et des (r) suggère le mouvement du poil qui, à la lettre, se hérisse.

AMPLIFICATION, n.f. : développement d'une idée par l'énumération de tous les détails qui y renvoient.

ANALOGIE, n.f. : ressemblance partielle entre deux choses que l'on peut, dès lors, rapprocher.

ANAPHORE, n.f. : retour du même mot ou de divers membres d'une phrase. Exemple :

> « ceux qui n'ont inventé ni la poudre ni la boussole
> ceux qui n'ont jamais su dompter la vapeur ni l'électricité
> ceux qui n'ont jamais exploré ni les mers ni le ciel
> mais ceux sans qui la terre ne serait pas la terre. »

Aimé Césaire énumère les caractéristiques par lesquelles les Noirs se distinguent des Blancs ; la reprise du pronom démonstratif appuie l'expression de la revendication.

ANTITHÈSE, n.f. : figure de style qui consiste à opposer deux termes ou idées contraires.

APPOSITION, n.f. : complément purement explicatif juxtaposé à un autre mot; expansion du nom ou du pronom. Exemple :

> « Déjà coulait le sang, prémices du carnage. »
> (Racine)

APOSTROPHE, n.f. : figure de rhétorique par laquelle un personnage s'adresse à lui-même ou interpelle une personne ou une réalité personnifiée présente ou absente. Exemple :

> « Mais dans quel souvenir me laissé-je égarer ?
> Tu pleures, malheureuse ! Ah ! tu devrais pleurer. »
> (Racine)

ARCHAÏSME, n.m. : mot ou tournure de phrase vieillis. Exemple.

> « Rien ne suis-je et tu n'es rien
> La grande araignée du destin
> Meut une patte après l'autre
> Noirs sont les crocs de l'aragne
> Comme les points que nous sommes. »
> (André Pieyre de Mandiargues)

Dans cet extrait, la métaphore (voir plus loin) animalière fait du destin une araignée. **ARAGNE** est la forme vieillie d'**ARAIGNÉE**; elle traduit le caractère mystérieux, fantastique, d'une fatalité qui tient l'homme entre ses griffes.

ASYNDÈTE, n.f. : suppression des conjonctions de coordination et de toute liaison logique ou sémantique. Exemple :

> « Je vis, je meurs, je me brûle et me noie. »

Dans ce vers, Louise Labé exprime avec force les tourments amoureux dont elle dit souffrir. La juxtaposition des verbes souligne les deux antithèses qui traduisent les contradictions vécues.

CHIASME, n.m. : figure de rhétorique reposant sur un croisement d'éléments. Exemple :

> « Je me sentais vivre en elle, et elle vivait pour moi seul. »
> (Nerval, *Sylvie*)

Le chiasme resserre les liens entre les deux personnages.

Chute, n.f. : pensée élaborée et piquante placée à la fin d'un poème ou d'un texte.

Cliché, n.m. : métaphore (voir plus loin) devenue très banale — sorte d'image d'Epinal. Exemple :

> « Les flammes de l'amour. »

Comparaison, n.f. : figure de ressemblance qui consiste à rapprocher deux termes à l'aide d'un outil syntaxique (« comme », « ainsi que »). Elle établit un rapport d'égalité, de supériorité ou d'infériorité entre comparant et comparé. Analyser : 1. le rapport comparant - comparé, 2. les familles d'images, s'il y a lieu, 3. la fonction de l'image. Exemple :

> « L'après-midi est lourd comme un bœuf à l'étal. »
> (André Pieyre de Mandiargues)

Connotation, n.f. : désigne ce qui est « noté avec » le mot exprimé, ce qu'il suggère à l'intelligence ou à la sensibilité. (voir section I)

Ellipse, n.f. : figure de style qui consiste à supprimer les mots utiles à la construction de la phrase mais non à sa compréhension. Exemple :

> « Je t'aimais inconstant. Qu'aurais-je fait fidèle ? »

Construction grammaticale : *Je t'aimais bien que tu sois inconstant. Qu'aurais-je donc fait si tu avais été fidèle ?*
Effet stylistique : par l'éllipse, Racine *(Audromaque)* traduit l'emportement d'un personnage passionné et donc peu enclin à disserter.

Exclamation, n.f. : l'auteur abandonne la tonalité affirmative pour exprimer ses sentiments au travers de la tonalité exclamative (l'élévation du ton en fin de phrase se note par un point d'exclamation). Exemple :

> « O fortuné séjour ! ô champs aimés des cieux ! »
> (Boileau).

L'exclamation donne une tonalité affective à la phrase ; ici, elle traduit l'admiration.

Formule gnomique : c'est une formule générale que l'on peut trouver dans les proverbes. Elle se caractérise par l'emploi du présent de l'indicatif et de pronoms qui renvoient à une personne indéfinie. Exemple :

« Qui veut voyager loin ménage sa monture. »

Elle sert à énoncer un principe moral, une proposition universellement valable.

Gradation, n.f. : procédé stylistique qui consiste à présenter ses idées suivant une progression croissante (gradation ascendante) ou un ordre décroissant (gradation descendante). Exemple :

« Oui, messieurs, un lourdaud, un animal, un âne ;
Que l'on m'amène un âne, un âne renforcé. »
(La Fontaine)

Hyperbole, n.f. : figure qui consiste à exagérer sa pensée pour mieux frapper le lecteur (et non pour le tromper). Exemple :

« Peuple qui de ton sang écrivit la légende. »
(Rostand)

Interrogation, n.f. : figure qui consiste à adopter la tonalité interrogative, par nature affective, pour mieux persuader le lecteur et non pour émettre un doute. Exemple :

« Ah ! fallait-il en croire une amante insensée ?
Ne devais-tu pas lire au fond de ma pensée ?
Et ne voyais-tu pas dans mes emportements,
Que mon cœur démentait ma bouche à tous moments ? »
(Racine)

L'interrogation oratoire présente sous une forme interrogative une idée qui est alors affirmée avec plus de force que ne le ferait une phrase affirmative. Exemple :

« Ne vois-tu donc pas le ciel étoilé au-dessus de toi ? »

Ironie, n.f. : figure de rhétorique qui consiste à donner pour vraie une proposition fausse, de toute évidence, afin que le lecteur comprenne mieux son caractère illogique et peu crédible. Exemple :

« Comme chacun sait, les femmes n'ont qu'une intelligence très peu développée. »

LEITMOTIV, n.m. (au pluriel : des leitmotive) : retour d'un même thème dans une partition ou dans un texte littéraire.

LITOTE (rhéto.), n.f. : figure qui consiste à atténuer sa pensée pour sous-entendre plus que l'on ne dit. Exemple :

> « Va, je ne te hais point » pour « je t'aime ».
> (Corneille)

La litote constitue un écart par rapport à l'expression franche et directe du sentiment ; elle le met d'autant mieux en valeur tout en traduisant la pudeur du personnage.

MÉTAPHORE, n.f. : figure de rhétorique consistant à désigner une idée ou une chose par un mot qui s'applique à une autre idée ou une autre chose unies aux précédentes par un rapport d'analogie. Exemple :

> « L'été chantait sur son roc quand tu m'es apparue, l'été chantait à l'écart de nous qui étions silence, sympathie, liberté triste, mer plus encore que la mer dont la longue pelle bleue s'amusait à nos pieds. »
> (René Char)

Ici, la métaphore (le bruit de la mer s'élève comme un chant alors que le poète et sa compagne demeurent silencieux) est reprise dans toute la strophe : on parle de « métaphore filée ».

MÉTONYMIE, n.f. : figure qui consiste à désigner une idée ou une chose par un terme convenant à une autre idée ou une autre chose liées aux précédentes par une relation de contiguïté (espace, temps, logique). Exemple :

> « Une bonne plume » pour dire « un bon écrivain ».

PÉRIPHRASE, n.f. : figure qui consiste à donner une définition développée d'une personne ou d'un objet. Exemple :

> « Capitale du royaume » pour Paris.

PROSOPOPÉE : évocation d'un personnage absent à qui l'on donne la parole. Ce terme est, d'ailleurs, aussi employé lorsqu'un auteur donne la parole à une figure allégorique. Ainsi, Lucrèce, poète latin, donne la parole à la Nature, dans le *De Natura rerum (De la nature des choses)*.

Rythme, n.m. : dans le vers, il est donné par le retour de l'accent tonique à la fin de chaque mesure. En prose, on trouve aussi des accents rythmiques. Exemple :

> « Il embarrasse tout le monde, ne se contraint pour personne, ne plaint personne, ne connaît de maux que les siens, que sa réplétion et sa bile, ne pleure point la mort des autres, n'appréhende que la sienne, qu'il rachèterait volontiers de l'extinction du genre humain. »
> (La Bruyère)

Cas fréquents :
— rythme binaire : sur deux tons, très adapté à l'expression de l'antithèse, aux oppositions et contrastes intellectuels. Exemple :

> « Ne pleure point la mort des autres, n'appréhende que la sienne. »

— rythme ternaire : sur trois tons, plus passionné que le précédent. Exemple :

> « Ne connaît de maux que les siens, que sa réplétion et sa bile. »

— rythme progressif : amplification croissante du volume syllabique. Exemple :

> « La sienne, qu'il rachèterait volontiers de l'extinction du genre humain. »

Synecdoque, n.f. : figure par laquelle on remplace le mot propre par un mot dont le sens inclut celui du mot propre ou est inclus par lui; consiste à dire la partie pour le tout ou inversement. Exemple : la voile pour dire le bateau, ou le fer pour l'épée.

Poésie

Accent, n.m. : en poésie ou en prose poétique, accent tonique portant sur la dernière voyelle sonore d'un mot; répété, il marque le rythme du vers ou de la phrase.

Alexandrin, n.m. : (poésie) vers de douze syllabes, utilisé dans le *Roman d'Alexandre* (XIIe siècle). Tombé dans l'oubli, il est remis à la mode par les poètes de la Pléiade (XVIe siècle). A cette époque, les règles de la versification sont encore libres et l'alexandrin est rythmé sur quatre ou trois temps. L'alexandrin classique, aussi appelé tétramètre, se compose de deux mesures fixes (formant les hémistiches de six syllabes : 6//6 = 12); celles-ci peuvent se décomposer en deux petites mesures irrégulières. Il y a donc en tout quatre mesures, ce qui explique le nom donné à ce vers (*tétra* signifie « quatre » en grec). Au XIXe siècle, les romantiques utilisent souvent le trimètre, qui se décompose en trois mouvements (4/4/4); il est plus rapide que le précédent. Le nom de ce vers s'explique par le fait qu'il comporte trois mesures.

ALTERNANCE n.f. : entrelacement régulier de rimes féminines et masculines. Règle mise au point par la Pléiade en 1555. (voir Section III).

ASSONANCE n.f. :
— à la fin d'un vers, identité de la dernière voyelle accentuée.
Exemple : (*froide* et *parfois,* et approximativement *hier* et *été*)

« Un souvenir de l'été
Fleurit la fenêtre froide,
Le pain les sanglots parfois   (froide)
Ont une souche saline
Où revient la vague d'hier
Comme le surgeon d'olivet   (hier)
Sous le fertile esclavage »
(André Pieyre de Mandiargues)

— à l'intérieur d'un vers, répétition d'une voyelle.
Nous donnons toutes les explications nécessaires à la compréhension de ce terme dans notre résumé sur la versification au début de la section consacrée à la poésie.

CÉSURE, n.f. : coupe centrale de l'alexandrin classique — qu'elle sépare en deux hémistiches de six syllabes. Exemple :

« Un vieil homme passait // dans le givre et le vent. »
(Hugo)

CONTRE-REJET, n.m. : les derniers mots d'un vers commencent la phrase qui s'achève au vers suivant (voir Section I). Exemple :

« Elle peignait ses cheveux d'or et j'aurais dit
Qu'elle martyrisait à plaisir sa mémoire. »
(Aragon)

DÉCASYLLABE : vers de dix syllabes. Exemple :

> « Un côteau vert que le couchant jaunit. »
> (Nerval)

DIÉRÈSE (poésie), n.f. : prononciation séparée de deux voyelles qui se suivent. Exemple :

> « Et comme un long linceul traînant à l'Orient »

Pour avoir 12 syllabes, il faut dire O-ri-an : donc deux syllabes pour « rient », alors qu'il n'y en a qu'une dans la langue courante. Cette prononciation « artificielle » contribue à accentuer l'impression de lenteur et de solennité.

DISTIQUE, n.m. : deux vers qui se suivent et prennent un sens complet. Exemple :

> « Là, tout n'est qu'ordre et beauté,
> Luxe, calme et volupté. »
> (Baudelaire)

ENJAMBEMENT, n.m. : long rejet. Exemple :

> « Il pleure dans mon cœur
> Comme il pleut sur la ville. »
> (Verlaine)

HÉMISTICHE (poésie), n.m. : moitié d'un vers coupé par la césure. Exemple :

> « Je cognai sur ma vitre ; il s'arrêta devant. »
> 1 2 3 4   5 6 // 1 2 3 4 5 6
> (Hugo)

POÉTIQUE, n.f. :
— conception qu'un poète se fait de son art et de sa technique ;
— interprétation donnée par la critique littéraire de la pratique d'un poète.

QUATRAIN : strophe de quatre vers. Exemple :

> « O Mère, qui créas en ton sein juste et fort,
> Calices balançant la future fiole,
> De grandes fleurs avec la balsamique Mort
> Pour le poète las que la vie étiole ! »
> (Mallarmé)

Octosyllabe : vers de huit syllabes. Exemple :

> « L'air est plein d'un terribl(e) alcool. »
> (Apollinaire)

Rejet (poésie), n.m. : la phrase grammaticale ne tient pas sur un seul vers mais son dernier élément syntaxique s'étend sur le vers suivant. Exemple :

> « Paris change ! mais rien dans ma mélancolie
> N'a bougé ! » [...]

Le rejet de « N'a bougé » insiste sur l'idée de permanence et met en valeur l'opposition entre le mouvement de Paris et le caractère statique de la situation du poète.

Rime (poésie), n.f. : homophonie de la dernière voyelle accentuée à la fin d'un vers. (voir Section I).

Sonnet, n.m. : poème en quatorze vers, d'origine provençale ou italienne; mis à la mode en France par Marot, poète du XVIe siècle. Composé de deux quatrains et de deux tercets.

Sonnets réguliers : le sonnet marotique (abba abba ccd eed) et le sonnet de Ronsard (abba abba ccd ede).

Synérèse (poésie), n.f. : fait de compter pour une syllabe deux sons qui se prononcent séparément dans le langage courant. (Voir Section I)

Tercet : strophe de trois vers. Exemple :

> « Est-elle brune, blonde ou rousse ? — je l'ignore.
> Son nom ? Je me souviens qu'il est doux et sonore
> Comme ceux des aimés que la Vie exila. »
> (Verlaine)

Roman et théâtre

Action, n.f. : 1. marche des événements dans un récit ou dans une pièce de théâtre.
2. Action d'une pièce, d'un roman, etc. : série d'événements qui suivent une progression logique et constituent l'intrigue. Plus spécialement, au théâtre, Aristote (philosophe de l'Antiquité grecque) formule le principe suivant dans sa *Poétique* :

le récit et le drame développeront une action unique. Au XVIe siècle, les Italiens reprennent cette règle, suivis par les théoriciens français du siècle classique (XVIIe siècle). Corneille lui préfère l'unité de péril et Hugo, comme tous les romantiques, l'unité d'intérêt.

ANECDOTE, n.f. : petit fait pittoresque qui raconte une situation réelle.

APOLOGIE, n.f. : défense et justification d'une doctrine. Exemple : les *Pensées* de Pascal sont une apologie de la religion catholique.

APOLOGUE, n.m. : petite fable destinée à illustrer une morale. Exemple : les *Fables* de La Fontaine.

CONTREPOINT, n.m. : procédé narratif qui consiste à imbriquer dans la narration deux évocations à caractère antithétique. Exemple : dans *La Peste,* Jean Tarrou meurt alors que la vie semble reprendre dans Oran.

FANTASTIQUE, n.m. : selon le critique contemporain Todorov, procédé littéraire qui rend indécidable l'explication des faits racontés : le lecteur hésite entre le recours à l'irrationnel ou à la logique.

NARRATION, n.f. : récit littéraire en prose ou en vers. Action de raconter : le romancier écrit une narration.

PÉRIPÉTIE, n.f. : événement imprévu qui provoque un changement dans la situation, au théâtre.

ROMAN, n.m. (récit) : en prose, mise en récit circonstanciée d'une histoire, imaginaire ou réelle.

RÉCIT, n.m. : texte narratif qui résulte de l'acte narratif.

STÉRÉOTYPÉ, adj. : qui manque d'originalité, qui répète ce qui se dit ou se fait.

STICHOMYTHIE, n.f. : au théâtre, enchaînement de répliques très rapides; soit vers par vers, soit phrase par phrase.

III. Livres figurant sur les listes officielles

N.B. : les œuvres signalées par un astérisque sont mentionnées dans les instructions officielles pour la classe de première (arrêté du 25 avril 1988), où nous pouvons lire que :

• L'étude des **auteurs français des XVIII⁰ et XIX⁰ siècles** *caractérise particulièrement l'enseignement du français en classe de première.*

• On peut faire appel à des **auteurs étrangers** d'expression française, aux **auteurs anciens** ou étrangers traduits.

XVII⁰ siècle

Théâtre

Corneille : *Le Cid, Cinna.*
Racine : *Britannicus, Phèdre.*
Molière : *Le Bourgeois gentilhomme, Le Misanthrope, Don Juan, Tartuffe, Le Malade imaginaire.*

Prose

Madame de La Fayette : *La Princesse de Clèves.*

XVIII⁰ siècle

Théâtre

Marivaux : * *L'Ile des esclaves*, * *Le Jeu de l'amour et du hasard*, * *Les Fausses confidences.*
Beaumarchais : *Le Barbier de Séville*, * *Le Mariage de Figaro.*

Roman épistolaire

Montesquieu : * *Les Lettres persanes.*
Laclos : *Les Liaisons dangereuses.*

Récit

Prévost : * *Manon Lescaut.*
Voltaire : *Zadig,* * *Candide,* * *L'Ingénu.*
Diderot : *La Religieuse,* * *Le Neveu de Rameau,* * *Jacques le fataliste.*

Autobiographies

Saint-Simon : * *Mémoires.*
Rousseau : * *Les Confessions,* * *Les Rêveries du promeneur solitaire.*

Ecrits théoriques

Voltaire : * *Lettres philosophiques.*
Diderot : *Le Paradoxe sur le comédien.*
Rousseau : *Le Discours sur l'origine de l'inégalité parmi les hommes.*

XIXe siècle

Théâtre

Musset : * *Fantasio,* * *On ne badine pas avec l'amour, Lorenzaccio.*
Hugo : * *Ruy Blas.*

Prose

Chateaubriand : * *Mémoires d'Outre-tombe.*
Stendhal : *Le Rouge et le Noir,* * *La Chartreuse de Parme.*
Balzac : * *La Peau de chagrin,* * *Le Père Goriot, Eugénie Grandet, Le Lys dans la vallée, Illusions perdues,* * *La Duchesse de Langeais.*
Flaubert : *Madame Bovary,* * *Salammbô,* * *L'Education sentimentale.*
Maupassant : *Une Vie, La Maison Tellier, Le Horla.*
Mérimée : *La Vénus d'Ille.*

Zola : *L'Assommoir, Germinal,* * *Nana,* * *Pot-Bouille.*
Barbey d'Aurevilly : * *Les Diaboliques.*
Michelet : * *Le Peuple.*

Poésie

Hugo : * *Les Châtiments,* * *Les Contemplations.*
Baudelaire : * *Les Fleurs du mal,* * *Petits poèmes en prose.*
Verlaine : * *Poèmes saturniens,* * *Fêtes galantes,* * *Romances sans paroles.*
Rimbaud : *Poésies, Les Illuminations.*

XXe siècle

Poésie

Apollinaire : * *Alcools,* * *Calligrammes.*
Aragon : * *Le Roman inachevé.*
Claudel : * *Connaissance de l'Est.*
Eluard : * *Derniers poèmes d'amour.*
Michaux : * *Ailleurs.*

Théâtre

Anouilh : *Antigone.*
Beckett : * *En attendant Godot,* * *Fin de partie.*
Camus : * *Caligula.*
Claudel : * *L'Annonce faite à Marie.*
Cocteau : *Orphée.*
Giraudoux : *Ondine, Intermezzo, La Guerre de Troie n'aura pas lieu.*
Ionesco : *Rhinocéros.*
Sartre : * *Huis-clos.*

Récit

Aragon : * *Aurélien.*
Bernanos : * *Nouvelle histoire de Mouchette, Le Journal d'un curé de campagne.*
Butor : * *La Modification.*
Camus : * *Noces, L'Etranger,* * *La Peste.*

Colette : *Sido.*
Duras : *Un Barrage contre le Pacifique.*
Gide : *Les Faux-monnayeurs.*
Giono : *Un Roi sans divertissement, Les Ames fortes.*
Malraux : *La Condition humaine.*
Mauriac : *Génitrix, Thérèse Desqueyroux, Le Nœud de vipères.*
Proust : * *Du côté de chez Swann.*
Sarraute : *Le Planétarium.*
Sartre : * *Le Mur.*
Vian : *L'Ecume des jours, L'Herbe rouge.*
Yourcenar : * *Le Coup de grâce,* * *Les Mémoires d'Hadrien.*

Il ne s'agit pas d'un programme mais d'une liste indicative. Les professeurs ont toute latitude pour s'en écarter.

Bibliographie

Pour vous aider, nous vous signalons la parution récente des ouvrages suivants :
– Gérard Conio, *25 grands romans français résumés et commentés*, Marabout Service n° 100, 1990.
– Nicole Masson, *Panorama de la littérature française*, Marabout Service n° 101, 1990.
– Paul Désalmand, Philippe Forest, *Cent grandes citations littéraires expliquées*, Marabout, 1990.
Les collections « Balises », aux éditions Nathan, vous proposent aussi une série de grands titres résumés et commentés.

Mais vous ne sauriez vous dispenser d'une lecture intégrale et personnelle des œuvres et vous contenter de parcourir des résumés. Si vous devez situer un passage dans son contexte, rien ne remplace le souvenir précis et original de votre lecture...

Lecture rapide
Très schématiquement, il convient de vous exercer à « visualiser » l'idée d'un texte, ses articulations et sa progression. Pour plus de détails :
F. Richaudeau, *La lecture rapide*, Marabout Service n° 102.
M.J. Gourmelin, *Les règles d'or de la lecture rapide*, Guide Marabout n° 77.

SECTION II

Le roman

I. Fortune du roman

Au XIIe siècle, le nom *romanz* signifiait « langue vulgaire » (par opposition au latin) et « longs récits en vers » traduits du latin ou adaptés à partir de légendes celtiques. Ensuite, la signification du terme s'élargit et *roman* désigne toute œuvre littéraire imaginaire, écrite en langue vulgaire.

Le roman trouve donc sa source dans une littérature orale très ancienne, souvent proche des mythes et des contes; le roman de chevalerie racontait les aventures d'un héros qui connaissait des épreuves avant d'atteindre son but (en général la conquête d'une dame).

Longtemps, il fut discrédité au profit de la poésie, considérée comme un genre noble. En effet, le roman ne répond pas à une définition précise : il revêt une grande variété de formes. Au XVIIe siècle, il se fait psychologique (voir listes à la fin de la section I, Mme de La Fayette) et ironique (Scarron dénonce les procédés formels des romanciers de son temps et le mauvais usage de la lecture).

D'emblée s'impose la double vocation du roman : le récit sérieux raconte une histoire qui se donne comme représentation de la réalité; le récit au second degré tend à se moquer de lui-même. Au XVIIIe siècle, il devient roman d'apprentissage (Lesage), roman par lettres (Rousseau).

Le XIXe siècle constitue l'âge d'or du roman, qui détrône les autres genres; il subit l'attrait du fantastique (Maupassant), mais le réalisme et sa dénonciation (Balzac, Stendhal, Flaubert) triomphent. Au XXe siècle, il poursuit son investigation du côté du « moi » (Proust), de l'autobiographie (Céline), de la psychanalyse (Green), du cinéma (Malraux), etc.

II. Qu'est-ce qu'un roman ?

Mais quel est donc le dénominateur commun de tous ces textes en prose ? Réfléchissez ! Imaginez que vous deviez écrire un roman. Vous commenceriez par trouver une histoire, authentique ou imaginaire ou les deux à la fois, puis vous la raconteriez parce qu'elle vous semble digne d'intérêt. **L'histoire** est donc constituée par l'ensemble d'événements que le romancier a en tête avant d'écrire. Quand il rédige son texte, il transforme ces données en fonction du sens qu'il leur donne : il en fait la **narration.** Celle-ci se définit donc comme l'action de l'auteur en train d'écrire. Le **récit** est le résultat obtenu par l'auteur au terme de son travail narratif.

Définition du roman

Le roman fait le récit d'une histoire, où réalité et fiction se mêlent.

En effet, l'expression « c'est du roman » témoigne bien du fait que le romancier ne peut reproduire la réalité telle qu'il l'a vécue; sinon, il n'écrit pas un roman mais une autobiographie (encore faudrait-il nuancer, car qui peut affirmer que sa mémoire est absolument fidèle!). Inversement, il paraît hautement improbable que l'auteur fasse abstraction de tout ce qu'il a pu vivre, éprouver et conclure. Aussi la connaissance de la biographie de l'auteur peut-elle vous permettre d'élucider certains éléments de la fiction, mais ne saurait tout expliquer. En effet, lorsqu'un romancier écrit, il se place dans une situation fictive, il imagine une situation en fonction de son but, du message dont son texte constitue le support. Ainsi, lorsque, dans *Le Rouge et le Noir,* Stendhal évoque l'ascension sociale, le retournement de fortune et le procès de Julien Sorel, il ne raconte pas sa propre histoire : il montre, entre autres, la médiocrité d'une société bourgeoise qui exclut la promotion des catégories inférieures. Le réquisitoire final de Julien devant ses juges témoigne de cette sclérose. Ainsi, l'ensemble des aventures du héros converge vers la dénonciation d'un état de fait : il s'ordonne en fonction du projet de l'auteur.

III. Comment écrire un roman ?

Partons de notre fameuse histoire : elle donne le sujet du roman. Ainsi, lorsque Flaubert écrit *L'Education sentimentale,* il veut faire le portrait de la génération de 1848. Il choisit un héros représentatif, Frédéric Moreau, et il raconte sa vie, son amour pour Mme Arnoux et son incapacité à orienter son destin. Mais il ne peut pas tout raconter. Dans son histoire, il va choisir :

- **le genre littéraire :** il sera réaliste et non fantastique, ou policier... Ce qui implique une certaine façon de décrire les personnages, d'analyser leur psychologie et de dénoncer leurs illusions. Au moment où il écrit, le romancier évoque-t-il des événements déjà advenus (roman historique), contemporains à sa narration, ou à venir (science-fiction) ? Dans *L'Education sentimentale,* Flaubert ouvre son récit sur des événements précédant la révolution de 1848 et clôt l'action à peu près au moment où il achève de rédiger son roman, autrement dit sous le Second Empire. Ainsi, le temps du récit rejoint celui de la narration.

- **le point de vue** qui oriente la narration : qui va parler ? L'auteur ? Le narrateur ? Le personnage ? Flaubert multiplie les modes de la narration : il fait se succéder les dialogues au style direct, les monologues à l'indirect libre et l'évocation de l'action.

- **Le temps de la narration :** Flaubert situe son histoire dans la chronologie historique et commence son récit au moment où Frédéric retourne chez sa mère, en province, puis il évoque certains événements de sa vie privée en y enchâssant les épisodes historiques de la révolution de 1848 et de la réaction qui suivit. Il ne parle pas du Second Empire et ce silence en dit long sur ses opinions politiques et ses contradictions personnelles.

● **La localisation dans l'espace :** dans *L'Education sentimentale,* Paris s'impose comme le lieu de l'action, ou de la prétendue action, alors que la province apparaît à chaque fois que le personnage se replie sur lui-même. L'espace prend donc une signification symbolique.

L'ensemble de ces procédés converge vers le sens général de l'œuvre : Flaubert veut suggérer le vide de l'existence et d'une société au travers du récit d'une vie toute pétrie d'incertitudes et de revirements. Les expériences de Frédéric Moreau sont exemplaires : elles témoignent de la médiocrité de son époque.

Dans nos commentaires, nous avons conservé certains repères pour faciliter votre lecture : nous titrons leurs différentes parties ou conservons leur numérotation (chiffres romains pour les parties, chiffres arabes pour les sous-parties). Mais vous devez effacer ces indications dans vos devoirs.

Bibliographie
(pour élèves avertis)

Roland Bourneuf et Réal Ouellet, *L'Univers du roman*, PUF, 1972.
Gérard Genette, *Figures III*, Seuil, 1973.
Marthe Robert, *Romans des origines et origines du roman*, Gallimard, 1972.
Michel Raimond, *Le Roman*, Armand Colin, « Cursus », 1988.

FICHE TECHNIQUE 1

La question du point de vue

L'auteur et sa réalité

Qui écrit un roman si ce n'est son auteur ? Cependant, pour donner plus de crédibilité à un genre déprécié à l'origine, nombreux sont les romanciers qui prétendent rapporter une histoire vraie, bien qu'ils produisent un récit purement fictif. Au XVIIe et au XVIIIe siècle, l'auteur présente son texte en lui donnant la caution d'un « éditeur », qui aurait découvert ou recueilli un manuscrit dont il garantit l'authenticité. Ainsi, au début des *Liaisons dangereuses,* Laclos avertit son lecteur dans un préambule et annonce qu'il a trouvé des lettres utiles à l'édification des jeunes gens.

Ce procédé a pour fonction de créer **l'illusion romanesque,** de présenter les faits racontés comme s'étant réellement déroulés et donc de déterminer un certain type de lecture du récit. L'auteur dispose de différentes possibilités pour accentuer cette illusion de réel ou, à l'inverse, pour en jouer.

Il existe, ainsi, toute une série de degrés entre les deux pôles suivants : l'auteur veut donner l'illusion d'un récit absolument authentique en lui-même, en dehors de sa participation à l'action ; à l'opposé, Flaubert voulait écrire des romans « sur rien » et qui « se tiennent » tout seuls, comme une cathédrale, par la seule vertu du style. En outre, le romancier peut rompre la continuité de l'intrigue en se mettant en scène alors même qu'il écrit son récit : ainsi, dans *Jacques le Fataliste*, Diderot s'accorde quelque répit lorsqu'il estime avoir suffisamment évoqué ses héros ; dans *Noé*, Giono raconte quels procédés lui inspira son précédent roman, *Un roi sans divertissement*. Ces deux romanciers prennent donc comme objet leur propre technique de création.

L'auteur et son lecteur

En réalité, vous savez bien que personne ne peut avoir la même vision des choses sur un même événement : quand vous êtes en classe, vous voyez vos camarades à partir d'un certain angle de vue et aucun des élèves d'une même classe ne peut percevoir ou ressentir exactement la même chose à un moment précis. Ainsi, quand vous commencez à lire un roman, vous avez sous les yeux la perception de l'histoire particulière à l'auteur : celui-ci oriente votre vision des choses en fonction de son propre projet. **Le pacte narratif** se noue entre l'auteur et vous (lecteur imaginé par l'auteur lorsqu'il écrivait son récit). Le romancier adopte un **point de vue** particulier sur l'histoire qu'il met en récit. Dès lors, soit il choisit de donner sa version des faits comme la seule bonne, soit il admet le caractère relatif de toute narration ; dans le premier cas, il est omniscient, dans le second, il choisit un angle de vision particulier.

Qui parle dans le roman ?

Quittons, à présent, la vie réelle et tenons-nous-en à l'univers propre au roman. Plongeons-nous dans la fiction. En effet, l'auteur écrit son texte mais il ne s'exprime pas en tant qu'individu par le truchement de ses personnages ou même de son narrateur. Dès que vous parlez de héros, vous évoquez des êtres de fiction et vous ne devez surtout pas confondre la personne de l'auteur et les protagonistes de l'intrigue. Auteur de *Le Rouge et le Noir*, Stendhal n'est pas Julien Sorel, bien qu'il eût, sans doute, voulu lui ressembler : **toute créature imaginaire reflète une tendance de son créateur, mais ne saurait le représenter tout entier.**

- **Le roman à la première personne** réduit le point de vue à un seul angle de vision; il présente les faits à partir du point de vue d'un narrateur central; soit celui-ci raconte les aventures d'autrui sans y participer et il revêt les caractéristiques du **narrateur-témoin,** comme les différents narrateurs qui se succèdent dans *Un roi sans divertissement* de Giono; soit, en tant que **narrateur-auteur,** il relate ses propres expériences, à l'instar du narrateur de *A la recherche du temps perdu* de Proust. On dit alors que le point de vue est intérieur à la narration : nous n'en savons pas plus sur l'action et ses héros que le narrateur central. Ce type de narration convient parfaitement au journal, aux mémoires, aux lettres...

- **Le roman à la troisième personne** présente les événements de l'extérieur. Deux cas peuvent alors se rencontrer : soit le romancier est omniscient et pénètre dans la conscience intime de ses personnages; c'est le cas du romancier réaliste type qu'incarne Balzac : la narration se charge de donner toutes les informations possibles sur la personnalité et le physique des personnages — sans que, pour autant, on puisse dire que l'auteur prenne constamment la parole. Soit le romancier raconte les faits et gestes de ses héros sans les commenter; les auteurs américains affectionnent souvent ce mode de narration.

Cependant, il ne faut pas imaginer que l'auteur choisit un seul mode de narration : il peut varier le point de vue à l'intérieur d'un même récit. Ainsi, dans *L'Education sentimentale,* tantôt Flaubert se met à la place de son héros et réduit la portée de sa vision, tantôt il prend quelque distance avec son personnage pour émettre un jugement d'ordre général.

TEXTE 1

Denis Diderot (1713-1784)
Jacques le Fataliste
(écrit en 1773-75)

JACQUES. — Ce fut peu de temps après cette aventure, qui vint aux oreilles de mon père et qui en rit aussi, que je m'engageai, comme je vous ai dit...

Après quelques moments de silence ou de toux de la part de Jacques, disent les uns, ou après avoir encore ri, disent les autres, le maître s'adressant à Jacques, lui dit : « Et l'histoire de tes amours ? » – Jacques hocha de la tête et ne répondit pas.

Comment un homme de sens, qui a des mœurs, qui se pique de philosophie, peut-il s'amuser à débiter des contes de cette obscénité ? – Premièrement, lecteur, ce ne sont pas des contes, c'est une histoire, et je ne me sens pas plus coupable, et peut-être moins, quand j'écris les sottises de Jacques, que Suétone quand il nous transmet les débauches de Tibère. Cependant vous lisez Suétone, et vous ne lui faites aucun reproche. Pourquoi ne froncez-vous pas le sourcil à Catulle, à Martial, à Horace, à Juvénal, à Pétrone, à La Fontaine et à tant d'autres ? Pourquoi ne dites-vous pas au stoïcien Sénèque : « Quel besoin avons-nous de la crapule de votre esclave aux miroirs concaves ? » Pourquoi n'avez-vous de l'indulgence que pour les morts ? Si vous réfléchissiez un peu à cette partialité, vous verriez qu'elle naît de quelque principe vicieux. Si vous êtes innocent, vous ne me lirez pas ; si vous êtes corrompu, vous me lirez sans conséquence. Et puis, si ce que je vous dis là ne vous satisfait pas, ouvrez la préface de Jean-Baptiste Rousseau, et vous y trouverez mon apologie. Quel est celui d'entre vous qui osât blâmer Voltaire d'avoir composé *la Pucelle* ? Aucun. Vous avez donc deux balances pour les actions des hommes ? « Mais, dites-vous, *la Pucelle* de Voltaire est un chef-d'œuvre ! » – Tant pis, puisqu'on ne l'en lira que davantage. – Et votre *Jacques* n'est qu'une insipide rapsodie de faits les uns réels, les autres imaginés, écrits sans grâce et distribués sans ordre. – Tant mieux, mon *Jacques* en sera moins lu. De quelque côté que vous vous tourniez, vous avez tort. Si mon ouvrage est bon, il vous fera plaisir; s'il est mauvais, il ne fera point de mal. Point de livre plus innocent qu'un mauvais livre. Je m'amuse à écrire sous des noms empruntés les sottises que vous faites; vos sottises me font rire; mon écrit vous donne de l'humeur.

Situation du texte

Dans *Jacques le Fataliste*, Diderot se moque des conventions romanesques et intervient fréquemment dans le cours du récit pour remettre en cause l'illusion romanesque. L'auteur évoque les errances de Jacques et de son Maître. Le premier personnage prend la parole pour faire le récit de ses amours au second personnage. Jacques devient alors un narrateur qui se remémore une histoire ancienne. Tout se passe alors comme si Jacques, héros de la narration (celui qui raconte son histoire) était un conteur : il est donc narrateur-acteur d'un récit déjà advenu. Mais il est aussi le héros de la narration qui est en train de se faire puisque Diderot prend la parole sous le masque de la fiction. Jacques a donc une double fonction, celle de narrateur-acteur dans son propre récit et celle de héros dans le récit général.

Jacques vient de raconter à son Maître une de ses aventures amoureuses, différant ainsi «l'histoire de ses amours» proprement dites... L'auteur intervient sous le masque du narrateur-témoin des actions de Jacques et son Maître.

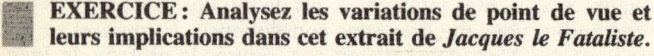

EXERCICE : Analysez les variations de point de vue et leurs implications dans cet extrait de *Jacques le Fataliste*.

▶ CORRECTION

Idée générale

Vous remarquez, d'emblée, que chaque paragraphe présente un point de vue particulier : ce n'est jamais la même personne qui parle. En effet, l'ensemble du texte met en forme, de manière fictive, le progrès à la fois d'une narration en train de se faire et d'une lecture qui suscite des commentaires.

Progression du texte

Le texte progresse en se remettant en cause lui-même : au récit de Jacques succède le récit d'ensemble à la troisième personne, qui enchaîne sur le dialogue entre l'auteur et le lecteur.

Réfléchissez donc aux éléments les plus importants : d'abord, à un premier degré, le point de vue de la narration; puis, la présentation du lecteur fictif; enfin, l'intérêt que présentent les jeux sur le point de vue pour l'auteur.

▶ TRAVAIL PREPARATOIRE AU COMMENTAIRE COMPOSE

I. Identifiez le point de vue de la narration dans chacun des paragraphes du texte

1. Le récit de Jacques et ses caractéristiques

Dans le premier paragraphe, Jacques prend la parole directement pour achever l'**histoire** de l'une de ses aventures. Le **récit de Jacques** est fait à la première personne (puisque le narrateur-acteur raconte sa propre histoire) et au passé simple (parce que les événements sont passés).

On a là le dénouement d'**un récit particulier** à l'intérieur du **récit d'ensemble**. Dans ce récit d'ensemble, la structure du dialogue est empruntée au théâtre puisque chaque personnage prend directement la parole; les interventions sont précédées de l'indication des noms des héros.

2. Le récit d'ensemble

Dans le deuxième paragraphe, de transition, le point de vue change; certes, les propos du Maître sont rapportés au style direct mais ils se retrouvent enchâssés dans le **récit d'ensemble**; le récit d'ensemble est écrit à la troisième personne et au présent de narration. En outre, l'incise **« disent les uns »** témoigne de la présence indirecte du narrateur.

Donc, la distance entre le narrateur et le lecteur semble diminuer. Inversement, les personnages reculent à l'arrière-plan.

En effet, Jacques et son Maître sont des créatures inventées par Diderot: l'auteur feint de reproduire un discours authentique. L'auteur raconte donc une **histoire d'ensemble**, celle de Jacques qui raconte son propre récit. On appelle ce procédé qui consiste à raconter l'histoire de quelqu'un qui raconte son histoire, une mise en abyme (de la même manière, il vous arrive de regarder votre télévision et de voir sur l'écran une télévision et ainsi de suite). L'auteur élabore ainsi une **narration d'ensemble** où Jacques joue le rôle du héros — et non plus du narrateur-acteur de ses propres aventures.

3. Le dialogue de Diderot-narrateur et de son lecteur

Diderot imagine un lecteur fictif; il invente un interlocuteur, de la même manière qu'il a forgé de toutes pièces l'histoire de Jacques et de son Maître. En effet, pensez-vous vous identifier au lecteur bougon dont il est question dans ce texte? Tout le monde ne répondra pas par l'affirmative. Aussi voyons-nous que Diderot fait la satire d'un certain type de public. Son lecteur intervient directement dans le récit et, au dialogue des personnages, succède celui du narrateur et de son prétendu lecteur.

Transition

Jacques le Fataliste est un ouvrage particulièrement représentatif des variations de points de vue : pratiquant le style parlé de la conversation à bâtons rompus, il constitue une critique de l'illusion romanesque, bien avant que les Nouveaux romanciers, au XXe siècle, remettent en cause le credo réaliste au sens strict et réducteur de l'expression.

II. Le dialogue entre le lecteur et le narrateur

1. La personnalité du lecteur fictif

Le lecteur est un individu acariâtre. Diderot le fait intervenir deux fois : le lecteur commence par se piquer de moralité et son premier reproche porte sur l'obscénité du texte. Ensuite, il fait une distinction entre *La Pucelle* de Voltaire et le livre qu'il est censé lire, *Jacques le Fataliste* : pour lui, le premier ouvrage est un chef-d'œuvre ; il ne saurait, manifestement, en dire autant du second. Le lecteur apparaît donc comme un personnage qui se veut moralisateur (de nos jours, il aurait fait partie d'un comité de censure) et qui prononce des jugements partiaux. La personnalité du lecteur fictif emprunte ses traits aux caractéristiques de la critique contemporaine de Diderot ; celle-ci prônait la nécessité d'observer le principe de vraisemblance et l'impératif de moralité.

2. Les critiques du lecteur fictif

Dans sa deuxième intervention, la critique du lecteur se fait plus générale : auparavant, il a stigmatisé le caractère libertin des propos de Jacques ; puis il remet en cause la qualité de tout le roman en soulignant ses incohérences ; il regrette donc la discontinuité du récit et les interférences introduites par les interventions d'auteur : « votre *Jacques* n'est qu'une insipide rapsodie de faits les uns réels, les autres imaginés, écrits sans grâce et distribués sans ordre. » Il reproche à l'auteur l'absence de logique de son récit d'ensemble et le manque d'élaboration stylistique.

3. Le plaidoyer de Diderot

Diderot se défend de l'accusation d'immoralité en faussant la relation de la fiction à la réalité. Dans *Jacques le Fataliste*, il raconte des aventures inventées du début à la fin. Néanmoins, il n'hésite pas à se comparer à des historiens qui font autorité à son époque, comme Suétone. Cet historien de l'Antiquité rapporte des faits vrais et, au nom de l'authenticité, le lecteur ne lui reprochera pas le récit des débauches de Tibère, empereur romain connu pour son libertinage et ses excès de tous ordres. Ainsi, se déduit l'un des fondements de la création littéraire pour Diderot, qui constituera une des bases de l'art romantique au siècle suivant : le critère de la moralité n'est pas pertinent en art. Aussi enchaîne-t-il sur toute une pléiade d'auteurs, comme Catulle, Horace, La Fontaine, poètes de l'amour; Martial, Juvénal et Pétrone, peintres satiriques des mœurs décadentes de l'Empire romain; La Fontaine, auteur de contes drôlatiques...

Transition

Pour Diderot, la critique concernant l'immoralité d'un ouvrage s'enracine dans la mentalité du lecteur lui-même, trahit un défaut qui lui est propre et ne préjuge en rien de la qualité de l'œuvre en elle-même. « Si vous êtes innocent, vous ne me lirez pas; si vous êtes corrompu, vous me lirez sans conséquence. » Donc, seul le lecteur mal intentionné peut déceler des sous-entendus graveleux dans un livre qu'il est libre de lire ou d'abandonner sur-le-champ.

III. Le jeu sur l'histoire et le récit

1. Le brouillage entre l'auteur et le narrateur

Au travers des propos qu'il fait tenir à son lecteur fictif, Diderot introduit un brouillage entre sa personne en tant qu'auteur du livre et le narrateur du récit d'ensemble. Il se met en scène lui-même; l'expression « un homme de sens, qui a des mœurs, qui se pique de philosophie » désigne la personne de l'auteur et non celle du narrateur. Plus loin, il renvoie son lecteur à « la préface de Jean-Baptiste Rousseau »; la référence à un personnage historique a pour fonction d'accréditer les dires de Diderot, de présenter ses affirmations comme absolument vraies. Il surenchérit en évoquant la tragédie de Voltaire, *La Pucelle*.

2. Le « conte » et « l'histoire »

Le distinguo entre « conte » et « histoire » prend acte de la terminologie de l'époque où écrit Diderot. Le verbe « conter » désigne la narration d'événements imaginaires, par opposition à « histoire », qui fait allusion à des faits authentiques. Aussi Diderot commence-t-il par faire allusion à Suétone, autrement dit à un historien qui rapporte des faits sans les interpréter. En effet, le propre de l'historien par rapport au romancier, consiste à ne pas transformer les témoignages en les interprétant. Donc, comme ses contemporains, Diderot tient à réhabiliter le genre, décrié, du roman en donnant son récit comme authentique. Bien entendu, il ment puisqu'il a forgé son histoire de toutes pièces.

3. Le masque de la fiction

Mais, allons plus loin : Diderot ne s'en tient pas à la relation directe entre les faits de l'histoire réelle et ceux du récit fictif. Il veut prouver que le romancier imite la réalité dans ce qu'elle a de plus profond : en inventant, l'auteur atteint le plus profond de l'homme, sa réalité propre. L'œuvre d'art fonctionne sur le plan du symbole. C'est ce qui apparaît, clairement, lorsqu'il affirme : « Je m'amuse à écrire sous des noms empruntés les sottises que vous faites; vos sottises me font rire; mon écrit vous donne de l'humeur. » Dès lors, Diderot se dissocie à la fois de ses personnages, Jacques ou le Maître, et de son narrateur : écrivant sous « des noms empruntés », il dénonce la bêtise des hommes. Il est l'auteur de ces héros de fiction qui lui servent à critiquer les errements de ses semblables. Diderot retourne alors la situation à son profit : son but est moralisateur parce qu'il met en évidence les défauts des hommes au travers du récit de leurs erreurs. Le mécontentement du lecteur trahit sa propre sottise : il réagit vivement parce qu'il se sent concerné par la peinture satirique de Diderot. Aussi se retrouve-t-il pris à son propre piège.

Conclusion

Dans ce passage de *Jacques le Fataliste*, Diderot intègre la défense et la critique du roman à l'intérieur de la trame narrative. Il se démasque pour mieux souligner les incohérences des censeurs moralisants de son époque mais son portrait du romancier va plus loin qu'un simple plaidoyer *pro domo* : il exploite à merveille la plasticité du genre pour multiplier les angles d'attaque contre la société de son temps.

COMMENTAIRE COMPOSÉ 1

Jean Giono (1895-1970)
Noé

Jean Giono a toujours pratiqué le mensonge : pour transformer une réalité morne et plate, pour oublier les vicissitudes du sort, vivre dans l'imaginaire lui apparaît comme idéal. Dans ses romans, il projette les représentations fictives que lui inspire sa vision sciemment déformée de la réalité. Dans *Noé*, il prend comme sujet de sa narration, d'une part, ses errances dans l'imaginaire et, d'autre part, ses promenades dans Marseille et les visions qu'elles engendrent. Dans le passage ci-dessous, qui ouvre *Noé*, il se remémore l'état psychologique dans lequel il se trouvait au moment où il achevait sa première chronique, *Un roi sans divertissement*.

TEXTE 2

Jean Giono
Noé
1947

Je prononce d'abord la formule d'exorcisme moderne : *Les héros de ce roman appartiennent à la fiction romanesque, et toute ressemblance avec des contemporains vivants ou morts est entièrement fortuite; fortuite également toute similitude de noms propres.*

Rien n'est vrai. Même pas moi; ni les miens; ni mes amis. Tout est faux.

Maintenant, allons-y. Ici commence *Noé*.

Je venais de finir d'écrire *Un roi sans divertissement*. La tête de Langlois venait à peine d'éclater sur mon papier que je me suis dit (et très violemment) : « Tu as mené ce personnage jusqu'au bout de son destin. Il est mort, maintenant. Il est là, étendu par terre dans son sang et sa cervelle répandus. Là-bas, Delphine et Saucisse viennent d'ouvrir la porte du *bongalove;* elles appellent Langlois comme si elles espéraient qu'il va encore pouvoir leur répondre. Et, est-ce qu'il ne leur répond pas, tel qu'il est là ? Est-ce que ce n'est pas une réponse suffisante ? Si tu fais tant que d'attendre que Delphine arrive au bord du carnage avec ses petits souliers fins; si tu fais tant que d'essayer de la décrire, retroussant ses jupes au-dessus du sang et de la cervelle de Langlois comme au bord d'une flaque de boue, tu vas voir que Delphine va vivre. Alors, tu n'as pas fini. Tu sais bien qu'elle est toute neuve. Est-ce qu'elle était préparée à cet éclat ? Non. Tu l'as dit toi-même : elle avait rangé soigneusement les boîtes à cigares de chaque côté de la glace de la cheminée. Et n'oublie pas que tu as parlé de ce tablier blanc (impeccable, à bavette brodée) qu'elle faisait porter à sa petite bonne dans la maison de Grenoble. Tout ça, ce sont des signes. Amène-la seulement jusqu'ici; attends qu'elle ait traversé le labyrinthe de buis (où tu entends déjà qu'elle court en frappant les dalles de ses talons de bottines comme une biche frappe les rochers de ses sabots) et tu verras qu'elle va vivre. Termine-moi ça *rondo,* pour le moment. Tu ne peux pas te payer le luxe d'une Delphine. »

Jean Giono, *Noé*
© Editions Gallimard

▶ TRAVAIL PRÉPARATOIRE

Lancez-vous en essayant d'organiser votre réflexion, du plus évident au plus complexe : la première phase de votre travail doit s'inspirer d'une lecture « naïve » du texte (ne se référant qu'à lui et pas à d'autres textes, ce qui pourrait vous orienter dans une mauvaise voie); la deuxième phase porte sur la stratégie de l'auteur : une fois que vous avez identifié ce qu'il fait, cherchez comment il le fait; la troisième phase engage votre interprétation du travail de l'auteur : pourquoi s'intéresse-t-il à telle ou telle question? Que nous dit sa façon de s'exprimer, sur son point de vue?

Première phase

I. Commencez par vous poser quelques questions simples en vous inspirant des éléments d'analyse propres au texte romanesque qui viennent de vous être donnés.

1. La situation de communication

— Qui parle dans ce passage? C'est Giono.
— A qui parle-t-il? A son lecteur.
— A quel moment du récit s'adresse-t-il à ce lecteur fictif? Au tout début, dès les premières lignes.

2. Le contenu du message

— De quoi parle-t-il? De ses propres romans; d'abord de celui qu'il commence, *Noé,* et puis de celui qu'il vient d'achever, *Un roi sans divertissement*.
— Quelles sont les préoccupations de l'auteur? D'abord (1er paragraphe), il tient à présenter *Noé* comme une pure fiction. Ensuite (4e paragraphe), il revient sur *Un roi sans divertissement* et il semble regretter la nécessité de l'achever sans évoquer la destinée de Delphine, l'épouse de son héros, Langlois.

Deuxième phase

II. Maintenant, identifiez la manière dont Giono rédige son texte et présente son roman.

1. La situation de communication

— **L'auteur :** comment se présente-t-il? Il ne décrit pas son apparence physique; il n'écrit pas, en effet, ses mémoires. A l'inverse de Montaigne, qui fait son propre portrait dans les *Essais* (XVIe siècle), il prend simplement la parole pour expliquer les mécanismes de son imaginaire.

— **Le lecteur :** à l'inverse de Diderot, Giono ne s'adresse pas à un individu bien particulier; son lecteur demeure une personne abstraite.

— **La narration** est évoquée au moment même où elle est censée se faire, mais elle revient sur le passé à la faveur d'une rétrospection qui a une fonction explicative.

2. Le contenu du message

— Il porte sur le travail du romancier, sur la création romanesque. Celle-ci est définie comme un processus purement imaginaire qui s'élabore à la faveur de rapprochements : Langlois se marie avec Delphine, donc Delphine est un personnage intéressant, donc il serait possible de raconter sa vie, à elle. En outre, le romancier n'est pas libre, il ne peut pas terminer son œuvre de n'importe quelle façon : il s'exhorte lui-même à abandonner une description qui alourdirait son texte.

Troisième phase

III. A présent, cherchez quelles sont les conséquences de l'approche de Giono.

1. La situation de communication

— **L'auteur :** il s'exprime en son nom et ne se réfère pas à la pratique des autres romanciers. En outre, il se parle à lui-même : c'est une façon de suggérer la dualité, de distinguer Giono-auteur de Giono-homme.

— **Le lecteur :** dans ses relations, neutres, avec son lecteur, Giono n'engage pas de polémique. Il évoque son activité et il la donne comme naturelle, sans se soucier ni des censeurs ni des moralisateurs — alors que son héros baigne dans le sang et que ce spectacle aurait pu lui valoir des critiques appuyées. Donc : nous avons une définition d'une pratique personnelle de la création romanesque et non un plaidoyer ou un essai critique.

2. Le contenu du message

a) La **création romanesque** est purement **imaginaire;**
b) mais elle n'est **pas totalement libre.** Elle s'appuie sur un fond objectif et logique :
— objectif d'abord : **les qualités du romancier,** ses propres interrogations (« si tu fais tant que d'essayer de la décrire (...) ») ;
— logique ensuite : **les exigences de la création** elle-même : il faut suivre la logique du texte et le dénouement est déterminé par tout ce qui précède (« Tu as mené ce personnage jusqu'au bout de son destin ») ; de la même manière, un personnage suit l'évolution impliquée par ses premières apparitions (« Tout ça, ce sont des signes »).
c) elle implique donc tout un **travail de sélection** des éléments imaginaires — ce que Giono-homme regrette, mais que Giono-auteur juge nécessaire : « Tu ne peux pas te payer le luxe d'une Delphine. »

96 / *Le roman*

▶ TRAVAIL AU BROUILLON

Organisez tous les éléments. D'abord, fixez-vous une ligne directrice en rédigeant l'introduction.

- **Situation du texte** : extrait d'un ouvrage de Giono, auteur contemporain, ce passage ouvre *Noé,* titre symbolique d'un livre qui évoque les mécanismes de la création romanesque.

- **Idée générale** : le passage est centré sur le travail de l'imaginaire propre au romancier et, plus précisément encore, sur une des préoccupations du créateur, la nécessité d'opérer une **sélection** dans l'histoire pour mettre en récit une intrigue logique et cohérente.

- **Plan détaillé** : dans les trois premiers paragraphes, forts brefs, l'auteur commence par un petit préambule ironique qui prend le contre-pied de toutes les affirmations des romanciers du XVIIIe siècle, soucieux d'accréditer l'authenticité de leur récit ; pour lui, la création artistique repose sur **l'invention** pure et simple des éléments de la fiction.

Puis, Giono enchaîne sur une rétrospection qui porte non pas sur le récit à venir mais sur le roman qu'il vient d'achever et il envisage une suite au dénouement. Ce retour en arrière souligne la **continuité non de l'histoire qu'il va raconter, mais du processus de création**.

▶ PLAN DU COMMENTAIRE COMPOSÉ

Réfléchissons à **l'axe de l'analyse** : le romancier prend comme objet de sa narration le processus de sa création. Quels sont les éléments importants qui méritent une analyse poussée ?

I. L'invention.
— comment s'élabore-t-elle ?
— est-elle totale ?
— quelles sont les implications de ce processus ?

II. La sélection des éléments de l'histoire.
— est-elle justifiée ? Arbitraire ?
— pourquoi ?
— conséquences ?

III. Le romancier et ses créatures.
— le romancier et l'illusion romanesque.
— comment l'auteur dialogue-t-il avec lui-même ?
— qu'est-ce que son état d'esprit trahit sur sa personnalité profonde ?

A présent, développons

I.1. L'invention romanesque, prétend Giono dans *Noé*, n'emprunte rien à la réalité. L'histoire dont la narration produit le récit serait la résultante d'un processus imaginaire. En effet, d'une manière quelque peu provocatrice, l'auteur reprend la formule stéréotypée qui revient souvent dans les génériques de films et qui présente les faits comme purement fictifs : « Les héros de ce roman appartiennent à la fiction romanesque, et toute ressemblance avec des contemporains vivants ou morts est entièrement fortuite ; également toute similitude de noms propres. » Le récit réfléchit sur lui-même pour revendiquer son caractère imaginaire.

I.2. Puis Giono revient sur *Un roi sans divertissement* pour réfléchir à la nécessité du dénouement. Aussi son point de vue repose-t-il sur un paradoxe apparent : d'une part, l'auteur affirme que la création naît de l'imaginaire : d'autre part, il constate qu'il ne peut pas terminer son roman de n'importe quelle façon. L'invention est gouvernée par les lois mêmes de la création. Giono a centré la perspective d'*Un roi sans divertissement* sur la personnalité de son héros, Langlois : après avoir évoqué le suicide de ce dernier, il ne peut donc enchaîner sur une nouvelle histoire. « Tu ne peux pas te payer le luxe d'une Delphine », lance Giono-auteur à Giono-homme. Il existe donc une « logique du récit » (dont Roland Barthes dit qu'elle est identique à celle de la phrase grammaticale). En outre, la personnalité d'un personnage se construit au fil de la narration et le romancier ne peut qu'avancer à partir de ces premières données : il a déjà décrit Delphine et il doit développer ces premiers indices, sinon son personnage n'aurait plus aucune crédibilité psychologique : « Tu l'as dit toi-même (...) n'oublie pas que tu as parlé de ce tablier blanc (...). Tout ça, ce sont des signes. » L'invention romanesque doit donc tenir compte des lois logiques et psychologiques.

I.3.   D'emblée, Giono tient à se distinguer des auteurs qui, dans les siècles précédents, donnaient leurs analyses comme tout à fait authentiques. Cette prise de position initiale témoigne de l'importance acquise par le roman dans le domaine de la création littéraire, puisqu'il n'est plus besoin de cautionner l'histoire pour produire un récit. Mais, pour Giono, le roman constitue un genre noble : il se distingue des Nouveaux romanciers qui veulent dénoncer la subjectivité de la création romanesque en intégrant dans leur récit la présence d'un narrateur ou en soulignant le caractère particulier de toute vision du monde. Giono affirme : « Tout est faux », parce qu'il prône le retour à l'une des vraies richesses de l'homme, son monde intérieur.

Transition : Giono occupe donc une place tout à fait originale dans le panorama des auteurs contemporains. Il veut écrire de vrais romans racontant des histoires crédibles et il ne sacrifie pas le déroulement de l'intrigue à la dénonciation de la relativité du point de vue romanesque.

II.1.   L'attention du narrateur se porte sur un personnage féminin qu'il a introduit à la fin d'*Un roi sans divertissement,* Delphine, l'épouse du héros, Langlois. Par deux fois, revient le même constat : « Delphine va vivre, elle va vivre. » Le romancier doit se défier de lui-même, de son propre imaginaire. En effet, s'il développe les réactions de cette jeune femme, il ne pourra pas achever son récit. Il faudra qu'il enchaîne sur les réactions de la malheureuse devant le corps de son mari, qui vient de se suicider en «fumant» un bâton de dynamite. Or le dénouement tel qu'il existe est satisfaisant pour le sens du récit et l'ellipse finale impose avec d'autant plus de force la conclusion de l'œuvre. Langlois baigne dans son sang et l'auteur ne produit aucun commentaire sur le sens de son action. «Et est-ce qu'il ne leur répond pas, tel qu'il est là?» Le récit des événements suffit à la compréhension de l'intrigue et demeure cohérent avec la psychologie d'un personnage très mystérieux. En ce sens, la mort tragique du héros, l'absence de commentaire se justifient à la fois par le caractère du personnage et par la nature symbolique de toute narration romanesque.

II.2. Le caractère arbitraire ou justifié d'un épisode découle de la logique propre à l'ensemble du récit: en l'occurrence, la narration qui précède amène la conclusion d'*Un roi sans divertissement*. Si l'auteur évoque les réactions de Delphine, il prend alors le risque de commencer une nouvelle histoire, de briser la continuité de son premier récit: «Alors, tu n'as pas fini. Tu sais bien qu'elle est toute neuve.» Déjà, l'imaginaire de Giono paraît prêt à développer les signes dont il parsème son récit. En outre, la psychologie de Delphine est décelable au travers des indices qui, dans la description, la donnent comme une personne bien propre et bien rangée. Il semble presque inconvenant que la jeune femme puisse prendre quelque importance après le suicide sanglant de Langlois. C'est en vertu d'un contexte psychologique défini qu'elle ne peut apparaître avec «ses petits souliers fins, retroussant ses jupes». Le dénouement dramatique d'*Un roi sans divertissement* porte sa propre fatalité et il exclut toute intervention de Delphine.

II.3. Comme Giono le dira par la suite, le romancier doit suivre le fil de sa narration, alors qu'un peintre peut fixer sur sa toile l'ensemble des actions réalisées par plusieurs personnages en même temps. Giono remet en question la limitation de l'expression verbale qui oblige le créateur à respecter une logique intellectuelle. Nous sommes loin des fameuses coupures que Flaubert faisait subir à ses textes romanesques, ne laissant subsister que l'épure de ses premières ébauches. Cependant, nous retrouvons l'idée traditionnelle selon laquelle la créature s'impose à son auteur : « Tu sais bien qu'elle est toute neuve. » Le personnage semble pouvoir vivre une existence autonome, bien qu'il surgisse de l'imaginaire de son auteur.

Transition : pour Giono, on ne peut parler d'inspiration au sens traditionnel du terme. Le mythe du poète inspiré par sa muse, la figure du romancier éditeur d'un manuscrit retrouvé, apparaissent comme autant de fictions. Le roman s'impose comme une transposition de l'imaginaire et engage une vision du monde particulière.

III.1. L'histoire du romancier s'ouvre sur une rétrospection concernant le processus de sélection des éléments qui vont créer l'intrigue. Nous pénétrons donc dans le cerveau du créateur. Mais il nous met en garde : « Rien n'est vrai. Même pas moi (...) ». En ce sens, Giono, en tant que personne, demeure extérieur à son récit : celui qui dit « je » dans le texte ne doit pas être confondu avec l'auteur qui recrée le processus de sélection. Dans *Noé*, Giono prend donc ses distances avec l'illusion romanesque : « Rien n'est vrai. Même pas moi ; ni les miens ; ni mes amis. » Il fait allusion à la situation de communication définie par le passage à étudier et il souligne le fait que celui qui parle incarne, lui aussi, une créature issue de son imaginaire. Le lecteur est renvoyé à la pure fiction : il pénètre dans le laboratoire du romancier.

III.2. L'auteur dialogue avec lui-même et son style parlé, familier, reproduit les injonctions qu'il se lance. Les impératifs (« Amène-la, attends, termine-moi ça »), les interrogations multiples témoignent de la résistance de Giono-homme. Giono-auteur apparaît comme une sorte de censeur qui s'imposerait à lui-même sa propre nécessité. Ainsi, la détermination de tel ou tel épisode ne répond pas au respect de règles formelles, mais résulte d'une nécessité intérieure. Cependant, bien qu'il s'en défende, Giono ébauche une description de la jeune femme, qu'il estime sacrifiée. Elle semble presque se matérialiser : « Elle court en frappant les dalles de ses talons de bottines comme une biche frappe les rochers de ses sabots. » La comparaison en forme trahit le mécanisme de la création analogique.

III.3. L'état d'esprit de l'auteur trahit sa personnalité profonde : il fait trembler la frontière qui sépare le réel (ou prétendu tel) et l'imaginaire. En effet, Giono n'a cessé de vivre sur le mode de la fiction : la réalité ne constituait, pour lui, qu'un support favorisant l'envol vers la métamorphose.

Conclusion : dans la chronique intitulée *Noé*, Giono tient en quelque sorte le journal de sa propre création. Sans faire de théorie, il montre que le romancier se nourrit de ses propres rêves pour produire une création purement humaine. A l'inverse de Pascal, il donne ce divertissement comme la qualité propre à l'être humain : l'imagination n'est plus la folle du logis, mais le moyen de se dépasser. L'œuvre de Giono s'inscrit alors dans le mouvement contemporain d'exploration des mécanismes de la création. Elle nous convainc que la vérité n'est pas une, mais plurielle.

FICHE TECHNIQUE 2

Le conte philosophique voltairien

Dans ses contes philosophiques, Voltaire (1694-1778) envisage le problème du mal, de l'existence du mal sur la terre. Sa conception de la condition humaine oscille du pessimisme (le monde est déterminé par le péché originel) à l'optimisme jésuite. Il dénonce et combat le fanatisme qui transforme la religion en un ramassis de dogmes inhumains. Pour lui, l'homme doit assumer son destin dans le monde.

Forme narrative courte, le conte philosophique a un but polémique : au travers du récit des aventures survenues à un héros jeune, le plus souvent naïf, il remet en cause un système d'explication du monde trop rigide et il parodie un genre romanesque à la mode. Le conte philosophique voltairien revêt donc trois fonctions : il raconte une histoire, il critique une philosophie et il se moque de stéréotypes littéraires — ainsi *Micromégas* reprend le schéma du récit de voyage interplanétaire (proche de ce que l'on appellera plus tard la science-fiction) et *Candide* celui du roman d'aventures.

En tant que critique d'un système de valeurs, *L'Ingénu* s'impose comme une version ironique du mythe du «bon sauvage». Au XVIIIe siècle, les grands voyages et les récits des explorateurs remirent à la mode la représentation de l'homme de la nature qui avait inspiré Montaigne au XVIe siècle. Les missionnaires jésuites donnaient des «sauvages» une image moralisante, celle de tous les colonisateurs persuadés de détenir la vérité universelle. Pour le philosophe des Lumières qu'est Voltaire, «l'ingénu» est un Indien, un Huron venu du Canada, qui considère la société européenne avec un regard neuf, « ingénu » précisément. Il critique les coutumes occidentales au nom de la nature et du bon sens. Mais il finit par retrouver sa famille et par réintégrer son milieu d'origine à la faveur d'une scène traditionnelle de reconnaissance. Autrement dit, l'ingénu est un Breton que le destin a séparé de ses parents : il a été recueilli par des Canadiens et il apparaît, en France, comme une sorte d'immigré qui finit par réussir son intégration.

Du point de vue littéraire, *L'Ingénu* reprend et parodie les poncifs du roman sensible qui faisait fureur à l'époque depuis la parution de *La Nouvelle Héloïse* de Jean-Jacques Rousseau. Il se moque de la sensibilité dont font preuve les héros de ses contemporains.

104 / *Le roman*

TEXTE 3

Voltaire (1694-1778)
L'Ingénu (extrait du chapitre 9)
1767

(Un garde introduit le Huron dans le bureau d'un commis de Louvois, ministre de la guerre.)

Le Huron, tout étonné, le suit; ils restent ensemble une demi-heure dans une petite antichambre. « Qu'est-ce donc que tout ceci? dit l'Ingénu; est-ce que tout le monde est invisible dans ce pays-ci? Il est bien plus aisé de se battre en Basse-Bretagne contre des Anglais que de rencontrer à Versailles les gens à qui on a affaire. » Il se désennuya en racontant ses amours à son compatriote. Mais l'heure en sonnant rappela le garde du corps à son poste. Ils se promirent de se revoir le lendemain, et l'Ingénu resta encore une autre demi-heure dans l'antichambre, en rêvant à mademoiselle de St-Yves, et à la difficulté de parler aux rois et aux premiers commis.

Enfin le patron parut. « Monsieur, lui dit l'Ingénu, si j'avais attendu pour repousser les Anglais aussi longtemps que vous m'avez fait attendre mon audience, ils ravageraient actuellement la Basse-Bretagne tout à leur aise. » Ces paroles frappèrent le commis. Il dit enfin au Breton : « Que demandez-vous? — Récompense, dit l'autre; voici mes titres. » Il lui étala tous ses certificats. Le commis lut, et lui dit que probablement on lui accorderait la permission d'acheter une lieutenance. « Moi! que je donne de l'argent pour avoir repoussé les Anglais? que je paye le droit de me faire tuer pour vous, pendant que vous donnez ici vos audiences tranquillement? Je crois que vous voulez rire. Je veux une compagnie de cavalerie pour rien; je veux que le roi fasse sortir mademoiselle de St-Yves du couvent, et qu'il me la donne par mariage; je veux parler au roi en faveur de cinquante mille familles que je prétends lui rendre. En un mot, je veux être utile; qu'on m'emploie et qu'on m'avance ».

 EXERCICE: analysez les procédés de la satire mis en œuvre par Voltaire dans cet extrait de *L'Ingénu*.

Le conte philosophique voltairien / 105

▶ CORRECTION

- **Situation du texte :** l'Ingénu se trouve à Versailles, où il espère obtenir du roi la récompense de services rendus au pays, puisqu'il repoussa une attaque des Anglais contre le territoire breton.

- **Idée générale :** Voltaire fait de son personnage une arme qui lui sert à dénoncer l'absurdité du système administratif, son incapacité à prendre en considération la valeur de chaque individu.

- **Plan :** le premier paragraphe évoque l'attente du Huron dans l'antichambre, le second rend compte du dialogue entre l'Ingénu, incarnation du bon sens naturel, et le fonctionnaire.

- **Axe d'étude :** la critique du système administratif.

1. Son contenu

1. Dénonciation des lenteurs

La critique de l'administration s'impose comme un stéréotype littéraire : « Si j'avais attendu pour repousser les Anglais aussi longtemps que vous m'avez fait attendre mon audience, ils ravageraient actuellement la Basse-Bretagne tout à leur aise. » Voltaire ne cesse de dénoncer l'indifférence des politiques et des personnels administratifs qui envoient les hommes se battre et décident de leur massacre de leur bureau, en toute impunité.

2. Critique de la vénalité des charges

L'Ingénu ne peut comprendre que les titres soient achetés. Il ignore totalement le système qui permet à l'Etat de remplir ses caisses en distribuant des charges. Il se réfère à la loi naturelle : « Moi ! que je donne de l'argent pour avoir repoussé les Anglais ? que je paye le droit de me faire tuer pour vous, pendant que vous donnez ici vos audiences tranquillement ? »

3. Caractère aliénant de tout système

L'Ingénu ne doute de rien : il était venu à Versailles pour voir le roi, mais on se moqua de lui et il finit par accepter de rencontrer un commis, donc un personnage de peu d'importance, en apparence. Voltaire dénonce ici la pesanteur d'un système qui multiplie les barrières et interdit toute relation personnelle. En outre, le Huron s'imagine qu'on va l'employer pour ses qualités. « En un mot, je veux être utile ; qu'on m'emploie et qu'on m'avance. » Il pense qu'il suffit de produire les preuves de ses exploits pour être pris en considération et faire carrière en fonction de ce qu'il est. Or, dans un système fondé sur l'inégalité et les privilèges, l'individu ne vaut rien s'il ne représente pas une grande famille ou s'il ne bénéficie d'aucune protection.

II. Sa formulation

1. Les deux interlocuteurs

Les personnages sont davantage des fonctions que des individus à la psychologie complexe. L'Ingénu se borne à souligner les incohérences du commis et ne se gêne pas pour lui exprimer avec franchise son opinion. Cette liberté d'expression constitue l'une des caractéristiques de l'homme de la nature. Il ne s'embarrasse pas de formules de politesse et insiste avec détermination (on remarque la reprise anaphorique de « je veux », qui scande l'exposé de ses revendications). L'autre se retranche derrière son règlement et ne se départit pas de son calme. L'Ingénu expose ce que lui inspire le bon sens naturel, alors que le commis s'exprime avec laconisme.

2. Le rythme de la narration

Le rythme de la narration mime le déroulement de l'action ; dans le premier paragraphe, les notations temporelles renvoient à l'écoulement du temps qui passe avec lenteur. Au cours du dialogue tenu sur un rythme très rapide, en contraste avec la durée de l'attente, l'Ingénu s'exprime avec force et, cependant, un certain sens de la rhétorique. Voltaire ne fait pas de lui un personnage ridicule baragouinant le français. La tonalité dominante est affective : les exclamations, les interrogations soulignent l'étonnement du Huron. Celui-ci incarne le héros lucide qui n'a pas conscience de cette clairvoyance, puisqu'il ne possède pas d'autre point de vue que le sien, extérieur aux repères admis par la société française. Il évolue dans une société fermée à tout changement, figée sur des principes formels. En témoigne l'allusion aux « cinquante mille familles », qui désignent les huguenots chassés de France par la révocation de l'édit de Nantes (1685). En effet, pour se rendre à Versailles, l'Ingénu a emprunté la route de Saumur, une ville protestante vidée de ses habitants. Ainsi, l'Ingénu, ému par ce scandale, se fait l'avocat des minorités opprimées. La critique voltairienne ne cesse de fustiger les injustices les plus criantes.

3. L'humour voltairien

L'Ingénu est un homme sensible, un homme de cœur ; il aime mademoiselle de St-Yves et se confie sans réticence au garde qu'il vient de rencontrer et qui lui paraît sympathique : « Il se désennuya en racontant ses amours à son compatriote. » Voltaire fait, ici, indirectement, la parodie des techniques du roman sensible. La vraisemblance, autre caractéristique du roman sensible, renvoie au principe de réalité mais se retourne contre le bon sens logique. Dans l'extrait proposé, la situation historique précise renvoie au règne de Louis XIV, et non pas à un monde de fantaisie, quoique la guerre dont il s'agit soit plutôt du registre de la guerre en dentelles que de l'affrontement sanglant. Cependant, à force d'être réaliste, le récit dénonce la réalité dans toute son absurdité. Voltaire ne force pas les perspectives, il ne tombe pas dans la caricature ; bien au contraire, il souligne avec sobriété les incohérences du système.

108 / *Le roman*

Conclusion : cet extrait porte la marque de la critique voltairienne ; mais la dénonciation des aberrations administratives perd ici de sa virulence. Le ton de l'auteur se fait plus léger, témoignant d'une relative distance vis-à-vis des errements humains.

FICHE TECHNIQUE 3

Le Nouveau roman

Dans la première moitié du XIXe siècle, Balzac est un romancier réaliste conscient de ses objectifs : il reproduit la réalité en fonction de son projet encyclopédique, qui vise à recréer, dans *La Comédie humaine,* l'ensemble des catégories sociales de son temps, des strates économiques et politiques et des comportements psychologiques. Au cours du XIXe siècle finissant, Zola, auteur naturaliste, définit le roman expérimental comme une création littéraire qui reproduit le monde tel qu'il est, au terme de tout un travail de documentation de type journalistique. Les œuvres de Balzac et Zola se fondent sur la volonté d'imiter la réalité. Elles ne font pas du roman un instrument qui dénoncerait l'illusion réaliste et réfléchirait sur les conditions mêmes de la création.

Or, nous l'avons vu (introduction au roman), le roman recèle en lui-même les éléments de sa propre contradiction : au XVIIe siècle, un auteur de romans réalistes dits bourgeois comme Furetière intègre la critique du roman dans son récit ; au XVIIIe siècle, Diderot (fiche 1) intervient directement au cours de la narration pour traiter les problèmes qui l'intéressent et qui concernent sa propre fiction. Au XIXe siècle, après Balzac, Flaubert se moque des poncifs romanesques ; dans *L'Education sentimentale,* il montre comment les individus reprennent les stéréotypes du discours collectif — aujourd'hui, on dirait que les héros de Flaubert sont les victimes des slogans publicitaires et des formules figées qui se multiplient dans les journaux et les interventions politiques. En ce sens, le roman se retourne contre la dévaluation de la parole.

Au XXe siècle, les surréalistes intentent un procès au roman : ils critiquent le principe de réalité en affirmant que toute création romanesque repose sur une fiction inspirée et orientée par le point de vue particulier d'un auteur. Ils ne veulent plus se prêter au jeu qui consiste à se projeter sur un héros imaginaire : le romancier qui prétend raconter une histoire vraie est un menteur. Après la Première Guerre mondiale, on ne peut plus s'en tenir à des recherches sur la forme du roman : d'autres questions se posent à l'homme en quête du bonheur. Après la Seconde Guerre mondiale, les existentialistes, avec Sartre à leur tête, reprennent la critique des surréalistes, mais ils dénoncent aussi leur désengagement; pour eux, l'écrivain doit prendre une position nette et affirmer ses convictions morales et politiques.

Dans les années 1950, les Nouveaux romanciers, Michel Butor, Nathalie Sarraute, Alain Robbe-Grillet, héritent des investigations menées par certains prédécesseurs comme Flaubert et Raymond Roussel, qui écrivait des romans en manipulant les schémas du roman d'aventures. Pour eux, la réalité n'est pas claire et intelligible. Ils contestent donc la notion traditionnelle de l'intrigue et du héros, mais leurs textes ont une cohérence d'ensemble que mettront à mal les «nouveaux Nouveaux romanciers», Jean Ricardou, Philippe Sollers, dans les années 1960.

Pour eux, le héros traditionnel est une imposture : on ne peut plus créer l'illusion d'un individu à part entière, puisque tout personnage incarne une ou plusieurs facettes de la personnalité de son auteur. Quant au récit réaliste, il n'est plus crédible parce que trop logique : une vie humaine ne présente pas le caractère achevé que revêt le destin d'une héroïne comme Gervaise, dans *L'Assommoir*. Il faut libérer les esprits de la banalité romanesque et intégrer le processus de création dans la narration.

Ces remises en question ne sont pas neuves, mais les Nouveaux romanciers sont les premiers à fonder leurs romans sur l'exploitation systématique de cette critique de l'invention romanesque.

TEXTE 4

Nathalie Sarraute (née en 1902)
Le Planétarium
1959

Non vraiment, on aurait beau chercher, on ne pourrait rien trouver à redire, c'est parfait... une vraie surprise, une chance... une harmonie exquise, ce rideau de velours, un velours très épais, du velours de laine de première qualité, d'un vert profond, sobre et discret... et d'un ton chaud, en même temps, lumineux... Une merveille contre ce mur beige aux reflets dorés... Et ce mur... Quelle réussite... On dirait une peau... Il a la douceur d'une peau de chamois... Il faut toujours exiger ce pochage extrêmement fin; les grains minuscules font comme un duvet... Mais quel danger, quelle folie de choisir sur des échantillons, dire qu'il s'en est fallu d'un cheveu — et comme c'est délicieux maintenant d'y repenser — qu'elle ne prenne le vert amande. Ou pire que ça, l'autre, qui tirait sur l'émeraude... Ce serait du joli, ce vert bleuté sur ce mur beige... C'est curieux comme celui-ci, vu sur un petit morceau, paraissait éteint, fané... Que d'inquiétudes, d'hésitations... Et maintenant c'est évident, c'était juste ce qu'il fallait... Pas fané le moins du monde, il fait presque éclatant, chatoyant contre ce mur... exactement pareil à ce qu'elle avait imaginé la première fois... Cette illumination qu'elle avait eue... après tous ces efforts, ces recherches — c'était une vraie obsession, elle ne pensait qu'à cela quand elle regardait n'importe quoi — et là, devant ce blé vert qui brillait et ondoyait au soleil sous le petit vent frais, devant cette meule de paille, ça lui était venu tout d'un coup... C'était cela — dans des teintes un peu différentes — mais c'était bien cela l'idée... exactement ce qu'il fallait... le rideau de velours vert et le mur d'un or comme celui de la meule, mais plus étouffé, tirant un peu sur le beige... maintenant cet éclat, ce chatoiement, cette luminosité, cette exquise fraîcheur, c'est de là qu'ils viennent aussi, de cette meule et de ce champ, elle a réussi à leur dérober cela, à le capter, plantée là devant eux sur la route à les regarder, et elle l'a rapporté ici, dans son petit nid, c'est à elle maintenant, cela lui appartient, elle s'y caresse, s'y blottit...

Nathalie Sarraute, *Le Planétarium*,
© Editions Gallimard

EXERCICE : mettez en évidence les procédés propres au Nouveau roman dans cet extrait du *Planétarium* de Nathalie Sarraute.

▶ CORRECTION

Comme l'indique le titre, dans son roman *Le Planétarium*, Nathalie Sarraute met en scène des personnages qui, chacun à sa manière, vivent sur leur propre planète. Dans l'extrait proposé, la tante Berthe contemple le résultat produit par la décoration récente de son appartement parisien. Ici, le Nouveau roman exploite le procédé du monologue intérieur : la narration suit le mouvement de la pensée du personnage dont le récit reproduit la vision subjective du réel. La personnalité de tante Berthe est comme explorée par une prose qui mime le mouvement même de sa pensée et ses méandres obsessionnels.

I. Le point de vue du personnage

Dans *L'Ere du soupçon*, Nathalie Sarraute remet en question le héros traditionnel, la forme achevée qu'il revêt dans le roman réaliste, mais aussi la crédibilité dont le dote Marcel Proust dans son investigation des individualités dans le temps. Dans l'extrait proposé, elle traduit la maniaquerie de la vieille dame en montrant qu'elle s'enferme dans un univers où les détails priment sur le reste.

1. Une variante du style indirect libre

Le point de vue se focalise sur le personnage. Le récit restitue une pensée en train de s'élaborer : on ne peut donc parler de style indirect libre au sens strict de l'expression, car la narration reproduit un point de vue particulier qui ferme le récit lui-même. Nous n'avons donc pas d'enchâssement des pensées du personnage à l'intérieur de la narration; c'est le monologue intérieur qui forme la trame du passage tout entier. On ne sort pas du monologue intérieur, il gouverne toute l'évolution du récit. Tante Berthe se parle à elle-même : la première personne n'apparaît pas; à l'inverse, se multiplient le pronom personnel indéfini « on » (« on aurait beau chercher, on ne pourrait rien trouver à redire », etc.) et le présentatif « c'est » (« c'est parfait, c'est délicieux, Ce serait du joli, C'est curieux », etc). La vieille dame semble chercher la caution d'un personnage extérieur à elle-même. C'est ce que donnent à penser les nombreux adjectifs démonstratifs qui créent une distance entre le résultat obtenu grâce aux efforts de décoration et tante Berthe : « ce rideau de velours, ce mur beige, ce mur, ce pochage, ce vert bleuté sur ce mur beige », etc. Le discours suit le mouvement du regard, qui se rapproche des objets observés.

2. Les familiarités

Les expressions familières foisonnent : « on aurait beau, trouver à redire, il s'en est fallu d'un cheveu, pire que ça, ce serait du joli, c'était juste », etc. Elles trouvent leur justification dans le caractère intime de ce qui est abordé. En effet, elles sont censées traduire le mouvement du style oral. Cependant, le monologue intérieur de tante Berthe présente une unité et une continuité certaines.

3. La ponctuation

Les procédés typographiques témoignent des interruptions transitoires de la pensée, du mouvement de tante Berthe, qui semble se rapprocher de ses rideaux verts, de son mur beige. Les points de suspension ouvrent le discours vers un au-delà du langage. Ils traduisent le contentement du personnage : « c'est parfait... une vraie surprise, une chance... [...] Et ce mur... » Associés à la tonalité exclamative, ils laissent planer la menace d'une erreur fatale de jugement : « Ou pire que ça, l'autre, qui tirait sur l'émeraude... » Quant aux tirets, ils soulignent les circonvolutions de la pensée, ils intègrent les retours en arrière dans le présent de narration : « — et comme c'est délicieux maintenant d'y repenser —; — c'était une vraie obsession, elle ne pensait qu'à cela quand elle regardait n'importe quoi. » Les constructions des phrases nominales sont elliptiques, mais cohérentes.

Transition

Le jeu sur le mode de la narration, les familiarités de langage et les effets de ponctuations participent de l'artifice mis en œuvre par l'auteur pour faire croire qu'elle mime le mouvement de la pensée. Or, il est clair que la romancière utilise un code romanesque précis et qu'elle remplace les principes du roman réaliste traditionnel par d'autres — et notamment par ce qu'elle appelle le « tropisme », terme doté d'une signification assez floue : il renvoie, semble-t-il, à la fois aux mouvements de la pensée et à ce qu'un individu pense dans son for intérieur alors qu'il converse avec quelqu'un d'autre et qui lui donne un regard différent sur son interlocuteur.

II. Les obsessions de tante Berthe

1. Les champs lexicaux

Les champs lexicaux de la couleur et de la lumière sont nettement privilégiés. On ne saurait relever toutes les occurrences tant elles sont nombreuses. Néanmoins, les sens de la vue et du toucher sont, de façon manifeste, privilégiés : « On dirait une peau. Il a la douceur d'une peau de chamois. » Tante Berthe semble avoir une relation non tant artiste que sentimentale avec son intérieur. D'ailleurs, l'action ultérieure du récit fera de son appartement l'enjeu d'une lutte entre la vieille dame et son neveu.

2. Les répétitions

Le récit progresse par adjonction d'expansions qui précisent peu à peu la pensée : « cet éclat, ce chatoiement, cette luminosité, cette exquise fraîcheur. » Ainsi, le lecteur pénètre dans le monde intérieur de tante Berthe : au début, il ne comprend pas de quoi elle parle et ignore même qu'elle est en train de penser. Puis, la reprise constante des éléments du discours lui fournit tous les indices nécessaires à la compréhension logique de la trame narrative. La répétition a donc une fonction informative, mais surtout dramatique : elle souligne l'intensité des sentiments et l'exaltation devant le danger encouru : « quel danger, quelle folie ; Que d'inquiétudes, que d'hésitations... »

3. L'évolution vers la métaphore

Tante Berthe est surprise par le résultat de l'association du velours vert et du mur beige : il semble qu'à les voir ensemble, elle prend conscience de ce qu'elle voulait faire et parvient à l'idée. Elle reconstruit son propre cheminement intellectuel : la pensée devient ainsi l'objet et le sujet de la narration. En effet, l'illumination lui vient a posteriori ; elle comprend qu'elle a voulu capter les couleurs d'une meule et du champ de blé vert : « et là, devant ce blé vert qui brillait et ondoyait au soleil sous le petit vent frais, devant cette meule de paille, ça lui était venu tout d'un coup... » La distinction du choix s'inspire d'une harmonie naturelle : cette découverte l'exalte parce qu'elle lui permet d'échapper à la vulgarité.

Conclusion

Certes, Nathalie Sarraute est cohérente avec sa critique du roman traditionnel, mais elle n'échappe pas à la convention. Elle reproduit le monologue intérieur de tante Berthe en usant de procédés formels repérables qui démontrent, à l'évidence, l'élaboration de son texte et trahissent la présence d'une romancière avisée.

─── COMMENTAIRE COMPOSÉ 2 ───

Michel Butor (né en 1926)
La Modification

La Modification est un roman qui conserve une trame traditionnelle, avec ses analyses psychologiques poussées, ses descriptions hyperréalistes; mais il remet en cause, entre autres procédés romanesques, la notion du héros ainsi que la conception ordinaire de l'intrigue, et le traitement du temps dans la narration. La trame du récit est claire : le personnage principal, Léon Delmont, veut rejoindre la jeune femme qu'il croit aimer, et quitter sa femme et ses quatre enfants. En effet, deux ans plus tôt, il rencontra, dans le wagon-restaurant du train qui l'emmenait vers la Ville éternelle, une jeune veuve, Cécile Darcella, secrétaire à l'Ambassade de France à Rome.

Mais il n'y a pas d'intrigue : le héros n'agit pas; au cours de son voyage dans le train Paris-Rome, il semble s'analyser, au sens psychanalytique du terme, sur la banquette de son compartiment. En outre, son point de vue oriente toute la narration qui rend compte de ses réminiscences et de ses anticipations. Nous ne sortons pas de l'univers intérieur de ce personnage : aussi peut-on parler de **roman du flux de conscience,** expression qui s'applique aux textes où l'auteur rapporte les événements au travers des pensées du héros — on en trouve de nombreuses illustrations dans la littérature anglo-saxonne (et notamment chez Virginia Woolf), qui influa beaucoup sur l'évolution du roman français contemporain. En ce sens, *La Modification* met en récit la perception du temps propre au personnage principal.

Le cadre spatio-temporel est précis car nous pouvons reconstruire l'itinéraire du personnage, depuis son voyage de noces à Rome au printemps 1936 jusqu'à son dernier voyage dans la Ville éternelle du 6 au 11 novembre 1955, en passant par son deuxième séjour à Rome (hiver 51-52), sa rencontre avec Cécile (fin août 1953) et le voyage de la jeune femme à Paris (octobre-novembre 1954). Mais, saisi au travers du regard de Léon, l'espace devient le support d'un balayage dans le temps. En effet, dans le compartiment, Léon scrute les objets, les individus, qui deviennent des supports très précis du processus du souvenir; de même, la vision d'une gare ou d'un élément du paysage au travers de la vitre, suscitent le rappel d'un autre voyage dans les mêmes lieux.

Le voyage en train de Léon Delmont se double alors d'un cheminement intérieur et apparaît comme une longue expérience initiatique. Celle-ci engendre une remise en cause de sa relation avec Cécile : parvenu au terme du parcours, il ne la reverra pas et retournera à Paris. Au-delà de l'enchaînement objectif des faits suscités par le souvenir, lui-même encouragé par la disponibilité d'un personnage qui n'a rien de mieux à faire que se rappeler son passé, le récit se fonde sur le modèle du roman d'aventures, appliqué à l'investigation psychologique : l'aventure du « héros », c'est la confrontation entre ce qu'il était, ce qu'il est devenu, entre son épouse et son amante. Dans la première partie et la première phase de la deuxième partie, l'euphorie domine; puis, il se demande si Cécile sera toujours semblable à elle-même lorsqu'elle habitera Paris avec lui. Léon comprend qu'il aime en elle tout l'environnement culturel dont elle bénéficie à Rome. Elle correspond à un élément de son imaginaire, de sa mythologie personnelle.

Butor privilégie donc la mise en place d'une sorte d'univers intérieur à l'évocation d'une histoire au sens strict du terme. L'absence d'intrigue et de fatalité, la dévaluation du héros et le traitement de l'espace-temps, font donc de *La Modification* un nouveau roman.

TEXTE 5

Michel Butor
La Modification
1957

(Le héros se souvient de l'une de ses visites au Louvre.)

Les automobiles étaient parquées, serrées les unes contre les autres comme les livres d'une bibliothèque, et il y avait deux ou trois cars devant l'entrée du pavillon Mollien; des Américaines bardées d'appareils photographiques, assises sur les bancs de pierre, attendaient leurs guides en feuilletant des plans.

Sans accorder plus d'attention que de coutume aux sarcophages et aux copies en bronze des antiques du Vatican, vous avez monté l'escalier qui mène à la victoire de Samothrace, vous laissant guider par l'humeur, sans avoir clairement dans votre esprit l'idée d'une direction précise; vous avez enfilé la suite des salles égyptiennes; vous avez pris le petit escalier en spirale qui monte jusqu'aux salles du dix-huitième siècle.

Votre regard glissait sur les Guardi et les Magnasco de la première, sur les Watteau et les Chardin de la seconde, sur les Anglais et les Fragonard de la troisième; ce n'est qu'à la dernière que vous vous êtes arrêté, mais ni pour Goya, ni pour David. Ce que vous avez amoureusement détaillé, ce vers quoi vos pas vous avaient mené, ce sont deux grands tableaux d'un peintre de troisième ordre, Pannini, représentant deux collections imaginaires exposées dans de très hautes salles largement ouvertes où des personnages de qualité, ecclésiastiques ou gentilshommes, se promènent parmi les sculptures entre les murs couverts de paysages, en faisant des gestes d'admiration, d'intérêt, de surprise, de perplexité, comme les visiteurs dans la Sixtine, avec ceci de remarquable qu'il n'y a aucune différence de matière sensible entre les objets représentés comme réels et ceux représentés comme peints, comme s'il avait voulu figurer sur ses toiles la réussite de ce projet commun à tant d'artistes de son temps : donner un équivalent absolu de la réalité, le chapiteau peint devenant indiscernable du chapiteau réel, à part le cadre qui l'entoure, de même que les grands architectes illusionnistes du baroque romain peignent dans l'espace et donnent à imaginer, grâce à leurs merveilleux systèmes de signes, leurs agrégations de pilastres, et leurs voluptueuses courbes, des monuments rivalisant enfin dans l'effet et le prestige avec les énormes masses réelles des ruines antiques qu'ils avaient perpétuellement sous les yeux et qui les humiliaient, intégrant méthodiquement les détails de leur ornementation comme base même de leur langage.

Michel Butor, La Modification
© Les Éditions de Minuit

▶ TRAVAIL AU BROUILLON

Première phase de votre réflexion

Nous sommes dans la première partie de *La Modification* : Léon Delmont se souvient de l'une de ses visites au Louvre. Il remonte dans le temps de trois façons : d'abord, il est dans le train et sa réflexion le ramène à Cécile, un être jeune qui lui ouvre de nouvelles perspectives. Ensuite, au cours de la rétrospection d'un passé récent, du lundi précédent, il s'intéresse à l'art baroque et à la technique du trompe-l'œil, qui triomphent lors de la Contre-Réforme aux XVIe et XVIIe siècles. Enfin, ces tableaux représentent la Rome antique. Donc : le moment vécu est annihilé ; le souvenir récent ouvre sur une première strate, les XVIe et XVIIe siècles, qui suscitent le rappel de l'Antiquité... Il faudra donc consacrer une partie du commentaire au temps.

1. Le plus évident : **la situation dans l'espace et le temps** du personnage.

2. **Le contenu du souvenir.**

3. La conséquence : **l'importance de Rome** dans l'imaginaire de Delmont.

Deuxième phase de votre réflexion

Nous avons affaire à un nouveau roman, il convient donc d'analyser les procédés romanesques que vous pouvez relever, grâce aux éléments déjà donnés précédemment.

1. Le plus évident : **le traitement du point de vue** et **le caractère très personnel,** très subjectif, de la narration.

2. L'auteur tente de suivre les évolutions de son personnage de la façon la plus objective possible : d'où **la deuxième personne du pluriel.**

3. De même, la progression dans l'espace fait penser à la **technique du cinéma,** fréquemment mise en œuvre par les romanciers contemporains pour effacer toutes les marques de la subjectivité.

Troisième phase de votre réflexion

Il est beaucoup question d'art dans ce texte et cette insistance n'est pas innocente. Ici, vous allez passer à l'interprétation d'ensemble du texte : vous allez montrer comment les faits et gestes, les réflexions de Delmont sont révélatrices d'éléments qu'il ignore encore.

1. Le plus évident : le héros s'intéresse à **l'art baroque.**

2. Cet intérêt est directement lié à sa situation personnelle : l'auteur met en perspective la peinture et l'écriture à la faveur d'une **transposition d'art.**

3. On en arrive donc à se dire que le récit fait voir plus de choses qu'il n'en explique; il laisse présager l'évolution ultérieure du personnage grâce à la technique de **la mise en abyme.**

Récapitulons :

I. L'espace-temps.
1. La situation dans l'espace du héros.
2. La remontée dans le temps.
3. L'importance de Rome dans l'imaginaire du héros.

II. Les techniques de la narration.
1. La subjectivité du souvenir.

2. Le « vous ».
3. La technique cinématographique.

III. La réflexion sur l'art.
1. L'art baroque.
2. La transposition d'art.
3. La mise en abyme.

▶ COMMENTAIRE COMPOSÉ

(Situation du texte)
Léon Delmont, le narrateur-acteur de *La Modification* de Michel Butor, se trouve dans le train Paris-Rome, qui est parti à huit heures dix minutes de la gare de Lyon, en ce vendredi 15 novembre 1955. Directeur pour la France d'une firme italienne, le héros projette de quitter sa famille et de rejoindre Cécile, une jeune femme qui vit à Rome. Dans son compartiment, il se remémore d'autant mieux sa vie à Paris, sa rencontre avec Cécile et leurs promenades dans Rome que tous les objets relancent le processus du souvenir. Dans l'extrait proposé, Léon Delmont se rappelle avoir vu au Louvre les toiles de peintres italiens qui ont comme photographié les sites romains.

(Idée générale)
Cette réminiscence devient le prétexte d'une réflexion sur la relation entre la création et la réalité.

(Plan)
La narration avance progressivement vers le centre d'intérêt du passage, le point de vue se déplace de l'extérieur (premier paragraphe) vers l'intérieur du musée (deuxième paragraphe) et se focalise sur les deux tableaux de Pannini.

(Hypothèse de lecture)
Le récit prend pour prétexte les errances du héros pour centrer la perspective sur la façon de donner un équivalent de la réalité dans une œuvre artistique.

I.1. Le héros se trouve dans un train en mouvement. Il se souvient à la fois d'épisodes lointains, comme son voyage de noces, et de ses errances plus récentes dans Paris. La situation dans l'espace favorise la remontée dans le temps : Léon Delmont n'a rien à faire et il remet sans cesse à plus tard le moment d'ouvrir le livre qu'il a apporté avec lui. Il vit en dehors du temps ordinaire puisqu'il peut porter toute son attention sur ce qu'il a fait et tirer des conclusions sur son passé pour se déterminer dans le futur. Le train s'impose comme le lieu symbolique qui mène le personnage vers sa liberté intérieure : à la fin du voyage, le héros saura qu'il doit revenir dans sa famille. Au Louvre, il se rapproche progressivement de la salle qui l'intéresse; et, fait significatif, il doit monter un «escalier qui mène à la victoire de Samothrace avant d'emprunter un petit escalier en spirale». Comme dans les rêves, le motif de l'escalier renvoie à l'ascension du personnage, ou, plus précisément, à sa plongée dans son propre imaginaire. En effet, Léon Delmont n'a pas une idée claire de ce qu'il vient voir au Louvre : vous «laissant guider par l'humeur, sans avoir clairement dans votre esprit l'idée d'une direction précise». Ainsi, le personnage trahit ses propres obsessions en se dirigeant, de façon inconsciente, vers une salle qu'il connaît bien.

I.2. Le personnage va prendre peu à peu conscience de ce qu'il est, de ce qu'il recherche dans la vie en général à la faveur d'une remontée dans le temps. L'auteur construit «la modification» du héros au travers d'un changement perpétuel des repères temporels. Il se trouve donc contraint de montrer comment s'effectuent ces mouvements intérieurs en montrant les évolutions du personnage dans l'espace. Delmont sélectionne d'abord les épisodes importants pour lui; il a oublié les autres. Donc, sa visite au Louvre présente une grande importance dans la constitution de sa personnalité. En outre, il élimine les représentations directes de l'Antiquité : «Sans accorder plus d'attention que de coutume aux sarcophages et aux copies en bronze des antiques du Vatican [...]» Son attention se porte sur une reconstitution d'une part de la Rome antique, d'autre part de la Rome du XVIe siècle. Autrement dit, cet intérêt trahit une prédilection pour la reconstitution historique : Delmont perçoit la réalité au travers d'un cadre esthétique.

I.3. L'importance de Rome dans l'imaginaire du héros s'impose à l'évidence. « Ce que vous avez amoureusement détaillé, ce vers quoi vos pas vous avaient mené, ce sont deux grands tableaux d'un peintre de troisième ordre, Pannini [...] ». L'adverbe en -ment, long, souligne le caractère affectif de la contemplation : le lecteur soupçonne que Delmont regarde les tableaux du même air qu'il considère Cécile. L'interrogation sur soi devra passer par l'évocation de Rome ; mais, dans le texte proposé, extrait de la première partie du récit, Delmont en reste au premier degré. Il se contente de se souvenir alors que le lecteur comprend déjà qu'un lien très fort unit la réalité du personnage et son imaginaire. Dans l'art baroque, la réalité et l'imaginaire se mêlent : « des personnages de qualité, ecclésiastiques ou gentilshommes, se promènent parmi les sculptures entre les murs couverts de paysages, en faisant des gestes d'admiration, d'intérêt, de surprise, de perplexité, comme les visiteurs dans la Sixtine [...] ». Delmont se place lui-même dans la position du visiteur qui regarde une toile où des personnages en regardent d'autres, et ainsi à l'infini. Donc, il se voit lui-même dans le tableau, d'une certaine façon.

On peut, d'emblée, penser que Michel Butor choisit de présenter un personnage en quête de lui-même : cet esthète s'intéresse à l'art et, au travers de ses choix esthétiques, se révèle à lui-même l'importance de l'imaginaire romain.

II. Dans l'extrait proposé, Léon Delmont se rappelle une visite récente au Louvre et ses souvenirs trahissent ses obsessions personnelles. Aussi peut-on se demander si tout récit, même dans un nouveau roman, n'est pas le résultat d'une élaboration qui remet en cause les catégories de la perception traditionnelle.

II.1. Tout est centré à partir du point de vue de Delmont et de la façon dont il se distingue des autres visiteurs. Nous voyons le Louvre au travers de son regard. En effet, d'emblée, la première comparaison en forme trahit son intérêt pour les livres : « Les automobiles étaient parquées, serrées les unes contre les autres comme les livres d'une bibliothèque. » Le motif du livre revient fréquemment dans *La Modification;* ici, le comparant renvoie à l'imaginaire du personnage et souligne le caractère subjectif de toute évocation. Delmont commence par croiser les Américaines, qui, « bardées d'appareils photographiques, assises sur des bancs de pierre, attendaient leurs guides en feuilletant des plans ». Cette évocation n'est pas innocente : elle traduit le dédain éprouvé par le héros à l'encontre des touristes qui voient la réalité au travers des clichés photographiques et des parcours obligés définis par les « guides » et les « plans ».

II.2.   Ainsi, tout récit semble, fatalement, lié à une vision personnelle du monde : toute description est un récit faussé de la réalité. Néanmoins, le propre du Nouveau roman consiste à travailler cette subjectivité, soit en la rendant visible, soit en évacuant le plus possible les éléments personnels. L'utilisation, surprenante, de la deuxième personne du pluriel, du « vous », et non du « il » ou du « je », crée une distance entre les actions du héros et l'auteur de la narration : le « je » aurait laissé supposer que le personnage cautionne le récit et qu'il l'aurait recomposé après coup; le « il » aurait ancré la narration dans le réel, l'auteur présentant les faits et gestes du personnage comme réellement advenus. Ici, la narration se situe entre le « je » et le « il »; elle n'a guère de stabilité référentielle. Le nouveau romancier ne saurait être omniscient. Il se contente de montrer comment le personnage évolue sans prendre toujours conscience des implications de ses faits et gestes.

II.3.   Michel Butor exploite aussi d'une autre façon les procédés du nouveau roman; il tente de mettre en récit de manière distanciée la relation à la réalité de son héros en utilisant la technique cinématographique. Aussi la visite de Léon Delmont est-elle évoquée d'une manière très visuelle : Delmont avance donc vers la salle qui l'intéresse et la caméra semble suivre toutes ses évolutions. Selon Michel Butor, l'idéal serait que le lecteur puisse participer à la narration. Pour donner de la mobilité à sa narration, il suit un parcours touristique : nous pouvons reconstruire l'itinéraire à suivre dans l'ancien Louvre — qui ne sera sans doute pas le même après les réaménagements du Grand Louvre. La phrase s'allonge pour suivre les déambulations du personnage dans les salles, mais aussi pour évoquer avec une précision extrême le sujet des tableaux.

Cet extrait met en perspective l'illusion romanesque et l'illusion picturale et architecturale. Il présente comme admirable l'effort fourni par les artistes baroques du XVIe siècle pour travailler leur art de façon à donner l'illusion totale de la vérité. Dès lors, la narration semble se désigner elle-même.

III.1. L'art baroque triomphe au moment où la Contre-Réforme revient sur la proscription des images édictée par la Réforme. Ici, il est donné comme une tentative visant à évacuer toute déformation du réel. Voici l'idéal des artistes baroques selon Delmont : « donner un équivalent absolu de la réalité [...]. Cependant, il poursuit : le chapiteau peint devenant indiscernable du chapiteau réel, à part le cadre qui l'entoure » [...]. En ce sens, la réalité est donnée au travers du cadre qui oriente la perspective : elle demeure liée au point de vue de son auteur, irrémédiablement.

III.2. Michel Butor se livre à une transposition d'art : au travers des réflexions émises sur l'art baroque, il met en place sa propre conception de l'écriture. Seul change le système des signes d'expression : les « architectes illusionnistes » romains ont intégré « méthodiquement les détails de leur ornementation comme base même de leur langage ». Les mots, les masses architecturales, les motifs picturaux, renvoient tous à une même perception de la réalité. Ils témoignent d'une rivalité permanente des générations et des individus entre eux « rivalisant enfin dans l'effet et le prestige avec les énormes masses réelles des ruines antiques qu'ils avaient perpétuellement sous les yeux et qui les humiliaient ». Ainsi, la vision de la réalité est liée au passé, à l'apprentissage de soi qui passe par la connaissance d'autrui et de sa relation au monde et aux autres.

III.3.   La mise en abyme est claire : Léon Delmont se recherche lui-même au travers d'un système de signes encore à décrypter. L'art s'impose comme une projection de la personnalité intime de l'artiste placé devant un monde qui lui lance trop de signes pour qu'il ne soit pas amené à sélectionner des éléments signifiants. Léon Delmont se projette lui-même, de manière inconsciente, sur les personnages représentés sur les tableaux, alors que l'auteur suggère qu'il écrit comme peignent les artistes baroques.

Ainsi, dans ce passage, la narration semble évoluer sur un plan uniquement objectif. En réalité, elle se prend elle-même comme objet détourné des réflexions du personnage. Le lecteur soupçonne, alors, que Delmont aime Rome plus qu'il n'est attiré par la personne de Cécile. Il voudrait retrouver en elle une image de la cité éternelle ; il aimerait se projeter dans le cadre de ses fantasmes avec la même force que les peintres baroques peignaient des visiteurs de fiction dans un cadre réel.

Le roman / 127

FICHE TECHNIQUE 4

L'autobiographie

D'après le dictionnaire Robert, le terme *autobiographie* apparaît en 1842 dans le vocabulaire français; pour Philippe Lejeune, spécialiste de l'autobiographie, ce substantif aurait été créé en Allemagne à la fin du XVIIIe siècle, diffusé en Angleterre et exporté en France vers 1830. De formation récente, ce mot témoigne de l'importance prise par le témoignage personnel depuis que, au XVIIIe siècle, la notion d'individu et celle de bonheur personnel s'imposent progressivement dans les consciences. Au XVIe siècle, Montaigne écrit, au gré de ses humeurs, ses «essais», centrés sur sa propre personne et ses expériences personnelles. Au XVIIIe siècle, Rousseau lance la mode en rédigeant ses *Confessions*, écrit autobiographique héritier de l'introspection prônée par les philosophes antiques et de l'examen de conscience religieux. Il faut donc que l'intérêt pour soi-même devienne légitime pour que l'autobiographie puisse naître — dans les pays musulmans où la religion interdit la représentation de Dieu et des êtres humains, elle n'est guère encouragée.

On l'a vu, tout auteur de fiction transcrit sa propre vision du monde dans ses œuvres. Mais l'auteur d'une autobiographie va plus loin. Il affirme qu'il ne dira que la vérité à son lecteur: ainsi se définit une variante du pacte romanesque, que Philippe Lejeune appelle le *pacte autobiographique*. Rousseau apparaît comme l'initiateur de la prédilection de ce genre d'expression à l'époque moderne. Il n'hésite pas à décrire certaines scènes gênantes pour lui afin de se conformer à l'exigence impérative d'authenticité. Au XIXe siècle, l'ordre moral imposera un voile de pudeur que la psychanalyse fera tomber au XXe siècle.

Dans quel but un écrivain peut-il décider de se dire? Rousseau écrit pour protester contre l'image que ses contemporains donnent de lui; pour démêler les fils de sa personnalité; pour se donner en exemple aux générations à venir. Outre le fait que les autobiographes veulent arrêter le cours du temps, laisser leur marque sur terre, il semble légitime d'affirmer que l'autobiographie se fonde à la fois sur une protestation et sur le besoin de s'expliquer en suivant la trame linéaire de la chronologie. Protestation contre le temps qui passe, contre les erreurs commises : Chateaubriand, l'auteur des *Mémoires d'Outre-tombe*, tente de mettre en forme le passage, impensable pour un aristocrate, de l'Ancien régime aux temps modernes; il établit un constant parallèle entre sa destinée personnelle et les événements historiques. Besoin de s'expliquer en suivant la linéarité chronologique : dans *La Vie de Henry Brulard*, Stendhal note ses faits, ses gestes, ses réflexions au jour le jour, dans l'espoir que les générations à venir exploiteront cette mine de renseignements.

Au XXe siècle, le discrédit dans lequel tombe le roman accroît l'intérêt des écrivains et du public pour l'autobiographie, directe (*Si le grain ne meurt* d'André Gide) ou indirecte (*Voyage au bout de la nuit* de Louis-Ferdinand Céline). Outre les œuvres citées dans les paragraphes qui précèdent, vous pourrez lire : *Mémoires d'une jeune fille rangée* de Simone de Beauvoir; *O vous, frères humains, Le Livre de ma mère* d'Albert Cohen; *L'Amant, L'Amant de la Chine du nord* de Marguerite Duras; *L'Age d'homme* de Michel Leiris; *Antimémoires*, d'André Malraux; *Enfances* de Nathalie Sarraute; *Archives du Nord, Souvenirs pieux, Quoi? L'éternité* de Marguerite Yourcenar.

TEXTE 6

Jean-Jacque Rousseau (1712-1778)
« Préambule du manuscrit de Neufchâtel »
Les Confessions
publication posthume en 1782.

    Il faudrait pour ce que j'ai à dire inventer un langage aussi nouveau que mon projet : car quel ton, quel style prendre pour débrouiller ce chaos immense de sentiments si divers, si contradictoires, souvent si vils et quelquefois si sublimes dont je fus sans cesse agité ? Que de riens, que de misères ne faut-il point que j'expose, dans quels détails révoltants, indécents, puérils et souvent ridicules ne dois-je pas entrer pour suivre le fil de mes dispositions secrètes, pour montrer comment chaque impression qui a fait trace en mon âme y entra pour la première fois ? Tandis que je rougis seulement à penser aux choses qu'il faut que je dise, je sais que des hommes durs traiteront encore d'impudence l'humiliation des plus pénibles aveux ; mais il faut faire ces aveux ou me déguiser ; car si je tais quelque chose on ne me connaîtra sur rien, tant tout se tient, tant tout est un dans mon caractère, et tant ce bizarre et singulier assemblage a besoin de toutes les circonstances de ma vie pour être bien dévoilé.

    Si je veux faire un ouvrage écrit avec soin comme les autres, je ne me peindrai pas, je me farderai. C'est ici de mon portrait qu'il s'agit et non pas d'un livre. Je vais travailler pour ainsi dire dans la chambre obscure ; il n'y faut point d'autre art que de suivre exactement les traits que je vois marqués. Je prends donc mon parti sur le style comme sur les choses. Je ne m'attacherai point à le rendre uniforme ; j'aurai toujours celui qui me viendra, j'en changerai selon mon humeur sans scrupule, je dirai chaque chose comme je la sens, comme je la vois, sans recherche, sans gêne, sans m'embarrasser de la bigarrure. En me livrant à la fois au souvenir de l'impression reçue et au sentiment présent je peindrai doublement l'état de mon âme, savoir au moment où l'événement m'est arrivé et au moment où je l'ai décrit ; mon style inégal et naturel, tantôt rapide et tantôt diffus, tantôt sage et tantôt fou, tantôt grave et tantôt gai fera lui-même partie de mon histoire. Enfin quoi qu'il en soit de la manière dont cet ouvrage peut être écrit, ce sera toujours par son objet un livre précieux pour les philosophes : c'est je le répète une pièce de comparaison pour l'étude du cœur humain, et c'est la seule qui existe.

 EXERCICE : quels sont les impératifs que Rousseau se donne, face aux difficultés soulevées par une autobiographie comme *Les Confessions* ?

▶ Correction

Dans cet extrait du « Préambule du manuscrit de Neufchâtel », Jean-Jacques Rousseau formule, avec la lucidité qui est la sienne, les principes, les dangers et la méthode propres au genre autobiographique.

I. Les principes

1. L'authenticité absolue :
« Il faut faire ces aveux ou me déguiser » [...]. Au moment même où il pose le principe du pacte autobiographique, Rousseau est conscient de la tendance, propre à tout écrivain, à déformer la perception de la réalité. Mais il semble surtout préoccupé par les effets rhétoriques ; il convient aussi de faire allusion au travail de reconstruction de la mémoire.

2. La mise en perspective de l'épisode raconté et des réflexions émises au cours de l'écriture :
« En me livrant à la fois au souvenir de l'impression reçue et au sentiment présent je peindrai doublement l'état de mon âme, savoir au moment où l'événement m'est arrivé et au moment où je l'ai décrit » [...]. Dans une autobiographie, l'écrivain met en forme ses expériences passées mais il ne peut s'empêcher de jeter un regard rétrospectif, et donc interprétatif, sur l'ensemble de sa vie. Il aura tendance à tirer des

conclusions, à insérer un épisode donné dans la trame générale de son devenir — ce dont il ne saurait être conscient au moment où il vit l'événement.

3. L'exemplarité de son entreprise :

« Ce sera toujours par son objet un livre précieux pour les philosophes : c'est je le répète, une pièce de comparaison pour l'étude du cœur humain, et c'est la seule qui existe ». Au siècle des Lumières, tout devient objet de science. Pour Rousseau, le cœur humain s'impose comme le premier objet d'analyse, si ce n'est quasiment scientifique, du moins moral et philosophique.

II. Les dangers

1. La moralité :

« Tandis que je rougis seulement à penser aux choses qu'il faut que je dise, je sais que des hommes durs traiteront encore d'impudence l'humiliation des plus pénibles aveux » [...]. Alors que, au XVIIIe siècle, le courant libertin n'hésite pas à dévoiler les fantasmes de l'être humain, Rousseau demeure soucieux du caractère moral de ses écrits. Dans *L'Emile,* son traité d'éducation, il préconise la lecture très parcimonieuse de quelques œuvres pour éviter que son élève ne soit perverti par ses lectures. Aussi son autobiographie ne saurait que s'adresser à un public averti. Pour demeurer conséquent avec lui-même, Rousseau se justifie : ses descriptions réalistes ne visent pas à satisfaire les pulsions de ses lecteurs mais à les éclairer sur l'ensemble de sa personnalité.

2. La sélection :

« Si je tais quelque chose on ne me connaîtra sur rien, tant tout se tient, tant tout est un dans mon caractère, et tant ce bizarre et singulier assemblage à besoin de toutes les circonstances de ma vie pour être bien dévoilé ». Le projet de Rousseau anticipe sur ce que la psychanalyse développera au XXe siècle : tout prend une signification symbolique dans le cheminement d'un être, même si certains détails semblent inutiles et dénués de toute importance. On note l'insistance appuyée par l'anaphore de «tant», qui témoigne de l'élaboration propre à tout texte de Rousseau, même ceux qui, prétend-il, sont rédigés au fil de la plume.

3. Le style :

« Si je veux faire un ouvrage écrit avec soin comme les autres, je ne me peindrai pas, je me farderai. C'est ici de mon portrait qu'il s'agit et non pas d'un livre ». Le dernier danger tend à la propension à faire du style, à privilégier la forme sur le fond pour plaire à son lecteur. Rousseau veut toucher et convaincre.

III. La méthode

1. La logique :

Même si l'autobiographie suit un fil chronologique, il doit « débrouiller ce chaos immense de sentiments si divers, si contradictoires, souvent si vils et quelquefois sublimes... » En effet, écrire, c'est mettre en forme, donc imposer un filtre rationnel, transformer les données brutes du souvenir en leur donnant la continuité imprimée ne serait-ce que par la syntaxe.

2. La mobilité :

« Il faudrait pour ce que j'ai à dire inventer un langage aussi nouveau que mon projet [...]. Je prends donc mon parti sur le style comme sur les choses. Je ne m'attacherai point à le rendre uniforme [...] ». Il faut donc adapter son ton à son propos et non l'inverse. Le sujet abordé implique un mode d'expression en constante évolution.

3. L'effacement de l'homme de lettres :

« Je vais travailler pour ainsi dire dans la chambre obscure ; il n'y faut point d'autre art que de suivre exactement les traits que je vois marqués. » Il convient de suivre son but et non pas de chercher à plaire. A l'époque où il écrit *Les Confessions,* Rousseau se trouvait en butte à une double condamnation, du *Contrat social* et de *L'Emile*; d'autre part, il souffrait des critiques de Voltaire. Quoi qu'il en dise, il cherche à trouver sa place parmi les hommes, à se situer dans le monde.

Ce texte résume avec vigueur et sensibilité toutes les difficultés présentées par l'autobiographie. Il laisse présager que l'entreprise de Rousseau ne se limitera pas à évoquer ses aventures personnelles. Elle engage une double démystification : celle de l'homme, Jean-Jacques, et celle de l'auteur, Rousseau. Elle s'impose alors comme l'exploration minutieuse d'une destinée et comme le champ d'investigation de la psychologie des âmes sensibles et pétries de contradictions.

COMMENTAIRE COMPOSÉ 3

Marguerite Duras (née en 1914)
L'Amant

Née en Indochine, Marguerite Duras évoque, dans *L'Amant,* l'amant chinois qui la séduisit dans sa première jeunesse (elle avait quinze ans et demi). Pour la première fois, elle raconte cette rencontre déterminante dans son existence alors même que dans tous les textes imprégnés par les souvenirs de son enfance, de toute sa vie, pourtant fortement répétitifs, elle n'a jamais fait allusion à la figure de cet amant, riche et élégant. En 1984, elle estime que le temps est venu d'évoquer cette expérience, cette hantise fondamentale sur laquelle l'influence de la mère faisait planer un tabou formidable.

Cette aventure avec le Chinois aura, cependant, déterminé en elle un certain mode d'aimer, d'évoquer l'amour et la fascination. Le récit autobiographique apparaît alors comme une libération; mais il est aussi devenu le support d'une trahison — on sait que, à la suite de la récente mise en images de *L'Amant* et après la mort du personnage réel, Marguerite Duras écrivit une deuxième version de son texte, *L'Amant de la Chine du Nord :* elle éprouvait le besoin de se réapproprier sa propre histoire. Qu'en sera-t-il de la seconde version ? Toute écriture n'est-elle pas, en son fondement, réécriture ?

TEXTE 7

Marguerite Duras
L'Amant
1984

    L'homme élégant est descendu de la limousine, il fume une cigarette anglaise. Il regarde la jeune fille au feutre d'homme et aux chaussures d'or. Il vient vers elle lentement. C'est visible, il est intimidé. Il ne sourit pas tout d'abord. Tout d'abord il lui offre une cigarette. Sa main tremble. Il y a cette différence de race, il n'est pas blanc, il doit la surmonter, c'est pourquoi il tremble. Elle lui dit qu'elle ne fume pas, non merci. Elle ne dit rien d'autre, elle ne lui dit pas laissez-moi tranquille. Alors il a moins peur. Alors il lui dit qu'il croit rêver. Elle ne répond pas. Ce n'est pas la peine qu'elle réponde, que répondrait-elle. Elle attend. Alors il le lui demande : mais d'où venez-vous ? Elle dit qu'elle est la fille de l'institutrice de l'école de filles de Sadec. Il réfléchit et puis il dit qu'il a entendu parler de cette dame, sa mère, de son manque de chance avec cette concession qu'elle aurait achetée au Cambodge, c'est bien ça n'est-ce pas ? Oui c'est ça.
    Il répète que c'est tout à fait extraordinaire de la voir sur ce bac. Si tôt le matin, une jeune fille belle comme elle l'est, vous ne vous rendez pas compte, c'est très inattendu, une jeune fille blanche dans un car indigène.
    Il lui dit que le chapeau lui va bien, très bien même, que c'est... original... un chapeau d'homme, pourquoi pas ? elle est si jolie, elle peut tout se permettre.
    Elle le regarde. Elle lui demande qui il est. Il dit qu'il revient de Paris où il a fait des études, qu'il habite Sadec lui aussi, justement sur le fleuve, la grande maison avec les grandes terrasses aux balustrades de céramique bleue. Elle lui demande ce qu'il est. Il dit qu'il est chinois, que sa famille vient de la Chine du Nord, de Fou-Chouen. Voulez-vous me permettre de vous ramener chez vous à Saigon ? Elle est d'accord. Il dit au chauffeur de prendre les bagages de la jeune fille dans le car et de les mettre dans l'auto noire.

Marguerite Duras, *L'Amant*
© Les Éditions de Minuit

▶ TRAVAIL AU BROUILLON

Dans ce texte, Marguerite Duras cherche à s'effacer en tant que narratrice. Elle laisse parler son souvenir. Nous avons :
— *un récit d'événements :* description réduite à l'essentiel des deux personnages ;
— *un récit de paroles :* évocation à l'indirect libre, semble-t-il, du dialogue.

Hypothèse de lecture : l'auteur veut faire exister la jeune fille qu'elle fut ; elle veut restituer l'émotion ressentie, dramatiser l'épisode. Nous allons commenter le passage en fonction de cette impression première qui dicte notre lecture.

Trois éléments essentiels doivent orienter notre analyse :

I. (phase descriptive) Les modalités de la description.
1. Le point de vue.
2. Le rythme émotionnel.
3. L'approche de l'indicible.

II. (la dramatisation de l'épisode) La transcription du dialogue.
1. L'inscription du dialogue dans le récit.
2. La neutralité apparente du contenu.
3. Au-delà du langage.

III. (phase interprétative) La portée symbolique de la rencontre.
1. La situation symbolique.
2. La confrontation de deux civilisations.
3. L'épisode mythique.

▶ COMMENTAIRE COMPOSÉ RÉDIGÉ

Au tout début de *L'Amant*, Marguerite Duras évoque la journée où, au retour de vacances passées auprès de sa mère, elle rentre au pensionnat, à Saigon. Elle se revoit à quinze ans et demi : elle emprunte le bac. Mais, une fois posée la situation spatio-temporelle, l'auteur semble différer l'apparition de son futur amant, celui qu'elle appelle le Chinois. Dans le texte proposé, elle rapporte leur première entrevue avec une sobriété voisine de l'épure. A la première approche (premier paragraphe), succède la transcription d'un dialogue qui perdure dans le souvenir, intact.

Nous analyserons d'abord les modalités de la description, puis l'intensité dramatique du récit et, enfin, le caractère fantasmatique de cette scène.

I.1.   La volonté de distanciation dicte le choix de la troisième personne du singulier. Alors que l'évocation précédente suscitait l'emploi de la première personne du singulier, la rencontre avec l'amant introduit une sorte de rupture solennelle : Marguerite Duras cherche à faire taire sa propre voix pour laisser exister, une fois encore, la jeune fille qu'elle fut. Elle se laisse vivre au travers du regard de l'amant : lorsqu'il s'adresse à la jeune fille, il reprend les éléments objectifs qui avaient donné lieu à de plus amples explications dans les pages précédentes. En effet, il semble comme justifier le bizarre accoutrement de la jeune fille, le « feutre d'homme », les « chaussures d'or » ; ces indices pouvaient, cependant donner d'elle une image singulière ; en réalité, ils ne sont que les témoignages de sa pauvreté. Lui, il est vu au travers du regard de la jeune fille bien qu'il soit difficile de démêler à qui renvoie le « C'est visible [...] ».

I.2.   Néanmoins, les descriptions, symboliques, ne retiennent que le détail signifiant, émouvant. C'est surtout leur rythme qui leur confère cette densité émotionnelle : le discours s'amenuise, devient tellement ténu qu'il semble capter le souffle de celle qui se souvient, dont le cœur bat encore et qui imprime le mouvement de sa respiration à son texte, un rythme binaire : « L'homme élégant [...] 1/ il fume [...] 2/. Il regarde la jeune fille au feutre d'homme 1/ et aux chaussures d'or » 2/. Puis, le récit suit les évolutions du personnage réduit à sa silhouette, le mouvement de sa main, son regard, son pas lent. Quand il perd l'initiative, le rythme binaire réapparaît : « Elle le regarde 1/. Elle lui demande qui il est » 2/. La prose se fait poétique et musicale.

I.3.   Le souvenir semble effacer tout autre indice que les éléments révélateurs de personnalités secrètes. Dans un récit qui restitue un souffle intérieur, les personnages ne sauraient être décrits avec une précision qui les transformerait en objet du souvenir. C'est au travers de leurs actes que s'effectue la révélation de leur vérité profonde. L'amant apparaît comme un être sensible non pas parce que Marguerite Duras explicite sa psychologie mais parce que chacun de ses gestes révèle son trouble, cette agitation secrète qui trahit son désir. « Sa main tremble. » Mais l'explication qui suit demeure insuffisante : il est clair que la confusion de l'amant ne résulte pas seulement de la « différence de race ». Son trouble, son bégaiement, sa gaucherie révèlent sa fascination tout autant que sa pudeur. La jeune fille apparaît comme totalement étrangère à toute autre loi que la sienne. Elle le regarde avec franchise, sans coquetterie : elle s'adresse à lui avec la netteté de qui ne s'embarrasse pas des précautions communes.

Le roman de Duras emporte avec lui un univers intérieur qui trouve sa cohérence dans son organisation fantasmatique et qui nourrit les individus de la substance intime de l'auteur. *L'Amant,* texte délibérément autobiographique, transforme les individus réels en personnages allégoriques, en incarnation d'une relation sublimée par son intensité même.

II.1.   La parole de l'amant semble émerger du plus profond de son être : elle se dégage lentement de la gangue du récit, faisant advenir l'amant à ce qu'il est, la jeune fille à ce qu'elle sera. Au travers du Verbe, les êtres naissent à leur propre désir. Aussi l'échange s'amorce-t-il au style indirect : « Elle lui dit qu'elle ne fume pas, non merci. [...] Alors il lui dit qu'il croit rêver », etc. Parfois, le discours se libère de l'armature pesante imposée par la subordination et l'auteur passe à l'indirect libre — comme en témoigne la restitution des signes de ponctuation respectant les tonalités affectives et les lenteurs de la diction : « c'est... original... un chapeau d'homme, pourquoi pas ? elle est si jolie, elle peut tout se permettre ». Malgré tout, la parole ne parvient pas à devenir autonome, elle demeure prisonnière de la structure grammaticale, comme les êtres, encore entravés par leur pudeur primitive, se retiennent à l'ultime frontière de leur destin.

II.2.   Le contenu de l'échange paraît strictement informatif : il porte sur leur appartenance sociale à un groupe ethnique. Les deux personnages échangent quelques mots qui renvoient à la trame commune à bien des récits de l'auteur : la référence à la mère, institutrice, veuve, qui acheta une concession et qui, sans cesse, s'opposa aux ravages de l'océan (lire *Barrage contre le Pacifique*). Mais l'amant n'existe que dans sa relation avec la jeune fille : il ne possède d'existence qu'au travers du rôle, fondamental, qu'il joua dans l'initiation amoureuse. En outre, l'amant répète, se répète, rééditant par là le mouvement de la parole propre à Marguerite Duras, qui trouve dans la répétition un moyen d'approcher l'indicible, de faire des gammes autour d'un motif.

II.3.   Mais l'amant manque d'assurance : « il est intimidé ». Et, plus loin : « Il répète que c'est tout à fait extraordinaire de la voir sur ce bac. » Encore une fois, l'explication rationnelle qui suit l'expression de l'étonnement demeure insatisfaisante. Ce n'est pas seulement parce qu'elle est blanche qu'elle l'attire mais parce qu'elle est elle : cette évidence dépasse les limites du langage. Et, certes, la jeune fille n'a pas les moyens de faire autrement que d'emprunter le bac. Aussi ne lui répond-elle pas vraiment. Elle ne parle pas : elle attend, comme mystérieusement avertie qu'autre chose est en train de se dire entre eux. Au-delà de la parole se tissent les liens amoureux, et, surtout, ceux du désir, un langage de deux corps accordés.

Marguerite Duras dramatise la rencontre de la jeune fille qu'elle fut et de l'amant chinois en épurant l'évocation jusqu'à en faire un modèle de l'ellipse narrative. La situation se fonde, par ailleurs, sur la reprise et la transgression de motifs symboliques propres à l'inconscient collectif.

III.1.   La situation symbolique, sur le bac, reproduit le schéma des rencontres amoureuses éternelles. La nef de Tristan et Yseult semble se profiler en contre-point, derrière les rives du fleuve indochinois. Le motif du bateau en mouvement reproduit un schéma symbolique fréquent dans la littérature française (voir *L'Education sentimentale*). Il révèle le caractère initiatique de la rencontre. L'amant désigne avec naïveté le caractère onirique de cette rencontre : « il lui dit qu'il croit rêver ». L'étrangeté du lieu, les noms aux sonorités étrangères accroissent le phénomène de fascination, chez le lecteur.

III.2.   En se rencontrant, l'amant et la jeune fille approchent l'interdit et pas seulement l'inconnu. Le Chinois semble riche — « L'homme élégant est descendu de la limousine, il fume une cigarette anglaise. » Autant de signes qui, dans une description fort brève, s'imposent comme des preuves de l'aisance matérielle du Chinois — alors qu'elle est pauvre. Mais la discrimination raciale demeure fondamentale, même si la fortune de l'amant lui a permis de se rendre en France pour y faire ses études. Quant à la jeune fille, elle semble affectionner les signes du scandale : sa façon de s'habiller la désigne comme un personnage ambigu — et c'est cependant son feutre, ses chaussures à hauts talons dont le Chinois fait l'éloge paradoxal, désignant par là ce en quoi la jeune fille se distingue des autres petites personnes de sa « race ». Enfin, la liaison, pressentie, entre les deux personnages introduit la contestation au sein du récit : la révolte de la jeune fille contre l'autorité, parfois ressentie comme abusive, de la mère se double du rejet de la discrimination raciale.

III.3.   Cet épisode acquiert une tonalité mythique parce qu'il reprend le fantasme de la rencontre amoureuse, de la reconnaissance implicite de l'Autre mais aussi parce qu'il défie les conventions pour affirmer une volonté d'être à part entière. La passion amoureuse ne saurait, en effet, faire l'économie de la transgression, qui produit son dénouement tragique mais alimente son dynamisme et accroît son intensité.

Dans ce texte, Marguerite Duras capte l'indicible, le travail du désir, l'expression de la force d'attraction qui unit deux êtres sans distinction de race ou de catégorie sociale. Tous les repères semblent s'évanouir pour dramatiser le premier échange amoureux, dont l'intensité se mesure à sa discrétion même.

FICHE TECHNIQUE 5

Le roman par lettres

Le roman par lettres, ou roman épistolaire, rend compte d'une **succession de points de vue sur le même événement** — même s'il est composé des lettres d'un seul personnage, il doit bien prendre en compte la réponse du correspondant. Dans *Les Liaisons dangereuses,* de Choderlos de Laclos, le prétendu éditeur des lettres (en réalité l'auteur, soucieux de réaffirmer l'authenticité des lettres qu'il aurait retrouvées et fait publier) affirme n'avoir rien modifié du contenu des missives : elles rapportent, toutes, le point de vue des différents personnages sur un épisode et témoignent donc du caractère subjectif de toute vision des choses.

Ensuite, l'ensemble suit **une progression chronologique** : il n'y a pas de retour en arrière dans l'ensemble d'une correspondance — mais les personnages peuvent raconter des faits plus anciens dans une lettre.

Enfin, le terme de « correspondant » implique l'idée que l'auteur d'une lettre cherche à « correspondre » avec un interlocuteur : il voudra séduire ou se placer sur un niveau de compréhension qui facilitera l'échange; aussi le même personnage n'écrira pas de la même façon à tous ses correspondants. Néanmoins, chaque lettre traduit la voix d'un héros, avec sa sensibilité, son style propre. Au lecteur de reconstituer les faits à partir des différentes versions qui lui sont soumises. Ainsi, la **logique du récit** découle d'une relecture de l'ensemble, d'une intégration des données, parfois contradictoires, toujours disparates, fournies par chaque missive. Autrement dit, la trame du récit se fragmente et le narrateur omniscient s'évanouit.

Aussi convient-il de se rappeler que la fortune du roman épistolaire fut à son zénith au XVIIIe siècle en France parce qu'il correspondait à une façon de reconsidérer la société de cette époque. Le roman par lettres témoigne, en effet, de la perte d'une assise morale et intellectuelle : dans la France pré-révolutionnaire des Lumières, il révèle le désintérêt pour la religion, la perte progressive de la foi dans un centre, un Dieu, qui conférerait un sens certain au monde. Dans *Jacques le Fataliste,* roman de la narration (on l'a vu dans la fiche 1), Diderot ne cesse de s'interroger sur le monde comme il va. Dans *Les Lettres persanes,* Montesquieu opère une révolution du point de vue : il centre le foyer de sa narration à partir du regard que posent deux étrangers, deux Persans, sur la société et les institutions françaises. Il n'y a plus de certitude absolue, plus de vérité incontestable : le juge, l'Européen, se retrouve soumis aux critiques de l'étranger, de ces Orientaux dont les soieries et les costumes exotiques enchantaient le XVIIe siècle et les comédies bouffonnes de Molière.

TEXTE 8

Montesquieu (1689-1755)
Les Lettres persanes
Lettre LXIV (extrait)
1721

Le chef des eunuques noirs à Usbek, à Paris

Je suis dans un embarras que je ne saurais t'exprimer, magnifique seigneur : le sérail est dans un désordre et une confusion épouvantables; la guerre règne entre tes femmes; tes eunuques sont partagés; on n'entend que plaintes, que murmures, que reproches; mes remontrances sont méprisées : tout semble permis dans ce temps de licence, et je n'ai plus qu'un vain titre dans le sérail.

Il n'y a aucune de tes femmes qui ne se juge au-dessus des autres par sa naissance, par sa beauté, par ses richesses, par son esprit, par ton amour, et qui ne fasse valoir quelques-uns de ces titres pour avoir toutes les préférences. — Je perds à chaque instant cette longue patience avec laquelle, néanmoins, j'ai eu le malheur de les mécontenter toutes : ma prudence, ma complaisance même (vertu si rare et si étrangère dans le poste que j'occupe), ont été inutiles.

Veux-tu que je te découvre, magnifique seigneur, la cause de tous ces désordres? Elle est toute dans ton cœur et dans les tendres égards que tu as pour elles. Si tu ne me retenais pas la main; si, au lieu de la voie des remontrances, tu me laissais celle des châtiments; si, sans te laisser attendrir à leurs plaintes et à leurs larmes, tu les envoyais pleurer devant moi, qui ne m'attendris jamais : je les façonnerais bientôt au joug qu'elles doivent porter, et je lasserais leur humeur impérieuse et indépendante.

Enlevé dès l'âge de quinze ans au fond de l'Afrique, ma patrie, je fus d'abord vendu à un maître qui avait plus de vingt femmes ou concubines. Ayant jugé à mon air grave et taciturne que j'étais propre au sérail, il ordonna que l'on achevât de me rendre tel, et me fit faire une opération pénible dans les commencements, mais qui me fut heureuse dans la suite, parce qu'elle m'approcha de l'oreille et de la confiance de mes maîtres. J'entrai dans ce sérail, qui fut pour moi un nouveau monde. Le premier eunuque, l'homme le plus sévère que j'aie vu de ma vie, y gouvernait avec un

Le roman par lettres / 145

empire absolu. On n'y entendait parler ni de divisions ni de querelles : un silence profond régnait partout; toutes ces femmes étaient couchées à la même heure, d'un bout de l'année à l'autre, et levées à la même heure; elles entraient dans le bain tour à tour; elles en sortaient au moindre signe que nous leur en faisions; le reste du temps, elles étaient presque toujours enfermées dans leurs chambres. Il avait une règle, qui était de les faire tenir dans une grande propreté, et il avait pour cela des attentions inexprimables : le moindre refus était puni sans miséricorde.

 EXERCICE : relevez les procédés de la narration qui caractérisent le roman par lettres dans cet extrait d'une des *Lettres persanes* de Montesquieu.

▶ **CORRECTION**

Extrait des *Lettres persanes* de Montesquieu, ce passage de la lettre LXIV[1] évoque la situation déplorable dans laquelle se trouve le sérail du héros persan, Usbek, lui-même convaincu de la supériorité du mode de vie du sérail par rapport aux débordements parisiens. Dans un premier temps, l'eunuque annonce à son maître les désordres qu'il ne parvient plus à réfréner, preuve que la nature reprend ses droits quand l'autorité faiblit; puis il cherche à se justifier en rappelant sa propre biographie. Pour le public éclairé du XVIIIe siècle, il laisse entendre à quel point la situation des femmes en Orient peut être dégradante. Indirectement, la lettre de l'eunuque noir dénonce donc la discrimination sexiste contre laquelle s'élevèrent les philosophes des Lumières.

---

1. L = 50, X = 10, IV = 4; LXIV = 64; on ajoute ce qui se trouve à droite de la lettre indiquant la valeur la plus forte; on soustrait ce qui se trouve à gauche de cette même lettre.

146 / Le roman

I. Le monde oriental vu par un Oriental

1. Les relations hiérarchiques

L'eunuque s'adresse à son maître en employant la deuxième personne du singulier, preuve que les formules de politesse varient en Orient et en Occident. L'expression « magnifique seigneur » témoigne, en effet, de la déférence manifestée par l'esclave vis-à-vis d'Usbek. Il s'exprime avec franchise et une relative liberté de jugement, persuadé que son maître saura apprécier son honnêteté : « la cause de tous ces désordres ? Elle est dans ton cœur et dans les tendres égards que tu as pour elles ».

2. Le caractère explicatif de la lettre

Le rappel biographique de l'eunuque a pour but d'éclairer le lecteur occidental sur la condition des hommes de son espèce. Le récit, digne d'un roman d'aventures, dresse le portrait de l'esclave attaché au service des femmes. Aussi Montesquieu se révèle-t-il soucieux de la compréhension logique de son texte. Il veut suggérer que, dépourvu d'autorité, l'eunuque en chef n'a plus aucune raison d'être. Quand on modifie une relation de pouvoir, l'ensemble de l'édifice s'écroule : « ma prudence, ma complaisance même (vertu si rare et si étrangère dans le poste que j'occupe), ont été inutiles ». Autrement dit, l'eunuque ne peut, par définition, se montrer humain.

3. La condition féminine en Orient

L'eunuque ne remet pas en question la civilisation orientale : trop intégré à elle puisqu'il en incarne une production particulière, il porte sur elle un regard dénué de sens critique. Il trouve des avantages à sa propre condition : mon maître « me fit faire une opération pénible dans les commencements, mais qui me fut heureuse dans la suite, parce qu'elle m'approcha de l'oreille et de la confiance de mes maîtres ». Aussi ne comprend-t-il pas que la femme orientale puisse s'exprimer librement. Pour lui, elle doit demeurer, tel un objet, en admiration devant son époux. La considérer comme un être humain à part entière, c'est laisser le libre champ aux passions — car les femmes ne peuvent posséder de jugement. « Il n'y a aucune de tes femmes qui ne se juge au-dessus des autres par sa naissance, par sa beauté, par ses richesses, par son esprit, par ton amour, et qui ne fasse valoir quelques-uns de ces titres pour avoir toutes les préférences. » Les femmes réagissent comme des êtres humains à part entière et, en l'absence du maître, qui détient le pouvoir et la parole absolus, introduisent le principe de relativité dans le sérail.

Au travers de cette lettre transparaît la psychologie de l'eunuque, cet être mystérieux pour des consciences occidentales. La fermeté de son style traduit la détermination de son esprit rompu aux relations de force et assuré de la supériorité des hommes sur les femmes.

II. Le débat d'idées

1. Les Lumières et la condition féminine

Au XVIIIe siècle, des philosophes comme Montesquieu, Diderot et Condorcet se sont battus pour imposer l'égalité des droits des individus entre eux. Ils ont donc remis en cause toute discrimination sexiste et raciale. Le roman par lettres s'impose comme le terrain tout désigné de la lutte idéologique parce qu'il permet l'affrontement des idées. Dans le texte proposé, l'eunuque soumet à Usbek, parti de chez lui depuis quelque temps déjà, l'appréciation des désordres encourus lorsque le maître veut maintenir la forme d'une organisation sans en conserver l'esprit. En fin de compte, le sérail s'impose comme une micro-société qui possède la même psychologie de masse que la société française à un moment où l'autorité royale semble s'affaiblir, faute de légitimité.

2. La définition de la loi

L'eunuque admire l'autorité : elle définit, pour lui, le fondement de tout ordre communautaire. Il regrette donc l'ancien temps, quand le maître savait imposer sa loi et ne cherchait pas, comme le fait Usbek, à instaurer un ordre plus humain qu'il ne l'était. En réalité, sans le savoir, il ne supporte pas que le sérail s'occidentalise. Il veut maintenir la force de la loi par la crainte du châtiment. Aussi la « loi » dont il s'agit n'en est-elle pas vraiment une pour Montesquieu, juriste et auteur de *De l'esprit des lois*. Dans un monde hiérarchisé à l'extrême, il paraît inconcevable que l'individu puisse exiger d'exister en tant que tel. L'esclave a intégré le mécanisme de l'oppression contre laquelle il ne songe pas à se révolter. A l'inverse, Usbek veut établir un semblant de dialogue entre les êtres — mais peut-être pas vraiment avec ses femmes. Aussi l'eunuque lui renvoie-t-il l'image réelle de ce qu'implique une plus grande libéralité.

3. La critique indirecte

Pour Montesquieu, il ne saurait y avoir de société digne de ce nom sans que s'établisse une subtile dynamique fondée sur l'équilibre des pouvoirs. Dès qu'une portion de la communauté s'arroge plus de pouvoir qu'une autre, la structure s'effondre. Dans le texte proposé, il est clair que l'eunuque noir demeure fidèle à son maître, et plus encore à ses propres principes, mais que les autres eunuques tendent à prendre le parti des femmes : « tes eunuques sont partagés », affirme le rédacteur de la lettre. Au travers de la peinture du temps présent et du récit des habitudes anciennes, Montesquieu fait le procès d'une société qui brime les êtres et que rien ne justifie. Le lecteur pressent que la loi naturelle va s'imposer dans un sérail maintenu de force dans l'observance de principes tyranniques. L'anarchie guette quand le pouvoir absolu s'effondre sans avoir préparé la révolution, inéluctable. De nombreux exemples le prouvent, aujourd'hui.

Dans cette lettre, Montesquieu renvoie dos à dos les civilisations occidentale et orientale : il souligne les contradictions d'Usbek, incarnation de l'humanisme à Paris et véritable despote à Ispahan. Alors qu'Usbek commence à reconnaître la supériorité artistique et technique de l'Europe, la situation se dégrade chez lui en proportion inverse. Il devient, en quelque sorte, étranger à son propre pays; il prendra conscience tout à fait de la situation lorsque, à la fin du roman, Roxane, sa favorite, se tuera après avoir eu des relations coupables avec un eunuque.

COMMENTAIRE COMPOSÉ 4

Choderlos de Laclos (1741-1803)
Les Liaisons dangereuses

Les Liaisons dangereuses témoigne du triomphe du libertinage de mœurs au XVIIIᵉ siècle. Dans le roman, plusieurs personnages correspondent, mais le couple constitué par la Marquise de Merteuil et le Vicomte de Valmont domine l'ensemble des relations. Ce sont eux (et plus précisément encore la Marquise) qui paraissent décider de l'évolution de l'action. En effet, l'intrigue développe le progrès d'une triple entreprise de séduction : sans vouloir se l'avouer, le Vicomte aime la Présidente de Tourvel, une femme dont il faut vaincre les résistances vertueuses; il corrompt la jeune Cécile de Volanges, pour se venger de sa mère. Enfin, la Marquise se joue de Valmont : elle a eu une liaison amoureuse avec lui et elle veut maintenir sa domination sur lui en titillant son orgueil.

Le terme *liaison* renvoie donc à la fois à la forme du roman épistolaire et au contenu de l'action. La Marquise se présente comme l'incarnation achevée de la séductrice. Bien éloignée du féminisme, elle n'en veut pas moins faire subir aux hommes les mêmes avanies qu'ils infligent aux femmes. Comme une sorte de romancier manipulant le destin des personnages, elle organise le jeu des relations en prônant ses valeurs, celles du plaisir et de la nature — qui n'ont plus rien de commun avec celles de la noblesse idéale. En ce sens, Laclos montre alors dans l'aristocratie une catégorie sociale en pleine décadence morale.

TEXTE 9

Choderlos de Laclos
Les Liaisons dangereuses
Lettre 134 (extrait)
1782

La Marquise de Merteuil au Vicomte de Valmont

Or, est-il vrai, Vicomte, que vous vous faites illusion sur le sentiment qui vous attache à Mme de Tourvel? C'est de l'amour, ou il n'en exista jamais: vous le niez bien de cent façons; mais vous le prouvez de mille. Qu'est-ce, par exemple, que ce subterfuge dont vous vous servez vis-à-vis de vous-même (car je vous crois sincère avec moi), qui vous fait rapporter à l'envie d'observer le désir que vous ne pouvez ni cacher ni combattre, de garder cette femme? Ne dirait-on pas que jamais vous n'en avez rendu une autre heureuse, parfaitement heureuse? Ah! si vous en doutez, vous avez bien peu de mémoire! Mais non, ce n'est pas cela. Tout simplement votre cœur abuse votre esprit, et le fait se payer de mauvaises raisons: mais moi, qui ai un grand intérêt à ne pas m'y tromper, je ne suis pas si facile à contenter.

C'est ainsi qu'en remarquant votre politesse, qui vous a fait supprimer soigneusement tous les mots que vous vous êtes imaginé m'avoir déplu, j'ai vu cependant que, peut-être sans vous en apercevoir, vous n'en conserviez pas moins les mêmes idées. En effet, ce n'est plus l'adorable, la céleste Mme de Tourvel: mais c'est *une femme étonnante, une femme délicate et sensible,* et cela, à l'exclusion de toutes les autres; *une femme rare enfin,* et telle *qu'on n'en rencontrerait pas une seconde.* Il en est de même de ce charme inconnu qui n'est pas *le plus fort.* Hé bien! soit, mais puisque vous ne l'aviez jamais trouvé jusque-là, il est bien à croire que vous ne le trouveriez pas davantage à l'avenir, et la perte que vous feriez n'en serait pas moins irréparable. Ou ce sont là, Vicomte, des symptômes assurés d'amour, ou il faut renoncer à en trouver aucun.

Soyez assuré, que pour cette fois, je vous parle sans humeur. Je me suis promis de n'en plus prendre; j'ai trop bien reconnu qu'elle pouvait devenir un piège dangereux. Croyez-moi, ne soyons qu'amis, et restons-en là. Sachez-moi gré seulement de mon courage à me défendre : oui, de mon courage; car il en faut quelquefois, même pour ne pas prendre un parti qu'on sent être mauvais.

Ce n'est donc plus que pour vous ramener à mon avis par persuasion, que je vais répondre à la demande que vous me faites sur les sacrifices que j'exigerais et que vous ne pourriez pas faire. Je me sers à dessein de ce mot *exiger,* parce que je suis sûre que, dans un moment, vous m'allez, en effet, trouver trop exigeante : mais tant mieux ! Loin de me fâcher de vos refus, je vous en remercierai. Tenez, ce n'est pas avec vous que je veux dissimuler, j'en ai peut-être besoin.

J'exigerais donc, voyez la cruauté ! que cette rare, cette étonnante Mme de Tourvel ne fût plus pour vous qu'une femme ordinaire, une femme telle qu'elle est seulement : car il ne faut pas s'y tromper; ce charme qu'on croit trouver dans les autres, c'est en nous qu'il existe; et c'est l'amour seul qui embellit tant l'objet aimé.

▶ **TRAVAIL AU BROUILLON**

● **Première phase :** il est clair que, dans ce passage, la Marquise fait la leçon au Vicomte. Elle lui signifie de façon abrupte qu'il aime la présidente de Tourvel et que, dès lors, il a failli aux principes du libertinage (voir plus loin).

I. La leçon de la Marquise :
1. Le contenu de la leçon.
2. Ses modalités.
3. La « morale » de la Marquise.

● **Deuxième phase :** à présent, prenez un peu de hauteur et cherchez à analyser le comportement de la Marquise. Quelles sont ses intentions? Elle veut maintenir son emprise sur Valmont, par jalousie et par orgueil. Les affiche-t-elle de manière claire ? L'hypocrisie est nécessaire à la séductrice — alors que les hommes peuvent se vanter de leurs conquêtes. La Marquise est rompue à ce genre d'exercice.

II. Les intentions cachées de la Marquise.
1. Sa jalousie.
2. Son orgueil.
3. Son hypocrisie.

• **Troisième phase :** maintenant, situez-vous à un niveau encore supérieur et cherchez à interpréter le texte en vous référant aux intentions de l'auteur. Quelle image donne-t-il de la femme ? Du libertin ? Des relations de force qui s'établissent entre la Marquise et le Vicomte ? Sont-elles représentatives d'une vision plus générale de la société de son temps ?

III. Une société corrompue.
1. La représentation de la femme au siècle des Lumières.
2. La relation de force entre la Marquise et le Vicomte.
3. Une dégradation morale évidente.

▶ COMMENTAIRE COMPOSÉ

(Introduction développée)

Dans ce passage de la lettre 134, extrait des *Liaisons dangereuses,* la Marquise de Merteuil répond au vicomte de Valmont, qui célébrait, dans un précédent envoi, les vertus de la présidente de Tourvel. Laclos fait de son personnage féminin une intellectuelle rompue aux tactiques de persuasion psychologique. Avec une logique imperturbable, elle démontre à son correspondant qu'il aime Mme de Tourvel (premier paragraphe), que ses précautions de style le trahissent malgré qu'il en ait (deuxième paragraphe), avant de formuler ses propres exigences. Il est clair qu'elle joue un rôle alors même qu'elle affirme établir des relations franches avec le Vicomte. Après avoir analysé la virtuosité pédagogique de la Marquise, nous tenterons de percer ses motivations secrètes pour, enfin, restituer ce passage dans l'économie générale de la société, au XVIIIe siècle.

I.1.   La Marquise fait la leçon au Vicomte. Elle lui révèle son amour pour Mme de Tourvel et dénonce son attitude à son égard. Son principal reproche tient au manque absolu de lucidité dont témoigne l'attitude du Vicomte. Maniant à la perfection les artifices de la rhétorique, elle le renvoie à des évidences à l'aide de fausses interrogations qui soulignent l'inconscience du Vicomte. « Qu'est-ce, par exemple, que ce subterfuge dont vous vous servez vis-à-vis de vous-même (car je vous crois sincère avec moi), qui vous fait rapporter à l'envie d'observer le désir que vous ne pouvez ni cacher ni combattre, de garder cette femme ? » Elle prétend vouloir le ramener à la raison et lui faire voir sa vérité en face. Elle-même se présente comme une amie dépourvue de toute mauvaise humeur à son encontre.

I.2.   La Marquise est une intellectuelle qui analyse avec froideur les comportements. Dans ses lettres, elle a tendance à procéder d'une manière catégorique, à classer les individus dans des cadres précis — ceux que définit sa propre morale. Dans l'extrait proposé, elle démêle avec justesse toutes les complications psychologiques du Vicomte et, avec un art consommé, elle « l'analyse » avant la lettre. « Ou ce sont là, Vicomte, des symptômes assurés d'amour, ou il faut renoncer à en trouver aucun ». Elle ne le côtoie pas de près puisqu'il se trouve en province et qu'elle demeure à Paris. Mais, elle recueille toute une série d'indices signifiants qui lui permettent de déduire une conclusion logique : « C'est de l'amour, ou il n'en exista jamais [...]. » Elle se livre alors à une explication de texte : elle cite certaines expressions relevées dans la lettre du Vicomte qui ne laissent aucun doute sur les sentiments de son correspondant. Avatar du romancier, elle commente donc les productions du Vicomte pour le prendre à son propre piège, s'effaçant ainsi en tant que personne pour lui prouver qu'elle n'invente rien en produisant ses propres expressions à lui.

I.3.   La « morale » de la Marquise repose sur la maîtrise lucide de soi, qui permet d'élaborer la stratégie du plaisir. Avec brio, Mme de Merteuil renvoie le Vicomte à ses propres limites. Elle et lui se sont fait le serment de tout se dire : elle met à profit cet engagement pour lui exposer avec une prétendue franchise la nécessité dans laquelle il se trouve de reconnaître ses obligations envers elle. Elle lui montre, clairement, qu'il a dérogé aux principes du parfait séducteur en tombant amoureux de la présidente. « Tout simplement votre cœur abuse votre esprit, et le fait se payer de mauvaises raisons : mais moi, qui ai un grand intérêt à ne pas m'y tromper, je ne suis pas si facile à contenter. » Au XVIIIe siècle, le mot « esprit » renvoie à l'intelligence, à la raison, bien qu'il prenne peu à peu aussi le sens, plus moderne, de « présence d'esprit ». Pour la Marquise, l'esprit (ou l'intelligence) doit dominer la sensibilité. Elle manipule ici une idée chère aux moralistes : « L'esprit est toujours la dupe du cœur », affirme La Rochefoucauld, au XVIIe siècle. On retrouve la critique intentée par les moralistes contre la passion qui aveugle les individus. Mais, pour la Marquise, la lucidité est absolument nécessaire à qui veut, au contraire, organiser ses plaisirs — et non pas y renoncer comme la religion engage à le faire. Dans une lettre précédente, elle expliquait, en effet, qu'elle devait sa réussite sociale à sa maîtrise d'elle-même et à ses facultés de stratège. Ici, elle définit ce que Stendhal appellera le phénomène de la cristallisation amoureuse : « c'est l'amour seul qui embellit tant l'objet aimé. » Ainsi, la Marquise détourne à ses propres fins la rhétorique des passions pour faire de Valmont un héros qui résisterait à la présidente.

La Marquise de Merteuil n'a rien de commun avec les héroïnes sensibles qui se multipliaient dans les romans depuis la parution de *La Nouvelle Héloïse* de Jean-Jacques Rousseau. Véritable tacticienne, elle applique aux relations amoureuses les principes de la stratégie guerrière, à l'image de son créateur — puisque Laclos était un militaire de carrière.

II.1.   En réalité, la Marquise est jalouse de Mme de Tourvel et elle joue du souvenir de son ancienne liaison avec Valmont pour assurer sa domination intellectuelle sur lui. « Ne dirait-on pas que jamais vous n'en avez rendu une autre heureuse, parfaitement heureuse ? Ah ! si vous en doutez, vous avez bien peu de mémoire ! » En lui écrivant cela, elle le flatte, elle lui donne une image positive des relations qu'ils avaient nouées. A l'inverse, elle déprécie l'admiration de Valmont vis-à-vis de Mme de Tourvel et la ramène à une attitude conventionnelle et peu glorieuse. En témoignent d'une part les expressions de lui qu'elle cite et qui s'assortissent à des stéréotypes du roman sensible, fort à la mode à l'époque; et, d'autre part, ce jugement sans appel : « ce charme qu'on croit trouver dans les autres, c'est en nous qu'il existe » [...]. Elle veut que Valmont abandonne la Présidente pour elle : elle veut « que cette rare, cette étonnante Mme de Tourvel ne fût plus pour vous qu'une femme ordinaire, une femme telle qu'elle est seulement » [...]. La Marquise remet donc en cause à la fois l'attitude du Vicomte et le peu d'attrait de la Présidente.

II.2.   Elle ne supporte pas que le Vicomte dissimule quoi que ce soit, même s'il ne s'avoue pas à lui-même sa passion : tel un dieu omniscient, experte dans les stratégies de la dissimulation, elle relève toutes les traces complaisantes imposées à la fois par la bonne éducation de Valmont et ses efforts pour « correspondre » à l'attente de la Marquise : « en remarquant votre politesse [...], j'ai vu cependant que, peut-être sans vous en apercevoir » [...]. Son immense orgueil lui fait présenter son propre comportement comme tout à fait héroïque. « Sachez-moi gré seulement de mon courage à me défendre; oui de mon courage » [...]. La répétition insiste sur ce qu'elle présente comme une attitude noble et généreuse. L'ensemble de la lettre est, d'ailleurs, empreint d'une certaine emphase, d'une rigueur qu'elle dit venir de son intransigeance morale. Ainsi se justifie l'emploi, lui aussi répété, du terme *exiger* : la Marquise prétend avoir des droits à exercer une autorité morale sur le Vicomte. Comme une sorte de confesseur qui demanderait des gages de bonne conduite au pécheur, elle l'exhorte à accomplir une action difficile.

II.3.   Or elle présente cette demande non comme un effet de sa volonté mais comme une réponse aux sollicitations du Vicomte : « je vais répondre à la demande que vous me faites sur les sacrifices que j'exigerais et que vous ne pourriez pas faire [...] ». Elle affirme que ses avis sont, désormais, dépourvus de toute implication passionnelle et se donne comme une amie : « Croyez-moi, ne soyons qu'amis, et restons-en là. » Ce faisant, elle touche deux cordes sensibles chez son correspondant : son sens du défi et son instinct de séducteur, qui ne saurait abandonner tout à fait une conquête. En réalité, la Marquise ne supporte pas que le Vicomte lui échappe. Il semble difficile de démêler si elle l'aime; quoi qu'il en soit, elle ne veut pas de rivale et elle cherche à faire tomber le Vicomte dans le piège qu'il a contribué à édifier.

Dans ce passage, la marquise de Merteuil fait de sa lettre une véritable arme contre Mme de Tourvel. Par le langage seul, elle établit une relation de force qui lui permet de dominer le Vicomte en lui assénant des arguments imparables. Cet extrait de lettre prouve le pouvoir des mots sur les esprits.

III.1. Au XVIIIe siècle, les philosophes des Lumières se sont attachés à défendre la condition féminine. La religion avait, en effet, contribué à donner de la femme une représentation négative : pour elle, la femme serait trop faible pour résister à ses passions. Dans le prologue des *Liaisons dangereuses,* Laclos affirme qu'il a publié les lettres qu'il a trouvées pour servir à l'édification des jeunes filles de son temps. Or, rien n'est moins moral, dans les faits, sinon dans l'intention, que son roman. En effet, la Marquise est infiniment plus attirante que les autres femmes, beaucoup plus vertueuses, du roman. La voix qui se fait entendre dans l'extrait proposé à l'analyse établit tout un système d'échos, suscite des interprétations multiples et séduit le lecteur à plus d'un titre.

III.2. La relation de force qui se noue entre la Marquise et le Vicomte tient à une nécessité sécrétée par la société. En effet, Mme de Merteuil n'a pas d'autre moyen de s'imposer à lui que de le dominer par ses propres armes en dissimulant ses véritables sentiments. Comme le remarque Diderot dans *Jacques le Fataliste,* la femme est placée sous le regard d'autrui : elle ne peut pas faillir à sa réputation. La Marquise se doit de dissimuler et les lettres lui fournissent un moyen privilégié d'exercer sa domination à distance. Dans l'extrait proposé, elle apparaît à la fois comme un professeur de rhétorique, un médecin psychologue et un directeur de conscience. Cet effet cumulatif rend compte de la multiplicité des facettes de sa riche personnalité.

III.3.   Le personnage de la Marquise impose une idée nouvelle de la femme : elle fait du libertinage une exigence de l'esprit. Dans l'extrait proposé, elle ne fait aucune allusion aux charmes de l'amour; bien au contraire, elle présente de l'extérieur la passion de Valmont pour la Présidente. Très cérébrale, elle témoigne de la corruption de la catégorie sociale qu'elle représente : son comportement s'explique, en effet, plus par une volonté de domination intellectuelle que par goût effréné du plaisir — comme on pourra le voir dans les romans de Sade, par exemple.

Ce passage se situe à un moment important des *Liaisons dangereuses* : en exprimant avec netteté au Vicomte qu'il est amoureux de Mme de Tourvel, la Marquise oriente toute l'évolution ultérieure de l'action. Valmont ne voudra pas déroger à l'idée qu'il se fait de lui, sous l'impulsion de Mme de Merteuil. Il se moquera de la présidente et s'en trouvera cruellement puni. En ce sens, la Marquise s'impose comme le *deus ex machina* qui manipule les marionnettes de son entourage, avant de subir, elle aussi, un retournement du sort. Ce texte illustre toute la philosophie et la pratique du libertinage selon Laclos, à mi-chemin entre le libertinage d'esprit du XVIIe siècle et le libertinage de mœurs du XVIIIe siècle.

FICHE TECHNIQUE 6

Le fantastique

Au XVIIIe siècle, siècle de la raison, apparaît un contre-courant au rationalisme : l'illuminisme. Le fantastique exploitera les ressources de l'imaginaire et fonctionnera sur les procédés qui déclenchent le phénomène d'angoisse. A l'origine, le fantastique apparaît plutôt comme l'expression, d'ailleurs relativement codée, de fantasmes, de fantasmagories nées de l'imaginaire. Ainsi, le fantastique dit gothique exige des décors mystérieux (souvent de vieux manoirs anglais, mais aussi des cimetières, etc.); il se développe la nuit où les formes s'estompent et, surtout, où la conscience claire s'obscurcit pour laisser libre cours aux délires et à la peur.

Puis, d'expression de l'imaginaire et de jeu sur la peur, le fantastique devient traduction de tout ce qui heurte la raison, de ce qui la dépasse — ainsi, chez Charles Nodier, la Révolution française donne lieu à des spectacles fantastiques — et de ce qui la défie. Vers la fin du XIXe siècle, Maupassant écrit le journal d'une folie, *Le Horla:* le fantastique traduit le déséquilibre pathologique. Au XXe siècle, le fantastique atteint toute la vision du monde : il permet au romancier de suggérer l'étrangeté de la société qui nous entoure. Ainsi, dans *Le Maître de Marguerite,* le romancier russe Boulgakov donne sa version personnelle du mythe de Faust; le fantastique souligne l'absurdité de la société soviétique.

On peut, dès lors, définir le fantastique comme **ce qui remet en question les catégories de la raison.** Pour le critique contemporain Tzvetan Todorov, le fantastique, en littérature, se définit par le caractère indécidable de la fiction : doit-on interpréter les faits étranges qui nous sont contés en recourant au surnaturel ? Peut-on se satisfaire d'une explication purement logique ? Les deux voies semblent possibles devant un texte fantastique.

A l'inverse, dans un conte merveilleux, le lecteur ne se pose pas de question : il est entendu que les animaux parlent, que les héros peuvent recourir à leurs fées-marraines pour que leurs souhaits se réalisent... Quant au roman de science-fiction, il apparaît à un moment où l'homme semble craindre d'être dépassé par sa propre technologie et il demeure étroitement lié à l'avancée de la science; celle-ci, comme une bonne fée, peut combler l'homme, mais aussi, comme un mauvais génie, se retourner contre lui.

TEXTE 10

**Guy de Maupassant (1850-1893)
« La Main » (extrait)**
Contes du jour et de la nuit
1883

Un médecin nous rejoignit. Il examina longtemps les traces des doigts dans la chair et prononça ces étranges paroles :
— On dirait qu'il a été étranglé par un squelette.

Un frisson me passa dans le dos, et je jetai les yeux sur le mur, à la place où j'avais vu jadis l'horrible main d'écorché. Elle n'y était plus. La chaîne, brisée, pendait.

Alors je me baissai vers le mort, et je trouvai dans sa bouche crispée un des doigts de cette main disparue, coupé ou plutôt scié par les dents juste à la deuxième phalange.

Puis on procéda aux constatations. On ne découvrit rien. Aucune porte n'avait été forcée, aucune fenêtre, aucun meuble. Les deux chiens de garde ne s'étaient pas réveillés.

Voici, en quelques mots, la déposition du domestique :
Depuis un mois, son maître semblait agité. Il avait reçu beaucoup de lettres, brûlées à mesure.

Souvent, prenant une cravache, dans une colère qui semblait de la démence, il avait frappé avec fureur cette main séchée, scellée au mur et enlevée, on ne sait comment, à l'heure même du crime.

Il se couchait fort tard et s'enfermait avec soin. Il avait toujours des armes à portée du bras. Souvent, la nuit, il parlait haut, comme s'il se fût querellé avec quelqu'un.

Cette nuit-là, par hasard, il n'avait fait aucun bruit, et c'est seulement en venant ouvrir les fenêtres que le serviteur avait trouvé sir John assassiné. Il ne soupçonnait personne.

Je communiquai ce que je savais du mort aux magistrats et aux officiers de la force publique, et on fit dans toute l'île une enquête minutieuse. On ne découvrit rien.

Or, une nuit, trois mois après le crime, j'eus un affreux cauchemar. Il me semblait que je voyais la main, l'horrible main, courir comme un scorpion ou comme une araignée le long de mes rideaux et de mes murs. Trois fois, je me réveillai, trois fois je me rendormis, trois fois je revis le hideux débris galoper autour de ma chambre en remuant les doigts comme des pattes.

Le lendemain, on me l'apporta, trouvé dans le cimetière, sur la tombe de sir John Rowell, enterré là; car on n'avait pu découvrir sa famille. L'index manquait.

Voilà, mesdames, mon histoire. Je ne sais rien de plus.

 EXERCICE: relevez les procédés relevant du fantastique dans cet extrait de «La Main», de Guy de Maupassant.

► CORRECTION

Dans ce passage extrait des contes de Guy de Maupassant, M. Bermutier, juge d'instruction, évoque la mort tragique de sir John Rowell, qui, entre autres curiosités, possédait la main écorchée de son plus cruel ennemi. Le magistrat ne sait que penser: doit-il croire que cette main a vraiment étranglé le malheureux? Cette incertitude crée le fantastique dans ce qui aurait pu constituer un récit policier.

I. L'enquête de police

1. Définition du récit policier:

Le mystère pose une énigme au détective, qui la résout grâce à son esprit logique. Mais, ici, la raison est défiée par les circonstances inquiétantes.

2. Les indices objectifs:

Ils sont bien maigres. Rien de tangible n'apparaît: «On ne découvrit rien. Aucune porte n'avait été forcée, aucune fenêtre, aucun meuble.» La déposition du domestique plonge les policiers dans l'incertitude. «Cette nuit-là, par hasard, il n'avait fait aucun bruit [...]». Le fantastique se définit par l'absence de tout élément concret.

3. Le doigt:

Le narrateur découvre un doigt, qui joue un rôle dramatique important parce qu'il fournit un repère objectif au travail de l'imaginaire et justifierait le recours au surnaturel. Sur la tombe : « L'index manquait. » Ainsi s'accroît encore le mystère qui entoure la victime, qui, fait significatif, n'avait aucune famille connue.

II. Les indices inquiétants

1. Le motif de la main :
Il traduit une angoisse personnelle de l'auteur, qui aurait été fasciné par une main d'écorché. Le récit fantastique lui permet de projeter ses fantasmes, d'autant que Maupassant n'avait pas un équilibre mental très assuré, à la suite de diverses aventures et expériences personnelles.

2. Le rêve :
Il engage l'imaginaire du narrateur. Celui-ci devient alors partie prenante dans le récit et ne se borne pas à assister aux événements. La main se métamorphose en animal dangereux : la comparaison avec le scorpion témoigne du travail de l'imaginaire à partir d'un élément objectif. De même, la reprise ternaire de « trois fois » accentue le caractère obsédant de la vision. Le fantastique traditionnel se fait psychologique : il ne se contente plus d'accumuler des indices inquiétants, mais il affecte la psychologie des personnages.

3. L'incertitude :
Le narrateur semble fasciné par la main. Elle suscite tout un travail de l'imaginaire qui peut le conduire à modifier son point de vue sur les faits objectifs.

III. Les procédés du conte fantastique

1. Le point de vue :
Il est assumé par le narrateur, un magistrat a priori insoupçonnable, parce qu'il appartient à une catégorie de personnes considérées comme lucides. Si le narrateur pouvait être soupçonné d'affabuler, ses auditrices pourraient l'accuser d'avoir un moment déliré. Or, à la suite du passage proposé, le conte

s'achève sur l'énoncé d'une explication rationnelle possible, donnée par le magistrat : « Je pense tout simplement que le légitime propriétaire de la main n'était pas mort, qu'il est venu la chercher avec celle qui lui restait. » Mais cette interprétation ne satisfait pas ses interlocutrices.

2. La progression dans l'angoisse :

La peur naît de l'impression initiale du médecin légiste : « — On dirait qu'il a été étranglé par un squelette. » Le verbe principal « On dirait » permet d'introduire une modalisation de l'opinion : le médecin n'est pas sûr de son interprétation, mais elle déclenche un phénomène physiologique chez le narrateur : « Un frisson me passa dans le dos [...] ». Puis, l'absence de repères objectifs accentue le sentiment d'angoisse. En outre, il est clair que l'Anglais vivait lui-même dans l'attente d'une agression : « Souvent, prenant la cravache, dans une colère qui semblait de la démence, il avait frappé avec fureur cette main séchée, scellée au mur et enlevée, on ne sait comment, à l'heure même du crime. » L'attitude, en apparence, extravagante de la victime ne semble justifiée par rien de clair.

3. La narration :

Très dépouillée, elle semble ne rapporter que des faits objectifs ; mais ceux-ci contribuent, précisément, à accentuer le sentiment d'horreur parce qu'ils accumulent les indices de façon abstraite, mathématique.

Ce texte bref réunit différentes caractéristiques du récit fantastique. Il illustre le point de vue de Tzvetan Todorov, selon lequel la conclusion demeure indécidable quand un faisceau de signes semble s'opposer à une interprétation rationnelle d'un mystère.

─── **COMMENTAIRE COMPOSÉ 5** ───

Pierre Mac Orlan (1882-1970)
Marguerite de la nuit

Plus connu sous le pseudonyme de Pierre Mac Orlan, Pierre Dumarchais « monte » à Paris en 1900 et se destine à la peinture. Il mène une vie de bohème qui lui inspirera plus tard ses évocations de Montmartre. Après la Première Guerre mondiale, son œuvre prend une nouvelle orientation. Lié avec les poètes de l'avant-garde littéraire, comme Apollinaire, Max Jacob et Picasso, comme eux, il fera surgir « le fantastique social » de l'observation des êtres et des lieux. Dans *Marguerite de la nuit,* il donne sa version du mythe de Faust. Déjà évoquée par Marlowe, dramaturge anglais, et par Goethe, poète allemand, cette figure de la littérature moderne devient, au début du XXᵉ siècle, le modèle de l'homme moderne. Faust inspire, alors, des œuvres multiples : au music-hall, on parodie Gounod ; Breton et Aragon écrivent un *Faust III*... Mac Orlan reprend le premier *Faust* de Goethe, via Marlowe.

TEXTE 11

Pierre Mac Orlan
Marguerite de la nuit
1926

— Supposez, fit M. Léon, en mordant sa moustache, que je vous propose le marché classique... l'éternelle aventure qui séduisit votre ancêtre, accepteriez-vous de mettre votre signature au bas de l'acte ?

— Ce n'est qu'une âme à vendre, répondit le professeur.

— Vous avez raison, une âme ou une autre, c'est absolument la même chose au point de vue commercial. Ecoutez, je fais le commerce des âmes, et je peux vous proposer un troc : je vous donne la jeunesse en échange de votre âme, au cours du jour, avec vos doutes, vos regrets et vos espoirs. J'ai l'habitude de ce genre de marché, bien que pour l'ordinaire je me serve d'un protocole beaucoup moins romantique. Habituellement, j'achète les âmes par des moyens détournés, garantis sans douleur. Votre culture, vos souvenirs de famille m'incitent à utiliser le décor tombé en désuétude des petits livres de colportage à couverture bleue. Je vous achète votre âme, monsieur Faust.

— A quel prix ? interrogea le professeur, qui tremblait d'émotion.

— En échange d'une jeunesse élégante, jusqu'au jour de votre mort, désigné par une puissance qui échappe à mon contrôle.

Pierre Mac Orlan, *Marguerite de la nuit*
© Editions Bernard Grasset

▶ PLAN DU COMMENTAIRE COMPOSÉ

● **Situation du texte :** dans ce passage, le professeur Faust, descendant de l'illustre Faust de la légende, rencontre un certain M. Léon, avatar du démon, dans une boîte de nuit de Montmartre.

● **Idée générale :** Méphisto-Léon propose au vieux Faust un pacte en des termes commerciaux, tout en faisant une allusion ironique au mythe propagé par les romantiques.

- **Plan :** dévaluation de l'âme (1ᵉʳ et 2ᵉ paragraphes); le troc proprement dit.

- **Hypothèse de lecture :** au XXᵉ siècle, le mythe de Faust, comme tous les autres mythes, est dévalué. L'exploitation du fantastique social permet à l'auteur de dénoncer la médiocrité des hommes de son temps.

I. Le pacte comme troc

1. Le mythe de Faust

Marlowe fait de Faust un intellectuel de la fin du XVIᵉ siècle; il commence par faire l'ange révolté puis il se vautre dans le plaisir. Le Faust de Goethe (1749-1832) se sauve lorsqu'il perçoit la possibilité d'agir pour le bien de l'humanité. Mac Orlan privilégie la version anglaise, beaucoup plus noire et théologienne que l'allemande. Le Faust de Mac Orlan est un vieillard, un vieux professeur à la culture sclérosée. On est loin de l'aventurier qui se rebellait contre l'autorité dominante. Le professeur « tremblait d'émotion » à l'idée de l'échange : « Ce n'est qu'une âme à vendre [...] ». Faust ne demande rien de précis : caractérisé par les trois compléments, « vos doutes, vos regrets et vos espoirs », il se contente d'accepter les termes du marché défini par Léon-Méphisto.

2. Le pacte en tant que tel

Dans le texte proposé, le pacte devient un acte purement commercial. Il perd son caractère unique : « le marché classique... l'éternelle aventure qui séduisit votre ancêtre [...] ». Ainsi tous les Faust mâles le renouent et s'inscrivent dans un schéma de répétition. Léon fait, en quelque sorte, de la publicité à Faust pour l'inciter à accepter le marché. Puis, il nie la valeur de l'âme à échanger : il dévalue l'importance des individus car « une âme ou une autre, c'est absolument la même chose au point de vue commercial ». Mais il se hâte de flatter Faust.

3. L'ironie

Sûr de lui, très froid, Léon oriente toute la discussion. Il s'exprime avec une vulgarité qui dénote son manque absolu de noblesse. Il n'use pas du ton lyrique de la célébration, pour se libérer de tous les préjugés anciens. Par son biais, Mac Orlan dévalue le mythe et subvertit le pacte romanesque en produisant sans cesse des références culturelles. Mais il est clair que Léon se plie, presque par pitié, aux exigences d'un rite désuet diffusé par la littérature à bon marché : « Votre culture, vos souvenirs de famille m'incitent à utiliser le décor tombé en désuétude des petits livres de colportage à couverture bleue. » La culture, dévaluée, est considérée comme une sorte de vernis hypocrite, sans valeur autre que purement sentimentale.

II. Le pacte comme dérision d'une représentation de soi

1. La satire de l'homme moderne

Léon-Méphisto fait remarquer à Faust : « monsieur votre ancêtre était relativement une belle âme, ce que nous appelons une belle âme pour faire plaisir à la majorité. » La dimension métaphysique a totalement disparu : Faust ne s'intéresse qu'à l'aspect commercial de l'échange par lequel il cède son âme, principe spirituel, contre une belle apparence physique. Il privilégie l'apparence sur l'être.

2. Léon, ou Méphisto américanisé

Méphisto apparaît sous les traits de Léon, trafiquant de drogue et souteneur ; il boite, comme le diable de la légende, mais surtout il incarne le principe de l'exploitation de l'homme par l'homme : « Habituellement, j'achète les âmes par des moyens détournés garantis sans douleur. » Caricature de l'Américain, le diable incarne tous ceux qui contribuent à la perte des valeurs dans une société mercantile et avide de plaisirs immédiats.

3. Le fantastique social

La boîte de nuit constitue le lieu du fantastique social : dans cet endroit louche, Faust réalise, de manière symbolique, sa descente aux enfers, celui du plaisir et de la musique moderne, le jazz. En échangeant son âme contre la jeunesse au terme d'un troc, Faust ne cherche qu'à obtenir la possibilité d'assouvir ses désirs physiques et matériels. Il incarne en cela l'homme moderne qui, selon Mac Orlan, a perdu ses valeurs morales et dilapidé son héritage culturel pour ne s'intéresser qu'au profit.

Dans ce passage, la reprise du mythe de Faust s'impose comme un moyen pour désigner la dévaluation des valeurs morales : le fantastique désigne l'écart qui se creuse entre la représentation littéraire et positive que l'homme a encore de lui, et sa triste réalité. Aussi, une semaine après avoir conclu le pacte, Faust regrette-t-il d'avoir vendu son âme pour obtenir une jeunesse sans valeur parce que sans idéal.

FICHE TECHNIQUE 7

La description réaliste

Fonction de la description

Dans son roman, l'auteur raconte les faits et gestes de ses personnages dans un cadre donné. Le récit est donc constitué à la fois par la narration de l'action dans le temps et par la description de ses protagonistes et de son décor. Ainsi, la description constitue une pause narrative, puisque le récit des événements s'arrête et que l'auteur donne des informations plus ou moins précises sur les héros et l'espace.

Imaginez, en effet, que vous vouliez décrire quelqu'un ou quelque chose; il faut d'abord que vous supposiez cette description possible, que vous pensiez être capable de donner une représentation significative d'un être ou d'un objet.

Pour un romancier réaliste comme Balzac ou Zola, le monde qui nous entoure est susceptible d'être traduit en mots : ainsi, dans *Le Père Goriot*, Balzac décrit un quartier de Paris, puis la maison Vauquer où son héros, Rastignac, a pris pension, pour mieux caractériser l'atmosphère et le cadre dans lequel se déroule l'action. Autrement dit, pour faire une description, l'auteur part du principe qu'il peut recréer la réalité dans son texte écrit. Les informations données seront utiles, pense-t-il, à la compréhension globale du récit.

La description a **une double fonction, informative et explicative.** Balzac informe lorsqu'il évoque un édifice ou des personnages ou leur cadre de vie en eux-mêmes; il explique lorsque, en les décrivant, il suggère une interaction entre la psychologie des personnages et leur cadre de vie.

Pour Balzac, les traits du visage trahissent la personnalité d'un individu; de même, le milieu de vie et la décoration d'un appartement, la façon de s'habiller témoignent d'un état d'esprit particulier. Mais d'autres romanciers préfèrent, comme Mme de La Fayette, évoquer de manière abstraite leurs personnages afin de suggérer, ainsi, leur psychologie.

En outre, les romanciers contemporains critiquent la possibilité d'imiter avec des mots une réalité beaucoup trop riche pour se réduire à quelques phrases; ainsi, dans son *Planétarium*, Nathalie Sarraute montre les insuffisances du langage à traduire tous les détails.

Modalités de la description

Balzac, Zola et tous les romanciers réalistes pensent que la réalité est traduisible avec des mots — ce qui ne signifie pas qu'ils pensent pouvoir l'imiter telle qu'elle est sans avoir recours à des techniques narratives. Bien au contraire, il est clair que Balzac, le maître du roman réaliste, met à profit toutes les théories de son temps pour mieux expliciter la société de ses contemporains.

Comme un photographe, le romancier choisit le cadrage de sa description : soit en gros plan sur un visage, soit en plan d'ensemble sur un paysage. De plus, il détermine l'angle de la description : à partir d'un point fixe ou mouvant pour suivre les mouvements d'une foule, par exemple.

Ainsi, d'emblée, le romancier choisit de montrer la réalité à partir d'un point de vue particulier; souvent, la description s'effectue à partir du champ de vision d'un personnage et témoigne de ses qualités de perception.

En outre, l'auteur ne se limite pas à décrire avec des termes neutres; il utilise des images à valeur symbolique qui transfigurent le quotidien et qui fonctionnent, souvent, comme des motifs musicaux (ou leitmotive) qui se répètent. Ainsi, dans *Le Temps retrouvé*, Proust suggère les ravages du temps sur ses personnages en utilisant des métaphores empruntées au vocabulaire des sciences naturelles.

TEXTE 12

Balzac (1799-1850)
Le Lys dans la vallée
1836

Là se découvre une vallée qui commence à Montbazon, finit à la Loire, et semble bondir sous les châteaux posés sur ces doubles collines; une magnifique coupe d'émeraude au fond de laquelle l'Indre se roule par des mouvements de serpent. A cet aspect, je fus saisi d'un étonnement voluptueux que l'ennui des landes ou la fatigue du chemin avait préparé. « — Si cette femme, la fleur de son sexe, habite un lieu dans le monde, ce lieu, le voici?» A cette pensée je m'appuyai contre un noyer sous lequel, depuis ce jour, je me repose toutes les fois que je reviens dans ma chère vallée. Sous cet arbre confident de mes pensées, je m'interroge sur les changements que j'ai subis pendant le temps qui s'est écoulé depuis le dernier jour où j'en suis parti. Elle demeurait là, mon cœur ne me trompait point : le premier castel que je vis au penchant d'une lande était son habitation. Quand je m'assis sous mon noyer, le soleil de midi faisait pétiller les ardoises de son toit et les vitres de ses fenêtres. Sa robe de percale produisait le point blanc que je remarquai dans ses vignes sous un hallebergier[1]. Elle était, comme vous le savez déjà, sans rien savoir encore, LE LYS DE CETTE VALLÉE où elle croissait pour le ciel, en la remplissant du parfum de ses vertus. L'amour infini, sans autre aliment qu'un objet à peine entrevu dont mon âme était remplie, je le trouvais exprimé par ce long ruban d'eau qui ruisselle au soleil entre deux rives vertes, par ces lignes de peupliers qui parent de leurs dentelles mobiles ce val d'amour, par les bois de chênes qui s'avancent entre les vignobles sur des coteaux que la rivière arrondit toujours différemment, et par ces horizons estompés qui fuient en se contrariant. Si vous voulez voir la nature belle et vierge comme une fiancée, allez là par un jour de printemps; si vous voulez calmer les plaies saignantes de votre cœur, revenez-y pour les derniers jours de l'automne; au printemps,

---
1. Hallebergier : orthographe propre à Balzac pour albergier, « variété d'abricotier ».

l'amour y bat des ailes à plein ciel; en automne, on y songe à ceux qui ne sont plus. Le poumon malade y respire une bienfaisante fraîcheur, la vue s'y repose sur des touffes dorées qui communiquent à l'âme leurs paisibles douceurs. En ce moment, les moulins situés sur les chutes de l'Indre donnaient une voix à cette vallée frémissante, les peupliers se balançaient en riant, pas un nuage au ciel, les oiseaux chantaient, les cigales criaient, tout y était mélodie. Ne me demandez pas pourquoi j'aime la Touraine ? Je ne l'aime ni comme on aime son berceau, ni comme on aime une oasis dans le désert; je l'aime comme un artiste aime l'art; je l'aime moins que je ne vous aime, mais sans la Touraine, peut-être ne vivrais-je plus.

 EXERCICE : analysez les procédés descriptifs à l'œuvre dans cet extrait du *Lys dans la vallée* de Balzac.

▶ CORRECTION

Dans cet extrait, situé au début du *Lys dans la vallée* de Balzac, Félix de Vandenesse évoque, dans une longue lettre, le souvenir de Mme de Mortsauf, qu'il a beaucoup aimée. A l'intention de sa future femme, il décrit les lieux où elle vivait. Le regard rétrospectif qu'il porte sur la vallée se rapproche progressivement de la femme aimée alors, à la faveur d'un constant aller-retour du présent au passé. L'ensemble de la description est dominé par les étroites correspondances qui se nouent entre la personnalité de Mme de Mortsauf et le paysage.

I. La situation de communication

1. Le point de vue

Le Lys dans la vallée est un roman constitué d'une très longue lettre adressée par le héros, Félix de Vandenesse, à sa future épouse. Ce dernier assume donc la fonction d'un narrateur-acteur à l'intérieur d'une narration à la première personne. Nous ne sortons donc pas de la vision du monde propre à Félix : ce parti pris engage le romancier réaliste et omniscient qu'est Balzac à s'efforcer de transcrire non tant le décor tel qu'il est mais tel qu'il apparaît à un amoureux.

2. La fonction explicative

En outre, Félix tente d'expliquer son caractère à son interlocutrice en jetant un regard rétrospectif sur sa passion passée. L'ensemble du passage est écrit au passé mais l'emploi du présent de narration signale la permanence du souvenir. « A cette pensée je m'appuyai contre un noyer sous lequel, depuis ce jour, je me repose toutes les fois que je reviens dans ma chère vallée. » Le narrateur a conscience d'accomplir encore un rite qui témoigne du caractère sacré du lieu. Félix revit, en quelque sorte, une situation originaire qui le ramène à un moment où, beaucoup plus jeune, il n'était pas encore entamé par les vicissitudes du sort.

3. La relation à la « correspondante »

Félix ne cherche pas à inspirer une quelconque jalousie à la destinataire de sa lettre. Aussi, à la faveur d'un retour au présent, il généralise son propos pour le doter d'une valeur universelle : la nature tourangelle qu'il évoque revêt alors une fonction thérapeutique ; celle-ci est censée éclairer la sensation de bien-être physique causée par le retour sur des lieux fortement marqués par l'affectivité de Félix. « Ne me demandez pas pourquoi j'aime la Touraine ? Je ne l'aime ni comme on aime son berceau, ni comme on aime une oasis dans le désert ; je l'aime comme un artiste aime l'art ; je l'aime moins que je ne vous aime, mais sans la Touraine, peut-être ne vivrais-je plus. » Ce passage témoigne de l'habileté rhétorique de Félix, qui précise sa pensée en insistant sur l'amour qu'il porte à sa destinataire. Il précise, avec force, la nature de son attachement à la Touraine, ce qui lui permet d'évoquer Mme de Mortsauf sans la désigner de façon claire — il ménage, de la sorte, la susceptibilité de sa correspondante.

L'étroite correspondance par laquelle le narrateur associe la vallée et la femme aimée s'inspire sans doute de l'échange permanent qui se fait, dans tous les romans de Balzac, entre les personnages et leur milieu de vie. Mais, ici, elle se trouve comme ressourcée par une symbolique qui témoigne du dépassement inéluctable du réalisme au sein même de toute œuvre littéraire. Il est impossible de demeurer objectif quand le sentiment vous étreint : aussi Balzac fait-il assumer sa description par son héros.

II. L'échange des qualités

1. La représentation de la femme vertueuse

Dans la littérature, et bien entendu dans l'œuvre de Balzac, coexistent deux représentations de la femme : elle est ange, comme Mme de Mortsauf ou démon, comme Lady Dudley, qui, précisément, attira le jeune Félix dans ses rets et le détourna de sa passion sublimée. Dans sa lettre, Félix se sent coupable d'avoir abandonné Mme de Mortsauf, qui se laissa mourir de faim par amour pour lui. Elle incarne, pour lui, un idéal transfiguré par le souvenir et la pureté de leurs relations. Aussi apparaît-elle vêtue de blanc, dans une tenue très simple de campagne : « Sa robe de percale produisait le point blanc que je remarquai dans ses vignes sous un hallebergier. » Cette vision détermine l'ensemble de la perception : en vertu d'une symbolique des comportements, Mme de Mortsauf ne saurait être que ce qu'elle apparaît dans le soleil de midi, image de la transparence et de la vérité.

2. La nature et ses métaphores

Il existe une sorte de fatalité, un pressentiment qui fait deviner à l'amoureux l'importance d'un événement, d'un changement brusque ou imperceptible du décor. Ici, Félix vient de parcourir une route ennuyeuse, il a comme un éblouissement : « je fus saisi d'un étonnement voluptueux que l'ennui des landes ou la fatigue du chemin avait préparé ». Au XIXe siècle, le terme *étonner* doit s'entendre comme un équivalent de « frapper », « ébranler ». Félix se sent physiquement atteint par le changement dans l'allure du paysage. Tout de suite, il associe ce décor et le souvenir récent qu'il eut de Mme de Mortsauf, entrevue au cours d'un bal. La nature est, tout entière, féminisée. L'« étonnement voluptueux » de Félix trouve un écho dans le symbolisme de la description qui privilégie le thème liquide et les formes arrondies, évocatrices de la physiologie féminine : « ce long ruban d'eau qui ruisselle au soleil entre deux rives vertes, [...] ces lignes de peupliers qui parent de leurs dentelles mobiles ce val d'amour [...] ». Même les arbres sont féminisés : les ombrages des peupliers forment comme des dentelles. La vallée s'impose comme un équivalent d'un Paradis originel où le plaisir ne serait pas totalement interdit — comme en témoigne la double métaphore de la coupe et du serpent : « une magnifique coupe d'émeraude au fond de laquelle l'Indre se roule par des mouvements de serpent ». Le narrateur n'évoque pas simplement les bosquets où se recueillaient les héros des romans sentimentaux; il transfigure son souvenir, transformant la vallée en un lieu idyllique.

3. La spiritualisation

La situation dans l'espace symbolise l'envol de l'âme vers les hauteurs : Félix domine l'ensemble de la vallée de l'Indre. La féminité de Mme de Mortsauf confère un caractère sacré à cette vallée voluptueuse. « Elle était, comme vous le savez déjà, sans rien savoir encore, LE LYS DE CETTE VALLÉE où elle croissait pour le ciel, le remplissant du parfum de ses vertus. » La métaphore florale désigne la pureté du personnage : Mme de Mortsauf s'impose comme l'âme de cette vallée sur laquelle s'épend, d'après Félix, le parfum de ses vertus. La relation au titre est transparente et désigne cet épisode comme déterminant dans l'évolution ultérieure du personnage.

La rencontre avec Mme de Mortsauf s'impose comme une phase essentielle dans l'itinéraire du héros. Elle semble emblématique de tout le travail de projection amoureuse décrit par Stendhal, quand, dans *De l'amour,* il montre comment un amoureux pare la femme aimée de toutes les qualités.

III. La transfiguration amoureuse

1. La projection du sentiment

Le jeune Félix se trouvait dans un état de disponibilité amoureuse qui l'incitait à projeter ses propres sentiments sur l'ensemble de la nature. En proie au désir adolescent, ce Chérubin nouveau retrouve dans la nature une image de son état d'âme, à la recherche de l'«amour infini, sans autre aliment qu'un objet à peine entrevu dont (s)on âme était remplie» [...]. Ce faisant, il évoque les romantiques, que Balzac admirait, et qui trouvaient dans la nature une confidente et une retraite.

2. Le travail de l'imaginaire

Le travail de l'imaginaire semble favorisé par l'état d'attente dans lequel se trouve l'ensemble du paysage. «En ce moment, les moulins situés sur les chutes de l'Indre donnaient une voix à cette vallée frémissante, les peupliers se balançaient en riant, pas un nuage au ciel, les oiseaux chantaient, les cigales criaient, tout y était mélodie.» La personnification du paysage trahit la projection du sentiment mais évoque aussi une présence discrète, celle d'un bon génie ou d'une bonne fée, qui créerait l'harmonie de l'ensemble. Pour le jeune homme, la vallée est habitée par une présence bénéfique : elle lui donne la confirmation de son attente secrète, de l'amour qui l'étreint.

3. La vallée qui donne vie

La nature donne vie et réconforte les âmes en peine parce qu'elle figure l'image même d'une entité aimante et désintéressée. «Si vous voulez voir la nature belle et vierge comme une fiancée, allez là par un jour de printemps; si vous voulez calmer les plaies saignantes de votre cœur, revenez-y pour les derniers jours de l'automne; au printemps, l'amour y bat des ailes à plein ciel; en automne, on y songe à ceux qui ne sont plus.» Félix donne ici une sorte de méthode pour calmer les angoisses de l'âme et les tourments de l'amour. Non qu'il cherche à faire de l'écologie avant la lettre; mais il souligne l'importance du cadre de vie sur les sentiments profonds.

Dans ce passage, la description balzacienne trahit le projet de tout romancier réaliste : elle prouve, à l'évidence, qu'il se révèle impossible de transcrire avec des mots une vision objective de la réalité. Le mouvement du regard, le rythme des phrases témoignent de l'exaltation du narrateur. En outre, l'imaginaire de l'auteur trouve une expression privilégiée dans l'évocation de la femme angélique qu'il chercha, vainement, à rencontrer lui-même. Cet extrait traduit une vision idéalisée du monde et de certains êtres privilégiés.

TEXTE PROPOSÉ À L'ANALYSE

Gustave Flaubert (1821-1880)
L'Education sentimentale

Vous donnerez un commentaire composé de cet extrait de *L'Education sentimentale* (1869), de Gustave Flaubert (1821-1880). Vous pourrez montrer, notamment, comment la description de Mme Dambreuse est orientée à partir du point de vue de son amant, Frédéric Moreau, et comment, à travers l'évocation de ses faits et gestes, elle révèle la psychologie du personnage et ce qu'elle laisse présager des relations ultérieures des deux héros.

TEXTE 13

Gustave Flaubert
L'Education sentimentale
1869

Cependant, il avait découvert dans son cabinet de toilette la miniature d'un monsieur à longues moustaches : était-ce le même sur lequel on lui avait conté autrefois une vague histoire de suicide ? Mais, il n'existait aucun moyen d'en savoir davantage ! A quoi bon, du reste ? Les cœurs des femmes sont comme ces petits meubles à secret, pleins de tiroirs emboîtés les uns dans les autres; on se donne du mal, on se casse les ongles, et on trouve au fond quelque fleur desséchée, des brins de poussière ou le vide ! Et puis il craignait peut-être d'en trop apprendre.

Elle lui faisait refuser les invitations où elle ne pouvait se rendre avec lui, le tenait à ses côtés, avait peur de le perdre; et, malgré cette union chaque jour plus grande, tout à coup des abîmes se découvraient entre eux, à propos de choses insignifiantes, l'appréciation d'une personne, d'une œuvre d'art.

Elle avait une façon de jouer du piano, correcte et dure. Son spiritualisme (Mme Dambreuse croyait à la transmigration des âmes dans les étoiles) ne l'empêchait pas de tenir sa caisse admirablement. Elle était hautaine avec ses gens; ses yeux restaient secs devant les haillons des pauvres. Un égoïsme ingénu éclatait dans ces locutions ordinaires : « Qu'est-ce que cela me fait ? je serais bien bonne ! est-ce que j'ai besoin ! » et mille petites actions inanalysables, odieuses. Elle aurait écouté derrière les portes; elle devait mentir à son confesseur. Par esprit de domination, elle voulut que Frédéric l'accompagnât le dimanche à l'église. Il obéit, et porta le livre.

La perte de son héritage l'avait considérablement changée. Ces marques d'un chagrin qu'on attribuait à la mort de M. Dambreuse la rendaient intéressante; et, comme autrefois, elle recevait beaucoup de monde. Depuis l'insuccès électoral de Frédéric, elle ambitionnait pour eux une légation en Allemagne; aussi la première chose à faire était de se soumettre aux idées régnantes.

COMMENTAIRE COMPOSÉ 6

Emile Zola (1840-1902)
Au Bonheur des Dames

Zola est un romancier naturaliste. Le discrédit relatif où était tombé le terme *réalisme* faisait que les romanciers de l'époque répugnaient à reprendre cette dénomination. Brossant la grande fresque des « Rougon-Macquart », Zola veut écrire « l'histoire naturelle et sociale d'une famille sous le Second Empire ». Soucieux de reproduire la réalité telle qu'elle est, il se documente sur les réalités de son temps, usant d'une technique journalistique. Il montre comment l'évolution sociale influe sur l'existence des individus. Attentif à la déchéance des individus en proie à des passions héréditaires, il suit leur progrès de génération en génération.

Dans *Au Bonheur des Dames,* il évoque les débuts des grands magasins, comme « Le Louvre » ou « Le Bon Marché », et la ruine du petit commerce. Mouret est un commerçant de génie, qui use de toutes les ressources de la publicité et qui sait tenter les femmes en organisant la disposition des marchandises dans son immense bazar.

TEXTE 14

Emile Zola
Au Bonheur des Dames
1883

C'était l'heure où la cohue, fouettée de réclames, achevait de se détraquer; les soixante mille francs d'annonces payées aux journaux, les dix mille affiches collées sur les murs, les deux cent mille catalogues lancés dans la circulation, après avoir vidé les bourses, laissaient à ces nerfs de femmes l'ébranlement de leur ivresse; et elles restaient secouées encore de toutes les inventions de Mouret, la baisse des prix, les rendus, les galanteries sans cesse renaissantes. Mme Marty s'attardait devant les tables de proposition, parmi les appels enroués des vendeurs, dans le bruit d'or des caisses et le roulement de paquets tombant aux sous-sols; elle traversait une fois de plus le rez-de-chaussée, le blanc, la soie, la ganterie, les lainages; puis, elle remontait, s'abandonnait à la vibration métallique des escaliers suspendus et des ponts volants, retournait aux confections, à la lingerie, aux dentelles, poussait jusqu'au second étage, dans les hauteurs de la literie et des meubles; et, partout, les commis, Hutin et Favier, Mignot et Liénard, Deloche, Pauline, Denise, les jambes mortes, donnaient un coup de force, arrachaient des victoires à la fièvre des dernières clientes. Cette fièvre, depuis le matin, avait grandi peu à peu, comme la griserie même qui se dégageait des étoffes remuées. La foule flambait sous l'incendie du soleil de cinq heures. Maintenant, Mme Marty avait la face animée et nerveuse d'une enfant qui a bu du vin pur. Entrée les yeux clairs, la peau fraîche du froid de la rue, elle s'était lentement brûlé la vue et le teint, au spectacle de ce luxe, de ces couleurs violentes, dont le galop continu irritait sa passion. Lorsqu'elle partit enfin, après avoir dit qu'elle paierait chez elle, terrifiée par le chiffre de sa facture, elle avait les traits tirés, les yeux élargis d'une malade. Il lui fallut se battre pour se dégager de l'écrasement obstiné de la porte; on s'y tuait, au milieu du massacre des soldes. Puis, sur le trottoir, quand elle eut retrouvé sa fille qu'elle avait perdue, elle frissonna à l'air vif, elle demeura effarée, dans le détraquement de cette névrose des grands bazars.

▶ TRAVAIL AU BROUILLON

• **Première phase :** à l'évidence, Zola décrit les méthodes modernes utilisées par Mouret pour attirer les clientes et les inciter à acheter le plus possible. Donc, il faudra consacrer une partie du devoir à cette évocation, qui forme le contenu le plus évident du passage :

I. Les stratégies de Mouret.
1. Les techniques commerciales.
2. La connaissance du cœur humain.
3. L'organisation de la séduction.

• **Deuxième phase :** le passage centre l'attention sur l'attitude d'une cliente, Mme Marty, particulièrement sensible aux méthodes de Mouret. Zola la décrit comme une femme atteinte par une maladie nouvelle, la **névrose des grands bazars.** Il faut développer cet aspect, qui recoupe l'intérêt de l'auteur pour l'impact de la psychologie sur la physiologie et inversement.

II. La névrose des grands bazars.
1. La faiblesse des femmes.
2. L'hystérie féminine.
3. L'érotisation du dispositif.

• **Troisième phase :** les métaphores trahissent le projet avoué de l'auteur, qui tente de transcrire l'excitation des foules. Toute la description révèle la représentation de la femme propre à Zola. Dégageons donc les implications du texte :

III. La peinture de l'éternel féminin.
1. La vision mythologique.
2. La psychologie des masses.
3. Les implications idéologiques.

Récapitulons :

I. Les stratégies de Mouret.
1. Les techniques commerciales.

184 / Le roman

2. La connaissance du cœur humain.
3. L'organisation de la séduction.

II. La névrose des grands bazars.
1. La faiblesse des femmes.
2. L'hystérie féminine.
3. L'érotisation du dispositif.

III. La peinture de l'éternel féminin.
1. La vision mythologique.
2. La psychologie des masses.
3. Les implications idéologiques.

▶ **COMMENTAIRE COMPOSÉ RÉDIGÉ**

Cet extrait du *Bonheur des Dames,* roman naturaliste d'Emile Zola, évoque la panique qui règne dans le grand magasin à la fin de la première journée d'exposition des nouveautés d'été, lors de l'inauguration des nouveaux locaux aménagés par le propriétaire, Mouret. Au spectacle de l'agitation générale succède la description de Mme Marty, une cliente qui ne sait pas résister à la tentation.

L'ensemble du texte témoigne du travail de l'imaginaire qui hypothèque les principes de l'orthodoxie naturaliste : en effet, si Zola réalise la synthèse des principes du commerce moderne, elle lui sert de prétexte à la description de la *névrose des grands bazars;* l'évocation d'une réalité moderne débouche sur la peinture de l'éternel féminin.

Octave Mouret incarne le personnage de l'aventurier des temps modernes, de l'homme qui parvient à ses fins en séduisant les femmes. En effet, il doit son magasin, à l'origine, à sa femme, feu Mme Hédouin. Son ambition de commerçant se double d'une bonne approche des techniques du marché, elle-même fondée sur sa psychologie de séducteur.

Dans le passage proposé à l'analyse, il fait preuve d'une grande connaissance des techniques commerciales modernes. Il vient de lancer une grande opération promotionnelle sur la nouvelle collection d'été. Dans *L'Illustre Gaudissart*, Balzac, déjà, évoquait l'importance du phénomène naissant de la publicité. Ici, Zola exploite cette donnée des temps modernes, qui touche l'ensemble de l'opinion publique : « les soixante mille francs d'annonces payés aux journaux, les dix mille affiches collées sur les murs, les deux cent mille catalogues » lancés dans la circulation témoignent de l'importance des moyens financiers mis en œuvre. La précision des adjectifs numéraux cardinaux insiste sur l'investissement que peut se permettre d'effectuer un Mouret, lui-même en proie à sa folie des grandeurs. Il est clair que les petits commerçants ne pourront lutter à armes égales avec lui. Sous-jacente à cette évocation s'impose le pressentiment tragique de l'inéluctable ruine des petits boutiquiers, broyés par l'omniprésence du grand magasin dans tous les médias de l'époque.

Mouret connaît le cœur humain : il sait que les femmes ne peuvent résister à des incitations répétées et que les plus sages cèdent à la contagion de l'achat. D'autant que Mouret les séduit en les attirant par la baisse des prix et par la stratégie des *« rendus » :* pour leur ôter toute culpabilité, il leur permet de rendre les objets achetés et de les échanger ; ainsi, l'argent demeure dans ses caisses. Le grand magasin s'impose alors comme un espace permissif où il est possible d'acheter sans prendre, de manière irrémédiable, la responsabilité de ses emplettes.

L'architecture des grands magasins de l'époque était aérienne, avec « des escaliers suspendus et des ponts volants ». Ici, le magasin est organisé comme un lieu de séduction : non seulement Mouret multiplie les « galanteries » à l'attention de ses clientes, mais il fait disposer les marchandises de façon à ce qu'elles ne puissent pas omettre de les remarquer. De plus, les vendeurs les appellent aux « tables de proposition » pour leur faire l'article. Ainsi, sans force, les clientes se retrouvent à la merci des vendeurs : « partout, les commis, Hutin et Favier, Mignot et Liénard, Deloche, Pauline, Denise, les jambes mortes, donnaient le coup de force » [...]. Le dispositif de Mouret ressemble presque à un traquenard auquel les clientes ne pourront échapper.

Ce passage témoigne du point de vue particulier à Zola : l'auteur montre comment son personnage exploite les femmes avides de nouveautés, affolées par la multiplicité des articles.

La « névrose des grands bazars » témoigne de la faiblesse des clientes. Dans le passage proposé, Mme Marty semble atteinte par un mal qu'elle ne peut maîtriser. La description centre le point de vue sur cette femme, qui arpente tout le magasin : « elle traversait une fois de plus le rez-de-chaussée, le blanc, la soie, la ganterie, les lainages; puis, elle remontait, s'abandonnait [...], retournait [...] poussait » [...]. Le rythme de la phrase suit les évolutions de la cliente et une succession de verbes d'action scande ses déplacements. Les accumulations de termes désignant les rayons accroissent le sentiment de la multiplicité des articles. Tous les sens sont sollicités : la vue, mais aussi l'ouïe avec « le bruit d'or des caisses et le roulement des paquets », le toucher avec « la vibration métallique des escaliers suspendus » et les appels des vendeurs... Mme Marty vit dans une sorte de rêve dont elle ne sortira qu'à la fin de son parcours, quand elle reviendra au principe de réalité symbolisé par une note terrifiante qu'elle ne veut pas encore régler — retardant par là le choc du réel.

Au paroxysme de l'excitation générale, à la fin de la journée, Mme Marty incarne le type même de « la femme hystérique » dont le portrait se répandait à la fin du XIXe siècle. Cette médicalisation du discours appliqué à la psychologie témoigne de la foi absolue de l'époque dans la science. Le champ sémantique de la maladie est riche (« la cohue [...] achevait de se détraquer, la fièvre des dernières clientes »); il concerne surtout le cas pathologique privilégié qu'incarne Mme Marty, « les traits tirés, les yeux élargis d'une malade ». Zola produit une sorte de description clinique de son mal : « Maintenant, Mme Marty avait la face animée et nerveuse d'une enfant qui a bu du vin pur. » Ces symptômes trahissent le progrès de l'excitation sur sa constitution, aussi faible que celle d'un enfant : en proie à la folie générale, elle perd tout sens critique et se laisse porter par sa passion de l'achat.

Quel est le principe de ce « détraquement » ? Le dispositif adopté par Mouret n'est pas innocent : il flatte les instincts féminins et érotise la relation des clientes à leur propre corps. Les femmes sont ivres d'achats : « Cette fièvre, depuis le matin, avait grandi peu à peu, comme la griserie même qui se dégageait des étoffes remuées. » Le spectacle du luxe agit comme une sorte d'excitant en lui-même; en outre, l'étalage de la lingerie suscite aussi l'exaspération des passions. La masse des femmes se transforme en troupeau sous l'influence de « ce luxe, de ces couleurs violentes, dont le galop continu irritait sa passion ». Le trouble sexuel engendre un déséquilibre, une sorte de spirale dans la fureur de l'achat.

Sous-jacente à la description du grand magasin, s'impose une mythologie du grand magasin, espèce de machine à fabriquer des désirs, à susciter l'excitation générale. Elle se fonde sur la résurgence du principe de l'éternel féminin.

Le point de vue de Zola sur les femmes n'est pas neutre. Alors que, dans *L'Assommoir,* Gervaise devient la victime d'un alambic qui distille des boissons mortelles, les femmes, dans *Au Bonheur des Dames,* sont les proies d'un organisme qui les absorbe, qui produit son propre mouvement comme un animal énorme. Le sous-sol apparaît comme le ventre du monstre où roulent les paquets. Le bruit de l'« or des caisses » évoque la mythologie du métal précieux.

Les femmes sont dépersonnalisées : elles forment une masse qui possède sa propre psychologie. Ici se décèle la représentation conventionnelle de la foule, assimilée à un troupeau inconscient. La description de Mme Marty est encadrée par l'évocation de la foule : « La cohue, fouettée de réclames », ressemble à un ramassis d'animaux domptés par un maître tout-puissant. « Il lui fallut se battre pour se dégager de l'écrasement obstiné de la porte ; on s'y tuait, au milieu du massacre des soldes. » La folie générale se traduit par l'irruption d'une force violente, qui transforme les femmes en bêtes.

Les implications idéologiques sont évidentes. La fascination engendrée par le grand magasin s'exerce dans les régions obscures de l'individu. Elle flatte les clientes en jouant sur les ressorts de leur inconscient. La position de Zola semble ambiguë : d'une part, il manifeste son admiration pour les techniques modernes du commerce; d'autre part, de manière inconsciente sans doute, il souligne le caractère aliénant du processus. Lui-même semble encore partisan d'une conception plus morale de l'échange et sa description de la folie féminine témoigne d'une misogynie refoulée. En cela, il appartient bien à son époque. Mais il ne peut, dès lors, prôner les principes du roman naturaliste, simple traducteur de la réalité moderne.

L'évocation mythologique du grand magasin et de l'hystérie féminine trahissent, dans ce texte, la dualité caractéristique de l'œuvre réaliste : elle transcrit la vision du monde propre à une époque et non pas la réalité telle qu'elle est. Et, certes, l'œuvre d'art se définit par son symbolisme. Il lui permet de dépasser les déterminations sociales et idéologiques propres à l'époque où elle fut conçue, mais elle en conserve les caractéristiques; et c'est le travail du commentateur que de s'attacher à les démêler. En ce sens, si, chez Balzac, *César Birotteau* et *La Maison du Chat-qui-pelote* évoquent la grandeur et la décadence des boutiquiers, au début du XIXe siècle, *Au Bonheur des Dames*, à l'approche du XXe siècle, traduit la conception optimiste de la bourgeoisie d'affaires — dont *Pot-Bouille* figure le versant négatif.

Note : pour la séparation entre les paragraphes de votre résumé, adoptez le même principe que celui utilisé pour ce corrigé. Présence d'un alinéa, mais pas d'espace plus grand entre les lignes que pour le reste du texte. Des espaces seulement pour la séparation entre les parties comme ci-dessus.

FICHE TECHNIQUE 8

Le personnage

Le personnage de roman fait partie de l'ensemble de la fiction : il entre dans un double réseau de relations, celles qui sont impliquées par son cadre de vie, l'époque où il vit, d'une part, et les rapports qu'il entretient avec les autres héros, d'autre part.

Le mode de présentation du personnage dépend du type de narration choisi par l'auteur : il peut faire lui-même sa biographie; il en va ainsi dans l'autobiographie ou le journal; le roman par lettres fonctionne parfois de la même façon : Mme de Merteuil se raconte dans *Les Liaisons dangereuses*. Parfois, le personnage sera présenté par le narrateur-témoin (extérieur à l'action) ou par un autre personnage; ce procédé permet de respecter la subjectivité du point de vue — il en va ainsi, entre autres exemples, du *Neveu de Rameau* de Diderot où Lui, le Neveu, est perçu par Moi, le philosophe. Enfin, le romancier peut se charger d'évoquer son personnage; c'est le cas le plus fréquent dans le roman réaliste ou naturaliste.

Comment le romancier fait-il connaître son personnage au lecteur ? Le plus souvent le portrait moral enchaîne sur la peinture du physique. L'auteur peut **décrire l'aspect extérieur** du héros et **analyser sa psychologie** à la faveur d'une pause descriptive. Parfois il le montre en action ou le fait dialoguer avec un autre individu. L'évocation se fait alors *in medias res*. L'auteur insère donc le personnage dans une narration qui revêt à la fois une fonction explicative, au premier degré, et symbolique, au deuxième degré. Ainsi, Balzac arrête souvent le développement de l'action et s'attache à développer toutes les caractéristiques de ses héros. Mais, même en détaillant chaque aspect de leur personnalité ou de leur physionomie, il n'épuise pas le sujet : les réactions des individus, leur attachement pour tel ou tel objet symbolique, sont tout aussi révélateurs qu'une description en pied.

─────────── TEXTE 15 ───────────

Stendhal (1783-1842)
Le Rouge et le Noir (extrait)
1830

Il avait les joues pourpres et les yeux baissés. C'était un petit jeune homme de dix-huit à dix-neuf ans, faible en apparence, avec des traits irréguliers, mais délicats, et un nez aquilin. De grands yeux noirs, qui, dans les moments tranquilles, annonçaient de la réflexion et du feu, étaient animés en cet instant de l'expression de la haine la plus féroce. Des cheveux châtain foncé, plantés fort bas, lui donnaient un petit front, et, dans les moments de colère, un air méchant. Parmi les innombrables variétés de la physionomie humaine, il n'en est peut-être point qui se soit distinguée par une spécialité plus saisissante. Une taille svelte et bien prise annonçait plus de légèreté que de vigueur. Dès sa première jeunesse, son air extrêmement pensif et sa grande pâleur avaient donné l'idée à son père qu'il ne vivrait pas, ou qu'il vivrait pour être une charge à sa famille. Objet des mépris de tous à la maison, il haïssait ses frères et son père; dans les jeux du dimanche, sur la place publique, il était toujours battu.

Il n'y avait pas un an que sa jolie figure commençait à lui donner quelques voix amies parmi les jeunes filles. Méprisé de tout le monde, comme un être faible, Julien avait adoré ce vieux chirurgien-major qui un jour osa parler au maire au sujet des platanes.

Ce chirurgien payait quelquefois au père Sorel la journée de son fils, et lui enseignait le latin et l'histoire, c'est-à-dire ce qu'il savait d'histoire, la campagne de 1796 en Italie. En mourant, il lui avait légué sa croix de la légion d'honneur, les arrérages de sa demi-solde et trente ou quarante volumes, dont le plus précieux venait de faire le saut dans *le ruisseau public,* détourné par le crédit de M. le maire.

 EXERCICE : relevez tous les procédés qui permettent au lecteur de se faire une opinion sur Julien Sorel, héros du roman de Stendhal, *Le Rouge et le Noir*.

▶ CORRECTION

Décryptons les indices que nous donne Stendhal en fonction des éléments analysés plus haut :

I. La dualité de Julien
1. Les contrastes.
2. La violence cachée.
3. La marginalité.

II. La relation aux autres personnages
1. La relation à l'autorité paternelle.
2. Le rejet de l'autorité.
3. Un « séducteur » en herbe.

III. Une situation symbolique
1. La psychologie de Julien d'après ses prédilections.
2. Son intérêt pour la lecture.
3. Ses affinités électives.

> Dans cet extrait du *Rouge et le Noir*, le père de Julien Sorel vient d'apostropher durement son fils, qui était en train de lire le *Mémorial de Sainte-Hélène*, tombé dans le ruisseau. Julien n'exprime pas directement sa mauvaise humeur mais le romancier note tous les signes qui trahissent son mécontentement : dans cette première intervention de son héros dans le cours du récit, Stendhal le décrit donc à la fois en action et en pied. L'évocation saisit le prétexte de la situation présente pour remonter dans le temps (premier paragraphe), le passé récent d'abord (deuxième paragraphe), puis plus lointain (troisième paragraphe). L'ensemble de la description laisse soupçonner la violence qui habite Julien sous des allures bénignes.
>
> I.   Le romancier décrit son personnage : à l'inverse de Balzac, Stendhal donne le moins possible d'indications sur son héros. Il pratique l'ellipse et charge tous les éléments qu'il donne d'une grande portée symbolique.

I.1. La description s'attache d'abord à l'allure générale du personnage, puis elle centre la perspective sur le visage de Julien avant de s'éloigner encore pour suggérer sa silhouette. L'irrégularité des traits s'impose, d'emblée, comme un symptôme de la dualité du personnage. L'apparence physique du héros introduit le principe du dédoublement : « Un petit jeune homme [...] faible en apparence, avec des traits irréguliers, mais délicats, et un nez aquilin. » Stendhal jalonne donc la narration de signes qui préfigurent l'évolution ultérieure de Julien : son visage n'a rien de la beauté mièvre des physionomies romantiques, de leur régularité inexpressive.

I.2. Ce texte reprend donc les caractéristiques du héros romantique (« taille svelte, air extrêmement pensif, grande pâleur »), mais il les rapporte d'une part au jugement défavorable énoncé par la famille paysanne de Julien et d'autre part à la charge émotionnelle propre à Julien. Celui-ci n'est pas presenté sous son aspect le plus aimable. Stendhal insiste sur la violence cachée qui l'habite. Son regard révèle la versatilité du caractère : ses « yeux noirs, qui, dans les moments tranquilles, annonçaient de la réflexion et du feu, étaient animés en cet instant de l'expression de la haine la plus féroce ». L'auteur intervient dans le cours du récit pour énoncer une formule générale qui renvoie à l'engouement du XIXe siècle pour les répertoires des grands types de comportements psychologiques. Julien incarne, en effet, le type même du personnage passionné, capable de prendre une physionomie mauvaise. « Parmi les innombrables variétés de la physionomie humaine, il n'en est peut-être point qui se soit distinguée par une spécialité plus saisissante. »

I.3. La marginalité semble définir le statut social de Julien, rejeté par sa famille composée de robustes paysans. Parce qu'il s'impose comme un incompris, rejeté par ses proches, il assume le rôle du héros romantique. Mais, à l'inverse de René, le héros de Chateaubriand, il ne semble pas se contenter d'une extase passive devant le monde. La haine qu'il voue à son entourage le désigne comme un être de passion, soulevé par une force morale certaine. Stendhal procède donc à un retournement des représentations chères à son temps.

194 / *Le roman*

II. L'attitude de Julien vis-à-vis de son père, incarnation du principe d'autorité, témoigne de la façon dont les autres voient Julien : sa faiblesse physique en fait un objet de mépris pour sa famille, issue d'un milieu de paysans. Cet élément revêt une fonction psychologique et sociologique.

II.1. Cette première évocation fait de Julien un révolté, un être qui a été comme traumatisé avant la lettre par les avanies qu'il a dû subir. Le père incarne le règne de la force; dans les civilisations primitives, les faibles étaient éliminés parce qu'ils étaient improductifs. En outre, Julien évolue dans un milieu masculin; l'absence de la mère joue un rôle important dans la détermination de ce caractère, sensible au principe féminin. La relation de Julien à l'autorité est toute de rejet. Il ne supporte ni celle, brutale, de son père, ni celle, inepte, du maire.

II.2. « Méprisé de tout le monde, comme un être faible, Julien avait adoré ce vieux chirurgien-major qui un jour osa parler au maire au sujet des platanes. » Stendhal fait ici allusion à la tonte des platanes d'une magnifique promenade : au lieu de les laisser pousser librement, le maire les fait tondre et le produit de cette taille revient au vicaire Maslon, fort bien vu des autorités. Cet épisode symbolique désigne, indirectement ici, la collusion des pouvoirs politique et religieux et leur absence de sens esthétique. De même, la pointe finale, l'allusion au « ruisseau public, détourné par le crédit de M. le maire », signale l'abus de pouvoir des petits tyranneaux de province. Tout, dans la société médiocre de la Restauration, est ramené à l'esprit de lucre de petits bourgeois sans âme, selon Stendhal. Aussi le vieux chirurgien-major incarne-t-il un idéal de liberté jacobine hérité de la Révolution. Ce idéal est bien mort en 1830 et les héros des campagnes napoléoniennes disparaissent sans laisser à leurs héritiers autre chose que des symboles, la « croix de la légion d'honneur » et les arrérages de leur « demi-solde ». Précisons que Stendhal lui-même s'était trouvé dans cette situation.

II.3. Néanmoins, Julien apparaît aussi comme un « séducteur » en herbe. « Il n'y avait pas un an que sa jolie figure commençait à lui donner quelques voix amies parmi les jeunes filles. » Cette indication prend une grande importance pour la suite du récit. En effet, Julien parviendra à s'élever dans la hiérarchie sociale grâce aux femmes; de même, il renoncera à tout pour une femme. Cependant, l'auteur ne le présente pas comme un personnage qui s'intéresse aux jeunes filles : il les intéresse. Autrement dit, il ne cherche pas à se venger des affronts que lui vaut sa faiblesse physique en utilisant son pouvoir sur les femmes. Il n'a rien du séducteur qui veut parvenir dans la société grâce à ses bonnes fortunes. Cette indifférence et le mutisme de Julien vis-à-vis de son père témoignent de l'immense orgueil du héros.

III.   La situation est symbolique de l'évolution ultérieure du héros. Elle désigne la situation sociale et politique dans laquelle il se trouve : il ne pourra pas s'affirmer autrement qu'en employant la ruse. La dissimulation est, en effet, l'arme des faibles dans un monde qui n'apprécie que la force.

III.1.   La psychologie de Julien se déduit de ses prédilections. Il lit le *Mémorial de Sainte-Hélène*, qui évoque les derniers instants de Napoléon. Il admire le vieux chirurgien. Ces indices prouvent à l'évidence que Julien s'est forgé sa représentation du héros, en référence à la gloire militaire apportée par les campagnes napoléoniennes. Au XIXe siècle, Napoléon Bonaparte suscitait des réactions contrastées, selon que l'on privilégiait l'image du général conquérant issu des armées révolutionnaires ou la figure de l'empereur. Stendhal n'échappe pas à cette mythologie. Son héros demeure fasciné par une époque où il était encore possible de s'illustrer par les armes : cet ambitieux déplore que, sous la Restauration, la gloire soit une idée obsolète. Ainsi se justifie, pour certains, le titre du roman : le Rouge désignerait la carrière des armes, le Noir, la voie ecclésiastique — que Julien sera amené, pendant un temps, à emprunter.

III.2.   La lecture semble constituer l'unique domaine de prédilection de Julien, l'espace réservé de ses rêves. Encore convient-il de remarquer qu'il s'impose comme la figure même de l'autodidacte : il hérite des ouvrages du vieux chirurgien. Le personnage n'est pas responsable du choix de ces « trente ou quarante volumes »; l'incertitude sur le nombre signale que le point de vue du narrateur demeure extérieur à l'action. Julien veut lire en dépit de l'interdiction paternelle : lire apparaît alors comme une expression de la révolte personnelle. L'intérêt du héros pour la lecture signale, d'un point de vue individuel, l'accession du jeune paysan au savoir. Elle témoigne de l'état de la société en 1830 : certes, la Révolution a permis que les prolétaires progressent dans la hiérarchie; mais le conservatisme social empêchera, dans les faits, le héros de s'élever et d'acquérir une position privilégiée.

III.3. Les affinités électives de Julien trahissent son caractère. Son admiration pour Napoléon signale son culte adolescent pour la force, la puissance. D'emblée, Julien apparaît comme fortement déterminé par son opposition à son milieu et son domaine réservé, qui lui imposera une constante dissimulation. Tout le caractère du héros se déduit de cette première présentation.

Dans ce texte, nous apprenons que Julien va devoir s'opposer aux structures figées, archaïques, de la société française. Il ne pourra parvenir que par ses propres moyens : son intelligence et sa jolie figure. Mais le destin de cet ambitieux emporté par sa fougue semble tragiquement déterminé. Refusant de renoncer à lui-même dans un monde où règnent les médiocres et les trafiquants d'influence, il mourra, à la fin du roman, pour avoir voulu vivre selon sa loi.

COMMENTAIRE COMPOSÉ 7

Julien Green (né en 1900)
Adrienne Mesurat

Romancier contemporain, Julien Green évoque toujours des personnages aux prises avec leurs propres démons. Héritiers, à plus d'un titre, du roman noir anglo-saxon, ses récits peuvent susciter une interprétation psychanalytique, bien que lui-même se défende d'attacher un intérêt quelconque à l'œuvre de Freud et de ses continuateurs. Néanmoins, les héros de *Mont-Cinère*, d'*Adrienne Mesurat*, de *Léviathan* souffrent de ne pouvoir exister selon leur loi et ils vont jusqu'au crime pour affirmer leurs passions dans le trouble et la violence.

TEXTE 16

Julien Green
***Adrienne Mesurat* (extrait)**
1927

(Adrienne vient de tuer son père, qui la séquestrait à la maison, en le poussant du haut d'un escalier.)

Quelque chose l'oppressait horriblement. C'était comme si l'on eût mêlé un poison à l'air qu'elle respirait. Elle porta les mains à sa poitrine. Elle avait besoin de toute sa force pour dominer la terreur qui montait en elle. Dans le désarroi de son esprit qui luttait désespérément, elle se souvint d'une parole qu'elle avait entendu prononcer à une camarade du cours Sainte-Cécile : « Il paraît que lorsqu'on est en danger, il faut dire : Jésus, Marie, Joseph ! », mais elle ne put desserrer les dents et se contenta d'essuyer avec ses cheveux des gouttes de sueur qui perlaient à ses tempes.

Tout d'un coup, elle ouvrit la bouche et poussa un cri. Elle entendit cette voix et eut de la peine à y reconnaître la sienne ; c'était le cri bref de la peur. Elle sauta hors de son lit et courut à la fenêtre dans l'espoir qu'elle verrait passer quelqu'un ou tout au moins qu'un bruit viendrait la distraire et lui prouver qu'il y avait des êtres vivants non loin d'elle, mais le silence de l'aube pesait sur toutes les villas avoisinantes et leurs jardins déserts. Il lui sembla qu'elle était traquée dans ce coin de la chambre et qu'elle ne pourrait plus regagner son lit. Son imagination se libérait avec une sorte de fureur et se vengeait, en quelque sorte, de la contrainte qu'elle avait eu à subir. La jeune fille étendit le bras vers un fauteuil où elle avait posé son peignoir et, s'étant enveloppée de ce vêtement, s'assit sur le rebord de la fenêtre. Un instant, elle eut le sentiment d'une espèce de sécurité. Elle n'aurait qu'à appeler, on viendrait. Mais elle réfléchit qu'elle ne pouvait pas rester là jusqu'à ce qu'il fît jour. Il n'était pas quatre heures et le ciel était noir. Elle redoutait d'attraper froid, de tomber malade comme sa sœur ; d'autre part, l'idée de fermer la fenêtre, de mettre entre elle et le monde ces quatre vitres qui suffisaient à étouffer ses cris, cela, elle ne le supportait pas.

Julien Green, *Adrienne Mesurat*
© Éditions du Seuil

▶ TRAVAIL PRÉALABLE

Proposition d'introduction

La nuit tombe dans la villa des Mesurat, dont Julien Green, romancier contemporain, raconte le drame. Demeurée seule avec lui depuis la fuite récente de sa sœur, Adrienne vient de tuer son père, qui lui imposait une claustration indigne. Il lui interdisait toute sortie et toute relation avec les personnes environnantes. Ce passage d'*Adrienne Mesurat* évoque le trouble de l'héroïne après son acte. La description suit la progression de l'angoisse, diffuse d'abord (premier paragraphe), puis de plus en plus violente.

▶ TRAVAIL AU BROUILLON

Quelle est votre première impression à la lecture du texte ? Cette description de l'angoisse nocturne ne met-elle pas en forme les obsessions de celle qui est passée à l'acte, qui a supprimé, à la lettre, le principe d'autorité ?

Hypothèse de lecture : il semble évident que la narration transcrit le reflux de la violence au moment où le personnage commence à comprendre qu'il s'est laissé aller à réaliser ses pulsions.

● **Première phase :** le plus évident concerne la montée de l'angoisse.

I. La montée de l'angoisse.
1. La situation objective.
2. Les facteurs de l'angoisse.
3. Le retour du refoulé.

● **Deuxième phase :** bien qu'elle tente de se reprendre, la jeune fille ne réagit plus de manière rationnelle.

II. La lutte pour conserver ses esprits.
1. Les efforts pour conjurer le chaos.
2. La dissociation du moi.
3. L'impuissance du personnage.

• **Troisième phase:** quel est le but de l'auteur? Il veut montrer la puissance de l'imaginaire dans une situation dramatique. L'imagination d'Adrienne s'empare totalement de son esprit.

III. Le travail de l'imaginaire.
1. La puissance de l'imagination.
2. Son cheminement.
3. Les métaphores.

▶ PLAN DU COMMENTAIRE COMPOSÉ

Reprenons:

La nuit tombe dans la villa des Mesurat, dont Julien Green, romancier contemporain, raconte le drame. Demeurée seule avec lui depuis la fuite récente de sa sœur, Adrienne vient de tuer son père, qui lui imposait une claustration indigne. Il lui interdisait toute sortie et toute relation avec les personnes environnantes. Ce passage d'*Adrienne Mesurat* évoque le trouble de l'héroïne après son acte. La description suit la progression de l'angoisse, diffuse d'abord (premier paragraphe), puis de plus en plus forte. La narration transcrit le reflux de la violence au moment où le personnage commence à comprendre qu'il s'est laissé aller à réaliser ses pulsions. L'angoisse monte, mais Adrienne tente de lutter pour conserver ses esprits, en vain: l'imagination reprend tous ses droits dans la solitude de la nuit.

I. La montée de l'angoisse.

1. La situation objective.
Situation emblématique du conflit des générations: Adrienne

a tué le principe d'autorité. Moment de transition après l'exaspération de la violence et la mise à mort du principe répressif.

2. Les facteurs de l'angoisse.
La physiologie (l'impression d'étouffement; la crispation des mâchoires); l'absence de repères (la nuit, le désert).

3. Le retour du refoulé.
La sensation d'être poursuivie : la peur de devenir comme sa sœur, une malade soumise aux volontés paternelles.

II. La lutte pour conserver ses esprits.

1. Les efforts pour conjurer le chaos.
Le souvenir d'une époque sereine, le cours Sainte-Cécile; la recherche d'un allié à l'extérieur; le secours éphémère des objets (le fauteuil, le peignoir) de l'ancienne vie, celle d'avant la rupture.

2. La dissociation du moi.
La réaction physiologique (le cri); elle ne se reconnaît plus elle-même.

3. L'impuissance du personnage.
Le peu de secours de la religion; la sensation d'absolue solitude et d'enfermement.

III. Le travail de l'imaginaire.

1. Le cheminement de l'imaginaire.
La puissance autonome de l'imagination qui se libère de la tension antérieure; la contamination de tout le lieu par l'angoisse.

2. Les métaphores.
L'empoisonnement, la traque.

3. La puissance de l'imagination.
L'enfermement progressif dans ses fantasmes : la prison du crime.

Dans ce texte, Adrienne semble sombrer dans l'angoisse la plus folle. L'évocation de ses fantasmes détermine une nouvelle orientation de toute la narration : auparavant, la jeune fille luttait contre la tyrannie paternelle, à présent, elle devient la proie de ses propres représentations. Situé à la fin de la première partie, cet extrait laisse présager l'évolution ultérieure de l'action : à la fin du roman, Adrienne sombrera dans la folie. Julien Green suggère que le pire ennemi de l'homme gît en lui-même, dans cette puissance autodestructrice qui trouve un moment à s'exprimer de façon objective avant de se retourner contre son propre agent.

FICHE TECHNIQUE 9

Le temps
dans le récit

Lorsqu'il met en forme son histoire, le romancier définit le cadre temporel de l'action — qu'il sélectionne un épisode ou bien qu'il évoque une succession d'époques. Le temps de la narration ne doit pas être confondu avec celui de l'histoire, puisque l'auteur modifie les données initiales, si elles existent, en fonction de son projet romanesque.

Le temps de l'histoire

Le temps de l'histoire permet de situer à quelle époque se déroule l'action : le passé reculé, le passé proche, le présent ou le futur (roman d'anticipation).

Le temps du récit, la fragmentation

On ne peut pas tout raconter dans un roman. Le temps du récit fragmente le temps de l'histoire : la narration peut embrasser une longue période temporelle et s'étendre sur plusieurs générations, comme les Rougon-Macquart de Zola; elle peut sélectionner des épisodes, qui déterminent la vision du monde du narrateur, comme dans *A la recherche du temps perdu* de Marcel Proust.

Le temps du récit, l'ordre chronologique

La narration ne suit pas forcément l'ordre chronologique de l'action. En effet, puisque le romancier sélectionne un épisode ou une période, il peut revenir sur des faits passés, antérieurs à la narration ou bien à l'action en cours, à la faveur d'une rétrospection; ou bien, il anticipe sur le futur pour suggérer l'évolution dramatique de l'action.

Le temps du récit, accélération ou dilatation

Le temps du récit se prête à l'accélération qui peut aller jusqu'à l'ellipse lorsque le romancier passe sur un laps de temps déterminé; il nous dit alors: «Pendant un an, les choses n'évoluèrent pas.» Lorsque l'auteur décrit un personnage, l'action s'arrête et l'on parle de pause narrative. A l'inverse, le temps du récit est parfois concentré, comme dans les résumés, les synthèses à fonction explicative chères au roman réaliste, ou dramatique — en témoigne la nouvelle qui intensifie l'instant, comme «La Main» de Maupassant. Mais la narration peut aussi dilater la perception du temps en détaillant chaque événement d'une seule action, comme dans *La Modification* de Michel Butor, qui évoque un voyage en train, Paris-Rome.

TEXTE 17

André Pieyre de Mandiargues (1909-1991), *La Marge (extrait)*
1967

A la fin de janvier, il y a un peu plus de quatre ans, Sergine mettait au monde (comme il se dit...) leur fils, le petit Elie. Mais quand Sergine saigna sous lui ce fut au début d'un mois de juin, il y aura bientôt six ans. Va-t-il se remémorer longtemps des faits doux ou cruels, avec des dates, des époques? Sous les palmiers, deux camps d'enfants se battent à durs coups d'épées de bois, et leurs cris de guerre, détachés sur le régulier fond sonore de la fontaine, montrent qu'ils jouent aux Chrétiens et aux Maures. Le propre de l'histoire est d'amuser les bambins. Quant à lui, Sigismond Pons, singulièrement, son passé est scellé et son futur est bloqué par l'apposition d'une tour diaphane. Dans le présent, sa meilleure place est au musée.

Il n'avait pas arrêté le moteur, quand il était sorti de la voiture, et le ronflement faible, qui lui est redevenu perceptible, est comme un conseil à se rendre à cette place-là sans tarder. Rentré, rassis sur le siège, Sigismond use de la marche arrière pour reculer encore un peu, puis il passe la première vitesse et la seconde ensuite pour faire lentement le tour de la place jusqu'à l'unique voie d'accès et de sortie. Un jeune Cid eût été par un calife de Grenade jeté sur le pare-chocs de la Renault, si le pilote avait conduit plus vite ou freiné moins sec, mais il a su ne pas toucher l'enfant, qui en fuyant (bravo le Sarrasin!) le laisse repartir, et quand il a viré à l'endroit où l'agréable négresse[1] avait disparu il se surprend à chercher la fille du regard, aux tables d'un café. Qu'il ait eu un vrai regret de ne pas l'y trouver, non; mais qu'il eût espéré la voir, oui, et en constatant, une fois de plus, son étrange duplicité, Sigismond sent aussi qu'en lui s'atténue le mal qu'il aurait dit extrême.

André Pieyre de Mandiargues, *La Marge*
© Editions Gallimard

EXERCICE : relevez les manipulations temporelles, dans cet extrait de *La Marge*, roman d'André Pieyre de Mandiargues.

---
1. Sigismond vient de croiser une séduisante négresse.

▶ CORRECTION

Le héros de *La Marge* reçoit, dès les premières pages du roman d'André Pieyre de Mandiargues, une lettre dont il soupçonne le contenu tragique. Il décide de vivre un dernier week-end dans Barcelone et pose sur la missive un objet en verre pour touriste, tentant d'occulter, par cet acte symbolique, les souvenirs du passé. Mais ceux-ci obsèdent le personnage : ses derniers instants sont scandés par le retour de réminiscences douloureuses. Dans le texte proposé, il se rend au musée, en souvenir de sa femme, Sergine. Dans la cité espagnole, le présent suscite le souvenir esthète du passé historique et des grands moments de bonheur personnel.

I. La rétrospection

A peu de choses près, le temps de l'histoire est aussi celui de l'écriture. Au cours de la narration, l'auteur fait allusion à l'Espagne de Franco. Il n'hésite pas à fustiger certains errements historiques. De manière symbolique, cette inscription dans la chronologie désigne les errances de Sigismond comme une entreprise personnelle, désespérée, dans un monde clos.

1. Le passé personnel

Le temps du récit ouvre sur une rétrospection qui creuse la perspective temporelle en évoquant des événements antérieurs à l'action racontée par le roman. De manière explicite, la perception du temps est renvoyée au point de vue du personnage : la narration suit la progression de ses souvenirs et ne sort jamais de ce champ de vision. Sigismond revient sur des épisodes marquants de son existence : la naissance de son fils, Elie, et sa rencontre avec sa femme, Sergine. La narration définit ainsi le cadre temporel qui lui est propre : « A la fin de janvier, il y a un peu plus de quatre ans [...] au début d'un mois de juin, il y aura bientôt six ans. » La précision temporelle signale la force du souvenir, qui s'impose avec une clarté douloureuse. Aussi l'apparition du style indirect libre dans l'interrogation qui suit, ne surprend guère le lecteur.

2. Le passé historique

Le héros remonte alors plus loin dans le temps et il bifurque dans l'échelle temporelle pour évoquer une situation de lutte emblématique de la condition humaine. Il regarde des enfants jouer dans la rue et ce spectacle suscite en lui le rappel des guerres menées par les Chrétiens contre les Maures. Alors que le souvenir personnel aiguise la douleur latente, l'évocation historique suscite la prise de distance amère. « Le propre de l'histoire est d'amuser les bambins. » La formule générale renvoie, semble-t-il, à la fois à l'opinion du personnage et à celle de l'auteur. La narration favorise, en effet, un constant brouillage non seulement de l'échelle temporelle mais de l'identification du point de vue. Ainsi, l'histoire, et même l'Histoire, est ici dévaluée avec un irrespect tranquille.

3. Le passé romanesque

La rétrospection concerne aussi le temps de la fiction romanesque : en effet, Sigismond se rappelle la silhouette de la négresse, entrevue et frôlée de manière fugitive. Encore une fois, c'est la perception de l'espace qui détermine le travail de la remémoration puisque au moment où « il a viré à l'endroit où l'agréable négresse avait disparu il se surprend à chercher la fille du regard, aux tables d'un café ». Ainsi, le personnage évolue en fonction à la fois des sollicitations de son monde intérieur et de ses évolutions dans la ville étrangère.

Le héros erre dans l'univers clos défini par les ramblas de Barcelone mais il ne sort pas de sa prison intérieure : l'espace et le temps se révèlent inextricablement liés et figés dans le devenir.

II. La dilatation du temps

1. La perception du temps par le personnage

Le prénom de Sigismond renvoie à un personnage imaginaire de *La Vie est un songe*, de l'écrivain espagnol Calderón. Ce héros avait été endormi, par les soins de son père, et il ignorait où se trouvait la frontière entre le songe et la réalité. En reprenant ce prénom, l'auteur inscrit son personnage dans une continuité historique et littéraire. Le Sigismond de Pieyre de Mandiargues évolue à la fois sur les modes imaginaire et réaliste. Il symbolise l'homme en général, prisonnier de son propre regard sur le réel et de sa condition. Ainsi, s'attarde-t-il à faire des manœuvres avec une lenteur qui trahit sa préoccupation. Le temps se ralentit quand il rentre dans sa voiture et passe les vitesses, puis le personnage brouille les échelles temporelles, revient sur le passé lointain, puis proche.

2. La mise en perspective des épisodes temporels

Cette rétrospection engage tout un processus de remise en cause : « en constatant, une fois de plus, son étrange duplicité, Sigismond sent aussi qu'en lui s'atténue le mal qu'il aurait dit extrême. » Le personnage de Pieyre de Mandiargues n'est pas un héros au sens traditionnel du terme : ici, il se déjuge, il comprend que les douleurs les plus fortes ne peuvent arrêter le cours du temps. Le frôlement sensuel de la négresse touche en lui aux strates les plus profondes de son être, à son moi archaïque, qui réagit sans se soucier des vicissitudes du sort, ni de l'immoralité qui consiste à s'intéresser à une autre femme que la sienne à un moment où celle-ci est manifestement en danger — le héros saura, à la fin du récit qu'elle est morte pour ne pas avoir surveillé son fils, mort lui aussi.

3. L'homme et le temps

Ainsi, l'homme ne saurait s'opposer à l'usure du temps. Les événements les plus douloureux finissent par se figer dans l'histoire. L'épopée du Cid, le héros espagnol tragique par excellence, devient alors le prétexte d'un rapprochement symbolique qui signale le caractère insignifiant de l'existence humaine. « Un jeune Cid eût été par un calife de Grenade jeté sur le pare-chocs de la Renault [...] » : la légende hispanique est ramenée sur un pied d'égalité avec le modernisme contemporain. La perception du temps, le recul dans le temps, favorisent alors la prise de distance avec le présent. L'humour s'impose comme une arme contre le reflux des souvenirs.

La Marge est un roman construit sur le principe de la dilatation temporelle et de la procrastination (« l'action de toujours remettre au lendemain »). Dans le passage proposé, différentes strates temporelles se superposent dans l'imaginaire du héros, lui-même représentant symbolique du brouillage entre le rêve et la réalité. Le travail des réminiscences produit alors l'effet d'une négation de la chronologie historique : le temps s'arrête, se condense de manière dramatique sur les actions du héros, en attente de sa propre mort en suspens.

COMMENTAIRE COMPOSÉ 8

Marguerite Yourcenar (1903-1987)
Nouvelles orientales

Connue sous le nom de Marguerite Yourcenar, Marguerite de Crayencour est née de père français et de mère belge. Son œuvre conjugue le développement de la fiction et la méditation philosophique. Dans les *Nouvelles orientales*, elle met en récit, sous la forme de nouvelles, certaines fables et représentations imaginaires venues d'Orient.

La forme narrative courte qu'est la nouvelle implique un traitement du temps particulier; elle fonctionne, notamment, sur la concentration dramatique exigée par la densité du récit. Dans les *Nouvelles orientales*, la relation au temps de l'histoire n'est pas toujours nette puisque l'auteur retranscrit, le plus souvent, des contes ou des faits divers relevant de la superstition. En revanche, le récit crée sa propre temporalité interne.

TEXTE 18

Marguerite Yourcenar (1903-1987)
« La veuve Aphrodissia » (extrait)
Nouvelles orientales
1938

    Pendant trois jours et trois nuits, les femmes du village avaient attendu sur la place, piaillant à chaque coup de feu répercuté dans la montagne par l'orage de l'écho; et les cris d'Aphrodissia avaient jailli plus haut que ceux de ses compagnes, comme il convenait à la femme d'un personnage aussi respecté que ce vieux pope couché depuis six ans dans sa tombe. Elle s'était trouvée mal quand les paysans étaient rentrés à l'aube du troisième jour avec leur charge sanglante sur une mule éreintée, et ses voisines avaient dû la ramener dans la maisonnette où elle habitait à l'écart depuis son veuvage, mais, sitôt revenue à elle, elle avait insisté pour offrir à boire à ses vengeurs. Les jambes et les mains encore tremblantes, elle s'était approchée tour à tour de chacun de ces hommes qui répandaient dans la chambre une odeur presque intolérable de cuir et de fatigue, et comme elle n'avait pu assaisonner de poison les tranches de pain et de fromage qu'elle leur avait présentées, il lui avait fallu se contenter d'y cracher à la dérobée, en souhaitant que la lune d'automne se lève sur leurs tombes.
    C'est à ce moment-là qu'elle aurait dû leur confesser toute sa vie, confondre leur sottise ou justifier leurs pires soupçons, leur corner aux oreilles cette vérité qu'il avait été à la fois si facile et si dur de leur dissimuler pendant dix ans : son amour pour Kostis, leur première rencontre dans un chemin creux, sous un mûrier où elle s'était abritée d'une averse de grêle, et leur passion née avec la soudaineté de l'éclair par cette nuit orageuse; son retour au village, l'âme tout agitée d'un remords où il entrait plus d'effroi que de repentir; la semaine intolérable où elle avait essayé de se priver de cet homme devenu pour elle plus nécessaire que le pain et l'eau; et sa seconde visite à Kostis, sous prétexte d'approvisionner de farine la mère du pope qui ménageait toute seule une ferme dans la montagne; et le jupon jaune qu'elle portait en ce temps-là, et qu'ils avaient étendu sur eux en guise de couverture, et ç'avait été comme s'ils avaient couché sous un lam-

beau de soleil ; et la nuit où il avait fallu se cacher dans l'étable d'un caravansérail turc abandonné ; et les jeunes branches d'un châtaignier qui lui assénaient au passage leurs gifles de fraîcheur ; et le dos courbé de Kostis la précédant sur les sentiers où le moindre mouvement trop vif risquait de déranger une vipère ; et la cicatrice qu'elle n'avait pas remarquée le premier jour, et qui serpentait sur sa nuque ; et les regards cupides et fous qu'il jetait sur elle comme sur un précieux objet volé ; et son corps solide d'homme habitué à vivre à la dure ; et son rire qui la rassurait ; et la façon bien à lui qu'il avait dans l'amour de balbutier son nom.

Marguerite Yourcenar, *Nouvelles orientales*
© Editions Gallimard

▶ TRAVAIL AU BROUILLON

• **Première phase :** la mort de Kostis déclenche un phénomène de révolte chez la veuve du pope. Le récit dramatise l'événement en insistant sur la durée de l'attente (« trois jours et trois nuits »), puis de la dissimulation (« pendant dix ans »). Par opposition, le moment de la rencontre amoureuse apparaît comme un instant d'illumination. Le traitement du temps s'impose à l'évidence comme un moyen littéraire pour accentuer la douleur du personnage et suggérer son enfermement intérieur.

I. L'écoulement du temps.
1. Le temps du deuil.
2. Le temps de la dissimulation.
3. Le temps de l'amour.

• **Deuxième phase :** qu'est-ce qui justifie les réactions de la veuve ? Le caractère intolérable de la dissimulation que lui impose sa condition de femme et, qui plus est, sa condition d'épouse du pope, l'homme sacré de la religion orthodoxe.

II. La dissimulation.
1. Le mensonge.
2. Le malentendu.
3. La haine pour les paysans.

● **Troisième phase**: quel est le sens à donner à cet extrait ? Aphrodissia connut l'amour avec un hors-la-loi. La passion qu'elle ressentit pour le réprouvé lui fit entrevoir une autre réalité que la sienne. La disparition de Kostis équivaut à un arrêt de mort pour elle; d'ailleurs, à la fin de la nouvelle, elle se suicidera. L'auteur suggère donc qu'il lui est devenu impossible de vivre, d'une part parce qu'elle a perdu son amant, d'autre part parce qu'un interdit d'ordre moral et social pèse sur elle.

III. L'expression de la passion.
1. L'amour pour le hors-la-loi.
2. La poésie de l'amour.
3. La condition de la femme.

▶ COMMENTAIRE COMPOSÉ

Dans les *Nouvelles orientales* de Marguerite Yourcenar, « La veuve Aphrodissia » s'ouvre sur une mort, celle de Kostis le rouge. Les paysans d'un petit village grec ont décimé la bande du hors-la-loi et ils se réjouissent d'avoir vengé le meurtre de leur pope. Or, la femme du pope, Aphrodissia, pleure celui qu'elle aima en secret. Le texte proposé évoque la révolte et la douleur de cette femme. Elle ne saurait que cacher ses pensées (premier paragraphe) mais elle ne supporte plus cette dissimulation à un moment où ses souvenirs se ravivent (deuxième paragraphe). La transcription de ce désespoir intérieur est dramatisée par l'écoulement du temps et par la violence des passions éprouvées par Aphrodissia.

La déploration constitue comme une phase obligée du deuil en Grèce : comme dans l'Antiquité, les pleureuses se lamentent sur le corps du mort. Ici, le temps de la déploration commence avant que la mort soit avérée. L'évocation du deuil à venir est scandée par le retour symbolique des « trois jours et trois nuits » d'attente partagée par les femmes du village. Les femmes forment un groupe passif, en attente du dénouement puisqu'elles ignorent qui elles doivent pleurer. Aussi Aphrodissia réagit-elle avec violence, « à l'aube du troisième jour. » Le moment où les paysans réapparaissent, l'aube, s'impose également comme un instant privilégié propre à accroître le sentiment du drame.

De même le temps de la dissimulation s'étire dans la durée. Mais, si l'auteur prend en charge l'évocation des circonstances dramatiques de la mort de Kostis, il transcrit le déchirement du personnage en se plaçant à l'intérieur de la conscience d'Aphrodissia. Dans le deuxième paragraphe, le point de vue change à la faveur d'un procédé proche du style indirect libre qui permet de restituer les pensées intimes de la veuve. Alors, la rétrospection commence, passant du passé proche au passé plus lointain : « C'est à moment-là qu'elle aurait dû leur confesser toute sa vie [...] ». Le lecteur recompose les différentes phases par lesquelles est passée Aphrodissia : Kostis a tué le vieux pope six ans plus tôt (« ce vieux pope couché depuis six ans dans sa tombe ») et elle avait noué des relations amoureuses avec Kostis dix ans plus tôt (« cette vérité qu'il avait été à la fois si facile et si dur de leur dissimuler pendant dix ans »). Le temps de la dissimulation charge l'instant présent de tout un poids dramatique qui en fait la résultante d'un long processus de maturation.

A l'inverse, le temps de l'amour s'impose comme le moment de l'illumination, de la révélation sensuelle : « leur passion née avec la soudaineté de l'éclair par cette nuit orageuse ». Là encore, les circonstances météorologiques accentuent le caractère passionnel de la rencontre. Tout se passe comme si le temps, entendu au sens de variations climatiques, participait à la violence passionnelle. Ensuite, s'écoula une « semaine intolérable » pendant laquelle Aphrodissia éprouva tous les tourments de l'amour avant de se jeter à corps perdu dans cette relation. Les notations temporelles signalent le progrès psychologique du personnage, de sa première rencontre à sa deuxième visite à Kostis. Alors, le rythme de la phrase mime le mouvement de la réminiscence : l'anaphore de la conjonction de coordination « et » accentue encore l'impression de voir se reconstituer le puzzle des souvenirs et la durée de la nuit d'amour se creuse encore.

Le récit développe donc l'impossibilité dans laquelle se trouve Aphrodissia de vivre autrement que dans le souvenir, perpétué par le mensonge et le malentendu, ces deux éléments indispensables de la tragédie.

Aphrodissia n'existe, pour les habitants du village, qu'en fonction de ses démonstrations visibles : « les cris d'Aphrodissia avaient jailli plus haut que ceux de ses compagnes, comme il convenait à la femme d'un personnage aussi respecté que ce vieux pope [...] ». Elle n'ignore pas qu'elle se doit de conserver une respectabilité d'autant plus exigeante qu'elle est la veuve du pope. Elle donne le change parce que seuls comptent son apparence et le rôle obligé dicté par les circonstances. Le mensonge est donc comme encouragé par le peu de clairvoyance des paysans.

Le malentendu crée le climat tragique de l'épisode. Aphrodissia semble participer à la déploration collective et rendre grâce à ses vengeurs : « sitôt revenue à elle, elle avait insisté pour offrir à boire à ses vengeurs ». En réalité, elle pleure Kostis mais toute une série d'interdits lui imposent de se taire. Le malentendu traduit l'aliénation propre à la veuve : elle est, manifestement, la veuve du pope, mais, de manière plus personnelle, elle est aussi la veuve de Kostis. Ainsi, le titre de la nouvelle signale l'opacité de sa condition et la réversibilité des situations. En effet, les paysans pensent avoir accompli un acte de justice. Mais la violence instinctuelle guida leur comportement, tout aussi archaïque que la réaction intime de la veuve.

Aphrodissia éprouve une violente haine pour les paysans. Elle réagit d'abord comme une femme qui doit préserver les apparences mais en elle s'agitent des pulsions meurtrières, comme si elle voulait venger Kostis de ses prétendus vengeurs à elle : « comme elle n'avait pu assaisonner de poison les tranches de pain et de fromage qu'elle leur avait présentées, il lui avait fallu se contenter d'y cracher à la dérobée, en souhaitant que la lune d'automne se lève sur leurs tombes. » La veuve assume, ici, le rôle fantasmatique de l'empoisonneuse, de la Circé violente et passionnée qui réagit en femme orientale. Marguerite Yourcenar possédait une connaissance approfondie de l'Antiquité; ici, c'est le tempérament sauvage de la Grèce, ses superstitions imagées qui resurgissent. Mais la veuve n'a pas su s'affirmer, ni dans les actes ni dans les paroles, qui auraient pu devenir une arme pour elle : « elle aurait dû leur confesser toute sa vie, confondre leur sottise ou justifier leurs pires soupçons, leur corner aux oreilles cette vérité [...] ». En somme, elle regrette de n'avoir pas pu sacrifier sa respectabilité au souvenir de son amant.

L'expression de la passion tire une force indéniable du climat dramatique qui l'encourage. Nul doute que le statut de hors-la-loi du mystérieux et redoutable Kostis ait influé sur Aphrodissia et auréolé leurs relations d'un attrait pour le fruit défendu.

La violence des sentiments se lit dans toutes les manifestations physiologiques qui caractérisent le trouble d'Aphrodissia. La vue du corps ensanglanté la fait défaillir et, les « jambes et les mains encore tremblantes », elle remplit les devoirs sacrés de l'hospitalité envers ceux qu'elle considère comme des assassins. L'amour pour le hors-la-loi devait satisfaire une tendance fondamentale de la veuve, mariée à un vieux pope qu'elle ne semble guère regretter. Après leur première rencontre, son âme était « tout agitée d'un remords où il entrait plus d'effroi que de repentir » : preuve qu'Aphrodissia est fascinée par la transgression d'un tabou. Elle n'éprouve pas de remords au sens moral du terme mais elle subit l'attraction du danger. En témoignent aussi ces détails que son souvenir restitue et dont le caractère sélectif signale son attirance pour la violence et la force : « et la cicatrice qu'elle n'avait pas remarquée le premier jour, et qui serpentait sur sa nuque; et les regards cupides et fous qu'il jetait sur elle comme sur un précieux objet volé [...] ». Le symbolisme animal, le motif du serpent, révèlent encore la relation étroite entre la sensualité et le danger.

La poésie de l'amour naît de l'évocation de leur rencontre, qui conjugue le trouble physique (« et les jeunes branches de châtaignier qui lui assénaient au passage leurs gifles de fraîcheur ») et le pittoresque de l'exotisme (« et la nuit où il avait fallu se cacher dans l'étable d'un caravansérail turc abandonné »). L'émotion n'est pas absente de leurs rencontres, que pimente, cependant, la relation à la force du bandit. La poésie naît du rythme lancinant de l'évocation, semblable à celui de la déploration, et de la simplicité absolue de l'expression, des termes empruntés au vocabulaire de la paysanne proche de la nature; en effet, toutes les métaphores sont empruntées au registre de la terre : « comme s'ils avaient couché sous un lambeau de soleil, leurs gifles de fraîcheur, la cicatrice [...] qui serpentait. » L'auteur restitue donc le mouvement de l'âme simple de son personnage.

Cette relation amoureuse lui permit d'exister en tant que telle. En effet, dans ce monde encore archaïque, la condition de la femme semble bien précaire. Certes, toute épouse adultère cherche à dissimuler ses relations extra-conjugales. Mais, ici, il semble que la passion se nourrisse de l'opposition au milieu. La grossièreté des paysans, le manque d'amour pour le pope, apparaissent comme des éléments de justification de celle qui aima le hors-la-loi, en toute amoralité.

Dans cet extrait de « La veuve Aphrodissia », Marguerite Yourcenar restitue le climat tragique propice aux dérèglements passionnels. De manière très synthétique, elle met en forme l'exaspération des instincts. A mi-chemin entre la tragédie et le roman d'aventures, la nouvelle rejoint alors le fonds archaïque propre à tous les hommes.

FICHE TECHNIQUE 10

La place dans le récit

Le début d'un roman s'appelle **l'incipit** (du latin, « il commence »). Les premières lignes de la narration trahissent le projet de l'auteur : tout dépend de son intention d'éclairer (ou non) le lecteur sur le déroulement des faits. Il peut engager l'action tout de suite, **in media res** (du latin, « au milieu des événements ») pour donner à la fois une impression de vérité et de mystère. Ensuite, il enchaînera sur des explications, comme c'est souvent le cas de Balzac, ou bien il ne révélera rien d'autre que ce que le personnage apprend au lecteur, comme Modiano, par exemple. Parfois, le récit s'engage sur une description exhaustive des lieux où se déroule l'action, lorsque l'auteur veut cadrer le récit en fonction de repères spatio-temporels.

Le dénouement, lui, peut être de nature logique ou mystérieuse. Dans le premier cas, la narration s'achève de manière logique, en fonction de l'interprétation rationnelle ou émotionnelle que l'on peut donner à l'action. Dans le second cas, l'auteur laisse la conclusion en suspens, comme dans les récits fantastiques.

TEXTE 19

Tahar Ben Jelloun (né en 1944)
La Nuit sacrée **(extrait)**
1987

Ce qui importe c'est la vérité.
A présent que je suis vieille, j'ai toute la sérénité pour vivre. Je vais parler, déposer les mots et le temps. Je me sens un peu lourde. Ce ne sont pas les années qui pèsent le plus, mais tout ce qui n'a pas été dit, tout ce que j'ai tu et dissimulé. Je ne savais pas qu'une mémoire remplie de silences et de regards arrêtés pouvait devenir un sac de sable rendant la marche difficile.

J'ai mis du temps pour arriver jusqu'à vous. Amis du Bien ! La place est toujours ronde. Comme la folie. Rien n'a changé. Ni le ciel ni les hommes.

Je suis heureuse d'être enfin là. Vous êtes ma délivrance, la lumière de mes yeux. Mes rides sont belles et nombreuses. Celles sur le front sont les traces et les épreuves de la vérité. Elles sont l'harmonie du temps. Celles sur le dos des mains sont les lignes du destin. Regardez comme elles se croisent, désignent des chemins de fortune, dessinant une étoile après sa chute dans l'eau d'un lac.

L'histoire de ma vie est écrite là : chaque ride est un siècle, une route par une nuit d'hiver, une source d'eau claire un matin de brume, une rencontre dans une forêt, une rupture, un cimetière, un soleil incendiaire...

Tahar Ben Jelloun, *La Nuit sacrée*
© Editions du Seuil

Au début de *La Nuit sacrée,* roman de Tahar Ben Jelloun, l'héroïne prend la parole pour s'adresser à son auditoire — ou à son lecteur. Dans la langue imagée des hommes de son pays, le Maroc, elle se présente comme une vieille femme, riche de ses expériences passées. Cet incipit met en place la tonalité mystérieuse propre au personnage et toute la poétique du récit, avec les correspondances entre l'individu et le cosmos.

I. Une héroïne mystérieuse

1. La situation de communication

Comme les anciens conteurs, l'héroïne semble prendre la parole au milieu d'un cercle d'auditeurs. Elle annonce directement le contenu autobiographique de ses propos : « Je vais parler, déposer les mots et le temps. » Le langage apparaît, d'emblée, comme une action : il s'impose comme l'équivalent de la lente accumulation des ans, comme la transmission du travail du temps. De même, elle compare la mémoire « à un sac de sable rendant la marche difficile ». Aussi le langage du personnage est-il imagé et ses phrases brèves, comme celles que prononcerait une personne encore habituée à la solitude et au silence.

2. La révélation

La vieille femme se présente, surtout, comme porteuse de vérité : « Ce qui importe, c'est la vérité. » Réduit à cette unique phrase, le premier paragraphe introduit comme une rupture par rapport à ce qui précède la prise de parole initiale, comme si les aventures de l'héroïne avaient déjà suscité toute une légende et comme si elle apparaissait pour révéler la vérité dans toute son authenticité. Nous apprendrons, par la suite, que l'histoire de sa vie inspira, effectivement, d'autres conteurs. Aussi apparaît-elle à la fois comme un personnage mystérieux, auréolé par l'énigme d'un drame personnel, et comme la démystificatrice, celle qui renverra la légende à elle-même.

3. Le dénouement

Curieusement, cet incipit sonne comme une conclusion. « Je suis heureuse d'être enfin là », affirme la narratrice, parvenue au terme de son existence et comme comblée par la présence de son auditoire. En même temps, l'héroïne semble parvenue à l'étape ultime de sa vie : « A présent que je suis vieille, j'ai toute la sérénité pour vivre. » Le cercle se boucle : la vieille femme accède à un nouveau type d'existence et se mue en conteuse, porteuse du message de sa propre vie. Le choix du point de vue implique l'absence de description objective : la vieille femme ne se voit pas, elle désigne seulement les marques du temps, les rides, comme autant de signes témoignant de son lourd passé. Mais elle ne dit rien encore d'elle-même, elle ne révèle pas son identité et sa mémoire est « remplie de silences et de regards arrêtés ». Ainsi, le début du récit introduit-il le lecteur dans une atmosphère mystérieuse.

L'incipit lance donc la rétrospection à venir, qui, elle, prendra une valeur explicative. Pour l'instant, l'auteur aiguise la curiosité de son lecteur, décontenancé par cette apparition énigmatique, qui prend la parole comme un sage porteur d'un message ou comme une pythonisse qui lirait sur son propre corps les messages cosmiques.

II. L'individu et le cosmos

1. Le symbolisme du cercle

Le lieu où se retrouve la vieille dame est symbolique ; le cercle de la place reproduit, de manière concrète et visible, la sphère cosmique. « La place est toujours ronde. Comme la folie. » La dernière précision prouve que le cercle constitue une figure de l'univers intérieur (la folie) et extérieur (la nature). Le cercle des auteurs forme comme un cercle dans le cercle, au centre d'une création immuable. « Rien n'a changé. Ni le ciel ni les hommes. » L'achèvement de la destinée est porteur de sens : le destin se lit de manière rétrospective, quand tout s'est réalisé. « Vous êtes ma délivrance, la lumière de mes yeux. » En ce sens, la vieille femme retrouve un lieu stable où elle pourra témoigner de toutes ses errances.

2. L'inscription dans la chair

L'héroïne se présente elle-même comme l'incarnation de l'action du temps et de sa réalisation logique. « Mes rides sont belles et nombreuses. Celles sur le front sont les traces et les épreuves de la vérité. Elles sont l'harmonie du temps. » Son corps est comme spiritualisé par le travail des années. « Celles sur le dos des mains sont les lignes du destin. Regardez comme elles se croisent, désignent des chemins de fortune, dessinant une étoile après sa chute dans l'eau d'un lac. » Le corps tout entier de la vieille femme participe de l'ensemble de la création. Comme une sorte de texte, de page écrite, il retient les marques symboliques d'un destin contrarié. Ainsi, l'étoile, symbole du guide spirituel, est tombée dans un lac, élément liquide double, à la fois porteur et maléfique. Le dernier paragraphe suggère que le personnage a vécu toute une série d'aventures romanesques.

3. L'accomplissement d'un destin

Dans les pays musulmans, rien ne peut arrêter la marche implacable du destin, du « c'était écrit ». Mais l'héroïne ne se présente pas comme la victime de la destinée : elle rejoint les siens dans l'euphorie de l'identité retrouvée. Dans son esprit, tout s'éclaire : tout devient logique parce que l'homme n'est pas, fondamentalement, écrasé par une puissance ennemie. Le visible et l'invisible se rejoignent.

Cet incipit introduit l'héroïne de l'histoire étrange qu'elle va nous conter, celle d'une jeune fille qui vécut, dès sa naissance, comme le garçon que son père aurait voulu avoir. Ici, elle achève sa course et elle révèle le sens de sa destinée, car la vivre, c'est en pénétrer le sens. L'auteur introduit donc son lecteur dans un univers à la fois étrange et serein, où tout converge vers l'approche d'une vérité profonde.

COMMENTAIRE COMPOSÉ 9

Albert Camus (1913-1960)
***La Chute* (extrait)**
1956

TEXTE 20

Mais, bien entendu, vous n'êtes pas policier, ce serait trop simple. Comment ? Ah ! je m'en doutais, voyez-vous. Cette étrange affection que je sentais pour vous avait donc du sens. Vous exercez à Paris la belle profession d'avocat ! Je savais bien que nous étions de la même race. Ne sommes-nous pas tous semblables, parlant sans trêve et à personne, confrontés toujours aux mêmes questions bien que nous connaissions d'avance les réponses ? Alors, racontez-moi, je vous prie, ce qui vous est arrivé un soir sur les quais de la Seine et comment vous avez réussi à ne jamais risquer votre vie. Prononcez vous-même les mots qui, depuis des années, n'ont cessé de retentir dans mes nuits, et que je dirai enfin par votre bouche : « O jeune fille, jette-toi encore dans l'eau pour que j'aie une seconde fois la chance de nous sauver tous les deux ! » Une seconde fois, hein, quelle imprudence ! Supposez, cher maître, qu'on nous prenne au mot ? Il faudrait s'exécuter. Brr...! l'eau est si froide ! Mais rassurons-nous ! Il est trop tard, maintenant, il sera toujours trop tard. Heureusement !

Albert Camus, *La Chute*
© Editions Gallimard

▶ COMMENTAIRE COMPOSÉ RÉDIGÉ

Ce passage clôt le discours de Clamence, juge-pénitent, qui, dans *La Chute,* roman d'Albert Camus, raconte à un auditeur invisible et complaisant comment sa vie fut transformée un soir qu'il entendit rire en traversant un pont de Paris. Nous sommes à Amsterdam et le narrateur-acteur reconnaît dans son interlocuteur une incarnation de ce qu'il fut lui-même, un avocat parisien éminent qui s'imaginait remplir son devoir sans se poser de question sur son intégrité réelle. Aussi le dénouement de *La Chute* peut-il apparaître comme une fausse sortie de Clamence : le récit pourrait recommencer du début. Nous verrons comment le destin du narrateur prend une valeur exemplaire dans un récit circulaire où s'impose la maîtrise verbale du narrateur.

La dernière entrevue du narrateur et de son interlocuteur semble devoir clore la confession de Clamence. Dans un récit traditionnel, il donnerait les clés de son étrange comportement. En effet, cet ancien avocat s'est retiré à Amsterdam parce qu'il ne pouvait plus supporter de vivre dissocié depuis le jour où il manqua de courage et laissa se noyer une femme, qui se jeta d'un pont. Lui qui s'imaginait être un héros du barreau toujours prêt à défendre la veuve et l'orphelin, il a découvert sa dualité profonde et son hypocrisie, recouverte sous le vernis de la bonne conscience. Or, bien loin de réduire la dualité, le dénouement contribue à la maintenir. L'interlocuteur n'est qu'une figure du narrateur : « Vous exercez à Paris la belle profession d'avocat ! Je savais bien que nous étions de la même race. » En somme, les deux personnages se renvoient l'un l'autre leur propre reflet.

Au début du passage proposé, Clamence constate que son interlocuteur n'est pas un policier : « Mais, bien entendu, vous n'êtes pas policier, ce serait trop simple. » En effet, le narrateur dit attendre le jour où on le mettra en prison pour recel de tableau puisqu'il détient la toile des *Juges intègres,* au nom significatif. Or, le narrateur ne trouve jamais de représentant de l'ordre parce que, dans l'esprit du récit, la notion de justice a disparu dans un monde de la pure apparence. L'Autre n'est donc pas un véritable interlocuteur, c'est un alter ego, le Même et non pas celui qui pourrait opposer un ordre stable au flot de paroles de Clamence.

La duplicité du narrateur ne saurait être renvoyée à elle-même : il ne cherche qu'à se décharger de sa propre culpabilité en mettant à nu celle d'autrui, en sécrétant le soupçon chez son interlocuteur, omniprésent mais toujours muet. Aussi donne-t-il son aventure comme exemplaire de toute la condition humaine, et pas seulement de celle des avocats (le glissement des pronoms, du *vous* au *nous* puis à *tous* permet la généralisation) : « Prononcez vous-même les mots qui, depuis des années, n'ont cessé de retentir dans mes nuits, et que je dirai enfin par votre bouche [...] ». Pourquoi Clamence suggère-t-il à son interlocuteur de se mettre à sa place sinon parce que tout homme est solidaire d'autrui ? Son propre cas constitue une sorte de symbole hyperbolique de la condition de l'homme contemporain, égoïste et indifférent à son semblable.

Dans ce dénouement qui ressemble à un incipit, le récit témoigne de la participation collective à la douleur de l'humanité. Chacun devrait prendre en charge son prochain, mais tous évoluent sans pouvoir se fonder sur des valeurs vraiment humanistes. Dans l'œuvre de Camus, *La Chute* apparaît comme un récit étrange, témoignant d'une sorte de mue dans l'évolution d'un auteur qui n'a cessé de proclamer la nécessité d'œuvrer pour la communauté des hommes. Clamence est donc l'antithèse parfaite du docteur Rieux, qui se dévouait à ses malades dans *La Peste*. Ici, la construction de l'œuvre témoigne du sens caché de la narration : nul progrès ne semble possible dans un monde en proie à la décomposition.

Le destin se définit justement par son caractère irréfragable : on ne peut plus revenir sur ce qui a été et sur ce qui doit être. Or, le narrateur semble comme tenté par le désir, sadique, de recommencer l'expérience qu'il a vécue : « O jeune fille, jette-toi encore dans l'eau pour que j'aie une seconde fois la chance de nous sauver tous les deux ! » Le verbe « sauver » trahit le désir, apparent, de s'inscrire dans une perspective religieuse : certes, le narrateur se confesse à son interlocuteur ; mais il ne tente pas vraiment de se faire absoudre de son péché, il le revendique, il insiste sur cet épisode qui fit basculer toute sa vie ; il le constitue comme une sorte de marque d'élection.

En réalité, cet événement fonctionne comme un traumatisme fondamental : le narrateur ne cesse de revenir sur cette aventure. On pourrait croire qu'il voudrait revenir en arrière pour se prouver son courage. Mais que prétend-il sauver ? Jamais il ne fait allusion à autre chose qu'à son image. « Ne sommes-nous pas tous semblables, parlant sans trêve et à personne, confrontés toujours aux mêmes questions bien que nous connaissions d'avance les réponses ? » Cette fausse interrogation témoigne d'une certitude et non d'une recherche du changement. Le narrateur ne tente pas d'évoluer ; il se contente de se poser en profond connaisseur de l'âme humaine. En somme, pour lui, l'homme est condamné à évoluer dans un monde où s'est perdu le sens du dialogue.

Aussi demande-t-il à son interlocuteur de reprendre l'histoire du début : « Alors, racontez-moi, je vous prie, ce qui vous est arrivé un soir sur les quais de la Seine et comment vous avez réussi à ne jamais risquer votre vie. » La difficulté réside, précisément, dans le fait que le narrateur ne s'est jamais exposé lui-même, qu'il n'a jamais affronté de réel danger : « Comment vous avez réussi à ne jamais risquer votre vie », cette proposition signifiante suggère que bien des individus se contentent de bonnes intentions sans s'engager de manière personnelle dans une situation grave. Elle dénonce les intellectuels mais aussi tous les hommes de la bonne conscience. Le récit se referme sur lui-même à la faveur d'une circularité qui témoigne de l'enfermement de l'homme dans le monde de la parole privée de référent stable : les mots renvoient non pas à une signification unique mais à une pluralité d'expériences dénuées de signification en elles-mêmes mais enserrées dans un mécanisme qui fonctionne tout seul.

Nous sommes donc passés d'un monde où l'homme pouvait sauver l'humanité en œuvrant pour la communauté à un univers de la dérision où le narrateur achève sa confession sur une pirouette et laisse son interlocuteur sans voix. Certes, l'ironie constitue l'une des caractéristiques du récit contemporain. Mais, ici, elle se teinte d'un tel cynisme qu'il semble impossible de retrouver la sérénité des premières œuvres de Camus.

Quel est donc le statut de la parole dans le texte proposé ? Elle semble se référer à la narration elle-même, qui constitue l'univers de référence. Dans Amsterdam parcourue de canaux, grise, le narrateur retrouve son lieu de prédilection, le pont, passage initiatique obligé du roman d'aventures, moqué, ici, puisqu'il ouvre la voie vers le néant. La parole crée son ordre propre, miné par la duplicité du narrateur, de cet avocat au verbe brillant, qui apparaît comme une sorte de *deus ex machina,* de figure du romancier. Il se moque, manifestement, de son interlocuteur : « Il faudrait s'exécuter », remarque-t-il, jouant sur le double sens du verbe, « faire » et « se suicider », « se tuer », « disparaître ».

La parole est inefficace : elle ne pourra pas faire revenir l'instant passé où s'est joué le destin. Un instant, il semble que les propos rapportés au style direct puissent fonctionner comme une sorte de sésame qui permettrait de conjurer le passé. Or, alors que le narrateur aurait pu se présenter comme un personnage tragique, poursuivi par son passé, il renvoie sa propre parole à son néant : il sait pertinemment qu'il parle pour parler, pour contaminer son interlocuteur et non pas pour se repentir et se racheter : « Rassurons-nous ! Il est trop tard, maintenant, il sera toujours trop tard. Heureusement ! » Alors même qu'il n'ignore pas que la parole est vaine, il la manie toujours avec la même vanité, la même ostentation.

Quel est donc le but du narrateur, pourquoi raconte-t-il son histoire ? N'est-ce pas pour célébrer l'impuissance de l'homme à sauver autrui et donc à se sauver ? Clamence incarne alors l'individu aliéné à sa propre parole, celui qui ne peut plus exister qu'au travers du langage dont il a pénétré la vanité mais qui lui sert à être dans toute sa misère. Ainsi, la condition de l'homme se trouve réduite à une question de discours, de mots savamment maniés, sorte de poison linguistique.

Ami du poète Francis Ponge, Albert Camus était conscient de l'insuffisance du langage. Ici, il manipule la parole pour en faire le témoin de l'incapacité de certains hommes à vivre hors des représentations : pour accéder à la vie réelle, il faut se défaire de l'illusion linguistique, agir sans se noyer dans un torrent verbal qui enferme les hommes dans un univers de la bonne conscience. Aujourd'hui, la parabole du juge-pénitent prend toute sa valeur d'exemplarité, dans une société comme ensorcelée par les formules toutes faites, les stéréotypes qu'elle sécrète.

FICHE TECHNIQUE 11

L'espace

La représentation de l'espace remplit une fonction qui répond à la fois au but du romancier et à son projet littéraire. Dans le roman de voyage, le déplacement dans un espace précis symbolise toute la vision du monde de l'auteur, qu'il croie dans la possibilité d'un progrès historique ou non. Le Nouveau roman tend à sécréter un espace intérieur, sorte de projection de l'état psychologique des personnages. Dans le premier cas, la localisation dans l'espace revêt une fonction informative et poétique, dans le deuxième, elle traduit un point de vue sur le monde et n'est donc qu'un objectif second par rapport à l'exploration d'un univers personnel. En outre, la possibilité de se déplacer dans un espace donné signale souvent une mutation psychologique du héros. Dans le traitement de l'espace, il convient donc de distinguer la situation dans un lieu des évolutions des personnages dans un espace géographique donné.

La situation dans l'espace

Les romanciers réalistes, comme Balzac et Zola, n'hésitent pas à faire une pause dans le déroulement de l'action pour la situer de façon claire et précise. La description de l'espace revêt alors une fonction informative mais elle peut être aussi de nature poétique. D'autres auteurs, en effet, se contenteront d'une situation plus symbolique, comme François Mauriac pour qui Paris incarne la perversion et les Landes le domaine où s'exaspèrent les passions contenues de ses héros.

D'autres, enfin, planteront le décor à l'aide d'une localisation dans l'espace symbolique et abstraite, comme les classiques (dans *La Princesse de Clèves*, Mme de La Fayette veut mettre en perspective son temps et celui des Valois, beaucoup plus raffiné) ou les Nouveaux romanciers (on en a vu un exemple avec *La Modification*). Quoi qu'il en soit, la description de l'espace s'intègre dans l'ensemble de la narration : aussi ne peut-elle être envisagée comme un fragment isolé. Elle témoigne d'un certain type de relation au monde : on a vu que, pour Balzac, décrire un lieu, c'est exprimer les sentiments et les mœurs de ses habitants.

Le déplacement dans l'espace

Chez les romanciers réalistes, Paris apparaît comme le lieu de l'initiation et le lieu de l'épanouissement de ses virtualités. Ainsi, le héros d'*Illusions perdues*, Lucien de Rubempré, quitte la province pour tenter de « réussir » dans la capitale. L'espace romanesque est donc, symboliquement, orienté. Le déplacement dans l'espace constitue une métaphore de l'évolution psychologique du personnage. Quand il se sent bien dans un lieu, il s'intègre dans son milieu, qui peut être la nature pour un romantique (*Atala, René,* de Chateaubriand), ou une ville où il réussit (*Bel-Ami*, de Maupassant). En conclusion, dans le roman, la fonction informative est donc travaillée par la fonction poétique ; elle lui demeure subordonnée.

Le texte qui suit évoque les errances de M. Ripois, étranger à Londres, qui, au chômage, sans domicile fixe, se retrouve seul, à la rue, dans des lieux où il avait triomphé avec quelque morgue de ses conquêtes féminines. Il sera, par la suite, poursuivi par sa Némésis — déesse de la vengeance, une forme de la fatalité.

TEXTE 21

Louis Hémon (1880-1913)
***M. Ripois et la Némésis* (extrait)**
1926, posthume

Au bout de quelque temps, le froid le mordit, et il recommença à marcher.

Cette heure passée sur le banc lui avait paru longue, longue comme une petite nuit, de sorte que, lorsqu'il fut sorti du parc par Hyde-Park Corner, et qu'il eut suivi Piccadilly jusqu'au bout, la vue des public-houses encore ouverts, des rues animées, des trottoirs encombrés de passants et de filles, le frappa comme un choc. Il regarda une horloge : à peine minuit ! Combien cela faisait-il d'heures avant le matin ? Il commença à compter, et puis s'arrêta tout à coup, bouleversé par ces chiffres trop clairs. Non ! Il valait mieux ne pas y songer.

Du *London Pavilion* à l'*Hippodrome*, de l'*Hippodrome* au *Palace* il erra en traînant les pieds, par ces rues qu'il connaissait trop bien ; et chaque fois qu'il passait devant tel restaurant où il avait souvent dîné, devant une boutique où il avait acheté des cigares, devant ce café où il était entré tant de fois, au cours d'une flânerie, pour boire un verre de bière en écoutant un orchestre allemand, nonchalamment renversé sur sa chaise... autant d'asiles qu'il sentait fermés à jamais pour lui.

La cruauté des rues ! La cruauté des trottoirs durs, des maisons de pierre, des perrons de pierre, des seuils qui, de loin, semblent promettre un refuge et qui, de près, se révèlent impitoyables, sans profondeur, barrés de portes hostiles qui repoussent et ne prêtent qu'un dossier brutal aux reins fatigués. Les hommes qui construisent les villes ont dû avoir cette idée à l'esprit, du commencement à la fin de leur ouvrage, que, toutes les nuits, se traînerait le long des rues toute une gent misérable, douloureuse et meurtrie de la tête aux pieds, et qu'il importait de ne pas laisser dans le plan des cités un seul coin où elle pût trouver asile. Sous un porche, sur les marches d'une église, M. Ripois devina des formes gauchement accroupies dont les têtes ballottaient. En les passant, il enfonça les mains plus profondément dans ses poches et plia le dos avec un frisson involontaire, bien qu'il ne pût s'imaginer encore que ces créatures fussent tout à fait de la même espèce que lui.

Louis Hémon, *M. Ripois et la Némésis*
© Editions Bernard Grasset

EXERCICE : dégagez l'importance de la localisation dans l'espace citadin, dans cet extrait de *M. Ripois et la Némésis* de Louis Hémon, romancier français au destin mystérieux et tragique.

▶ CORRECTION

M. Ripois est un Don Juan pauvre, qui écume les rues de Londres dans l'espoir d'y faire de bonnes rencontres. Dans cet extrait de *M. Ripois et la Némésis*, Louis Hémon montre son personnage aux prises avec la misère. Après avoir quitté Hyde-Park (premier paragraphe), il parcourt, en effet, les rues du centre de la City, qui lui signifient sa propre déchéance (deuxième paragraphe) et sa solitude (troisième paragraphe). L'accablement de cet anti-héros s'accroît à la faveur d'une errance qui lui renvoie l'image de ce qu'il était et de ce qu'il devient, et qui lui inspire le sentiment de son exclusion.

M. Ripois est accablé parce que le sort le poursuit : sa bonne étoile semble l'avoir oublié sur ce banc de Hyde-Park où il tentait de ne plus penser à la faim dévorante qui l'étreint. Le parc constitue une sorte de hors-lieu où se réfugient les malheureux sans domicile fixe en cette période de crise où la misère sévit à Londres.

Sortir du parc, c'est réintégrer le temps et retrouver la triste réalité. Le personnage est confronté au réel, alors qu'il croyait avoir passé « une petite nuit » : « A peine minuit ! Combien cela faisait-il d'heures avant le matin ? » La perception du temps est tout à fait subjective : l'écoulement du temps semble s'éterniser pour M. Ripois, qui ne sait où aller.

Inversement, la narration suit ses déplacements dans l'espace de manière très précise : il est possible de reconstituer son itinéraire, de Hyde-Park Corner à Piccadilly. Chaque indication dans l'espace est ainsi comme la preuve de la réinsertion du héros dans la vie courante et comme le témoignage de son errance malheureuse. Il vit sa « promenade » comme une forme de torture morale et semble comme résister au spectacle, obligé, de sa chute : « il erra en traînant les pieds, par ces rues qu'il connaissait trop bien [...] ». Il connaît *trop* ces rues, preuve qu'il est un habitué de l'errance londonienne et que, à présent, cette connaissance des lieux accentue encore son sentiment de rejet. Aussi, la déchéance de M. Ripois est-elle scandée par ses évolutions dans l'espace, comme si chacun de ses pas accroissait encore son malheur et sa solitude.

Dans son malaise, M. Ripois est confronté à une série d'images traumatisantes, celles qu'évoque son souvenir des jours heureux, celles que lui donnent les misérables.

Auparavant, il était heureux. En ce sens, l'espace lui renvoie le souvenir de sa propre image. Dans le second paragraphe, le rythme de la phrase se ralentit, pour souligner l'accablement du personnage, insister sur le déchirement que lui cause la vue de « tel restaurant », de telle « boutique » où il était entré dans ses jours fastes. Il regrette la sensation de bonheur physique que lui procuraient les dîners, les cigares, les verres de bière et l'assoupissement au son d'un orchestre. Aussi le lecteur conçoit-il facilement que M. Ripois est un matérialiste, très sensible aux conditions objectives de l'existence.

Le souvenir des jours fastes, mis en perspective avec la misère actuelle, accroît, chez M. Ripois, le sentiment de sa propre déchéance, accentué encore par la vision des misérables, regroupés « sur les marches d'une église ». Le personnage, cette fois-ci, ne peut supporter le spectacle que lui renvoient ces êtres, parce qu'il les devine, les sait, semblables à lui : « en les passant, il enfonça les mains plus profondément dans ses poches et plia le dos avec un frisson involontaire, bien qu'il ne pût s'imaginer encore que ces créatures fussent tout à fait de la même espèce que lui. » Le récit suggère bien qu'il n'est pas encore habitué à sa nouvelle condition, qu'il la refuse parce qu'elle lui fait horreur.

En ce sens, il réagit un peu comme ces passants qui poursuivent leur but personnel sans s'occuper de lui. Mais, surtout, il résiste à sa propre assimilation au monde des déshérités. Il semble évoluer dans un univers d'images et il apparaît comme un marginal au sein de la société mais aussi par rapport aux misérables.

Le sentiment d'exclusion qui étreint M. Ripois s'accroît à la faveur d'une errance qui lui renvoie l'image de sa solitude et, plus encore, du caractère peu accueillant de la City pour le malheureux qu'il est devenu. L'indifférence des passants le confine dans une solitude d'autant plus grande qu'il n'accepte pas lui-même sa condition et que l'architecture de la ville lui semble hostile aux misérables.

La vie continue dans Londres où sévit la misère : la population vaque à ses occupations sans sembler se soucier des malheureux : « la vue des public-houses encore ouverts, des rues animées, des trottoirs encombrés de passants et de filles, le frappa comme un choc. » Dans le parc, M. Ripois était comme anesthésié ; il ne réagissait plus à sa situation présente ; il évoluait dans son espace personnel. Favorisée par l'errance, la rencontre de ses semblables, si différents de lui, en l'occurrence, le confronte à l'indifférence du monde qui semble s'adonner au plaisir qui lui demeure interdit.

Les rues sont personnifiées : elles deviennent comme l'agent de l'exclusion sociale. La narration évoque, à la lettre, la dureté du milieu citadin avec des effets rhétoriques d'insistance, exploitation du champ sémantique de la dureté, répétition des termes signifiants et amplification du rythme : « La cruauté des rues ! La cruauté des trottoirs durs, des maisons de pierre, des perrons de pierre, des seuils qui, de loin, semblent promettre un refuge et qui, de près, se révèlent impitoyables, sans profondeur, barrés de portes hostiles qui repoussent et ne prêtent qu'un dossier brutal aux reins fatigués. » Les demeures bourgeoises trahissent l'hypocrisie sociale ; en témoigne le motif du seuil, qui repousse en ayant l'air d'offrir un asile rassurant. Orientée par le regard de M. Ripois, la description de l'espace permet d'élaborer une peinture métaphorique de la réalité sociale.

En effet, le caractère social du récit apparaît à l'évidence au travers de la description de la ville. Certes, le point de vue de la narration est centré sur le ressentiment du personnage ; cependant, il semble clair que Hémon ait voulu remettre en cause une organisation sociale qui sécrète la misère sans pouvoir y remédier. M. Ripois s'imagine que les architectes des villes ont, sciemment, décidé d'opposer à la population misérable des constructions inhospitalières : « il importait de ne pas laisser dans le plan des cités un seul coin où elle pût trouver asile ». De manière indirecte, l'auteur suggère le caractère aliénant des villes du début du siècle : qu'aurait-il dit, de nos jours, s'il avait vu des cités dortoirs ?

Dans *M. Ripois et la Némésis*, l'errance du personnage principal scande toute son évolution psychologique et permet de désigner le lieu même de l'aliénation moderne, ces grandes cités où rien n'est fait pour les malheureux et les exclus de la société de consommation. La « Némésis », ou la fatalité, poursuit donc le héros dans la prison délimitée par les rues et les banlieues de Londres, espace symboliquement orienté qui se mue en une sorte d'agent de la déchéance morale.

COMMENTAIRE COMPOSÉ 10

Patrick Modiano (né en 1945)
Rue des boutiques obscures

La littérature la plus récente semble être sortie des turbulences qui l'agitaient dans les années 50-60. La narration traditionnelle paraît reprendre une importance qu'elle avait perdue. Il s'agit donc d'une littérature nouvelle qui tient compte des enseignements du Nouveau roman. L'écriture se défie d'elle-même, de son pouvoir de représentation stéréotypée et elle tend à se mettre en scène. En outre, l'investigation psychologique porte sur le moi, la subjectivité présentée comme telle. L'auteur met en forme une histoire qu'il ne veut pas concurrente du réel et qui n'abordera que de manière indirecte l'engagement idéologique.

Né en 1945 à Boulogne, Modiano situe la plupart de ses romans sous l'occupation. Ses héros partent à la recherche de leur propre identité dans une quête initiatique qui les mène, au cours d'errances parisiennes, au confluent de l'histoire collective et de l'histoire personnelle. Il s'agit donc de mettre en perspective une destinée individuelle et l'évolution plus générale de toute la génération d'avant-guerre. La fracture semble malgré tout difficile à réparer et les personnages n'acquièrent qu'une consistance incertaine.

TEXTE 22

Patrick Modiano
Rue des boutiques obscures
(extrait)

J'étais comme le sourcier qui guette la moindre oscillation de son pendule. Je me postais au début de chaque rue, espérant que les arbres, les immeubles, me causeraient un coup au cœur. J'ai cru le sentir au carrefour de la rue Molitor et de la rue Mirabeau et j'ai eu brusquement la certitude que chaque soir, à la sortie de la légation, j'étais dans ces parages.

Il faisait nuit. En suivant le couloir qui menait à l'escalier, j'entendais le bruit de la machine à écrire et je passais la tête dans l'entrebâillement de la porte. L'homme était déjà parti et elle restait seule devant sa machine à écrire. Je lui disais bonsoir. Elle s'arrêtait de taper et se retournait. Une jolie brune dont je me rappelle le visage tropical. Elle me disait quelque chose en espagnol, me souriait et reprenait son travail. Après être demeuré un instant dans le vestibule, je me décidais enfin à sortir.

Et je suis sûr que je descends la rue Mirabeau, si droite, si sombre, si déserte que je presse le pas et que je crains de me faire remarquer, puisque je suis le seul piéton. Sur la place, plus bas, au carrefour de l'avenue de Versailles, un café est encore allumé.

Il m'arrivait aussi d'emprunter le chemin inverse et de m'enfoncer à travers les rues calmes d'Auteuil. Là, je me sentais en sécurité. Je finissais par déboucher sur la chaussée de la Muette. Je me souviens des immeubles du boulevard Emile-Augier, et de la rue où je m'engageais à droite. Au rez-de-chaussée, une fenêtre à la vitre opaque comme celles des cabinets de dentiste était toujours éclairée. Denise m'attendait un peu plus loin, dans un restaurant russe.

Je cite fréquemment des bars ou des restaurants mais s'il n'y avait pas, de temps en temps, une plaque de rue ou une enseigne lumineuse, comment pourrais-je me guider ?

Patrick Modiano, *Rue des boutiques obscures*
© Editions Gallimard

▶ TRAVAIL AU BROUILLON

Rue des boutiques obscures raconte l'histoire d'un personnage en quête de son passé. 47 chapitres très courts suffisent à reconstituer une existence détruite : le personnage principal est amnésique et il veut retrouver son identité perdue. Modiano se situe dans le sillage de Proust, mais il part à la recherche d'une identité objectivement dérobée par les circonstances historiques. Métaphoriquement, il est possible d'en conclure que, pour Modiano, l'Histoire est responsable de la perte d'une identité profonde, collective. Elle détruit en nous une parcelle de vie inconsciente. Elle mutile l'individu et le réduit à vivre dans le néant du présent.

Dans le texte proposé, le narrateur-acteur commence à se souvenir de son passé, à la faveur d'un geste machinal qui lui rappelle comment, autrefois, il allumait et éteignait la lumière à la légation d'Amérique du Sud où il travaillait.

• **Première phase :** le personnage reconstitue donc l'itinéraire qui était le sien : l'espace parisien devient alors le point d'ancrage qui va lui permettre de retrouver son identité, de franchir l'épaisseur du temps oublié.

I. L'espace et l'identité.
1. Les stratégies du personnage.
2. Les repères dans l'espace.
3. La reconstitution du souvenir.

• **Deuxième phase :** les souvenirs commencent à se dégager de la gangue de l'oubli. Le personnage identifie alors son itinéraire.

II. L'espace parisien
1. Les images floues.
2. Les détails précis.
3. Les certitudes.

• **Troisième phase :** le personnage cherche à se retrouver mais il semble qu'il ait vécu comme un homme traqué. Sans doute la cause même de son amnésie réside-t-elle dans le danger qu'il encourut par le passé.

III. Une identification mystérieuse.
1. La sensation de péril.
2. Un passé dangereux.
3. Le paradoxe du souvenir.

▶ PLAN DU COMMENTAIRE COMPOSÉ

Dans cet extrait du roman intitulé *Rue des boutiques obscures*, le héros de Patrick Modiano tente de recouvrer la mémoire en revenant sur des lieux où il avait vécu. Il reconstitue son itinéraire parisien, en un temps où il travaillait dans une légation d'Amérique du Sud. Il commence par évoquer le processus de la mémorisation (premier paragraphe) avant de voir se dérouler le film de ses souvenirs. L'espace parisien s'impose comme le point d'ancrage favorable à l'émergence des faits oubliés : il devient le médium de la reconquête d'une identité mystérieuse.

I. L'espace et l'identité

1. Les stratégies du personnage
Comme un « sourcier », il revient sur les lieux où il a vécu et attend que se produise l'illumination.

2. Les repères dans l'espace
Certains objets sont particulièrement porteurs de symbolisme et constituent comme des signaux qui rappellent le souvenir perdu : « s'il n'y avait pas, de temps en temps, une plaque de rue ou une enseigne lumineuse, comment pourrais-je me guider ? »

3. La reconstitution du souvenir
L'itinéraire dans l'espace se déroule avec une précision grandissante mais il demeure intermittent, encore.

II. L'espace parisien

1. Les images floues
Le narrateur vit sur un double plan, dans le temps présent et dans le moment passé. Il semble comme séparé de lui-même par l'espace-temps : il se revoit comme à travers un écran et il revoit la secrétaire, qui lui « disait quelque chose en espagnol » — on ignore quoi.

2. Les détails précis
Le nom des rues fournit, néanmoins, un support objectif à la mémoire. Elles sont décrites avec une précision qui laisse à penser que le personnage les scrutait avant de se risquer au dehors. Les fenêtres de rues, elles aussi, pouvaient cacher des espions...

3. Les certitudes
Le personnage identifie donc son passé au travers de l'espace et pas vraiment grâce à sa relation avec les personnages qu'il côtoyait. C'est l'espace qui est premier puis les proches viennent le peupler.

III. Une identité mystérieuse

1. La sensation de péril
De nombreux indices signalent la précarité de l'existence du narrateur. Il semble bien être un personnage traqué, qui craignait de se « faire remarquer ». Ses déplacements dans l'espace sont suscités par son désir de fuite, sa volonté de trouver un refuge « à travers les rues calmes d'Auteuil ».

2. Un passé dangereux
Les contrastes d'ombre et de lumière, la solitude du narrateur créent une atmosphère angoissante. Le texte sécrète une sensation de malaise parce que le narrateur ignore tout de ce qui motive sa fuite. En ce sens, le malaise du personnage naît de cette sensation d'aller à la rencontre de ce qui fut une période très difficile de son existence.

3. Le paradoxe du souvenir

Ainsi, l'espace s'impose comme le lieu des certitudes, mais aussi comme le domaine de l'incertitude quant à son sort à venir. Uniquement centrée sur le point de vue du personnage principal, la narration n'en dit pas plus que ce qu'il perçoit, avec difficulté. Elle supprime tout point d'ancrage objectif et l'action progresse à la faveur des découvertes du héros.

Ce texte fonctionne comme un récit qui raconterait des faits, évoquerait des actions sans en expliciter les causes. Ainsi coupés de toute logique, les événements apparaissent dotés d'une tragique caractéristique de la condition humaine, perdue dans un espace où elle évolue sans savoir pourquoi elle se meut et vers quoi elle va.

Le roman / 241

FICHE TECHNIQUE 12

La prose poétique

La prose poétique intègre les procédés stylistiques propres à la poésie dans l'écriture du récit. Elle se définit par l'exploitation des procédés rhétoriques permettant la production d'images, par le jeu sur les rythmes (binaire ou ternaire) et par les effets sonores.

TEXTE 23

Colette (1873-1954)
Sido (extrait)
1930

O géraniums, ô digitales... Celles-ci fusant des bois-taillis, ceux-là en rampe allumés au long de la terrasse, c'est de votre reflet que ma joue d'enfant reçut un don vermeil. Car « Sido » aimait au jardin le rouge, le rose, les sanguines filles du rosier, de la croix-de-Malte, des hortensias et des bâtons-de-Saint-Jacques, et même le coqueret-alkékenge, encore qu'elle accusât sa fleur, veinée de rouge sur pulpe rose, de lui rappeler un mou de veau frais... A contre-cœur elle faisait pacte avec l'Est : « Je m'arrange avec lui », disait-elle. Mais elle demeurait pleine de suspicion et surveillait, entre tous les cardinaux et collatéraux, ce point glacé, traître, aux jeux meurtriers. Elle lui confiait des bulbes de muguet, quelques bégonias, et des crocus mauves, veilleuses des froids crépuscules.

Hors une corne de terre, hors un bosquet de lauriers-cerises dominés par un junko-biloba — je donnais ses feuilles, en forme de raie, à mes camarades d'école, qui les séchaient entre les pages de l'atlas — tout le chaud jardin se nourrissait d'une lumière jaune, à tremblements rouges et violets, mais je ne pourrais dire si ce rouge, ce violet dépendaient, dépendent encore d'un sentimental bonheur ou d'un éblouissement optique. Etés réverbérés par le gravier jaune et chaud, étés traversant le jonc tressé de mes grands chapeaux, étés presque sans nuits... Car j'aimais tant l'aube, déjà, que ma mère me l'accordait en récompense. J'obtenais qu'elle me réveillât à trois heures et demie, et je m'en allais, un panier vide à chaque bras, vers des terres maraîchères qui se réfugiaient dans le pli étroit de la rivière, vers les fraises, les cassis et les groseilles barbues.

A trois heures et demie, tout dormait dans un bleu originel, humide et confus, et quand je descendais le chemin de sable, le brouillard retenu par son poids baignait d'abord mes jambes, puis mon petit torse bien fait, atteignait mes lèvres, mes oreilles et mes narines plus sensibles que tout le reste de mon corps... J'allais seule, ce pays mal pensant étant sans dangers. C'est sur ce chemin, c'est à cette heure que je prenais conscience de mon prix, d'un état de grâce indicible et de ma connivence avec le premier souffle accouru, le premier oiseau, le soleil encore ovale, déformé par son éclosion...

Colette, *Sido*
© Hachette, 1901

> **EXEMPLE DE SUJET : Colette** donne comme titre au recueil de ses souvenirs de jeunesse le surnom de sa mère, **Sido**. Vous montrerez, sous forme de commentaire composé, comment elle traduit sous une forme poétique et imagée un épisode marquant de sa biographie.

▶ TRAVAIL AU BROUILLON

Commencez à rédiger votre introduction avant toute chose.

● D'abord, **la situation du texte** : vous disposez des dates de l'auteur et du nom de l'œuvre; mais vous comprenez que Colette a écrit une évocation poétique de son enfance. Vous devez savoir, en outre, que Colette a célébré la nature dans toute son œuvre.

Rédaction :
Dans ce passage, extrait de *Sido*, Colette évoque les souvenirs de son enfance qui s'est déroulée à la campagne. Ensuite, l'idée générale : le thème de la naissance prédomine.

● Puis, **le mouvement du texte** :
1. Le jardin et son ordre.
2. La sortie hors du jardin de l'Eden et la communion avec la nature.

Rédaction :
L'auteur commence par décrire le jardin que sa mère soigne avec amour en se conciliant les forces cosmiques; puis elle raconte ses propres sorties hors de ce paradis perdu de l'enfance et sa communion avec la nature.

- **L'hypothèse de lecture :**

Colette évoque la naissance des fleurs et le développement de sa sensibilité au monde naturel. Elle suggère l'échange des propriétés entre les végétaux et les êtres humains privilégiés, initiés au mystère de la nature.

- **Enfin, le plan du commentaire composé :**
I. Le thème de la naissance
II. Les forces de vie
III. L'échange des propriétés.

Rédaction :

Le thème de la naissance domine l'ensemble du passage, qui suggère la vitalité de la nature et la communion de la jeune Colette avec la nature.

▶ COMMENTAIRE COMPOSÉ RÉDIGÉ

Dans ce passage, extrait de *Sido*, Colette évoque les souvenirs de son enfance qui s'est déroulée à la campagne. L'auteur commence par décrire le jardin que sa mère soigne avec amour en se conciliant les forces cosmiques ; puis elle raconte ses propres sorties hors de ce paradis perdu de l'enfance et sa communion avec la nature. Colette évoque la naissance des fleurs et le développement de sa sensibilité au monde naturel. Elle suggère l'échange des propriétés entre les végétaux et les êtres humains privilégiés, initiés au mystère de la nature. Le thème de la naissance domine l'ensemble du passage qui suggère la vitalité de la nature et la communion de la jeune Colette avec elle.

Le thème fondamental du passage est celui de la naissance. Dans *Sido*, Colette reconstitue son itinéraire personnel au travers de l'évocation de sa famille centrée sur la figure de la mère. Sido incarne la force de vie : elle donne vie à toute la maisonnée et elle inculque à sa fille l'amour de la nature. Le texte proposé à l'analyse évoque donc les différentes périodes de l'année où la nature s'épanouit dans le jardin bourguignon, l'Eden natal.

L'hymne à la nature est entonné avec lyrisme. La phrase se fait évocatrice, suit le mouvement de la célébration appuyée par le «ô» deux fois répété sur rythme binaire qui domine au début du premier paragraphe : «O géraniums, ô digitales...» Les points de suspension suggèrent plus que n'en explicite la phrase nominale et l'indicible se conjugue à l'exprimé. L'invocation aux plantes apparaît comme une sorte de formule magique qui ouvre la porte du souvenir affectif. De plus, les deux premières fleurs invoquées symbolisent la candeur de la nature ordinaire, le géranium, et la perversité, puisque la digitale sert à fabriquer un poison, la digitaline*. Le monde naturel se situe au-delà de toute notion d'ordre moral; il existe, tout simplement.

A la naissance des fleurs succède celle du jour : la petite fille sort à l'aube, moment qui reproduit l'instant de la mise au monde. En effet, le motif du liquide s'impose comme une sorte de recréation du milieu utérin. La jeune Colette baigne dans la nature, se fond physiquement avec elle. «A trois heures et demie, tout dormait dans un bleu originel, humide et confus, et quand je descendais le chemin de sable, le brouillard retenu par son poids baignait [...]». Le récit suit la progression de l'immersion dans la nature-mère. Dans l'indistinction de l'aube, le paysage, personnifié, se métamorphose en une sorte de milieu aquatique, où prédomine le bleu caractérisé par une triade d'adjectifs qui renvoient à une appréciation subjective de la romancière («originel»), à une sensation tactile («humide») et à une perception globale de la jeune Colette («confus»). La narratrice insiste sur la virginité du paysage; en témoigne l'anaphore de «premier» : «le premier souffle accouru, le premier oiseau». Le soleil, lui aussi, est évoqué au travers de la métaphore de l'éclosion, suscitée par l'image du premier oiseau : «le soleil encore ovale, déformé par son éclosion...» Tout commence à être et les formes visibles se dégagent lentement des limbes.

---

* A petites doses, la digitaline possède une vertu médicale. Cette note ne figure évidemment pas dans votre devoir qui ne comporte pas de notes. Cette remarque est valable pour les autres notes figurant au bas des commentaires rédigés.

Dans ce passage, nous sommes au cœur de la formation de l'imaginaire : de manière indirecte, en effet, Colette évoque la façon dont sa mère lui inculqua une communication immédiate avec la nature. En outre, le verbe poétique donne une consistance certaine à la force merveilleuse du jardin. La magie du jardin découle de l'utilisation poétique du langage, et des noms des fleurs : la « croix-de-Malte », les « bâtons-de-Saint-Jacques », le « coqueret-alkékenge », la « corne de terre », le « junkobiloba », autant d'appellations qui se doivent de demeurer mystérieuses afin de mieux susciter les pouvoirs de l'imaginaire.

Que sont les forces de vie ? La mère apparaît comme une sorte de divinité tutélaire qui organise l'espace naturel. La couleur dominante, le rouge et ses variantes, symbolise la chaleur du foyer : « [...] "Sido" aimait au jardin le rouge, le rose, les sanguines filles du rosier, de la croix-de-Malte, des hortensias et des bâtons-de-Saint-Jacques, et même le coqueret-alkékenge [...] ». Sido se concilie les forces naturelles, les quatre éléments cosmiques : le soleil et le feu, l'eau des sources, les vents et la terre. Elle ménage l'Est : « Elle demeurait pleine de suspicion et surveillait, entre tous les cardinaux et collatéraux, ce point glacé, traître, aux jeux meurtriers. » Le rythme binaire se ralentit, devient ternaire, apte à l'évocation lyrique. Le soleil domine l'ensemble du jardin, le pénètre de ses rayons comme un principe de vie masculin. A l'inverse, le paysage, à l'aube, est essentiellement féminin, « dans le pli étroit de la rivière, vers les fraises, les cassis et les groseilles barbues ». Encore une fois, les trois fruits rouges donnent un point d'orgue à l'évocation finale.

L'assimilation des forces de vie se produit par l'action concertée de la mère et de la nature ; Sido organise la floraison, mais elle respecte l'ordre naturel. En effet, elle sait où planter les roses ou le muguet. Cette description rend visible le mystère de la vie. La mère « confie » ses bulbes à l'Est sans savoir si, vraiment, ils parviendront à éclore. L'espace est orienté : d'un côté, les terres sombres, dominées par une divinité traîtresse, de l'autre, tout le chaud jardin, qui absorbe les rayons d'un soleil nourricier. Le jardin apparaît, dans le souvenir, comme le lieu où s'effectue une sorte de maturation des plantes et des êtres. Il est comme englobé, cerné par les terres maraîchères, productrices non pas de plantes, mais de nourriture — dont il n'est pas question ici, hormis la comparaison, réaliste, du coqueret-alkékenge au mou de veau. « Etés réverbérés par le gravier jaune et chaud, étés traversant le jonc tressé de mes grands chapeaux, étés presque sans nuits... » Le lyrisme naît du rythme, ternaire, de la répétition élégiaque des deux notes du mot « été », du retour de l'écho sonore en « é » dans une phrase nominale, car le mouvement du souvenir exclut l'élaboration syntaxique.

Cette initiation aux mystères de la nature inspire à la petite Colette une nouvelle définition du don : Sido donne l'aube en récompense à sa fille. La nature apparaît comme une richesse en elle-même et non par les biens qu'elle peut procurer. La petite fille se sent l'élue : relation privilégiée à la nature et à la mère : elle se nourrit de la substance naturelle, de l'eau des sources.

L'échange des propriétés entre la jeune Colette et la nature s'impose à l'évidence dans la brève description de l'enfant, qui emprunte au lexique de la nature : c'est de votre reflet que ma joue d'enfant reçut un don vermeil. Son visage éclate de vie et d'une beauté toute naturelle. A l'inverse, la nature est personnifiée, dans son principe de vie, le soleil, son milieu, les terres maternelles, ses productions, les roses, « sanguines filles du rosier, les groseilles barbues ». Dans cet univers de l'enfance, la nature participe de l'animisme primitif. Tout vit, tout est animé du même principe vital.

Petite, Colette conserve les feuilles des arbres dans son herbier, comme des témoins visibles, iconiques de sa vie et du temps passé : « Je donnais ses feuilles, en forme de raie, à mes camarades d'école, qui les séchaient entre les pages de l'atlas. » Elle donne ces feuilles à ses amies alors que ces petites filles devaient, elles aussi, disposer d'un jardin, puisqu'elles vivaient à la campagne. La fillette adopte la position de la mère tout en restant une enfant. Sido devient une sorte de modèle auquel Colette s'identifie de manière symbolique en offrant des feuilles, puis, plus tard, l'évocation du temps privilégié de l'enfance.

Plus âgée, Colette ne saurait dire « si ce rouge, ce violet dépendaient, dépendent encore d'un sentimental bonheur ou d'un éblouissement optique ». Le retour sur soi et la célébration des instants privilégiés n'excluent pas une remise en question de l'objectivité. Mais cela importe peu : seul compte le caractère poétique de la vision. La mémoire conserve les saveurs de l'enfance et la feuille de papier les restitue. Colette continue à se nourrir, symboliquement, à la fontaine de jouvence recréée par le souvenir — et inversement. Le livre permet de passer du langage symbolique, iconique, au langage articulé, au système de conservation et de reproduction linguistique.

Le jardin de Sido apparaît comme le paradis perdu de l'imaginaire : l'enfance s'est déroulée dans un lieu privilégié, préservé, qui semble presque irréel à l'auteur au moment où elle écrit. Avec des termes d'une simplicité transparente, Colette recrée une atmosphère qui replonge le lecteur dans l'univers préservé d'une nature aimée avec sensualité.

COMMENTAIRE COMPOSÉ 11

Albert Cohen (1895-1981)
O vous, frères humains

Pour beaucoup, Albert Cohen est l'auteur de *Belle du Seigneur,* magnifique roman de la passion qui se détruit elle-même et suite des premières aventures du héros donjuanesque, Solal, déjà racontées dans *Solal* (1930). Mais cet écrivain, d'origine juive, naturalisé suisse, a aussi écrit des œuvres grotesques comme *Mangeclous* (1938), *Les Valeureux* (1969), qui entrent dans le cycle de Solal, et trois textes qui évoquent des épisodes marquants de son existence et ne retiennent que les éléments essentiels à la compréhension de sa personnalité : *Le Livre de ma mère* (1954), qui célèbre la figure de la mère morte et adorée ; *O vous, frères humains* (1972), qui raconte comment, à dix ans, Albert Cohen prit conscience de l'antisémitisme, et *Carnets 1978* (1979), centrés sur la réflexion sur la mort.

Dans le cycle qui lui est consacré, le héros d'Albert Cohen, Solal, vit sa condition de juif à la fois dans l'inconfort et la revendication. Il connaît, en quelque sorte, la contradiction juive de celui qui ne s'est pas cantonné dans son milieu d'origine. Ses parents, personnages grotesques, constituent des représentations humoristiques de la judéité. De manière générale, Albert Cohen voudrait écrire un livre d'amour sur la condition humaine en général et dans *O vous, frères humains,* refusant l'engagement politique ou idéologique, il semble faire appel au fonds de générosité et d'humanité commun à tous les hommes.

TEXTE 24

Albert Cohen
***O vous, frères humains* (extrait)**
1972

Sur le chemin du retour, marchant sous la pluie qui tombait maintenant et faisait sur le trottoir des petits clins d'œil tombés et désolés, tenant sa main contre la joue outragée, l'enfant rencontra sa mère et son père qui revenaient pour la quatrième ou cinquième fois, échevelés et hagards, du commissariat de police où, depuis des heures, faisant la navette entre la maison et le commissariat, ils étaient allés humblement demander si on avait des nouvelles de leur petit garçon disparu et dont ils avaient chaque fois sangloté le signalement, un petit garçon si beau, de beaux cheveux bouclés, monsieur le commissaire.

Lorsque les trois furent rentrés dans l'appartement de bonté, ô doux ghetto privé de mon enfance morte, ô chaleur et rond jaune de la lampe à pétrole, ô ma mère morte que jamais je ne reverrai, et jamais plus aller l'attendre à la gare, ils ne s'arrêtèrent pas dans la chambre où attendait et attendit vainement toute la nuit le beau repas de fête amoureusement préparé pour le dixième anniversaire de l'enfant, et où le grand gâteau resta solitaire et intact autour duquel étaient piteusement éteintes et mortes les dix bougies roses d'une petite vie débutante.

Les trois ne s'assirent pas à la table ornée pour la fête des dix ans, et ils allèrent dans la chambre du père et de la mère. Là, maîtrisant le vertige qui lui est resté toute la vie, l'enfant raconta à son père et à sa mère. Mais il ne raconta pas tout et il dit seulement que des gens avaient ri de lui et l'avaient chassé parce qu'il avait un visage juif. Alors, le père et la mère lancèrent un regard de remords sur le visage de l'enfant qu'ils avaient mis au monde, et ils baissèrent les yeux. Je revois ce moment. Mon père était assis sur son lit, ma mère était assise sur le lit d'en face, et sa petite main de peau trop fine tenait le pommeau de cuivre. Et tous les trois nous pleurions. De quoi réjouir un antisémite.

Albert Cohen, *O vous, frères humains*
© Editions Gallimard

▶ TRAVAIL AU BROUILLON

- **Situation du texte :** dans ce texte, Albert Cohen raconte son retour au logis, après une longue course dans Marseille. C'est le jour anniversaire de ses dix ans et un camelot l'a interpellé parmi un groupe de badauds en le traitant de « sale juif ». Le petit garçon comprend alors que les hommes sont mauvais et qu'il appartient à une civilisation difficile à assumer.

- **Idée générale :** dans ce récit dramatisé, l'auteur évoque la douleur causée à un enfant innocent par la méchanceté gratuite des racistes.

- **Plan :** il est chronologique ; d'abord, c'est le retour tardif puis l'expression de la douleur redoublée par le remords des parents, qui intériorisent leur responsabilité.

- **Hypothèse de lecture :** ce passage fonctionne comme une sorte d'épisode originaire. L'auteur quitte le monde, innocent, de l'enfance, pour entrer dans l'univers adulte. On a la même chose dans *Confessions* de Rousseau, quand l'auteur connaît l'injustice, pour la première fois, à un moment où il est accusé, injustement, d'avoir cassé le peigne de Mlle Lambercier.

- **Plan du commentaire composé :** retenons les éléments importants, susceptibles d'une analyse détaillée.

I. La douleur causée par la fin de l'enfance
1. Un épisode traumatisant.
2. La stylisation de l'épisode.
3. L'expression de la douleur.

II. Situation des juifs
1. L'angoisse des parents.
2. Le regard du juif sur lui-même, intériorisation de la souffrance.
3. La contradiction vécue et douloureusement assumée.

► COMMENTAIRE COMPOSÉ RÉDIGÉ

Dans *O vous, frères humains*, alors qu'il est relativement âgé, Albert Cohen se remémore une expérience traumatisante qu'il a vécue, enfant. Le jour de l'anniversaire de ses dix ans, il se promène dans Marseille et un camelot l'injurie et le traite de sale juif. Désespéré, le petit garçon erre dans la ville; cette longue déréliction s'achève ici. Ce récit dramatisé évoque la méchanceté gratuite exercée par les racistes sur des enfants innocents. Le texte proposé suit l'évolution chronologique de l'expérience avec, d'abord, la fin de l'errance (premier paragraphe) et ensuite, dans les paragraphes qui suivent, l'expression d'une douleur redoublée par le remords des parents, qui intériorisent la responsabilité de l'expérience sans songer à se révolter. L'auteur quitte l'enfance en prenant conscience de sa difficile judéité.

Ce passage s'impose comme la conclusion d'un épisode traumatique qui a déterminé une rupture dans l'évolution psychologique et sociale de l'auteur. Auparavant, il vivait dans un monde simple, protégé par sa mère et désireux de se faire aimer de tous. Il vient de découvrir l'existence du racisme. L'auteur choisit donc d'évoquer son entrée douloureuse dans le monde cruel des adultes au travers du regard de l'enfant qu'il fut. Le climat de l'enfance permet d'accentuer le décalage entre l'esprit, naïf et candide, du petit garçon et son entrée dans un monde tragique, comme en témoigne l'emploi de l'adjectif «outragée», assorti d'une figure de rhétorique, le jeu sur le propre et le figuré.

Le passage est comme encadré par deux visions symboliques : celle de l'enfant qui revient seul et désolé au foyer et celle du groupe replié sur lui-même, rejeté par la société. L'enfant a quitté le «ghetto paradisiaque» pour aller à la rencontre de son destin : c'est, presque, déjà, le juif errant. La première phrase s'amplifie par adjonctions proliférantes. Le rythme se calque sur la lenteur du retour : binaire avec des retours de sonorités et des reprises de structures («marchant», «tenant»; «tombait», «faisait»). Circonstance aggravante, la pluie tombe et suscite une comparaison empruntée au monde de l'enfance : elle «faisait sur le trottoir des petits clins d'œil tombés et désolés». Dans ce récit autobiographique, l'auteur restitue le regard de l'enfant sur une réalité que lui-même trouvait triste. A la fin du passage s'impose un arrêt sur image : « Je revois ce moment. » Il est inscrit dans la mémoire, à jamais, et cette évocation elliptique du trio ressemble à un tableau brossé à traits rapides mais émouvants. Les dernières paroles témoignent de la prise de distance : « De quoi réjouir un antisémite. » Pas de déploration misérabiliste mais une notation douloureusement humoristique. Albert Cohen n'est pas un écrivain engagé au sens étroit du terme : il évoque de manière symbolique, et d'autant plus forte, le scandale que consitue la douleur de l'enfance innocente.

La transcription de la souffrance est pudique; elle transparaît, surtout, par l'utilisation du rythme de la phrase, d'une sorte de phrasé musical qui donne de la solennité à l'ensemble des mouvements de personnages. Remarquons les procédés qui maintiennent le rythme : la longueur de la phrase qui procède par expansions successives tout en possédant son rythme interne; la litanie soulignée par les anaphores; la reprise de l'attaque presque strophique de « les trois ». A la fin du passage, l'espace déserté rend visible la mutilation psychologique : le gateau est abandonné; symbole d'une joie perdue, il permet d'établir et de maintenir le contrepoint puisqu'il incarne, en quelque sorte, le monde évanoui de l'enfance et de la fête.

L'auteur élabore une incantation litanique, mais il adopte un point de vue extérieur à l'action. Il ne porte aucun jugement sur les faits qui se sont déroulés. Il se contente de les montrer, de manière dramatique. Le récit se trouve donc au confluent de la déploration de l'enfance morte et de l'ellipse qui ouvre sur l'horreur et l'indicible.

L'enfant rencontre ses parents dont le portrait est rapidement esquissé dans l'action : à la recherche de leur fils unique, ils « revenaient pour la quatrième ou cinquième fois, échevelés et hagards, du commissariat de police [...] ». Etrangers mal assimilés, ils s'enquièrent « humblement » du résultat des recherches. Notons le passage au style indirect libre à la fin du premier paragraphe, traduisant le désarroi des parents, qui vont toujours célébrant les boucles de leur fils — ce détail récurrent apparaît très souvent dans la description de Solal, le héros de Cohen, l'étranger exotique aux cheveux de jais.

« Les trois » ne sauraient s'adonner à la joie de se retrouver ensemble après l'angoisse de l'attente. Ils se referment sur eux-mêmes et se retirent dans la chambre des parents, au cœur du ghetto. La phrase reprend alors son souffle et s'appuie sur des adverbes de phrase : « Là, Mais, Alors ». Albert Cohen vieilli évoque l'enfant qu'il fut en se projetant dans l'avenir, montrant avec force à quel point l'épisode fut traumatisant et toucha l'être physique tout autant que l'intellect : « Là, maîtrisant le vertige [...] ». Le verbe « raconta » est employé sans complément d'objet direct, absolument, comme si la teneur du récit devait demeurer indicible. Le jeune Albert ne raconte pas toute sa honte parce qu'il sent qu'elle humilie ses parents. Il comprend confusément que toute sa race est considérée comme responsable d'une faute qu'il ignore et les parents s'éprouvent comme coupables vis-à-vis de lui : « Alors, le père et la mère lancèrent un regard de remords sur le visage de l'enfant qu'ils avaient mis au monde, et ils baissèrent les yeux. » Le passage, très dramatisé, n'en demeure pas moins très elliptique : tout tient dans un échange de regards, dans le rappel, dérisoire à présent, du visage dont les parents étaient si fiers et qui semble « dénoncer » leur fils.

Cet épisode sonne le glas de l'enfance. Ainsi, « les trois » s'isolent, sans même conserver une identité singulière. Commence une litanie appuyée par la reprise anaphorique du ô de la déploration : « ô doux ghetto », nous retrouvons, au travers de cette formule antinomique, le thème de la prison chérie parce qu'elle constitue un asile, et abhorrée parce qu'elle est nécessaire pour se préserver contre la méchanceté humaine ; le ghetto est « privé » de l'enfance ; le nid, le berceau familial est comme déserté par un effet de projection de l'état psychologique sur l'espace. L'image de la lampe, du rond de lumière dispensant une lueur rassurante, confirme cette interprétation. A la déploration de l'enfance morte vient s'ajouter celle des êtres chéris et plus tard disparus, comme la mère, que Cohen n'ira plus chercher à la gare de Genève.

Ce passage témoigne de la douleur profonde que causèrent les propos racistes du camelot à une époque où l'affaire Dreyfus agitait encore les consciences en France. Bien après la Seconde Guerre mondiale durant laquelle la mère d'Albert Cohen trouva la mort, elle rend visible l'absolue injustice des fausses représentations que l'on peut avoir d'autrui et vise à susciter une remise en question de ses a priori au nom de l'humain et de l'amour.

256 / *Le roman*

FICHE TECHNIQUE 13

Les niveaux de langue

Dans le roman contemporain, de nombreux auteurs rejettent les conventions stylistiques et formelles en recourant à l'imitation de la phrase parlée. Celle-ci est censée reproduire de manière authentique le langage et les mouvements de pensée de personnages très ordinaires. Or, chacun sait que l'on pense en fonction des outils linguistiques que nous donne l'école : ne pas vouloir s'exprimer de manière traditionnelle équivaut donc à refuser un certain type de culture. Ces procédés participent, souvent, d'une vision du monde très critique (Céline), ou du moins, très ironique de la société (Queneau, Vian). Or, toute transcription d'un mode du discours repose sur l'utilisation de procédés littéraires.

Ainsi, en littérature, la phrase parlée est obtenue par :

1. des procédés syntaxiques relevant :
— de la construction de la phrase : des phrases brèves, des constructions simples et souvent relâchées, incomplètes (phrases nominales ou introduites par un présentatif).
— de la syntaxe affective : des tonalités exclamatives, interrogatives; des renforcements par des appuis du discours comme « tenez », « oui », « allez », « voyez-vous »...

2. des procédés lexicaux avec :
— utilisation de l'argot (Boris Vian)
— transcription phonétique des mots; par exemple « ouature » pour voiture chez Queneau.

TEXTE 25

Louis-Ferdinand Céline (1894-1961),
***Voyage au bout de la nuit* (extrait)**
1932

Il n'osait pas entrer le sauvage. Un des commis indigènes l'invitait pourtant : « Viens bougnoule ! Viens voir ici ! Nous y a pas bouffer sauvages ! » Ce langage finit par les décider. Ils pénétrèrent dans la cagna cuisante au fond de laquelle tempêtait notre homme au « corocoro ».

Ce Noir n'avait encore, semblait-il, jamais vu de boutique, ni de Blancs peut-être. Une de ses femmes le suivait, yeux baissés, portant sur le sommet de la tête, en équilibre, le gros panier rempli de caoutchouc brut.

D'autorité les commis recruteurs s'en saisirent de son panier pour peser le contenu sur la balance. Le sauvage ne comprenait pas plus le truc de la balance que le reste. La femme n'osait toujours pas relever la tête. Les autres nègres de la famille les attendaient dehors, avec les yeux bien écarquillés. On les fit entrer aussi, enfants compris et tous, pour qu'ils ne perdent rien du spectacle.

C'était la première fois qu'ils venaient comme ça tous ensemble de la forêt, vers les Blancs en ville. Ils avaient dû s'y mettre depuis bien longtemps les uns et les autres pour récolter tout ce caoutchouc-là. Alors forcément le résultat les intéressait tous. C'est long à suinter le caoutchouc dans les petits godets qu'on accroche au tronc des arbres. Souvent, on n'en a pas plein un petit verre en deux mois.

Pesée faite, notre gratteur entraîna le père, éberlué, derrière son comptoir et avec un crayon lui fit son compte et puis lui enferma dans le creux de la main quelques pièces en argent. Et puis : « Va-t-en ! qu'il lui a dit comme ça. C'est ton compte !... »

Tous les petits amis blancs s'en tordaient de rigolade, tellement il avait bien mené son business. Le nègre restait planté penaud devant le comptoir avec son petit caleçon orange autour du sexe.

« Toi, y a pas savoir argent ? Sauvage, alors ? que l'interpelle pour le réveiller l'un de nos commis débrouillard habitué et bien dressé sans doute à ces transactions péremptoires. Toi y en a pas parler "francé" dis ? Toi y en a gorille encore

258 / *Le roman*

hein?... Toi y en a parler quoi hein? Kous Kous? Mabillia? Toi y en a couillon! Bushman! Plein couillon!»

Mais il restait devant nous le sauvage la main refermée sur les pièces. Il se serait bien sauvé s'il avait osé, mais il n'osait pas.

«Toi y en a acheté alors quoi avec ton pognon? intervint le «gratteur» opportunément. J'en ai pas vu un aussi con que lui tout de même depuis longtemps, voulut-il bien remarquer. Il doit venir de loin celui-là! Qu'est-ce que tu veux? Donne-moi-le ton pognon!»

Il lui reprit l'argent d'autorité et à la place des pièces lui chiffonna dans le creux de la main un grand mouchoir très vert qu'il avait été cueillir finement dans une cachette du comptoir.

Louis-Ferdinand Céline, *Voyage au bout de la nuit*
© Editions Gallimard

EXERCICE : commentez cet extrait du *Voyage au bout de la nuit* de Louis-Ferdinand Céline en insistant sur les procédés linguistiques.

▶ **CORRECTION**

Dans *Voyage au bout de la nuit,* le héros, Ferdinand Bardamu, commence par s'engager dans un régiment de cuirassiers. Blessé, il est rapatrié à Paris et interné à la suite de crises de folie. Réformé, il s'embarque pour l'Afrique : sur le bateau, il se heurte à l'hostilité générale des expatriés, colons décadents et décrits comme des êtres rongés par les maladies et dégradés par la perte de toute valeur morale. Bardamu débarque seul à Bambola-Fort-Gono où il trouve du travail dans une compagnie coloniale. Là, le héros rend visite à un collègue de la Compagnie Pordurière, qui l'emploie; ce dernier tient un comptoir au centre du quartier européen; il est affecté d'une maladie de peau appelée «corocoro».

Dans la petite saynète proposée à l'analyse, le narrateur, simple témoin, évoque de manière dramatique l'exploitation des Noirs en Afrique. Il assiste d'abord à une négociation courante entre les colons et une pauvre famille noire (jusqu'à

« C'est ton compte ») puis ceux-ci franchissent un degré supplémentaire dans la dégradation. Ici, le langage s'impose comme un instrument de l'humiliation car les malheureux Noirs n'osent pas s'exprimer alors que le Blanc leur parle en « petit noir ».

I. Une dégradation du langage

1. Le « petit noir »

Le boutiquier du café et son commis utilisent le code linguistique attribué aux Noirs qui ignorent la langue française : « Toi y en pas parler "francé" dis ? Toi y en a gorille encore hein ?... Toi y en a parler quoi hein ? Kous Kous ? » Il ne s'agit même plus de langage parlé mais de caricature du Noir au travers de l'éclatement de la syntaxe. Ce langage trahit le mépris absolu des colons vis-à-vis des Noirs et dénonce la représentation stéréotypée de ces malheureux. Ils sont exclus du langage, donc d'une certaine conception de la civilisation, donc de l'humain.

2. Le langage de l'insulte

Le petit Blanc traite le père de famille noir comme une sorte d'esclave : il s'empare du fruit, si durement acquis, de la cueillette puis il le met dehors. Le passage au style direct reproduit ses propos dans toute leur force : « Va-t'en ! qu'il lui a dit comme ça. C'est ton compte !... » Et puis, plus loin : « Toi y en a couillon ! Bushman ! Plein couillon ! » Quand la notion même d'humanité se dégrade, il n'y a plus d'échange linguistique réel mais une parole de l'exclusion.

3. Une parole de la dérision

L'ensemble du passage reproduit la syntaxe parlée du narrateur, Ferdinand Bardamu, issu des classes moyennes. Toute la narration rapporte les aventures de ce personnage, qui lui imprime son rythme et son ton. Mais, ici, le langage perd tout fondement moral et humain. La parole semble à la dérive.

Elle annonce l'évolution du style de Céline, un style de plus en plus éclaté, mimétique de la décomposition des valeurs et des structures morales et idéologiques.

II. Une dégradation de l'humain

1. L'humiliation des Noirs

Le groupe des Noirs est comme figé, arrêté dans sa progression par la timidité et l'étonnement. « Ce Noir n'avait encore, semblait-il, jamais vu de boutique, ni de Blancs peut-être. » Cette notation a une valeur explicative qui justifie l'échange ultérieur. Au sein de la narration, les Noirs sont comme privés d'individualité, ils évoluent en groupe. Ils sont exclus de l'échange linguistique puisqu'ils ne s'expriment jamais. En revanche, toute leur attitude témoigne de leur humiliation; l'absence de vêtement est particulièrement signifiante : « Le nègre restait planté penaud devant le comptoir avec son petit caleçon orange autour du sexe. » Il se réduit à un corps, un corps de sauvage exclu de la « civilisation ». Vivant dans une économie de troc, il ignore le principe de la balance et de l'échange monétaire.

2. La déchéance des colons

Tous assistent à la scène comme à un spectacle. Ils apparaissent comme d'éhontés exploiteurs qui pratiquent comme une sorte de sport, de bon tour à jouer, le fait de voler le plus possible les malheureux : « Tous les petits amis blancs s'en tordaient de rigolade, tellement, il avait bien mené son business. » Ce terme d'origine anglo-saxonne résume bien l'idée de l'exploitation capitaliste. Le langage intègre à la fois les termes anglais et africains pour aboutir à des créations nouvelles.

3. La loi du plus fort

Les commis recruteurs s'emparent du panier des malheureux sans leur demander quoi que ce soit. Il n'y a même pas de communication linguistique réelle entre les deux groupes mais un échange gestuel. A la fin du passage, le patron du café reprend la pauvre somme d'argent qu'il avait donnée aux Noirs. Le narrateur n'intervient jamais : d'une part, lui-même se trouve en situation difficile, d'autre part, il semble atteint d'un désespoir tel qu'il est souvent incapable d'agir contre ce qui apparaît comme étant le clan des plus forts. Pour lui, tout est vanité dans un monde où règne la fatalité de l'argent. On pourrait dire qu'en ce sens, il cautionne, par son silence, l'action des Blancs. Quoi qu'il en soit, il demeure, semble-t-il, extérieur à l'action qu'il rapporte.

Dans ce passage, les Noirs et les Blancs se rejoignent dans la déchéance ; mais la dégradation des Noirs, candides en maltraités, n'est que la résultante de l'exploitation imposée par le colonialisme des Blancs à la supériorité facile. Le narrateur est tout aussi écrasé par le système que les Noirs. Aussi ce texte témoigne-t-il du profond pessimisme d'un auteur qui semble avoir perdu tout repère. Plus tard, Céline soutiendra certaines prises de position d'extrême-droite que cet extrait du *Voyage au bout de la nuit* ne laissaient pas prévoir.

SECTION III

Le poème

Le poème en vers

Par rapport au langage courant, la poésie se caractérise par un certain nombre de régularités, dans la longueur des groupes accentués, dans le retour des sons et dans la position des accents.

En outre, la diction poétique diffère souvent de la prononciation courante. Ainsi, le «e» dit muet doit, parfois, être prononcé dans la langue versifiée, alors qu'il ne le serait pas dans le langage quotidien. Par ailleurs, la construction du vers peut exiger une diérèse (on prononce deux syllabes là où le français courant n'en retient qu'une; pa-ssi-on pour passion).

Enfin, il peut exister une régularité dans le nombre de vers regroupés pour constituer une strophe; ainsi trois vers forment un tercet, quatre vers un quatrain, dix vers un dizain, etc.

Toutes ces particularités font de la poésie une langue particulière à l'intérieur du système constitué par la langue française.

FICHE TECHNIQUE 14

La versification

--- TEXTE 26 ---

Alfred de Vigny
« La Maison du Berger »
Les Destinées
1844

(Dans ce passage, la Nature s'adresse à l'homme.)

Elle me dit : « Je suis l'impassible théâtre
Que ne peut remuer le pied de ses acteurs;
Mes marches d'émeraude et mes parvis d'albâtre,
Mes colonnes de marbre ont les dieux pour sculpteurs.
5 Je n'entends ni vos cris ni vos soupirs; à peine
Je sens passer sur moi la comédie humaine
Qui cherche en vain au ciel ses muets spectateurs,

« Je roule avec dédain, sans voir ni sans entendre,
A côté des fourmis les populations;
10 Je ne distingue pas leur terrier de leur cendre,
J'ignore en les portant les noms des nations.
On me dit une mère, et je suis une tombe.
Mon hiver prend vos morts comme son hécatombe,
Mon printemps ne sent pas vos adorations.

15 « Avant vous, j'étais belle et toujours parfumée,
J'abandonnais au vent mes cheveux tout entiers,
Je suivais dans les cieux ma route accoutumée,
Sur l'axe harmonieux des divins balanciers.
Après vous, traversant l'espace où tout s'élance,
20 J'irai seule et sereine, en un chaste silence
Je fendrai l'air du front et de mes seins altiers. »

Procédons à l'étude de la versification française en puisant
nos exemples dans le texte ci-dessus.

La métrique

Qu'est-ce qu'un vers ?

A l'origine, quand, au Moyen Age, trouvères et troubadours récitaient leurs longs poèmes à la cour des seigneurs, le vers français avait une fonction mnémotechnique : le retour du même nombre de syllabes et d'accents toniques fixes facilitait le travail de la mémoire. Ensuite, le vers est devenu un moyen d'orner l'expression. Enfin, les poètes contemporains lui accordent moins d'importance qu'ils n'en donnent au rythme en lui-même.

- **Définition du vers :** en français, un vers se caractérise par la longueur du nombre de syllabes qui le constituent, le retour d'un même son à la rime et la position d'accents fixes.

Si nous prenons le cas le plus simple représenté par une suite d'alexandrins en strophes comme le texte de Vigny ci-dessus, nous avons bien :

— **Régularité dans la longueur des segments** (partie du discours isolée par des silences ou des relâchements de la voix); chaque vers comporte douze syllabes. Chacun de ces groupes de douze syllabes est divisé en deux sous-groupes de six syllabes par la césure en milieu de vers.

Nous avons des alexandrins réguliers, qui se caractérisent toujours par le schéma suivant :

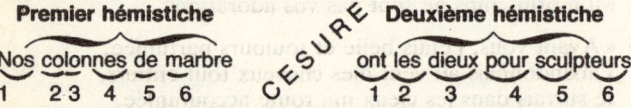

Remarque : pour la clarté de l'exposé, nous simplifions le découpage qui, en toute rigueur, devait se présenter ainsi :

« Nos colonnes de mar//br'ont les dieux pour sculpteurs »
 6   7

— **Régularité dans le retour de certains sons :** les rimes (*âtre* avec théâtre-albâtre ; *teurs* avec sculpteurs-spectateurs). La rime sert, en particulier, à marquer la fin du vers et donc à rendre perceptible le découpage en segments de même longueur. L'alternance entre les rimes masculines et féminines définit une autre régularité dans le système des sons (voir p. 271).

— **Régularité dans le système des sons :** il existe, dans l'alexandrin, deux accents fixes, l'un à la césure et l'autre à la rime.

« Nos colonnes de marbre ont les dieux pour sculpteurs »

« Je n'entends ni vos cris ni vos soupirs ; à peine »

Outre ces éléments de régularité qui caractérisent l'alexandrin, le poète peut accentuer l'unité sonore de son texte en mettant en place d'autres poses que la césure et d'autres accents que les deux accents fixes placés au milieu et à la fin du vers.

Ainsi, dans le premier vers de Vigny, nous observons, après la quatrième syllabe, une pause plus importante que la césure.

« Elle me dit : // Je suis //...

Si l'on considère de près plusieurs hémistiches, on constate la présence d'un second accent dont la position varie selon les cas.

● **Définition de la syllabe :** la syllabe est constituée par un groupe de sons prononcé sur une seule émission de voix. (On ne parle pas de « pied » en français mais seulement de « syllabe »).

● **Définition de l'accent :** l'accent tonique consiste en un allongement sonore d'un mot ou d'un groupe de mots.

En français, l'accent est porté par le groupe de mots et non par un mot en particulier. Il ne tient donc pas au sens du mot en lui-même. Ainsi, quand vous dites : « Je regarde ce beau spectacle », vous accentuez sur la dernière voyelle articulée du mot « spectacle », -acle. Mais si vous dites : « Je regarde ce beau spectacle de danse », vous accentuez davantage « **an**se », -**an**-, que « spectacle », ce qui prouve bien que seul le ton donne l'accent. Nous venons de parler de l'accent tonique en phrase affirmative; mais il existe deux autres tonalités, qui traduisent un sentiment et font porter aux mots un accent affectif.

Tonalité affirmative : je regarde les **fl**eurs.
Tonalité exclamative : quelles **bel**les fleurs !
Tonalité interrogative : **quel**les belles fleurs ?

Comment compter le nombre des syllabes ?

Le « e » muet

En français, le compte des syllabes se fonde sur la prononciation. Or, historiquement, celle-ci varie et le « e » muet pose un problème : il n'est plus guère prononcé aujourd'hui; mais il l'a été. Au XVIe siècle, on l'élidait en prose et Ronsard voulait le faire disparaître en poésie. Par exemple, « roue » compte pour une syllabe et non plus deux; « envie » pour deux syllabes et non plus pour trois. Au XVIIe siècle, La Fontaine joue sur les incertitudes de la prononciation.

Dans le langage courant, le « e » muet tend à s'effacer. En poésie, tout dépend de sa place dans le vers.

• Devant voyelle ou « h » muet, à l'intérieur du vers, il ne se prononce pas. On a une élision.

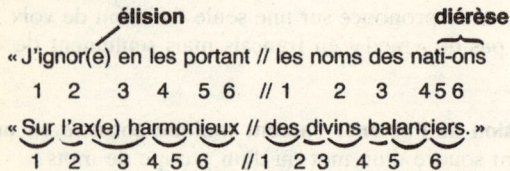

- Devant un mot qui commence par une consonne, le « e » muet compte pour une syllabe.

  « Je ne distingue pas // leur terrier de leur cendre. »
   1 2 3 4   5 6 // 1   2   3 4 5   6

  « J'irai seul(e) et serein(e), en un chaste silence. »
   1 2 3   4 5 6 // 1 2   3   4 5 6

Remarque : dans les deux vers ci-dessus le « e » de « cendre » et celui de « silence » ne comptent pas. On a une apocope. Celle-ci se produit, en effet, quand on ne prononce pas un « e » à la fin d'un mot, ce qui est fréquent en fin de vers.

La diérèse

Comment compter le nombre de syllabes d'un mot où deux voyelles sont en contact ?

- **Définition de la diérèse :** on parle de « diérèse » lorsque l'on prononce deux syllabes là où la langue courante se contente d'une seule.

  « A côté des fourmis // les populati-ons »
   1 2 3 4   5 6 // 1   2 3 4 5 6

  « Mon printemps ne sent pas // vos adorati-ons. »
   1   2   3   4   5 6 // 1 2 3 4 5 6

La diérèse est l'un des procédés qui contribuent à distinguer la langue poétique de la langue courante. Elle a un effet d'insistance : elle ennoblit le mot, lui donne de la solennité. Elle se remarque toujours.

- **Définition du hiatus :** on parle de « hiatus » lorsque deux voyelles prononcées se suivent, le plus souvent pour produire un effet, comme en témoigne ce vers de La Fontaine :

  « Après bien du travail le coche arrive au haut. »
  (*Fables*, « La mouche et le coche »)

Le hiatus « au haut » insiste sur la difficulté qu'ont eue les chevaux pour parvenir au sommet. Il n'est pas très agréable à entendre mais il souligne d'autant mieux l'effort des animaux.

La rime

Du point de vue phonique, la rime a pour fonction de souligner le découpage du vers, délimité par le retour à la ligne. Ce procédé crée une contrainte mais il permet aussi d'obtenir des effets stylistiques puisque les poètes rompent l'uniformité des mécanismes de la phrase courante pour introduire des éléments de régularité sonore.

- **Définition de la rime :** on appelle « rime » le retour de la dernière voyelle accentuée et des sons qui la suivent. La rime marque donc la fin du vers. Si la dernière voyelle accentuée n'est pas suivie de sons qui reviennent d'un vers sur l'autre, on parle d'assonance. La rime, elle, est d'autant plus riche que la dernière voyelle accentuée est précédée de sons qui reviennent d'un vers sur l'autre. (On proscrit le retour, trop facile, des composés d'un même mot.)

Qualité de la rime

- La rime est **pauvre** lorsqu'un seul son revient d'un vers à l'autre.

> « J'abandonne au vent mes cheveux tout entiers,
> Je suivais dans les cieux ma route accoutumée. »

- Elle est **suffisante** si la voyelle est appuyée ou suivie d'une même consonne.

> « Je n'entends ni vos cris ni vos soupirs ; à peine
> Je sens passer sur moi la comédie humaine. »

La rime n'est faite que pour l'oreille et vous ne devez prendre en considération que les sons, et non l'orthographe. Riment correctement : « peine » et « humaine ».

- Elle est **riche** lorsque la voyelle est précédée et suivie par des consonnes qui reviennent. On peut considérer, avec indulgence, comme riche :

> « Après vous, traversant l'espace où tout s'élance,
> J'irai seule et sereine, en un chaste silence. »

Les grands rhétoriqueurs se sont ingéniés à trouver des rimes très riches, par jeu purement formel. Au XIXe siècle, Victor Hugo s'amusait à écrire des vers holorimes :

> « Gal, amant de la Reine, alla, tour magnanime,
> Galamment de l'arène à la tour Magne, à Nîmes. »

Alternance des rimes

● Les rimes sont dites **masculines** lorsque la dernière voyelle accentuée n'est pas suivie d'un (e) muet; dans le cas contraire, la rime est **féminine**.

— Rime **masculine** :
> « J'ignore en les portant les noms des nati**ons**. »

— Rime **féminine** :
> « On me dit une mère, et je suis une **tombe**. »

● Depuis le XVIIe siècle (Malherbe), on a des **rimes alternées**, c'est-à-dire tantôt une rime féminine tantôt une rime masculine pour éviter l'uniformité.

> « Elle me dit : « Je suis l'impassible théâtre
>   (rime féminine)
> Que ne peut remuer le pied de ses acteurs
>   (rime masculine)
> Mes marches d'émeraude et mes parvis d'albâtre
>   (rime féminine)
> Mes colonnes de marbre ont les dieux pour sculpteurs »
>   (rime masculine).

Les rimes précédentes sont donc alternées.

Les rimes sont *plates* lorsqu'elles se suivent d'un vers à l'autre (schéma aa); *croisées* lorsqu'elles alternent (schéma abab); *embrassées* lorsqu'elles encadrent des rimes plates (schéma abba). Nous pouvons trouver tous les schémas de rimes dans le même poème.

Disposition des rimes

● Rimes **plates**

> « On me dit une mère, et je suis une tombe   (a)
> Mon hiver prend vos morts comme son hécatombe. »   (a)

- Rimes **alternées croisées :**
    « Je roule avec dédain, sans voir ni entendre,   (a)
    A côté des fourmis les populations,   (b)
    Je ne distingue pas leur terrier de leur cendre,   (a)
    J'ignore en les portant les noms des nations. »   (b)

- Rimes **alternées embrassées.**
    « J'ignore en les portant les noms des nations.   (a)
    On me dit une mère, et je suis une tombe.   (b)
    Mon hiver prend vos morts comme son hécatombe.   (b)
    Mon printemps ne sent pas vos adorations. »   (a)

L'organisation du vers

Dans la langue poétique, différents effets expressifs sont obtenus schématiquement de deux manières : d'abord en enchaînant un vers au suivant, ensuite en créant un système d'échos sonores à l'intérieur du vers et de la strophe.

Le vers

- **Définition du rejet**

Pour que le procédé de la rime soit efficace, il convient de marquer un temps d'arrêt, ou du moins un relâchement de la voix, en fin de vers. Si la phrase grammaticale n'est pas terminée à la rime, l'élément manquant est rejeté au début du vers suivant : on parle alors de **rejet**. L'élément rejeté est précédé par un relâchement de la voix et donc il est mis en évidence — et il le sera d'autant mieux qu'il est plus court.

- **Définition de l'enjambement**

L'enjambement est un long rejet.

Exemple :
    « C'est un trou de verdure où chante une rivière
    Accrochant follement aux herbes des haillons
    D'argent; où le soleil, de la montagne fière,
    Luit; c'est un petit val qui mousse de rayons. »

Dans cette strophe de Rimbaud, le premier rejet « D'argent » est mis en relief au début du vers trois; « Luit » sonne avec d'autant plus de force que le mot vient après la virgule du vers précédent. Notons aussi l'enjambement du vers 1 sur le vers 2, qui accroît encore l'effet produit par les deux rejets suivants, qui miment le mouvement de l'eau et de la lumière.

Autre exemple d'enjambement :
> « Un riche laboureur, sentant sa mort prochaine,
> Fit venir ses enfants, leur parla sans témoins. »

L'enjambement risque d'effacer la marque de la rime; aussi les poètes ne l'utilisent-ils pas sans intentio stylistique.

• **Définition du contre-rejet**
A l'inverse, une phrase peut commencer à la fin d'un vers, mettant ainsi en évidence ce premier élément qui se détache de ce qui précède et de ce qui suit. On parle alors de **contre-rejet**.

> « Les pieds dans les glaïeuls, il dort. Souriant comme
> Sourirait un enfant malade, il fait un somme. »

Le contre-rejet « Souriant comme » vient après un point, une ponctuation forte, et enchaîne sur la répétition « Sourirait ».

> « Je n'entends ni vos cris ni vos soupirs; à peine
> Je sens passer sur moi la comédie humaine. »

Dans le premier vers de Vigny, ci-dessus, le contre-rejet met en valeur le mépris de la nature qui sent, « à peine », évoluer les minuscules êtres humains.

Rejet et contre-rejet mettent en évidence un mot important pour le sens; souvent, ils brisent volontairement le rythme poétique, pour éviter le risque de monotonie.

• **Les coupes rythmiques**
Par ailleurs, il ne faut pas que, à l'oreille, les vers donnent l'impression de ne pas rimer, surtout lorsqu'il s'agit de vers longs comme l'alexandrin (douze syllabes). Il convient donc d'imprimer un rythme aux vers : l'alexandrin classique présente une coupe appelée **césure** à l'**hémistiche**, c'est-à-dire entre la sixième et la septième syllabe. La césure sépare l'alexandrin en deux unités rythmiques égales de six syllabes. Ce procédé était destiné à donner plus d'unité musicale à l'alexandrin. La césure se rencontre seulement dans l'alexandrin (douze syllabes) et le décasyllabe (dix syllabes). Les autres vers présentent des coupes. A l'intérieur des vers,

les césures et les coupes correspondent au temps de respiration (n'oubliez pas que, au Moyen Age, les poèmes étaient chantés dans les cours des seigneurs).

— **Exemples de coupes du décasyllabe** (*Le Cimetière marin*, Paul Valéry) :

    4 // 6
    Ce toit tranqui // ll'où marchent des colomb(es)
    1 2 3 4 // 1   2 3   4 5 6
    6 // 4
    Entre les pins palpi // t'entre les tomb(es)
    1 2 3 4 5 6 // 1 2 3 4

— **Exemples de coupes de l'alexandrin :**
Dans un alexandrin classique, chaque hémistiche présente une coupe secondaire, irrégulièrement placée

    3 / 3 // 3 / 3
    On me dit / une mè // r' et je suis / une tombe.
    1 2 3/4 5 6 // 1 2 3 /4 5 6

    J'irai seu/l' et serein' // en un chas/te silenc(e)
    1 2 3   4 5 6 //1 2   3 / 4 5 6

Premier hémistiche // (césure) // deuxième hémistiche. Chaque hémistiche est divisé en deux mesures, ici de trois syllabes. Mais les quatre mesures ne sont pas forcément régulières.

    J'abandonnais / au vent // mes cheveux / tout entiers
    1 2 3 4 /5 6 // 1   2   3 / 4   5 6

Dans les textes romantiques, notamment mais pas seulement, l'alexandrin peut aussi présenter trois mesures de quatre syllabes chacune; on l'appelle alors trimètre. Cependant, le découpage de l'alexandrin en 4+4+4 n'est pas incompatible avec un souvenir de césure :

    Toujours aimer, // toujours / souffrir, // toujours mourir

● **Echos sonores**

A l'intérieur du vers, le rythme est maintenu par un système phonique : le poète peut répéter certains sons afin de donner plus d'expressivité à son propos, d'en souligner le sens. De nombreux phénomènes phoniques interviennent et peuvent être étudiés pour chaque texte. Nous retenons ici les deux les plus fréquents.

Le retour d'une même consonne s'appelle une **allitération**.

On appelle **assonance** le retour d'une même voyelle — mais on tend à appeler allitération le retour d'un son quel qu'il soit (consonne ou voyelle).

« J'irai seule et sereine, en un chaste silence. »
(allitération en « s »).

● **Types de vers**
Vous rencontrerez des :
— alexandrins, douze syllabes,
— décasyllabes, dix syllabes (de *deca* : dix)
— octosyllabes, huit syllabes (de *octo* : huit)
— vers impairs, dont il n'est pas utile de retenir les noms particuliers et comptent, en général, neuf ou sept syllabes. Le vers de onze syllabes traduit un refus de la versification traditionnelle.

En poésie moderne, le rythme découle souvent davantage de la structure du vers que du retour de la rime : les poètes visent à l'expressivité en donnant au sens le support du rythme. Nous y reviendrons dans la fiche sur le vers libre.

La strophe

La strophe se définit comme une suite organisée de vers réguliers. Nous avons vu qu'il existait des schémas d'organisation des rimes. Certains poèmes suivent des règles fixes, comme le sonnet, composé de deux quatrains et de deux tercets ; le sonnet régulier suit le schéma suivant : abba / abba / ccd / ede.

(Voir *Commentaire composé*, Baudelaire, « L'Ennemi », *Les Fleurs du mal* », p. 289).

Bibliographie

Michèle Aquien, *La Versification*, « Que sais-je ? », PUF, n° 1377.
Henri Bonnard, *Notions de style, de versification et d'histoire de la langue française*, 1970.
Frédéric Deloffre, *Le Vers français*, SEDES, 1973.
Pierre Guiraud, *La Versification*, « Que sais-je ? », PUF, ancienne édition du n° 1377.
Jean Mazaleyrat, *Eléments de métrique française*, Colin, U2, 1974.
Jean Suberville, *Histoire et théorie de la versification française*, Editions de l'Ecole.

COMMENTAIRE COMPOSÉ 12

Victor Hugo (1802-1885)
Les Contemplations

Depuis *Les Rayons et les Ombres* (1840), Victor Hugo n'avait pas donné de texte lyrique; il s'était consacré à l'action et au discours politique. Il revient à la poésie avec *Les Contemplations*. A cette époque, il vit en exil et, en 1843, il a eu la douleur de perdre sa fille Léopoldine; elle s'est noyée à Villequier, sur les bords de la Seine, avec son mari. Cette fracture détermine l'organisation du recueil, ces Mémoires d'une âme qui réunissent « Autrefois » et « Aujourd'hui ». La vie de l'auteur acquiert une valeur d'exemple pour tous les hommes.

TEXTE 27

**Victor Hugo
extrait de
« Réponse à un acte d'accusation, suite »
Les Contemplations
1856**

Oui, vous tous, comprenez que les mots sont des choses.
Ils roulent pêle-mêle au gouffre obscur des proses,
Ou font gronder le vers, orageuse forêt.
Du sphinx Esprit Humain le mot sait le secret.
5 Le mot veut, ne veut pas, accourt, fée ou bacchante,
S'offre, se donne ou fuit; devant Néron qui chante
Ou Charles Neuf qui rime il recule hagard;
Tel mot est un sourire, et tel autre un regard;
De quelque mot profond tout homme est le disciple;
10 Toute force ici-bas a le mot pour multiple;
Moulé sur le cerveau, vif ou lent, grave ou bref,
Le creux du crâne humain lui donne son relief;
La vieille empreinte y reste auprès de la nouvelle;
Ce qu'un mot ne sait pas, un autre le révèle;
15 Les mots heurtent le front comme l'eau le récif;
Ils fourmillent, ouvrant dans notre esprit pensif
Des griffes ou des mains, et quelques-uns des ailes;
Comme en un astre noir errent des étincelles.
Rêveurs, tristes, joyeux, amers, sinistres, doux,
20 Sombre peuple, les mots vont et viennent en nous;
Les mots sont les passants mystérieux de l'âme.

▶ DÉMARCHE

Partez de l'idée générale pour définir les idées les plus importantes; ensuite, vous élaborerez votre plan en fonction de ces idées, qui constituent les grands axes de lecture du passage. Classez-les en partant de la plus évidente pour aller à la plus complexe.

Commentaire composé 12 / 279

Idée générale : vous voyez bien que, dans ce texte, Victor Hugo donne sa définition du langage poétique. Il poursuit la polémique comme l'indique clairement le titre de cette pièce en vers.

Travail au brouillon

1. Thèse de Hugo : relevez les deux définitions de la poésie données par l'auteur.

    1 « Oui, vous tous, comprenez que les mots
                               [sont des choses. »
   21 « Les mots sont les passants mystérieux de l'âme. »

Elles encadrent l'extrait et définissent le point de vue de Hugo sur le langage. Aujourd'hui, les linguistes nous apprennent que la forme du mot (ou signifiant) renvoie à une idée (ou signifié). Ils montrent que le langage est un code que les hommes ont élaboré pour communiquer entre eux. Selon eux, les mots sont donc des créations arbitraires des êtres humains. Ici, Hugo produit une thèse personnelle : il adopte un point de vue magique et donne sa propre conception de l'origine du langage et de son pouvoir.

2. Démonstration : Hugo personnifie le langage ; identifiez les éléments montrant que les mots sont dotés d'une vie propre.

3. Conclusion : quelle est la conséquence tirée par Hugo de sa conception du langage pour définir sa pratique de l'écriture ?

Hypothèse de lecture : quel est le point de vue défendu ici par Hugo ? Il explique l'origine des mots et soutient qu'ils possèdent une énergie et une vie propres, que la poésie doit l'exprimer. Selon lui, le poète est « l'écho sonore » de puissances cachées, occultes. Venons-en au plan en retenant les éléments essentiels de notre premier travail.

Plan du commentaire composé

I. La naissance du langage.
1. Les deux définitions du langage.
2. La genèse du langage.
3. Le pouvoir des mots.
/transition/

II. La vie des mots dans le texte.
1. L'inspiration.
2. La fonction poétique.
3. L'énergie du langage.
/transition/

III. La fonction de la poésie.
1. Les jeux du langage (première définition).
2. L'imaginaire.
3. Le langage révélateur de l'Etre.

> Pour vous aider, nous conservons, dans ce commentaire composé, les indications du plan suivi; mais, dans vos devoirs, vous ne devez pas le faire.

▶ COMMENTAIRE COMPOSÉ

• **Situation**

Extrait des *Contemplations*, ce passage d'une « Réponse à un acte d'accusation » s'insère dans la première partie du recueil, intitulée « Autrefois ». Théoricien du drame romantique, Victor Hugo s'est heurté aux critiques des adversaires du nouveau théâtre. Ce texte témoigne de la lutte que dut mener l'auteur d'*Hernani* contre ses détracteurs. En effet, les romantiques ne se sont pas bornés à exprimer leur mal de vivre, ils ont voulu renouveler les formes poétiques et Hugo veut briser les anciens moules pour libérer l'expression.

- **Idée générale**

Sur un ton polémique et virulent, le poète célèbre la force du mot, qu'il rapproche du Verbe divin : il semble dire qu'au commencement était le Verbe qui fait exister l'être humain au sens plein du terme.

- **Mouvement**

D'abord, quatre vers suffisent à remettre en cause l'arbitraire du langage : le mot est un médium de l'imaginaire, il projette les constructions imaginaires de l'Esprit. Puis, les vers suivants constituent une longue amplification qui développe tous les aspects du mot.

- **Plan du commentaire composé**

Dans notre texte, Hugo exprime l'exigence fondamentale de la poésie : elle doit fonder elle-même l'utilisation du langage qui est la sienne. Ce projet nous engage à analyser l'origine du langage selon le poète, puis la vie des mots et, enfin, la fonction de la poésie chez Hugo.

I. Origine du langage

1. Les deux définitions du langage

Hugo donne deux définitions complémentaires du langage. Il affirme que « les mots sont des choses » parce qu'ils possèdent une autonomie, une vie propre, qu'ils ne sont pas dépendants de la voix qui les profère. L'âme de l'homme n'est qu'un intermédiaire entre l'Esprit divin et l'homme — ce qui est exprimé dans la deuxième définition :

« Les mots sont les passants mystérieux de l'âme. »

La diérèse sur « mystéri/eux » souligne la caractéristique essentielle du mot selon Hugo; elle insiste sur le caractère secret du langage. Rappelons-nous que Hugo s'adonnait au spiritisme depuis la disparition de sa fille. Aussi a-t-il donné un fondement ésotérique à sa propre conception de la poésie. Le cerveau est présenté comme un foyer éteint où le mot rallume l'étincelle, le feu du savoir divin. « Comme en un être noir errent des étincelles. » Ainsi, le poème est comme un langage crypté dont il faut déchiffrer le sens secret : un poème n'explique pas tout ce que les mots recèlent, leur harmonie et les connotations suggérées par les sons.

2. La genèse du langage

Aujourd'hui, la linguistique (ou science du langage) distingue la forme du mot ou «signifiant» du sens du mot ou «signifié». (Ainsi les signifiants «arbre» et «tree» renvoient au même signifié en français et en anglais.) Pour un scientifique, le langage semble issu de la convention. Mais, selon Hugo, il transmet une vérité éternelle, alors même que le cerveau humain demeure dans l'ignorance. En effet, pour Hugo, le mot n'est pas une création arbitraire de l'homme. Le cerveau et l'imaginaire humains sont les purs et simples réceptacles des signifiés :

« Toute force ici-bas a le mot pour multiple. »

Le mot recèle une énergie propre et il fait exister le sens donné par le divin. L'intelligence humaine donne une forme à une force qui la dépasse :

« Moulé sur le cerveau, vif ou lent, grave ou bref,
Le creux du crâne humain lui donne son relief ; »

A l'époque d'Hugo, les sciences du langage n'existaient pas et le poète file la métaphore pour traduire son idée abstraite : l'homme a donné une forme particulière à telle ou telle force spirituelle, en fonction de la conformation de son cerveau. Le cerveau est comme le réceptacle des forces et le moule du mot. C'est lui qui donne au mot son relief, sa musicalité, comme en témoignent les deux couples d'adjectifs monosyllabiques — puisque le «e» de «grave» est élidé devant voyelle (rapidité : «vif ou lent»; quantité : «grave ou bref»). Le poète joue sur les sonorités pour illustrer son propos, comme en témoignent les nombreuses assonances et allitérations; ainsi les dominantes des premiers vers, ce sont le (o) et le (r), qui visent à créer une harmonie imitative, à suggérer les flots de mots qui grondent dans les poitrines.

3. Le pouvoir des mots

L'être humain est souvent confronté à son propre mystère (c'est un « sphinx ») et le mot traduit parfois de manière mystérieuse les secrets qui concernent l'homme, mais que ce dernier ignore :

« Du sphinx Esprit Humain le mot sait le secret. »

Le mot possède une science : c'est un signe de Dieu qu'il faut traduire en langage humain. Emprunté aux conceptions magiques du langage que l'on trouve chez les primitifs et les peuples de l'Antiquité, ce renversement de la perspective rationnelle est traduit par l'antéposition « Du sphinx Esprit Humain » complément du nom « secret ». La majuscule du mot « Esprit » met en évidence le lien entre l'esprit humain et l'esprit divin. Nous retrouvons le mythe ancien de l'inspiration qui vient au poète sans qu'il sache la maîtriser. Il est bien « l'écho sonore », le médium entre le divin et l'humain.

Depuis l'Antiquité, une querelle divise les philosophes. Certains pensent qu'un dieu (Thôt chez les Egyptiens et Hermès chez les Grecs) a donné aux hommes le langage; d'autres pensent que les mots sont des créations purement artificielles; d'autres, enfin, penchent pour l'origine naturelle du langage : ainsi plus tard, Rousseau remarque que les mots naissent au fur et à mesure que l'homme a éprouvé le besoin d'exprimer telle ou telle idée, de désigner tel ou tel objet. Hugo se situe dans la première tradition : pour lui, le mot est lié au divin. Dans la religion chrétienne, Dieu a fait exister le monde par la parole; la créature, et surtout le poète, reçoit un don, celui de signifier ce que les hommes ne voient pas. Le mot permet au poète de remplir sa mission. N'oublions pas que, après la mort de Léopoldine, Hugo cherche à donner un sens à l'existence humaine.

II. La vie des mots

1. L'inspiration

Le mot possède une vie propre et Hugo le personnifie :

« Le mot veut, ne veut pas, accourt, fée ou bacchante,
S'offre, se donne ou fuit ; »

Ce vers et l'hémistiche suivant désignent le travail du poète, en quête d'inspiration, sous une forme métaphorique. La coupe de l'alexandrin rythme le mouvement de la recherche. Les trois verbes d'action présentent le mot comme on pourrait le faire d'une femme. Parfois le mot, comme une « fée », se présente spontanément à l'esprit. Parfois, il résiste au poète : il ne « vient » pas facilement sous sa plume. Ainsi la « bacchante » est une prêtresse du dieu du vin, Bacchus. Le poète suggère que l'inspiration est aussi le fruit des paradis artificiels procurés par l'ivresse. Quoi qu'il en soit de l'inspiration, le mot possède une vie propre, ainsi que le suggèrent les accumulations de verbes de mouvement (vs 5 : « accourt » ; vs 6 : « s'offre, se donne ou fuit » ; vs 7 : « il recule hagard » ; vs 15 : « heurtent » ; vs 16 : « fourmillent » ; vs 20 : « vont et viennent »). La vie des mots ne peut être envisagée que dans la création poétique ; le poète vit en sympathie avec eux.

2. La fonction poétique du langage

Quelle est leur vie dans le texte ? Autrement dit, quelle fonction revêtent-ils ? Doués d'une autonomie, les mots signifient davantage que ne le pense le poète. En effet, le « mot » dans le poème renvoie aux deux fonctions poétique et informative du langage : le poète ne se borne pas à communiquer, il veut aussi suggérer. En poésie, le mot désigne certes une réalité (un objet, une personne, une idée) mais, surtout, il symbolise une relation nouvelle avec la réalité. Il ouvre la voie à la connotation : il suggère plus qu'il n'exprime. Les mots vivent dans le poème ou dans le texte en prose, en s'enrichissant mutuellement :

« Ce qu'un mot ne sait pas, un autre le révèle. »

Le mot entre dans un système d'échos à l'intérieur du texte, mais aussi dans le cerveau de l'homme. Les uns suscitent les autres :

«Les mots heurtent le front comme l'eau le récif;
Ils fourmillent, ouvrant dans notre esprit pensif
Des griffes ou des mains, et quelques-uns des ailes;»

Les mots sont donc présentés de façon très concrète, comme des énergies qui se heurtent dans le crâne humain; ainsi l'emploi de la comparaison en forme «comme l'eau le récif» souligne le bouillonnement des idées. La comparaison s'inspire et développe l'image banale du bouillonnement en soulignant la similitude entre l'esprit humain et l'élément liquide.

3. L'énergie du langage

Le cerveau prend donc, en quelque sorte, une dimension élargie dans l'espace. Les mots se précipitent, «fourmillent» et, selon les qualités du penseur, ils lui donnent «griffes, mains ou ailes»; ces trois termes renvoient à la même idée, le développement de l'idée primitive, de l'inspiration; mais ils revêtent des «connotations» différentes : la griffe, ou inspiration diabolique de tout ce qui touche aux perversions humaines, la main, terme neutre, l'aile, ou l'envol angélique de l'esprit. On peut aussi supposer que les trois vers précédents suggèrent une vision mythologique, chaque terme désignant une muse différente : la «griffe», c'est les esprits douloureux qui font souffrir le poète, la «main» traduit la communication avec ses semblables, et l'«aile», l'envol contemplatif. Le mot ne meurt jamais. Tel le phénix, il renaît de ses cendres :

«La vieille empreinte y reste auprès de la nouvelle;»

Ce vers traduit, sous une forme métaphorique, l'importance de l'étymologie d'un mot. Il est vrai que de nombreux termes du vocabulaire français viennent du latin et que les poètes jouent sur les significations anciennes pour renouveler le sens de leurs formulations, élaborer les figures de rhétorique. Ainsi, le mot traduit-il tout le poids d'une culture, d'une histoire. Fruit détaché de l'arbre, il témoigne de tout le travail des prédécesseurs du poète.

Victor Hugo est le grand théoricien du romantisme : il a remis en cause la rigidité de l'alexandrin classique et défini les règles du drame romantique. Dans notre texte, il cherche à convaincre de la véracité de son propos. Cependant, il adopte un ton non tant polémique que prophétique : il veut éclairer les hommes sur le sens profond du mot. Pour lui, le poète est la voix qui traduit les messages d'une puissance supérieure.

III. La fonction de la poésie

1. Les jeux du langage — première définition

Le ton du texte est manifestement polémique; remarquons que Hugo, pourtant habile rhétoriqueur, se contente de rimes suffisantes dans ce passage qui vise à convaincre. Le poète prend à partie les lecteurs par le biais de l'apostrophe au pluriel afin de n'exclure personne et de convaincre de la justesse de son affirmation initiale tous ses contradicteurs. Il développera ensuite son argumentation en une longue phrase qui court vers sa chute, les trois derniers vers.

> « Oui, vous tous, comprenez que les mots sont des choses. »

L'adverbe d'affirmation, placé au début du vers, accentue l'énergie de la formulation, soutenue par l'emploi de l'impératif d'ordre. En disant que « les mots sont des choses », Hugo s'impose comme le précurseur de la poésie moderne : il n'est que de lire les textes de Queneau pour se convaincre que, pour les poètes contemporains, les mots sont comme des objets sonores dont il faut faire jouer les sonorités, qui se prêtent à toutes les manifestations ludiques. Même si Hugo ne prône pas un usage purement ludique du langage, il est clair qu'il veut libérer les mots de la rhétorique classique.

2. L'imaginaire — deuxième définition

Le mot exprime les mystères de l'imaginaire. Hugo veut mettre en œuvre le pouvoir évocateur du langage, ce qui dépasse la logique, la raison. Les mots font rêver :

> « Ils roulent pêle-mêle au gouffre obscur des proses,
> Ils font gronder le vers, orageuse forêt. »

Le poète désigne ici sa propre activité, quand il écrit : les champs lexicaux privilégiés sont ceux de l'espace et du bruit dont il faut comprendre le sens («roulent», «gronder», «orageuse»). L'espace est orienté vers le bas pour la prose, qui plonge le lecteur dans les abîmes de la réflexion; un espace de l'initiation aussi, puisque la forêt est toujours liée, dans les textes littéraires, à la rencontre avec les êtres mystérieux que les héros doivent affronter pour prouver leur valeur. Lieu où s'exprime l'énergie de forces naturelles comme le torrent ou cosmiques comme l'orage, l'espace de la page est recouvert de signes qui frappent les sens et peuvent échapper à l'intelligence, à première lecture. La prose est ainsi définie comme le lieu de la profondeur secrète, où les mots produisent une énergie dans le désordre, «pêle-mêle». La poésie s'impose comme un texte mystérieux qui exige du lecteur une activité de décryptage. Le texte littéraire ne donne donc pas un sens explicite, directement compréhensible : il requiert une activité de traduction et d'analyse. Ainsi, le rythme des vers suit-il le mouvement de l'exaltation grandissante du poète dont le souffle rappelle celui de l'orateur : le discours s'enfle et les enjambements se multiplient (vs 5/6 et 6/7; vs 11/12; vs 16/17; vs 19/20); toutefois, Hugo supprime rarement (vs 16/17) la respiration en fin de l'alexandrin, toujours soulignée par une ponctuation (virgule ou point-virgule), bien que la voix se relâche légèrement à la clausule.

3. Le langage, révélateur de l'Etre

Le mot définit l'homme qui l'emploie. Il est vrai que les spécialistes ont relevé les termes qui reviennent le plus souvent chez un auteur donné, définissant ainsi son univers imaginaire à partir des vocables privilégiés.

«Tel mot est un sourire ou un regard;
De quelque mot profond tout homme est le disciple;»

Ici, le «mot» signifie «formule». L'homme détermine son action en fonction de ses valeurs : pour Hugo, le langage témoigne de cette vie de l'esprit. Aussi peut-il effrayer, comme les chants de Néron, empereur tyrannique de l'Antiquité romaine, ou comme les poésies du roi Charles Neuf, qui ordonna le massacre de la Saint-Barthélemy. Au travers de ces deux figures historiques, Hugo exprime l'horreur, confinant à l'indicible et traduisible seulement par l'image, que nous inspirent les tyrans. Pour Hugo, le mot ne peut suivre la pensée de ces monstres... Sans doute le poète romantique conserve-t-il quelques illusions sur la vertu morale du langage. Mais les deux vers suivants prouvent bien que l'homme ne se rend pas toujours compte de tout le pouvoir que recèlent les mots; ils peuvent griser l'homme jusqu'à lui ôter tout sens critique :

« Rêveurs, tristes, joyeux, amers, sinistres, doux;
Sombre peuple, les mots vont et viennent en nous; »

Les mots sont multiples : à l'homme de savoir les maîtriser ou, à défaut, les combiner dans des textes évocateurs. Leurs origines, inconnues, les rendent supérieurs à nous. Pour Hugo, le poète a pour fonction de faire résonner les mots entre eux afin que, au travers du potentiel imaginaire qu'ils recèlent, ils disent tout ce que la logique ne peut exprimer.

Conclusion

Dans cet extrait, Victor Hugo fait du mot un « être vivant » dont le texte littéraire déploiera toutes les énergies secrètes engageant l'homme dans la recherche d'un sens, qui ne saurait faillir. Cette conception mystique du langage ouvre la voie à l'utilisation du symbole par Baudelaire, le poète des « correspondances » entre le visible et l'invisible, et à l'hermétisme de Mallarmé, grand prêtre du langage qui cherchait les « mots purs ».

COMMENTAIRE COMPOSÉ 13

Baudelaire (1821-1867)
Les Fleurs du Mal

TEXTE 28

Baudelaire
« L'Ennemi »
Les Fleurs du mal, X
1857

Ma jeunesse ne fut qu'un ténébreux orage,
Traversé çà et là par de brillants soleils;
Le tonnerre et la pluie ont fait un tel ravage,
Qu'il reste en mon jardin bien peu de fruits vermeils.

5 Voilà que j'ai touché l'automne des idées,
Et qu'il faut employer la pelle et les râteaux
Pour rassembler à neuf les terres inondées,
Où l'eau creuse des trous grands comme des tombeaux.

Et qui sait si les fleurs nouvelles que je rêve
10 Trouveront dans ce sol lavé comme une grève
Le mystique aliment qui ferait leur vigueur ?

— O douleur ! ô douleur ! Le Temps mange la vie,
Et l'obscur Ennemi qui nous ronge le cœur
Du sang que nous perdons croît et se fortifie !

290 / Le poème

▶ DÉMARCHE

- **Situation du texte :** ce sonnet est extrait de la section « Spleen et idéal », dans le recueil intitulé *Les Fleurs du mal*. Pour pouvoir le commenter, il faut que vous connaissiez la théorie des « correspondances » de Baudelaire. Qu'est-ce qu'une correspondance ? D'abord, pour le poète, la réalité n'est que la forme visible d'un monde invisible ; donc le visible et l'invisible « correspondent ». En outre, l'homme n'a de contact avec la réalité qu'au travers de ses cinq sens ; or, un beau spectacle séduit ses cinq sens qui, tous, « correspondent ». Le poète est plus sensible que le commun des mortels à la signification secrète des choses. Parce qu'elle est symbolique, l'image poétique permet de suggérer l'unité profonde de l'univers et d'aller au-delà d'une vision rationnelle du réel.

Travail au brouillon

1. La vie de Baudelaire : dès la première lecture, vous constatez que le poète parle à la première personne ; il fait allusion à sa vie mais toujours sous une forme métaphorique (voir Lexique). Relevez toutes les images. Montrez les correspondances qu'elles suggèrent entre l'espace et le temps.

2. L'agent de son malheur : à présent, tentons de comprendre quelle est la cause de la souffrance du poète. Essayez de justifier le titre du poème. Qui est l'ennemi ? C'est le temps. Montrez comment il agit.

3. L'attitude de Baudelaire : quel est son état d'esprit ? Se contente-t-il de se désespérer ou ébauche-t-il un mot d'espoir ?

- **Idée générale :** dans ce poème, l'espace du jardin symbolise l'état d'esprit du poète, qui se souvient de sa jeunesse.

- **Hypothèse de lecture :** Baudelaire exprime son angoisse devant la force destructrice du temps. Mais, dans l'interrogation du premier tercet, il anticipe sa régénération future possible. Reprenons les éléments importants pour les classer par ordre d'importance croissante.

Plan du commentaire composé

I. La vie du poète est symbolisée par l'espace du jardin.
1. La correspondance dans ce texte et chez Baudelaire.
2. La dualité du poète.
3. Le conflit de l'ombre et de la lumière.
/transition/

II. Le temps, comme ennemi.
1. Les ravages du temps.
2. Une jeunesse tourmentée.
3. L'opposition du spleen et de l'idéal.
/transition/

La régénération possible.
1. Le passage symbolique vers une autre vie.
2. La chair transfigurée.
3. Le poème, symbole de la condition humaine.

▶ COMMENTAIRE COMPOSÉ RÉDIGÉ

Ce sonnet prend place dans la première partie, intitulée « Spleen et idéal », des *Fleurs du mal* de Charles Baudelaire. En 1857, ce recueil de poèmes crée un scandale égal à celui qui mène l'auteur de *Madame Bovary* devant les tribunaux. Se dégageant du double héritage du romantisme et du Parnasse, Baudelaire ouvre la voie à la poésie moderne.

Dans « L'Ennemi », il renouvelle le thème banal de la fuite du temps en établissant une « correspondance » entre le temps et l'espace : le temps, immatériel, est évoqué au travers de la métaphore filée du jardin intérieur. La structure métrique rend compte d'une modification possible dans la vie du poète : les quatrains expriment les tourments de l'auteur, puis les tercets disent l'espoir du salut en Dieu.

Ce poème engage à une triple analyse : l'étude de la correspondance baudelairienne puis celles de la force destructrice du temps et de l'anticipation douloureuse de l'avenir.

I. Dans « L'Ennemi », l'espace s'impose comme la matérialisation du temps : à la faveur de cette mise en perspective, l'auteur se met en scène, se considère de l'extérieur. Cette distanciation initiale traduit un effort pour prendre un recul relatif vis-à-vis de soi, mais lui succède rapidement une dramatisation qui exprime toute l'angoisse engendrée par le constat de sa propre dualité chez un poète à la recherche de l'unité.

I.1. Ainsi, tout au long du poème, court une *métaphore filée qui fait du jardin l'image du « moi ». Les perturbations atmosphériques désignent un état transitoire, la jeunesse :

« Ma jeunesse ne fut qu'un ténébreux orage, »

alors que le jardin symbolise l'être même du poète. Comme dans la poésie lyrique traditionnelle, la vie humaine suit le cycle des saisons : la jeunesse connaît les orages printaniers (premier quatrain), la maturité est liée à l'automne. La métaphore spatiale évoquant l'état psychologique est fréquente dans *Les Fleurs du mal* : loin de se réduire à un artifice de style, elle traduit, en effet, une vision du monde et une conception de la poésie propres à l'auteur. Déjà, dans « Correspondances », quatrième poème de « Spleen et idéal », Baudelaire définit tout le Symbolisme : selon l'étymologie, « symboliser », c'est rapprocher. Pour Baudelaire, le monde visible se double d'un univers invisible, qui émet des « signes » décelables, formulables et interprétables par le seul initié, autant dire le poète. Le poète pense que l'espace visible représente un immense cryptogramme et que les apparences sont les symboles d'une réalité supérieure : il existe donc des correspondances entre l'ici-bas et l'au-delà. Ainsi, Baudelaire réaffirme le principe de l'analogie universelle, déjà présent chez Platon[1], chez saint Paul et chez tous les mystiques — notamment de Swedenborg[2], qui inspira aussi Balzac. En outre, pour Baudelaire, les cinq

---

1. Platon : philosophe grec, Ve siècle avant J.-C.
2. Swedenborg : philosophe suédois, 1688-1772.

sens ne nous permettent qu'une approche incomplète, fragmentée, de la réalité : or, les sens aussi « correspondent »; aussi un parfum est-il frais, etc. Le poète postule la profonde unité du monde.

I.2. Mais, le poète s'éprouve comme dissocié et il voudrait pouvoir retrouver sa propre harmonie intérieure. Qui parle dans ce sonnet? Sinon Baudelaire, qui est à la fois le sujet, celui qui dit « je », et l'objet du poème. Doublant les images explicites, la structure métrique suit les mouvements de l'Esprit et se calque sur la structure syntaxique, qui, elle-même, épouse le rythme du texte : des quatrains aux tercets s'effectue le passage du temps de la description à celui du dialogue avec soi-même, de la dramatisation. En effet, la tonalité affirmative des quatrains traduit un constat, un état de fait; à l'inverse, dans les tercets, les deux premiers vers (vers 9 et 10) forment un distique, qui oriente le poème dans une direction nouvelle et suscite une interrogation, puis une exclamation élégiaque. Ces deux tonalités affectives épousent le rythme imprimé à l'âme par le spleen. Symbolisée par l'espace d'un jardin, la vie du poète symbolise, elle aussi, toute la condition humaine : en témoigne le passage du « je » au « nous » dans le dernier tercet. La déchéance du poète témoigne de la dégradation de la nature, en nous, mais elle exprime, surtout, une angoisse, celle d'un poète qui ignore quel sera son avenir, s'il pourra renaître de ses cendres comme le phénix...

I.3. Dans les quatrains, on ne retrouve pas la disposition des rimes embrassées qui est régulière dans le sonnet : elle est croisée — comme dans les quatre derniers vers de « L'Ennemi ». Cette structure souligne les oppositions permanentes mises en forme par le contenu et la progression du sonnet. L'opposition thématique de l'ombre et de la lumière dans le premier quatrain introduit le motif de la destruction, du déchaînement des forces cosmiques; bâti en opposition au premier, le deuxième quatrain développe sur une longue phrase à la tonalité prosaïque (« la pelle et les râteaux ») la déperdition progressive d'énergie; puis se fait jour l'opposition dans la direction du mouvement (vers le bas, la tombe, et vers le haut, l'espoir de l'envol mais aussi le balancement horizontal de la vague au vers 10) transpose la conception baudelairienne de toute la condition humaine, l'homme étant un mixte de bassesse et d'élévation.

La lutte est donc intériorisée puisque la chair participe à l'œuvre dévastatrice du temps. Cette force destructrice s'impose à l'évidence pour le poète : le titre désigne le temps comme l'ennemi, la puissance mauvaise, et peut-être même démoniaque, puisque, dans la religion chrétienne, l'Ennemi, c'est Satan. Aussi, par-delà le symbolisme littéraire qui suggère les formes de la destruction du moi, le poème prend-il une tonalité mystique.

II.1. Une première série de métaphores traduit les ravages du temps par la violence des perturbations atmosphériques. Dans le premier quatrain, la correspondance se décèle dans l'élaboration stylistique même. En effet, le poète transcrit son propre passé en utilisant les procédés rhétoriques romantiques qui l'intéressaient dans sa jeunesse. Très tôt, Baudelaire chercha à affirmer son désir d'indépendance et, attiré par les milieux les plus marginaux, il s'adonna aux paradis artificiels. Il admirait Victor Hugo, poète romantique aux métaphores puissantes et suggestives. Ainsi, l'orage traduit la violence des passions du jeune Baudelaire, qui appartient à la dernière génération des romantiques; l'adjectif «ténébreux» apporte une connotation mystique à l'expression : en proie à de violents désirs, le jeune homme est placé entre l'abîme et le soleil de la connaissance, de la Vérité divine.

II.2. Mais Baudelaire reprend les images romantiques pour souligner l'écart qui se creuse entre l'aspiration de l'âme et la réalité prosaïque. Loin d'être célébrée, la jeunesse semble dépréciée : elle est définie au travers de la métaphore de l'orage, motif romantique qui apparaît chez Chateaubriand, notamment dans *René*, pour traduire les tourments de l'âme adolescente et son aspiration à l'infini. Le moi de Baudelaire apparaît comme un espace où les forces naturelles s'exaspèrent alors qu'il a perdu toute maîtrise des événements; le poète n'est en position de sujet qu'au vers cinq, alors qu'il n'agit plus : bien au contraire, le présentatif

«Voilà» le désigne comme celui qui a atteint un état à peu près définitif. La locution négative dépréciative, «ne... que» (vers 1), les adverbes de lieu, «çà et là» (vers 2), et les adverbes de quantité «bien peu» (vers 4) soulignent la réduction constante à laquelle se livre le poète. Il est bien revenu des illusions dévastatrices de la jeunesse, comme en témoigne la lourdeur des articulations syntaxiques dans le deuxième quatrain où les subordonnées s'enchaînent à partir du présentatif initial («Voilà que... Et qu'il...»). Ainsi l'héritage romantique est-il mis à mal.

II.3.   La dernière image est tragique : dans la mythologie antique, Cronos dévorait ses propres enfants; dans le poème de Baudelaire, le temps vampirise (dernier tercet) les forces vitales. Victime de soi-même, le poète est «la plaie et le couteau», rongé par l'angoisse de la mort, de la destruction progressive, qui le mine dans la recherche permanente de l'idéal. A l'espoir succède le pessimisme exprimé par le recours au style direct, appuyé par une double apostrophe introduite par un «o» de déploration :

«— O douleur! ô douleur! Le temps mange la vie.»

Le temps est destructeur parce qu'il contribue à la corruption de cette chair, de cette nature dont Baudelaire ne cesse de faire le procès, qu'il refuse comme ce qui s'oppose à l'aspiration de l'homme à l'idéal. Le temps développe ce qui est en puissance dans la nature; dès lors, il inscrit le destin de l'homme dans la continuité d'une horreur macabre, — traduite par l'image sous-jacente du ver rongeur (vers 13) —, et fantastique - exprimée par l'activité vampirique du Temps. Le Temps, avec une majuscule, allégorie négative, grand Satan, empêche l'homme d'atteindre l'absolu en rongeant les forces qui incitent l'artiste à suivre la postulation vers le Bien. Ainsi, le symbole est enrichi par le recours à des schémas mystiques et mythologiques, qui créent une «caisse de résonance» au sein du texte. Les mythes permettent d'évoquer en images le devenir du poète et de mettre en images son évolution psychologique.

L'art s'impose dès lors comme l'expression éternellement tragique de la dualité humaine, en quête d'unité dans un monde de la dégradation, où la Chute d'Adam et Eve interdit toute réalisatiion de l'espoir de salut. L'art est une vaste entreprise symbolique qui témoigne d'un salut possible, dans l'invisible. Le symbole est, par définition, explicable de nombreuses façons : il restitue la complexité tragique de la vie dans l'écriture.

III.1.   Ainsi, l'automne de la vie (vers 5) peut-il être interprété comme la saison de l'initiation : l'automne, c'est la saison qui précède l'hiver, le passage symbolique par la mort, mais d'une mort qui ne mène pas au néant et qui peut amener une nouvelle forme de vie. Aussi toute une série de métaphores s'inscrivent-elles dans le registre mythologique et mystique : le poète voudrait pouvoir donner un sens positif à sa douleur. Images de la richesse intérieure, les « fruits vermeils » (vers 4) évoquent les pommes d'or du jardin des Hespérides, dans la mythologie antique. Le poète exploite le symbolisme floral et mystique. « L'Ennemi » formule un espoir secret, celui de voir se développer des « fleurs nouvelles » (vers 9), qui désignent le titre même du recueil, *Les Fleurs du mal*.

III.2.   Les tourments vécus pendant la jeunesse pourraient sublimer la chair meurtrie... Le poète s'interroge avec un espoir timide (« Et qui sait si... » avec une allitération en « s » qui suit les modulations du souffle). A la faveur d'une fausse interrogation, il se demande si la douleur n'a pas purifié son âme : le « mystique aliment » fait allusion à la communion, par laquelle, dans la liturgie catholique, le fidèle reproduit l'action des apôtres et s'assimile le corps du Christ, crucifié pour sauver les hommes. Pour Baudelaire, la souffrance est créatrice. Ainsi, la dualité devient une richesse et non plus la preuve d'une irréductible scission de l'être en quête d'unité. Le « sol lavé comme une grève », dévasté par l'inondation, évoque le bord de mer, qui peut susciter une double interprétation : c'est à la fois l'image d'une terre stérile, de l'eau qui noie, creuse la fosse funèbre, mais aussi celle du lieu de vie. L'eau salée des larmes, c'est peut-être aussi celle du baptême, qui lave l'homme de ses fautes et le régénère.

III.3. La conception du Temps détermine la structure du poème. Le sonnet suit, en effet, le cours d'une existence humaine : après les perturbations de la jeunesse (premier quatrain), s'impose la maturité, moment du bilan (deuxième quatrain) qui peut apparaître comme une transition vers une autre forme d'existence (premier tercet) même si le temps, ennemi intérieur de l'homme, mine ses forces vitales (deuxième tercet) et conduit inexorablement à une telle déchéance physique que l'âme ne semble plus capable de s'élever vers des sphères supérieures. Le Temps pourrait aussi s'identifier à l'œuvre, qui se nourrit de la substance du poète, au cours du temps, lui arrache ses forces vives. La souffrance est créatrice : c'est par la douleur que le moi du poète peut fournir une « nourriture mystique » (vs 11, 14) à des « fleurs », des textes nouveaux. L'écriture apparaît alors comme un remède à l'usure du temps et au dégoût de soi qu'inspire au poète sa dégradation progressive : l'art permet d'opposer la résistance de l'intelligence à la force corrosive de la nature. Le poète survit alors par sa parole. Mais, le « Spleen » et l'« Idéal » se révèlent indissociables parce qu'ils entrent dans une dynamique qui les fait exister l'un par l'autre seulement. Ainsi se correspondent les « fleurs » du titre du recueil *Les Fleurs du mal* et « fleurs » de l'esprit dans le poème « L'Ennemi ». Le poète, comme dit Baudelaire, est bien « la plaie et le couteau » ; s'il atteignait ici-bas la félicité suprême, ce serait la fin de la Création.

Ce poème est révélateur du spleen baudelairien, de l'angoisse qui étreint le poète quand il constate les ravages du temps sur son organisme. Grâce à l'art, il met en forme ce malaise existentiel, ce qui constitue non tant une manière de le dépasser, que de l'exorciser, de le considérer de l'extérieur. Chez Baudelaire, la double postulation simultanée initiale, vers le bien et le mal, se traduit par le renversement du pour et du contre, dans une perspective non rationnelle, proche de la voyance que Rimbaud, à sa suite, systématisera, ainsi que les surréalistes. Le symbole lui permet de s'abstraire du temps : il réunit les contraires et fournit un équivalent langagier de l'unité mystique défaillante.

298 / *Le poème*

FICHE TECHNIQUE 15

Le poème en vers libres

On l'a vu, le vers français se définit par un nombre constant de syllabes, par la rime et par un dessin rythmique. Mais les poètes ont joué sur la transgression des règles : dès la fin du XIXe siècle (Verlaine, Rimbaud), ils ont pratiqué des écarts d'autant plus perceptibles que la mémoire des règles anciennes s'est conservée. Si on peut parler de « vers libre », c'est donc par rapport à une tradition qui définit les règles de la métrique et de la rythmique françaises. On a vu que la structure interne du vers classique repose, en partie, sur le dessin rythmique défini par le retour régulier des mesures à l'intérieur d'un tout. Par exemple, avec la césure à l'hémistiche, l'alexandrin classique se découpe donc en deux mouvements rythmiques d'égale longueur, eux-mêmes décomposables en deux groupes rythmiques. Les romantiques jouent aussi sur le découpage de l'alexandrin en trois mesures de quatre syllabes; ils reprennent le modèle du « trimètre ». Les poètes modernes libèrent le vers des automatismes réguliers : ils ne respectent pas la coupure à l'hémistiche, mais ils jouent sur le souvenir que le lecteur peut avoir de la césure en enfreignant les lois classiques.

• **Définition du vers libéré :** c'est un vers de mètre traditionnel, mais inséré dans un système prosodique variable, il exploite les changements de rythme interne.

Ainsi, au lieu d'avoir un découpage 6//6 pour l'alexandrin, le poète procède à des variations personnelles pour mettre en valeur tel ou tel terme dans le vers. Ex. : Rimbaud :

> « Parqués entre des bancs de chêne, aux coins d'église »
> = 2/6/4
> « Qu'attiédit puamment leur souffle, tous leurs yeux »
> = 9/3
> « Vers le chœur ruisselant d'orrie et la maîtrise »
> = 8/4
> « Aux vingt gueules gueulant les cantiques pieux; »
> = 4/8

En outre, il peut démonter son vers, c'est-à-dire revenir à la ligne après le début d'un vers pour le continuer au vers suivant. Ex. : Apollinaire :

> « Sous le Pont Mirabeau = 6 / coule la Seine = 10
> Et nos amours » = 4
> « Faut-il qu'il m'en souvienne = 6
> La joie venait toujours après la peine » = 10

On a donc : 10 / 4 + 6 / 10.

- **Définition du vers libre :** c'est un vers qui ne respecte ni le compte des syllabes traditionnel ni la rime.

Le poète peut faire alterner des vers de longueurs différentes. Ex. de strophe hétérométrique, Verlaine :

> « Mystiques barcarolles, = 6
> Romances sans paroles, = 6
> Chère, puisque tes yeux, = 6
> Couleur des cieux; » = 4

Le poète remplace la structure externe (rime et coupes) par une structure interne : des retours de sonorités et de rythmes propres au poème.

TEXTE 29

Paul Eluard (1895-1952)
« Sans rancune »
dans *Mourir de ne pas mourir* (1924)
Capitale de la douleur (1926)

Larmes des yeux, les malheurs des malheureux,
Malheurs sans intérêt et larmes sans couleurs.
Il ne demande rien, il n'est pas insensible,
Il est triste en prison et triste s'il est libre.

Il fait un triste temps, il fait une nuit noire
A ne pas mettre un aveugle dehors. Les forts
Sont assis, les faibles tiennent le pouvoir
Et le roi est debout près de la reine assise.

Sourires et soupirs, des injures pourrissent
Dans la bouche des muets et dans les yeux des lâches.
Ne prenez rien : ceci brûle, cela flambe !
Vos mains sont faites pour vos poches et vos fronts.

*

Une ombre...
Toute l'infortune du monde
Et mon amour dessus
Comme une bête nue.

Paul Eluard, Mourir de ne pas mourir
© Editions Gallimard

EXERCICE : étudiez comment Eluard, dans le poème ci-dessus, remplace la structure de la rime et de la métrique par un système personnel, qui traduit la souffrance du poète amoureux sans espoir de retour.

▶ CORRECTION

Ce poème de Paul Eluard, poète surréaliste contemporain, joue sur les effets d'attente du rythme, à la fois remplis et déçus. En effet, lorsque s'introduit un brouillage de la structure traditionnelle, il est toujours équilibré par un système secondaire d'appels sonores.

I. Structure d'attente du système rythmique

1. Lexicales : retour des mêmes termes
— jeux sur la racine : « malheurs des malheureux » (vs 1), redoublement
— jeu sur les antonymes : sourires et soupirs
— jeu sur les complémentaires : brûle, flambe
— vocabulaire du corps : bouche, yeux

2. Rhétoriques : figures définies par la redondance (insistance)
— chiasme :

> « **Larmes** des yeux, les **malheurs** des malheureux,
> **Malheurs** sans intérêt et **larmes** sans couleurs. »

— répétition et construction en parallèle :

> « Il est **triste** en prison et **triste** s'il est libre. »

3. Syntaxiques :
— effets de symétrie

> « Il fait un triste temps, il fait une nuit noire
> [...] Ceci brûle, cela flambe ! »

II. Facteurs de rupture du schéma rythmique

Ils sont tous contrebalancés par un système second de retour de sonorités.

1. Images suggestives

a) surprenantes en elles-mêmes :

> « Vos mains sont faites pour vos poches et vos fronts
> Et mon amour dessus / Comme une bête nue. »

b) surprenantes dans le contexte : passage d'une situation symbolique (vs 1, 2), à une référence personnelle (vs 3, 4), à une évocation impersonnelle (str. 2, 3). Mais retour à la figure du poète (str. 4).

2. Limite du vers
— contre-rejet, rattrapé par l'antithèse (forts, faibles) :

« [...] Les forts
Sont assis, les faibles tiennent le pouvoir. »

— rime approximative en fin de vers, plutôt de l'ordre de l'assonance; mais retour de sonorités à l'intérieur du vers :

« Sourires et soupirs, des injures pourrissent. »

Allitération en (r) et (s), assonance en (i).

3. Dessin rythmique
— perturbation du rythme interne de la strophe contrebalancée par l'effet de symétrie (Il fait / il fait; le roi, la reine) : strophe 2.

— irrégularité de la dernière strophe détachée graphiquement des strophes en alexandrins mais :

a) on retrouve des alexandrins parce que les vers sont découpés :

« Une ombre... » = 4

si l'on enchaîne sur le vers suivant.

« Toute l'infortune du monde » = 8
« Et mon amour dessus » = 6
« Comme une bête nue. » = 6

b) retour du même son à l'intérieur de cette strophe : (e) muet dans les vers 1, 2, 4; (u) à la rime des vers 3 et 4.

Conclusion

Dans ce poème, Eluard exprime avec pudeur la souffrance qu'il éprouva lors d'une rupture amoureuse. Les jeux sur les systèmes d'attente, déçus, du vers traduisent de manière détournée son propre isolement et son accablement au travers d'allusions lisibles au deuxième degré. En ce sens, tout en restant fidèle au principe surréaliste de l'écart par rapport à la norme, le poète se sert du décalage pour mieux mettre en évidence son propre désarroi. La forme est porteuse de sens — et non l'inverse. Ce jeu sur le dessin rythmique définit la pratique des poètes modernes.

―― **COMMENTAIRE COMPOSÉ 14** ――

Jules Laforgue (1860-1887)
Derniers vers

Jules Laforgue est né à Montevideo (Uruguay); sa famille s'installe en France en 1866. La tuberculose exacerbe sa sensibilité et il écrit des poèmes tout empreints de la détresse que lui inspirent son isolement et sa hantise du néant. La souffrance physique et l'angoisse métaphysique trouvent une expression privilégiée dans des textes à la fois sentimentaux et railleurs. Le poète maudit prend place dans la constellation symboliste.

---- TEXTE 30 ----

Jules Laforgue
« L'Hiver qui vient »
Derniers Vers
Posthume, 1890

1 Blocus sentimental! Messageries du Levant!...
Oh! tombée de la pluie! Oh! tombée de la nuit,
Oh! le vent!...
La Toussaint, la Noël et la Nouvelle Année,
5 Oh! dans les bruines, toutes mes cheminées!...
D'usines...

On ne peut plus s'asseoir, tous les bancs sont mouillés;
Crois-moi, c'est bien fini jusqu'à l'année prochaine,
Tant les bancs sont mouillés, tant les bois sont rouillés,
10 Et tant les cors ont fait ton ton, ont fait ton taine!...

Ah! nuées accourues des côtes de la Manche,
Vous nous avez gâté notre dernier dimanche.

Il bruine;
Dans la forêt mouillée, les toiles d'araignée
15 Ploient sous les gouttes d'eau, et c'est leur ruine.
Soleils plénipotentiaires des travaux en blonds Pactoles
Des spectacles agricoles,
Où êtes-vous ensevelis?

Ce soir un soleil fichu gît au haut du coteau,
20 Gît sur le flanc, dans les genêts, sur son manteau :
Un soleil blanc comme un crachat d'estaminet
Sur une litière de jaunes genêts,
De jaunes genêts d'automne.
Et les cors lui sonnent!
25 Qu'ils lui reviennent...
Qu'il revienne à lui!
Taïaut! taïaut! et hallali!
O triste antienne, as-tu fini!...
Et font les fous!...

30 Et il gît là, comme une glande arrachée dans un cou,
Et il frissonne, sans personne !...

Allons, allons, et hallali !
C'est l'hiver bien connu qui s'amène.

[...]

▶ DÉMARCHE

• **Idée générale :** dans ce début de « L'Hiver qui vient », Laforgue exprime **la douleur** qu'il éprouve à l'approche de l'hiver.

Travail au brouillon

1. A première lecture, il est clair que le poète souffre, physiquement, de l'approche de l'hiver. Relevez les expressions qui se rapportent à ces sensations.

2. A la réflexion, vous comprenez que l'état d'esprit du poète ne peut qu'être affecté par ce malaise. Repérez les éléments qui vous permettent de caractériser les sentiments de Laforgue.

3. Enfin, vous remarquez que l'auteur ne se borne pas à décrire son propre état physique et moral. Il déplore la venue de l'hiver mais il tente aussi de prendre ses distances pour diminuer sa souffrance. Montrez comment.

• **Hypothèse de lecture :** il n'en reste pas à la description pure et simple de cette saison, il en donne un **équivalent symbolique.** De plus, la tonalité familière du texte laisse à penser que l'auteur tente de **prendre ses distances** vis-à-vis de sa propre souffrance. Il essaie de ne pas la déplorer avec trop de sérieux. Rassemblons maintenant les éléments essentiels pour notre plan.

Plan du commentaire composé

I. L'expression de la douleur physique et morale.
1. L'enfermement.
2. L'étouffement.
3. Le sentiment de la fatalité.
/transition/

II. La transposition symbolique.
1. La dégradation morale.
2. La négation de l'individu.
3. La parole en cercle fermé.
/transition/

III. La distanciation poétique du passé.
1. Le soleil, figure fantasmatique de la mise à mort.
2. Le réalisme cru.
3. La distanciation.

▶ COMMENTAIRE COMPOSÉ AVEC ARTICULATION DU PLAN

Dans le début du poème intitulé « L'Hiver qui vient », extrait du recueil posthume *Derniers vers*, Jules Laforgue exprime ses souffrances morales et physiques accrues par le regret d'une jeunesse révolue et l'appréhension de sa propre fin. Après avoir évoqué l'entrée dans l'automne et la prémonition de l'hiver (vers 1 à 6), il décrit l'isolement et la tristesse de la nature (vers 7 à 18) avant d'anticiper, dans une vision fantasmatique, la mort du soleil (vers 19 à la fin). Ce texte nous engage donc à analyser la transcription de la douleur puis sa transposition symbolique avant d'envisager la mise en forme de la nostalgie du passé et sa distanciation.

I.1.   Les éléments naturels conspirent pour créer une atmosphère étouffante. L'individu est comme écrasé par leur conjuration comme en témoigne, d'emblée, le premier vers :

« Blocus sentimental ! Messageries du Levant !... »

Messagers de l'hiver, le vent et la pluie font le siège (« Blocus ») du poète, ils l'enferment dans un tourbillon rapide venu de l'est (« Messageries du Levant ») et irrépressible (vs 11). Le décor se devine en filigrane au travers de cette pénombre symbolique : l'espace est à la fois élargi lorsqu'il s'agit des forces cosmiques et restreint quand le poète évoque le banc (vs 9), la forêt (vs 14) et le coteau (vs 19).

I.2.   Le poète traduit la sensation d'étouffement physique qui l'étreint au travers du retour lancinant des termes empruntés au lexique du liquide (« pluie », « bruine » « mouillés », « nuées », « gouttes d'eau »), expression de sa propre déliquescence. Tous les sens sont sollicités pour exprimer le sentiment d'inconfort et d'exclusion. Ainsi, la lumière s'éteint sous le rideau de la pluie, dont le rideau symbolique cache la nature tout entière :

« Oh ! tombée de la pluie ! Oh ! tombée de la nuit »

L'horizon s'obscurcit d'autant plus que les cheminées d'usine crachent leur fumée. En outre, l'oreille est obsédée par le bruit du cor qui retentit dans la forêt, sonnant l'hallali :

« O triste antienne, as-tu fini !... »

Enfin, les bancs mouillés empêchent de se reposer : « tous les bancs sont mouillés ». Le motif du liquide signale la sensation d'englument redoublée par l'image de l'emprisonnement accentuée par les échos sonores :

« Il bruine ;
Dans la forêt mouillée, les toiles d'araignées
Ploient sous les gouttes d'eau, et c'est leur ruine. »
(vs 13-15) ;

par un effet d'écho sonore, « bruine » appelle « ruine », « mouillée », « araignées », « toiles », « Ploient ».

I.3.   Le passé, révolu à jamais, est évoqué au travers de sa négation : « On ne peut plus » (vs 7). Toutes les joies possibles ne reviendront jamais : les bancs des amoureux, des écoliers ; les vacances du dimanche. L'irrémédiable s'exprime au travers du rythme haché, comme hoquetant, imprimé au vers. Le sentiment de la fin est traduit par les vers courts qui disent l'impuissance du poète : « Oh ! le vent ! » (vs 2) ; « D'usines... » (vs 6) ; « il bruine » (vs 13). Le sentiment que sa fin approche hante le poète : le « dernier dimanche » (vs 12) semble devoir suggérer qu'il ne verra pas « l'année prochaine » (vs 8). Les fêtes évoquées au vers quatre semblent inspirer davantage la mélancolie que l'exaltation.

Dans ce poème, la douleur physique et morale de l'auteur se traduit au travers du thème de l'enfermement dans l'espace et dans le temps. L'auteur semble devoir vivre confiné dans une sorte de prison, qui symbolise la condition de tous les hommes et pas seulement la sienne.

II.1. Au travers de la description de l'automne, Laforgue dit son angoisse de la dégradation comme en témoignent les lexiques de la chute et de la dégradation (vs 2 à 6, vs 12). Les bancs, pourris, s'imposent comme des objets absurdes désormais dépourvus de toute finalité. L'univers tout entier semble connaître une chute, comme en témoigne l'ensevelissement des soleils :

« Soleils plénipotentiaires des travaux en blonds Pactoles
Des spectacles agricoles,
Où êtes-vous ensevelis ? »

La pratique du vers libre trouve ici toute sa justification puisque les vers, déséquilibrés, traduisent le malaise du poète. Dans les trois vers qui précèdent, le premier ouvre d'amples perspectives, celle d'un printemps dont la puissance s'exprime au travers de termes d'un niveau de langue élevé (« plénipotentiaires », « Pactoles ») et d'un volume sonore important. Par opposition, la mise au tombeau de l'astre fécondant se traduit dans le dernier vers, un octosyllabe qui ne rime pas avec les vers précédents et apparaît comme une sorte de clausule terminée sur une voyelle aiguë.

II.2. La conjuration des éléments se traduit par l'utilisation du pluriel (« les bruines », vs 5 ; « Soleils », vs 16), des adverbes d'intensité (« tant les bancs, tant les bois », vs 8) et des adjectifs indéfinis (« toutes mes cheminées », vs 5, « tous les bancs », vs 7. Le poète efface toutes les marques personnelles de la pronominalisation parce qu'il n'existe plus en tant qu'individu souffrant : « On ne peut plus s'asseoir » (vs 7). Les phrases nominales et les formes impersonnelles dominent et traduisent la puissance des éléments naturels.

II.3.   De plus, le poète instaure un dialogue avec un interlocuteur dont le statut demeure imprécis et qui désigne tout à la fois le poète et le lecteur. L'auteur solliciterait sa bienveillance et sa complicité : « Crois-moi, c'est bien fini jusqu'à l'année prochaine », avant de s'adresser directement aux éléments naturels d'abord sous le mode du constat : « Vous nous avez gâté » (vs 12) puis à l'aide d'une interrogation pressante qui ne suppose aucune réponse : « Où êtes-vous ensevelis ? » (vs 18). La parole du poète est renvoyée à elle-même, dans un monologue litanique qui accumule les exclamations élégiaques et qui s'épuise dans l'onomatopée.

« Et tant les cors ont fait ton ton, ont fait ton taine !... »

Au travers de cette évocation symbolique de l'automne se lit la référence poétique au spleen baudelairien poussé à sa limite par un poète qui sent ses forces l'abandonner mais qui refuse de céder aux puissances de mort.

III.1.   A partir d'une vision sans doute réelle : le soleil à l'horizon au-dessus d'une colline, le poète retranscrit la vision fantasmatique qu'il en a. Comme Rimbaud personnifiait l'aube, le moment de la naissance où s'exprime l'énergie, Laforgue personnifie le soleil, figure du poète terrassé : « Ce soir un soleil fichu gît au haut du coteau » (vs 19). Bousculant les formes traditionnelles, le hiatus, « au haut », accentue la douleur engendrée par l'effort. Ainsi, le poète transfigure la vision qu'il peut avoir de la mort du soleil, figure emblématique de la vie qui semble s'éteindre.

III.2.   Décrit à l'aide du vocabulaire du corps qui traduit le caractère irréversible de la maladie, le soleil est frappé à mort : « Un soleil blanc comme un crachat d'estaminet » (vs 21). La familiarité exprime la dégradation de l'astre qui a perdu tout rayonnement. Il tombe, évanoui et reste abandonné à sa solitude : « Et il gît là, comme une glande arrachée dans un cou » (vs 31).

Cette représentation à la fois réaliste et fantastique du soleil traduit l'obsession du néant chez un poète atteint par la tuberculose. Les désordres du temps l'atteignent davantage que les autres. Le ciel lui transmet le message prémonitoire de sa propre fin. Bête traquée par les chasseurs, le soleil s'impose comme la figure du poète rejeté par les hommes et proche de sa mort.

III.3. Le poème réfléchit sur lui-même. Il présente la structure répétitive de la chanson, avec des échos sonores intérieurs qui riment entre eux de façon approximative. En outre, à l'intérieur du texte, le rythme de la comptine (jeu de sonorités aux vs 10, vs 27, vs 29, vs 32) est donné comme la modulation litanique d'une « antienne » (vs 28) ou refrain repris entre chaque verset d'un psaume à l'église. Il s'agit donc bien, dans l'esprit du poète, d'un texte de déploration qui donne l'hiver comme un emblème de la destruction de toute chose. Laforgue s'efforce de prendre ses distances vis-à-vis de sa propre angoisse, donc il introduit dans un texte lyrique un contre-point ironique, des termes familiers (« un soleil fichu », autre exemple de rupture par rapport aux pratiques orthodoxes, vs 19 ; « C'est l'Hiver bien connu qui s'amène », vs 33). Est-ce à dire que le poète se donne du courage pour mourir ? Dans la tradition décadentiste, il semble plutôt faire une ultime pirouette avant de disparaître que déplorer son sort au premier degré comme Ronsard et surtout les romantiques.

Dans ce poème en vers libres, Laforgue traduit le sentiment d'une angoisse existentielle face à l'irrémédiable : l'horizon se ferme, ne laisse plus de recours ni d'échappatoire ; mais il n'ignore rien des recherches techniques de son temps. L'auteur s'inscrit, en effet, dans la continuité de Verlaine le maudit mais aussi de Mallarmé le symboliste. Il annonce les tentatives modernistes d'Apollinaire, qui, dans « Zone » *(Alcools)* évoquera, lui aussi, un soleil au « Cou coupé ». Sa modernité tient à la rupture dont témoigne notre texte, par rapport aux formes conventionnelles de l'expression poétique, qu'il tourne en dérision tout comme sa propre destinée.

COMMENTAIRE COMPOSÉ 15

Jules Supervielle (1884-1960)
Gravitations

Originaire d'Uruguay, Supervielle ouvre le texte poétique aux grands espaces. En marge du surréalisme, il n'en use pas moins d'une esthétique du désordre, brassant les images, faisant flotter la frontière entre le réel et l'imaginaire et mêlant les vers réguliers aux vers libres, voire aux versets. Cette profusion traduit la richesse inépuisable du monde.

------ TEXTE 31 ------

Jules Supervielle
« Ascension »
Gravitations
1925

Ce nuage est traversé par le vol des forêts mortes
    Regagnant leurs origines,
    Effleurant l'axe du monde
    Sous le givre sidéral.

    Fantôme de peupliers
    Alignés comme sur terre
    Vous cherchez une rivière
    Pour la longer dignement.

    A ces arbrisseaux, ces arbustes
    Il fallait un chemin creux,
    Le ciel simule sous eux
    Une terrestre armature.

    A ces ombres reste-t-il
    La mémoire de la vie,
    Où s'arrêtera le fil
    De cette angoisse endormie ?

                    Jules Supervielle, *Gravitations*
                          © Editions Gallimard

▶ DEMARCHE

• **Idée générale :** dans ce poème, Supervielle suit les mouvements d'un nuage qui ressemble à un arbre ou mieux, à toute une forêt.

Travail au brouillon

Commencez toujours par ce qui apparaît, pour vous demander quelles sont les causes et les conséquences de la vision de l'auteur.

1. Dès la lecture du titre, vous suivez le regard du poète qui s'élève vers le ciel. Analysez les images suivant le plan que vous avez appris (contenu, organisation, sens).

2. Ensuite, vous remarquez que le poète cherche un axe horizontal, celui de la rivière, qui, à son tour, détermine un nouveau système, celui du reflet. Suivez la même démarche que précédemment (images, organisation, sens).

3. Tirons les conclusions : le nuage, la rivière, voilà des motifs qui ne donnent pas du réel une vision très stable ! Comment le poète considère-t-il le monde qui l'entoure ? Est-il bien assuré de lui-même ?

• **Hypothèse de lecture :** Le ciel et l'eau réfléchissent les silhouettes végétales et l'auteur semble pris dans un système de reflets angoissant : il paraît à la fois tenté et angoissé par les mouvements des éléments naturels. Rassemblons tous ces éléments.

Plan du commentaire composé

I. L'axe vertical.
1. Figures de l'ascension.
2. Leur organisation.
3. Leur ambiguïté.
/transition/

II. L'axe horizontal.
1. La structure en reflet.
2. Symétries de construction et de rythmes.
3. La perte des repères stables.
/transition/

III. Relation du poète à la réalité.
1. Mouvement et immobilité.
2. Le poète et le réel.

314 / *Le poème*

▶ COMMENTAIRE COMPOSÉ RÉDIGÉ

Extrait de *Gravitations*, ce poème en vers libre intitulé « Ascension » témoigne de l'inspiration double de son auteur, Jules Supervielle, dont les poésies sont soulevées par un mouvement d'ouverture angoissante et de retour rassurant sur soi. Dans notre texte, l'envol imaginaire dans l'espace suscite d'abord un jeu complexe de reflets : le regard s'élève vers les formes mouvantes d'un nuage (premier mouvement); puis, celui-ci évoque les silhouettes longilignes de peupliers dont une rivière renvoie l'image (deuxième mouvement); ensuite, les profondeurs de la terre renvoient à l'orbe du ciel (troisième mouvement). Enfin, point l'angoisse du poète qui a perdu ses repères. Nous nous proposons d'étudier ce poème suivant les deux axes qui définissent l'orientation dans l'espace, la verticalité de l'élévation et de la plongée, puis l'horizontalité du reflet; nous verrons ensuite comment évolue la relation du poète à la réalité.

I.1.   Dès le premier vers, le poète surenchérit dans l'inconsistance et pousse à sa limite la déliquescence des formes : si l'on tente de reconstruire le sens logique du texte, il est clair que le nuage prend la forme d'arbres en mouvement. Or, le nuage n'est pas encore assez ténu pour Supervielle : il doit apparaître comme une sorte de toile de fond inconsistante traversée par des images fantastiques, celles des forêts (vs 1), puis des arbres qui, par essence, s'élancent vers les hauteurs (vs 5, vs 9). La fonction poétique du langage remplit le projet de déréalisation de l'espace puisque le poète supprime tout ce qui pourrait assurer un référent stable à son évocation d'un espace imaginaire : les formes revêtues par le nuage deviennent des images réelles. Ainsi, l'ascension vers les hauteurs célestes appelle-t-elle la plongée dans l'imaginaire du poète qui projette ses propres visions sur le ciel. En outre, le premier vers lance le mouvement de l'ensemble : il ouvre les perspectives dans le cosmos et il s'étale sur quatorze syllabes, divisées en deux mesures de sept. Les heptasyllabes suivants, comme déhanchés, traduisent, sur un rythme impair, une hypothèque latente : où vont ces formes inconsistantes?

I.2. Le champ lexical de la mort est riche : les « forêts mortes » (vs 1) semblent avoir une âme, qui s'élance vers le ciel tandis que les « Fantômes de peupliers » (vs 5) se courbent vers la rivière, donc la tombe; notons, en outre, que le peuplier borde souvent les cimetières. Dans le ciel, ces spectres végétaux s'ordonnent comme sur terre, instaurant donc un système de reflets accentué par le retour des mêmes sonorités vocaliques; remarquons, dans la deuxième série de vers, l'assonance en (é) avec « peupliers, Alignés, cherchez, longer », placés soit à la rime soit en fin de mesure à l'intérieur d'un vers; en outre, la diérèse sur « peupli-ers » fait écho à l'assonance en (i) et introduit une sorte de brouillage sémantique : les arbres se plient. Ces formes semblent se dissoudre sans vraiment rejoindre leurs essences : dans le ciel, elles reproduisent le mouvement qui était le leur sur terre.

I.3. Le titre engage à lire le poème comme l'expression d'une « ascension » vers les hauteurs. Ce terme n'évoque aucune perspective religieuse, à l'inverse du titre baudelairien, « Elévation ». Aussi notre texte se trouve-t-il en apparence délesté de toute connotation métaphysique. Cependant, l'interrogation finale nous interdit d'accréditer un premier jugement hâtif. S'il semble incongru de se référer à un horizon mystique, il convient néanmoins de parler d'interrogation existentielle à la lecture des vers suivants :

« Où s'arrêtera le fil
De cette angoisse endormie ? »

La dernière série de vers incite le lecteur à relire le poème et à voir dans l'image de l'arbre une représentation symbolique d'un effort d'élévation propre à l'homme.

L'axe vertical semble témoigner d'un désir ancien d'élévation chez le poète mais son regard revient très vite vers le sol, comme s'il éprouvait la nostalgie du repliement sur soi. Cependant, l'axe horizontal ne définit pas pour autant une assise d'où l'auteur pourrait envisager sereinement la réalité.

II.1. L'angoisse est, en effet, suscitée par la structure en reflet du texte : alors qu'on aurait pu penser que le ciel constitue le domaine du sens, l'espace réservé aux âmes, il se contente de mimer la terre :

> « Le ciel simule sous eux
> Une terrestr(e) armature. »

Autrement dit, au-dessus du givre, ayant franchi le voile nuageux constitué par de l'eau en suspension, les formes spectrales se retrouvent de l'autre côté de notre « monde » (v. 3) lui-même comme contenu par la cristallisation du givre sidéral (v. 4). Au-dessous de cette croûte givrée, le ciel joue le rôle des rivières, « chemin creux » (v. 10), dans notre monde.

II.2.   Les échos sonores tissent un dessin rythmique en harmonie avec le système de reflet. Supervielle introduit un vers aberrant au vers 9, un octosyllabe dans une série d'heptasyllabes : « A ces arbrisseaux, ces arbustes »; il joue sur la racine « arbre » et cet effet rhétorique introduit une régularité non plus syllabique mais phonique. Pris en lui-même, le vers libre de Supervielle tend à la régularité phonique et rythmique. Remarquons, cependant, que chaque groupement de vers est constitué par une phrase construite par adjonction d'expansions à partir d'un noyau syntaxique simple (Sujet/Verbe/Complément).

II.3.   Dès lors, ce qui se trouve sous le givre renvoie à notre monde comme circonscrit par une barrière givrée, nuage condensé. Or, si le ciel devient la rivière, elle-même symbole de l'eau qui noie et donc de la tombe, où trouver des repères stables dans un univers inversé ? L'angoisse du poète s'exprime au travers de l'image du fil (v. 15), souvenir mythologique des fameuses Parques, qui substitue à l'axe spatial la continuité temporelle. Autrement dit, si ces ombres ont perdu toute consistance, conservent-elles, du moins, un souvenir de leur existence antérieure ? Nul ne peut répondre à cette question.

Ainsi, l'espace est défini comme le lieu de l'instabilité par excellence. Mais, même si le poète semble figé dans son devenir, tout ce qui le déséquilibre se révèle aussi porteur de rêve.

III.1.   Chaque mouvement semble comme prise en étau entre la dynamique du mouvement (le sens de ce qui est dit) et la structure figée du tableau (la forme, en quelque sorte). En effet, les verbes qui, du point de vue lexical, expriment le mouvement, sont employés au participe présent (« regagnant », vs 2; « Effleurant », vs 3) ou passé (« Alignés », vs 6); ces formes adjectives du verbe conviennent tout à fait aux descriptions statiques. En ce sens, le mouvement est comme arrêté, suspendu avant de se retourner sur lui-même dans l'ultime interrogation.

III.2. Le poète prend la parole pour désigner une forme en mouvement, non pas « un » nuage mais « ce » nuage; l'adjectif démonstratif renvoie à la situation vécue et projette le lecteur dans un nouvel espace, celui du poète mais aussi celui du poème. Cependant l'auteur n'apparaît pas, s'efface en tant que personne, il devient pur regard parce que les formes spectrales constituent une représentation symbolique de l'humain. Dans la dernière interrogation, la reprise de l'article démonstratif signale l'intériorisation progressive du mouvement : « ces ombres » (vs 13) symbolisent, en réalité, « cette angoisse endormie » (vs 16) au cœur de l'homme. La réalité est donc vue comme une sorte de théâtre d'ombre et la poésie, en la retranscrivant, fournirait à l'homme le moyen de reconnaître cette vérité.

Ce poème traduit de manière symbolique l'interrogation de Supervielle sur l'avenir des formes terrestres et humaines : sans doute l'écriture constitue-t-elle pour le poète une façon d'arrêter le temps, de fixer sans le limiter le mouvement de la pensée. En ce sens, système harmonieux de vers libérés, ce texte s'éclaire à la relecture une fois aperçues et identifiées les différentes parties qui le constituent. Il s'impose comme une représentation cryptée semblable à celle que nous élaborons dans nos rêves. Dès lors, il semble que cette dérive de l'imaginaire rapproche Supervielle de ses contemporains, notamment des surréalistes, qui exploitèrent les ressources oniriques.

Nous rappelons, et cela vaut pour le reste du livre, que les indications et les numérotations qui figurent à gauche du commentaire rédigé ne doivent pas apparaître sur la copie.

FICHE TECHNIQUE 16

Le verset

Rappelez-vous qu'on appelle vers tout ensemble où est perceptible le retour périodique de mesures rythmique formant un tout. Le rapport entretenu par les mesures est sensible lorsqu'il est simple soit parce qu'elles sont égales entre elles soit parce que leur longueur varie d'une seule syllabe.

Le verset est difficile à définir : il est constitué par un ensemble dont les mesures rythmiques n'entrent pas dans un rapport simple. Le verset de la poésie biblique ne se fonde pas sur le nombre, ni sur la « quantité » des syllabes mais sur le découpage de la proposition grammaticale en masses sonores approximativement équivalentes, chacune recouvrant une seule idée ou image, et reliées entre elles par ce qu'on a appelé le « parallélisme » (ou reprise de la même idée avec des mots différents).

Les poètes modernes ne reprennent pas cette définition du verset : pour eux, il permet de calquer le rythme poétique sur celui de la respiration. Il est action, dans la mesure où il restitue le souffle. Pour Claudel, le verset reproduit la musique intérieure du créateur. Voici ce qu'en dit Saint-John Perse : « Tel est le vers essentiel et primordial, l'élément premier du langage, antérieur aux mots eux-mêmes : une idée isolée par du blanc. » (« Réflexions et propositions sur le vers français »).

Nous reprenons la définition du verset donnée par Jean Mazaleyrat (voir Bibliographie de la versification).

- **Définition du verset :** on appelle *verset* toute unité de discours poétique délimitée par un alinéa et que son étendue empêche d'être globalement perceptible comme vers. On peut, cependant, repérer à l'intérieur d'un verset des vers autonomes ; on parlera alors de *verset métrique*.

---— TEXTE 32 ———

Jules Supervielle,
« Marseille », *Débarcadères*
1927

Marseille sortie de la mer, avec ses poissons de roche, ses coquillages et l'iode,
Et ses mâts en pleine ville qui disputent les passants,
Ses tramways avec leurs pattes de crustacés sont luisants d'eau marine,
Le beau rendez-vous de vivants qui lèvent le bras comme pour se partager le ciel,
5 Et les cafés enfantent sur le trottoir hommes et femmes de maintenant avec leurs yeux de phosphore,
Leurs verres, leurs tasses, leurs seaux à glace et leurs alcools,
Et cela fait un bruit de pieds et de chaises frétillantes.
Ici le soleil pense tout haut, c'est une grande lumière qui se mêle à la conversation,
Et réjouit la gorge des femmes comme celle de torrents dans la montagne,
10 Il prend les nouveaux venus à partie, les bouscule un peu dans la rue,
Et les pousse sans un mot du côté des jolies filles.
Et la lune est un singe échappé au baluchon d'un marin
Qui vous regarde à travers les barreaux légers de la nuit.
Marseille, écoute-moi, je t'en prie, sois attentive,
15 Je voudrais te prendre dans un coin, te parler avec douceur,
Reste donc un peu tranquille que nous nous regardions un peu
O toi toujours en partance
Et qui ne peux t'en aller,
A cause de toutes ces ancres qui te mordillent sous la mer.

Jules Supervielle, Débarcadères
© Editions Gallimard

EXERCICE : étudiez le poème en versets ci-dessus (images, mesures rythmiques et découpage métrique, retour des sonorités).

▶ Correction

Ce poème en versets évoque une ville sur un mode lyrique et réaliste tout à la fois. Le verset est très structuré, grâce aux constructions syntaxiques répétitives, aux procédés rhétoriques et à l'équilibre des mesures rythmiques.

Construction syntaxique

— expansion constante soit en apposition soit avec anaphore de la conjonction de coordination « et », à la fois à l'intérieur du verset et d'un verset à l'autre. Le principe de l'accumulation traduit la diversité et le mouvement de la vie mais la structure grammaticale et accentuelle est toujours bien présente.
Exemple d'appositions suivies de coordinations en chaîne :

« Leurs verres, leurs tasses, leurs seaux à glace et leurs alcools,
Et cela fait un bruit de pieds et de chaises frétillantes. »

Débordement constant des images qui s'appellent l'une l'autre.

— impératifs de prière : « écoute-moi, Reste donc un peu tranquille. » Mouvement globalement affectif qui conduit à un resserrement de la vision dans le dialogue final entre le poète et la cité enchaînée à la mer par ses ancres.

Procédés rhétoriques :

a) personnification : des foyers de lumières; le soleil « pense », participe aux conversations (vst 8) et la lune semble dispenser une clarté inégale (« barreaux légers »); la ville est sollicitée. Interférence constante de l'animé et de l'inanimé.

b) apostrophe à la ville et utilisation du « O » lyrique : « O toi toujours en partance » (vst 17).

c) **métaphores** : deux séries de métaphores, les unes traditionnelles, les autres plus concrètes, plus familières afin de traduire le caractère cosmopolite de la cité phocéenne.

— Première série (lyrique) : Marseille est présentée comme la cité des contrastes ; le spectacle de ce qui apparaît (réalité concrète) engendre des visions imaginaires. La ville (comparé réaliste) sort de la mer (vst 1) comme Vénus de son coquillage dans le tableau de Botticelli qui représente la déesse (comparant artistique). La sortie hors du café (comparé concret) est décrite comme une naissance à la vie (comparé fantasmatique, vst 5).
Appel de métaphores : la gorge des femmes suscite celle des montagnes (vst 9). La rotondité de la lune appelle l'image du baluchon de marin et suscite l'évocation d'une lumière floue, métaphore discrète de la prison (vst 13).

— Deuxième série (réaliste) : la description ne s'arrête jamais sur des tableaux fixes mais multiplie les images pour traduire le mouvement incessant de la vie sous toutes ses formes. L'inanimé est donc rapproché de l'animé : la forme des branchements électriques des tramways fait penser aux pattes de crabes (vst 3), comparaison activée par le contexte géographique, le port. De plus, le mouvement des hommes se communique aux « chaises frétillantes » (vst 7), diminutif affectueux (ou hypocoristique). Correspondance de ces métaphores : constance de la personnification (« les cafés enfantent » ; « le soleil pense tout haut » ; « Il prend les nouveaux venus à partie, les bouscule un peu dans la rue, / Et les pousse sans un mot ; Marseille, écoute-moi, je t'en prie, sois attentive »). L'ensemble traduit une relation affective à la cité. Pas de clichés mais une ville qui touche tous les sens, avec ses bruits, sa lumière, et qui s'ouvre sur le ciel et la mer pour en constituer une sorte de résumé.

Mesures rythmiques

a) retour de mesures de même longueur (isométrie) : il traduit un grand équilibre lorsque le poète évoque avec lyrisme le spectacle de la cité. Le rythme dominant est l'impair mais les mesures sont intégrées dans des ensemble perceptibles. Deux séries rythmiques se dessinent : des mesures de sept ou de trois et quatre syllabes.

La mesure de sept syllabes semble réservée au dialogue avec la ville. Ainsi, on relève une suite d'heptasyllabes (qui ne riment toutefois pas ensemble) au vst 1 = /7/7/7/. De même, les versets 17 et 18 apparaissent comme deux heptasyllabes successifs. Cependant, il convient de ne pas tomber dans un schématisme réducteur dans cette étude du rythme. Le décompte des syllabes peut varier selon les régions. Ainsi ce qui pour un méridional se décompte « Marseille (3) écoute-moi (4) », devient « Marseille (2) écout'moi (3) » pour un locuteur résidant plus au nord. De la même façon, selon qu'il opte pour une diction plus ou moins poétique, celui qui dit ce texte va prononcer ou non certains « e » dits « muets ».

D'une mesure à l'autre les sons s'appellent : « cafés » et « enfantent » ; « troittoir » et « maintenant » ; « hommes », « femmes » et « maintenant » ; de « maintenant » et de « phosphore ». Le procédé se retrouve dans tout le texte.

Conclusion :

La syntaxe, la rhétorique et la métrique se renforcent l'une l'autre dans ce texte et pallient la libération du vers en instaurant des rapports serrés entre les différents versets. Cette régularité formelle s'adapte parfaitement au projet explicite du poème puisque l'auteur désire capturer la ville lumineuse et mouvementée, la fixer en images et avec des mots, faute de pouvoir le faire réellement. On pourrait presque parler d'allégorie de Marseille, présentée comme une cité vivante et humanisée. La description transcrit une vision à mi-chemin de la réalité et du rêve. Contemporain des recherches surréalistes, ce poème témoigne d'un souci évident de renouveler les images et les techniques poétiques.

COMMENTAIRE COMPOSÉ 16

Paul Claudel (1868-1955)
Cinq Grandes Odes

En 1906, Paul Claudel, qui est poète et diplomate, se trouve en Chine. Il se libère de toutes les préoccupations qui l'obsèdent en écrivant. En 1886, il connut, dans la cathédrale de Notre-Dame de Paris, une illumination spirituelle qui le rapprocha du catholicisme.

TEXTE 33

Paul Claudel
« L'Esprit et l'Eau »
Cinq Grandes Odes, II
1906

Mais que m'importent à présent vos empires et tout ce qui meurt,
Et vous autres que j'ai laissés, votre voie hideuse là-bas!
Puisque je suis libre! que m'importent vos arrangements cruels? puisque moi du moins je suis libre! puisque j'ai trouvé! puisque moi du moins je suis dehors!
Puisque je n'ai plus ma place avec les choses créées, mais ma part avec ce qui les crée, l'esprit liquide et lascif!
5 Est-ce que l'on bêche la mer? est-ce que vous la fumez comme un carré de pois?
Est-ce que vous lui choisissez sa rotation, de la luzerne ou du blé ou des choux ou des betteraves jaunes ou pourpres?
Mais elle est la vie même sans laquelle tout est mort, ah! je veux la vie même sans laquelle tout est mort!
La vie même et tout le reste me tue qui est mortel!
Ah! je n'en ai pas assez! Je regarde la mer! Tout cela me remplit qui a fin.
10 Mais ici et où que je tourne le visage et de cet autre côté
Il y en a plus et encore et là aussi et toujours et de même et davantage! Toujours, cher cœur!
Pas à craindre que mes yeux l'épuisent! Ah, j'en ai assez de vos eaux buvables.
Je ne veux pas de vos eaux arrangées, moissonnées par le soleil, passées au filtre et à l'alambic, distribuées par l'engin des monts,
Corruptibles, coulantes.
15 Vos sources ne sont point des sources. L'élément même!
La matière première! C'est la mère, je dis, qu'il me faut!
Possédons la mer éternelle et salée, la grande rose grise!
Je lève un bras vers le paradis! je m'avance vers la mer aux entrailles de raisin!

Paul Claudel, *Cinq Grandes Odes*
© Editions Gallimard

326 / *Le poème*

▶ PRÉPARATION

Situation du texte : Paul Claudel est un poète catholique qui célèbre la création de Dieu. Le contexte est donné par le titre de l'ode, « L'Esprit et l'Eau » : l'esprit se ressource en suivant le mouvement même de l'eau de mer, symbole de la création de Dieu et guide du poète.

Idée générale : le poète **refuse** des eaux inférieures parce que traitées par les hommes qui les séparent de la Création.

Travail au brouillon

Comme vous l'avez appris maintenant, commencez par l'idée qui vous saute aux yeux pour analyser ses causes et ses conséquences.

1. Le plus évident, c'est la révolte du poète. Relevez les expressions qui en témoignent. Qu'est-ce que Claudel rejette ? Pourquoi ? Quel est le sens de cette révolte ?

2. Le poète veut se libérer. Comment s'exprime cette libération ? Pourquoi ? Conséquence ?

3. Quel est le résultat de ce travail de l'esprit ? Son sens ? Sa portée ?

Hypothèse de lecture : la mer s'impose comme le symbole d'une énergie en mouvement : le travail du poète consiste à **libérer** cette force. L'esprit sort **régénéré** de ce baptême.

Plan du commentaire

I. Refus du monde humain, qui refuse le Créateur.
1. Symboles du monde humain : la terre et le travail qui rend l'homme étranger au monde et à lui-même.
2. L'eau des sources, liée à la terre, est aussi dégradée.

3. Interprétation : la séparation de l'homme et du monde.
/transition/

II. Mouvement de libération de l'esprit.
1. Expression violente de la libération.
2. Pourquoi ? parce qu'il s'agit d'un combat vie/mort.
3. Conséquence : refuser la mort pour participer à la vie créatrice.

/transition/

III. Renaissance de l'esprit.
1. Image de la mer : le poète s'identifie à elle.
2. Pourquoi ? Parce que son mouvement symbolise le souffle de Dieu. Le poète dépasse l'image pour aller à sa cause.
3. Conséquence : le poète définit sa démarche en s'inspirant de la création divine, mais il dépasse le symbole en créant lui aussi.

▶ COMMENTAIRE COMPOSÉ RÉDIGÉ

Dans ce passage de la deuxième des *Cinq grandes odes*, Paul Claudel se libère de la captivité spirituelle engendrée par son exil. Il chante un hymne à la mer, espace de la libération intérieure et réceptacle de l'énergie poétique. Plus que de construction, il faudrait parler, à propos de cet extrait, d'un mouvement constant de refus et d'affirmation, calqué sur le rythme binaire de la vague. Ce texte engage à une triple étude du rejet orgueilleux du monde humain, des formes de la libération et de la renaissance de l'esprit baptisé par les eaux lustrales de l'élément marin, qui confère au poète la connaissance intime de son être.

I. Le rejet orgueilleux du monde humain s'exprime au travers du refus catégorique d'une Création transformée et domestiquée. Alors que la mer symbolise un espace de liberté infini, le travail de l'homme s'effectue toujours vers le bas, vers le sol, et ce mouvement apparaît comme le signe d'un esclavage.

I.1. La terre est donnée comme l'espace limité où les hommes s'adonnent à de médiocres occupations agricoles. Elle est dégradée parce que l'homme peut la domestiquer et l'empêche alors de suivre le rythme cosmique. Le poète formule une série de pseudo-interrogations appuyées par la reprise de la structure d'interrogation directe propre au langage parlé :

« Est-ce que l'on bêche la mer ? est-ce que vous la fumez comme un carré de pois ?
Est-ce que vous lui choisissez sa rotation, de la luzerne ou du blé ou des choux ou des betteraves jaunes ou pourpres ? »

Le ton est délibérément prosaïque, quoique les mesures rythmiques du premier verset cité soient régulières (8/7/7). Remarquons, néanmoins, la notation de couleur et le terme « pourpre » d'un registre de langue élevé.

I.2. Lorsque le poète évoque l'eau dont usent les hommes, il procède à la même dévaluation :

« Ah ! j'en ai assez de vos eaux buvables.
Je ne veux pas de vos eaux arrangées, moissonnées par le soleil, passées au filtre et à l'alambic, distribuées par l'engin des monts,
Corruptibles, coulantes. »

Le dégoût inspiré par les eaux traitées par les hommes est souligné par l'abondance des adjectifs « buvables », terme auquel répond le couple, « Corruptibles », « coulantes ». Ce qui peut passer par le corps, ce qui est « buvable », donc « corruptible », est frappé de négativité parce que dépourvu d'énergie : donc, ces eaux sont dites « coulantes » — cet emploi abusif de l'adjectif insiste sur le mouvement symbolique de chute de ces eaux. A l'inverse, l'eau par excellence, immatérielle, produit l'élévation de l'âme. L'expression du refus s'intensifie par l'emploi de la construction familière « j'en ai assez », qui traduit la violence du propos, et par le rythme. Claudel affirme que le verset suit le mouvement du souffle vital : son rythme binaire se calque sur celui de la respiration agitée du poète. La répétition de la terminaison en (é) scande le rythme du verset.

I.3.   Ces images prennent sens lorsque l'on se souvient de la perspective catholique adoptée par Claudel dans tous ses textes. Il reproche aux hommes de se satisfaire de ce qui comble les désirs charnels sans se préoccuper des aspirations à l'idéal. Il insiste sur les productions agricoles et sur les eaux de source traitées par les hommes parce qu'elles symbolisent le souci de subvenir à des besoins alimentaires. Lorsque l'homme s'est sédentarisé, il a perdu son autonomie et il s'est attaché au sol. Or, ce qui importe au poète, c'est la nourriture spirituelle. La terre en elle-même n'est donc pas inférieure à la mer. C'est parce que le travail de l'homme l'exclut de l'ordre naturel qu'elle devient le lieu symbolique de la servitude. De la même façon, il existe des eaux «sauvages», porteuses d'énergie, et des eaux traitées par les hommes. Et le poète les fustige avec la même violence que les terres moissonnées. Le retour du motif de la moisson («moissonnées par le soleil») souligne la cohérence symbolique du texte : le mouvement des eaux humaines se fait vers le bas et même la source de vie et de chaleur, l'astre solaire, ne saurait que reproduire le geste de l'homme courbé vers le sol. Ensuite, ces eaux sont comme frelatées par la médiation obligée des instruments techniques, le filtre, l'alambic avec ses connotations négatives, puisqu'il sert à fabriquer l'eau-de-vie, l'absinthe. Le travail de l'homme sur les éléments, la terre et surtout l'eau, les dégrade parce qu'il leur ôte leur énergie profonde, essentielle, celle que leur insuffla le Créateur.

L'œuvre de l'homme dans le monde apparaît donc comme une mise à mort. L'être humain se trompe, comme le suggère le jeu de mots possible sur le terme «source» : «Vos sources ne sont point des sources. L'élément même!» «Sources» signifie, au premier degré, les eaux jaillissant des montagnes mais, au deuxième degré, ce mot se réfère à l'inspiration, au principe de la naissance. Le poète rejette le monde humain; il adopte la position de repli qui était déjà celle des romantiques. La première expression du refus passe par l'opposition constante de la deuxième personne du pluriel et de la première personne du singulier : le poète revendique son isolement orgueilleux («moi du moins,» vst 3). Il est le seul à avoir compris et il se retrouve seul, mais fier de l'être.

II.1.   La violence des formes de rejet traduit l'intensité de la libération qui se veut expression d'une rupture définitive avec le monde humain. En témoignent les structures syntaxiques de l'opposition, les figures rhétoriques, l'utilisation du lexique et la tonalité affective des phrases le plus souvent exclamatives et interrogatives. Les constructions grammaticales récurrentes (c'est-à-dire : « qui reviennent ») sont empruntées au registre de la phrase logique. Un premier type de construction est illustré par le « que m'importent » initial (vst 1) auquel répond, en position d'attaque au début du verset trois, une première conjonction de subordination qui introduit une proposition subordonnée de cause : « Puisque je suis libre ! » Puis le poète amplifie le mouvement en reprenant la même construction et en la développant sur un rythme ternaire avec les trois affirmations appuyées par « puisque » : « puisque moi du moins je suis libre ! puisque j'ai trouvé ! puisque moi du moins je suis dehors ! » Un deuxième type de construction se retrouve plus loin avec l'emploi de l'adverbe adversatif (c'est-à-dire « d'opposition »), « mais » toujours en position d'attaque en début des versets sept et dix : « Mais elle est [...] Mais ici » [...]. Ces structures syntaxiques accentuent l'énergie de la négation. Elles servent de cadre et soulignent les figures rhétoriques : les répétitions (elle est la vie même, vst 7; La vie même, vst 8), les parallélismes (« ici et où que je tourne le visage », vst 10) et les gradations appuyées par les anaphores (« Il y en a plus *et* encore *et* là aussi *et* toujours *et* de même *et* davantage ! Toujours, cher cœur ! », vst 11) et les terminaisons en écho (« vos eaux arrang*ées*, moissonn*ées* par le soleil, pass*ées* au filtre et à l'alambic, distribu*ées* par l'engin des monts », vst 13). L'utilisation d'un lexique hyperbolique accentue le caractère violent des affirmations (« hideuse », vst 2; « cruels », vst 3); « Corruptibles et coulantes », vst 14). La structure syntaxique et rhétorique très serrée accentue la cohésion du verset, forme souple, et scande son rythme en soulignant les retours de sonorités.

II.2.   Le poète s'est déjà libéré et il donne cet effort comme une victoire. Sa violence témoigne de l'urgence et de la gravité de la lutte menée par le poète : il s'agit d'un combat des forces de vie contre les puissances de la mort. Que font les hommes? Ils établissent des « empires » (vst 1) et, avec égoïsme, se moquent de leur prochain (arrangements cruels, vst 3). L'homme se contente de rectifier les effets de la Création ; le poète cherche le principe de vie : « La vie même et tout le reste me tue qui est mortel ! » (vst 8, voir aussi le verset 7). Le poète, lui, a « trouvé » (vst 3) le principe même de la vie, alors même qu'il semblait exclu du monde des autres hommes. Le verset quatre donne la clé de l'ensemble, puisque Claudel y oppose « les choses créées et ce qui les crée ». Il a pénétré la cause du mouvement marin et il ne se contente pas de manipuler les eaux à des fins utilitaires : il veut remonter à leur principe qui est Dieu. Ainsi, tout ce qui est « mortel » demeure promis à la mort parce que la créature finie est porteuse de destruction. Il faut donc tourner le dos aux hommes pour aller vers les forces de vie et participer à la Création dans son principe.

II.3.   Pour le poète, alors que le travail humain retranche les êtres hors de la communauté cosmique, l'étendue marine apparaît comme le symbole de la participation à la Création. Dans la deuxième ode intitulée « L'Esprit et l'Eau », le lien symbolique entre le spirituel et l'élément liquide est constant. L'eau est un symbole de vie à plus d'un titre : dans la mythologie, elle est donnée comme le lieu de la naissance ; dans la religion catholique, elle apparaît comme le principe purificateur, qui lave l'homme du péché originel et le ramène dans le giron de Dieu. Suivant une thématique traditionnelle qui fait naître l'homme de l'eau, la mer c'est la mère : « C'est la mère, je dis, qu'il me faut ! » Le jeu banal sur les homophonies sous-tend une vision du monde propre à Claudel. L'eau, c'est, pour lui, la matière énergétique : « La matière première ! » (vst 16) et la figure de l'infini. Dès lors, la figure de la mer prend tout son sens : elle ne se réduit pas à une image pure et simple, elle veut dire quelque chose, que seul le poète a su comprendre (relisez le commentaire composé du texte 1 de Baudelaire et la théorie des « correspondances »). En effet, pour Claudel, toute chose créée renvoie à la Création et signifie donc son Créateur.

Le poète veut donc se rapprocher des sources mêmes de la Création : il cherche, au travers des éléments, leur cause, le principe de leur mouvement et de leur énergie, Dieu. La renaissance de l'esprit s'effectue en deux temps : d'abord, il s'identifie à l'étendue marine puis il récupère ses propres richesses. Le poète retire son énergie de la mer, il s'identifie à elle, mais son esprit lui demeure supérieur.

III.1.   Dans le dernier verset s'impose la reprise et la réinterprétation poétique des symboles bibliques. Claudel file une première métaphore : image de l'espace, la mer est aussi la femme qu'il faut « posséder » comme une épouse. « Possédons la mer éternelle et salée, la grande rose grise. » L'impératif et le passage à la première personne du pluriel montrent que Claudel voudrait associer d'autres hommes à sa libération personnelle. Le substantif « rose » et l'adjectif « grise » forment un oxymore (c'est-à-dire « une alliance de mots ») qui suggère la dualité de la mer : elle lie les terres entre elles et constitue le principe même de l'union des choses entre elles. Élément féminin, la rose symbolise l'union du couple; cet espace infini et monotone doit être fécondé par l'esprit masculin, poétique. Parce qu'elle unit les terres visibles, la mer apparaît aussi comme le lieu où s'effectue le passage du visible à l'invisible : « je m'avance vers la mer aux entrailles de raisin. » Au cours de la messe, le prêtre célèbre la transformation de l'eau en vin par le Christ lors des Noces de Cana, mais aussi lors de la Cène, avant la Passion. Soulevée par le rythme élémentaire de la vague et figure de l'ordre primordial, la mer s'impose comme le réceptacle symbolique de la transformation de l'eau en vin : ce baptême spirituel permet au poète de réintégrer l'ordre primordial.

III.2.   Poète catholique, Claudel reprend et renouvelle la liturgie du liquide. L'esprit théologique définit l'attitude du poète : symbole du mouvement élémentaire et donc du souffle divin, la mer devient le modèle de l'esprit poétique. Dans chaque mesure, le poète semble s'élever vers l'absolu. Le rythme du verset suit le mouvement du souffle : il suit une mesure iambique (l'iambe est une mesure du vers latin composée d'une brève et d'une longue) : l'accent rythmique est toujours porté par la dernière syllabe accentuée par la ponctuation affective : « Ah, je n'en ai pas *assez* ! Je regarde la *mer* ! Tout cela me remplit qui a *fin*. / Mais *ici* et où que je tourne le *visage* et de cet autre *côté* / Il y en a *plus* et *encore* et là *aussi* et *toujours* et de *même* et *davantage*. Toujours, cher *cœur*!» Dans cet exemple, le dernier terme est accentué par sa position et mime la respiration de la mer. Mais l'esprit doit savoir sculpter, modeler la matière, donc, ici, les mots. Le poète n'en demeure donc pas à «copier» purement et simplement un rythme.

III.3.   L'esprit dépasse le symbole parce qu'il sait élaborer un texte personnel. Ainsi, le monde est un espace dont il faut posséder la clef; c'est un grand texte qu'il convient de savoir lire. Claudel donne ici sa définition de l'esprit poétique. Au XXe siècle, en effet, les poètes ont cherché à redéfinir leurs démarches et, dans la continuité des romantiques, ils ont voulu fonder la poésie sur un système de valeurs. Pour Claudel, l'esprit doit remonter le courant dégradant, conquérir le monde et aller vers l'illimité, figure de l'infini ainsi que de la profondeur. Refuser de suivre le rythme essentiel imprimé par Dieu au monde, c'est refuser d'être au monde.

La cohérence thématique de ce texte témoigne de la visée du poète, qui désire redéfinir les conditions mêmes de la création poétique. Sans argumenter ni pontifier, Claudel porte témoignage de l'importance de la poésie dans le renouveau spirituel de son époque travaillée par les incertitudes et affaiblie par la perte radicale des valeurs. Son orgueil légitime a pour but d'inciter le lecteur à ne pas se satisfaire de ce qui lui est donné, mais de participer à la Création pour donner un sens à la communauté des hommes.

COMMENTAIRE COMPOSÉ 17

Saint-John Perse (1867-1975)
Pour fêter une enfance

Né dans l'île de « Saint-Léger-les-Feuilles » en Guadeloupe, Alexis Saint-Léger Léger, dit Saint-John Perse, passe son enfance à Pointe-à-Pitre. Sa famille s'installe en France en 1899. Ami de Francis Jammes, il rencontre Claudel en 1905. *Pour fêter une enfance* paraît en 1910 en même temps qu'une autre série de poèmes intitulée *Eloges*. Grand diplomate, Saint-John Perse voyagera beaucoup : pour lui, le poète se définit comme l'étranger et la poésie comme une tentative pour exprimer la réalité objective. Ainsi, « la poésie est la science de l'être ». Bien qu'il ait toujours refusé toute lecture biographique de son œuvre, il fait partie, comme Claudel, des auteurs qui ont trouvé dans l'exil une forme d'inspiration.

TEXTE 34

Saint-John Perse
Pour fêter une enfance, poème 6
1907

1 Palmes !
2 et sur la craquante demeure tant de lances de flamme !

3 ... Les voix étaient un bruit lumineux sous-le-vent... La barque de mon père, studieuse, amenait de grandes figures blanches : peut-être bien, en somme, des Anges dépeignés ; ou bien des hommes sains, vêtus de belle toile et casqués de sureau (comme mon père, qui fut noble et décent).

4 ... Car au matin, sur les champs pâles de l'Eau nue, au long de l'Ouest, j'ai vu marcher des Princes et leurs Gendres, des hommes d'un haut rang, tous bien vêtus et se taisant, parce que la mer avant midi est un Dimanche où le sommeil a pris le corps d'un Dieu, pliant ses jambes.

5 Et des torches, à midi, se haussèrent pour mes fuites.
6 Et je crois que des Arches, des Salles d'ébène et de fer-blanc s'allumèrent chaque soir au songe des volcans,
7 à l'heure où l'on joignait nos mains devant l'idole à robe de gala
8 Palmes ! et la douceur
9 d'une vieillesse des racines... ! Les souffles alizés, les ramiers et la chatte marronne
10 trouaient l'amer feuillage où, dans la crudité d'un soir au parfum de Déluge,
11 les lunes roses et vertes pendaient comme des mangues.

*

12 ... Or les Oncles parlaient bas à ma mère. Ils avaient attaché leur cheval à la porte. Et la Maison durait, sous les arbres à plume.

© Éditions Gallimard

▶ DÉMARCHE

Ce poème en versets illustre parfaitement la distinction à faire entre un texte informatif et un texte poétique. Ce premier constat peut nous orienter dans notre travail préparatoire parce qu'il suggère la nécessité d'analyser les procédés littéraires qui transforment la réalité immédiate.

- **Idée générale :** dans notre texte, Saint-John Perse évoque son enfance à la Guadeloupe.

Travail au brouillon

Il est évident que le sens de ce poème n'est pas perceptible à première lecture : la poésie de Saint-John Perse est difficile.

1. Le sujet du poème : relevons les termes significatifs. « Palmes » situe le texte dans les îles ; « mon père », « les Oncles », « ma mère » donnent une indication importante sur le sens du texte puisque le poète évoque sa famille et son enfance.

2. Quel est le parti pris qui transfigure les données du vécu ? Le point de vue privilégié dans ce texte, c'est celui de l'enfant. Aussi le poète tente-t-il de reproduire la vision qu'il a pu avoir du monde quand il était enfant. Il le fait à l'aide de procédés rhétoriques : relevez-les et analysez-les.

3. Quel est le résultat obtenu ? Ce poème s'impose comme une évocation magique, une fable légendaire.

- **Hypothèse de lecture :** fidèle à sa conception de la poésie, Perse travaille ses souvenirs de façon à les dégager de l'anecdote et à restituer « le regard de l'enfant », donc du poète, sur le monde. Il transpose alors son souvenir en « une fable » qui emprunte ses éléments aux légendes. Intégrez maintenant les idées importantes pour orienter votre analyse.

Plan du commentaire composé

I. Du familier à l'irréel.
1. Le contenu informatif.
2. Les facteurs du songe.
3. Le glissement des séquences temporelles.
/transition/

II. Le regard de l'enfant sur le monde.
1. La condensation.
2. La synesthésie.
3. L'animisme
/transition/

III. Transposition légendaire.
1. La solennité.
2. Le rite de la célébration du feu.
3. La magie de l'évocation.

▶ COMMENTAIRE COMPOSÉ RÉDIGÉ

Ce poème clôt une série intitulée «Pour fêter une enfance», publiée d'abord en revue et incluse ensuite dans *Eloges*: le poète Saint-John Perse évoque son enfance à la Guadeloupe alors qu'il vit en France sous de plus austères climats. Il élargit l'expression du souvenir personnel en utilisant la forme poétique du verset, dont il exploite la solennité pour sacraliser ce retour aux origines, à l'être. Le poème suit la chronologie d'une journée, du matin au soir et, dans ce poème circulaire, s'organise un mouvement concentrique à partir du moment central du Midi, milieu de la journée et symbole de la vie, encadré par l'évocation de la maison natale, le lieu de la retraite et de la protection. Ce texte nous engage à définir trois axes d'analyse : l'expression du monde familier et irréel de l'enfance, puis la restitution du regard de l'enfant sur le monde et la transposition poétique de l'anecdote en récit fabuleux.

I.1.   A partir d'un schéma objectif lisible au travers de la chronologie apparente et des images, le poète évoque sa perception enfantine de l'espace et du temps. Cependant, même s'il transfigure les silhouettes, celles-ci demeurent ce qu'elles sont : la frontière tremble entre le réel et l'irréel. Si l'on réduit le texte à sa pure fonction informative, il raconte une journée aux îles, alors que le père (vst. 2) accompagne ses invités vers sa demeure et que la mère s'entretient avec ses frères (vst. 12). La maison définit le cadre spatial, lieu du départ (vst. 1) et de l'arrivée (vst. 12), de la stabilité : « Et la Maison durait, sous les arbres à plumes. » Le repère temporel semble un peu plus flou mais certaines indications permettent de déterminer la chronologie d'une journée : « au matin » (vst. 4), « à midi » (vst. 5), « chaque soir » (vst. 6). Mais, d'emblée, la localisation dans l'espace et le temps est comme minée par l'envol de l'imaginaire et le poète impose sa vision du monde.

I.2.   Tout est vu au travers du regard de l'enfant ou du poète qui retrouve cette capacité à voir les choses sans vraiment les identifier pour ce qu'elles sont. La lumière et l'ombre, chacune à leur tour, brouillent les perspectives. Le poème s'ouvre et se ferme sur l'évocation de la maison. Elle réunit une double thématique du masculin et du féminin : le domaine du père, c'est la lumière (« Tant de lances de flamme ! » vst. 2) et l'appel dynamique, la sortie hors de la maison ; le domaine de la mère, c'est la végétation et le retour sur soi. D'abord s'impose un mouvement de conquête, dans les quatre premiers versets qui évoquent la matinée et ouvrent vers l'univers du rêve ; puis, la deuxième partie du poème est pleine d'ombre, de nostalgie. La voile claque sous le vent et la barque amène les grandes robes des invités pour le repas de midi. Mais, dans la lumière, le regard de l'enfant hésite entre une vision fabuleuse et le souvenir de colons traditionnels, vêtus de blanc et coiffés de casque en sureau : « ces grandes figures blanches » étaient-elles comme des « Anges dépeignés » ou « des hommes sains vêtus de belle toiles et casqués de sureau » (vst. 3) ? Le quatrième verset ouvre le champ de la vision et l'imaginaire triomphe avec l'utilisation du verbe « voir » (j'ai vu marcher), dont l'ambiguïté signale que l'on passe du monde du songe à celui de la vision. Dans le verset suivant, la chaleur solaire favorise la fuite de l'enfant alors que l'activité des volcans insulaires (« au songe des volcans ») déclenche une nouvelle vision. Ensuite, les ténèbres s'appesantissent sur le décor (« dans la crudité d'un soir au parfum de Déluge, ») et suggèrent de nouvelles visions plus intimes (comme en témoigne la présence de la « chatte marronne », avec un jeu sur les sons, marronne imitant le bruit d'un ronronnement). Unité de sens en lui-même, le verset fait s'enchaîner des suites d'images sur une trame rythmique. Il s'intègre lui-même dans l'unité plus grande des mouvements séparés par des blancs et tous liés entre eux par un effet d'appel, les points de suspension.

I.3. Les plans se succèdent; les séquences temporelles dissimulent des glissements. En effet, certaines séquences se présentent comme des noyaux informatifs mais, à l'intérieur de la structure syntaxique, s'élabore une dérive de l'imaginaire. L'utilisation de l'imparfait de l'indicatif donne l'action comme répétitive dans le passé : « La barque de mon père, studieuse, amenait de grandes figures blanches [...] » (vst. 3). Le texte semble progresser alors en s'appuyant sur des articulations logiques insistantes : conjonctions de coordination (Car, au matin, vst. 4), reprises (« peut-être bien, en somme, [...] ou bien » vst. 3) et conjonction de subordination (« parce que », vst. 4). Mais la dérive s'organise, insidieusement, alors même que le texte se présente comme logique. Ainsi, le passage au présent de l'indicatif signale le caractère intemporel de la vision dans la formule générale · « la mer avant midi est un Dimanche » (vst. 4). Dès lors, la dérive vers le songe s'affirme et appelle deux autres mouvements repérables par le changement de temps : le passé simple pour la vision d'un horizon embrasé (« des torches, à midi, se haussèrent pour mes fuites », vst. 5) et le retour de l'imparfait à valeur itérative (c'est-à-dire « répétitive ») signale le repliement dans le berceau de verdure. Le texte semble se reculer progressivement dans le passé. Ses limites elles-mêmes semblent incertaines. Alors qu'il semblait s'achever, l'auteur ajoute un dernier verset, sorte de clausule qui recule l'ensemble de ce qui a été dit dans les lointains du souvenir avec la vision à la fois précise et estompée du cercle entourant la mère.

Ce poème évoque à la fois une situation précise et emblématique. Le jeu sur les temps et les images oniriques projette le lecteur hors de l'instant et le ramène à un ordre immuable, celui du souvenir à la fois figé et mouvant. Il restitue le regard de l'enfant sur le monde et définit la nostalgie comme l'essence de la poésie.

II.1. Chaque séquence apparaît comme le déploiement de ce qui est contenu en germe dans l'invocation initiale — ce qui définit un entrelac de correspondances. La feuille, image métonymique de l'arbre, reprend le vieux symbole de l'arbre médiateur, entre terre et ciel. « Palmes », en effet, lance la dynamique du souvenir, comme une sorte de cri conquérant qui ouvre l'espace réel et celui du souvenir. Très bref, réduit à sa simple fonction d'appel, le premier verset, dans une strophe où revient le son (a), est bien ce « langage d'avant le langage » qui définit le verset pour Saint-John Perse (voir fiche 3). Ensuite, le langage développe ce qui était suggéré par cette forme végétale, symbole qui engendre tout le poème. La forme de la palme appelle celle de la barque, puis celles des torches de feu (vst. 5) et des Arches. Enfin, le terme est répété mais modulé de manière différente au verset 8, comme si le poète méditait à présent sur le devenir. L'expression est elliptique et joue sur le propre et le figuré ainsi que sur les catégories de la perception. En effet, le regard de l'enfant sur le monde est restitué à l'aide de deux procédés : la synesthésie et l'animisme.

II.2. Le principe d'organisation des premiers versets, et donc la liaison des trois premiers, est assuré par le principe de la synesthésie (ou superposition des diverses impressions sensorielles) comme si le regard de l'enfant était encore embué par l'ignorance des choses ou bien comme si le poète faisait effort pour se souvenir. Ensuite, l'espace semble animé de forces à la fois personnifiées et ramenées au monde de l'enfance. Analysons, d'abord, la technique de la synesthésie. « Palmes ! » suggère le mouvement des palmiers dans la lumière et sous le vent. Le souvenir se déploie dans le verset deux, sorte d'amplification mystérieuse du précédent : le mouvement vertical de la palme se poursuit avec l'érection des « lances de flammes » solaires. Un nouveau sens est sollicité avec le bruit de la maison, « craquante », comme en partance pour un autre monde. Le verset suivant, dans la strophe deux, enchaîne sur le murmure des voix qui, elles-mêmes, à nouveau, suscitent la métaphore de la lumière, « un bruit lumineux ».

II.3.   L'enfant s'imagine toujours que les objets et les idées prennent vie et peuplent son univers familier Ainsi, la mer est donnée comme l'espace qui engendre le songe et suscite la vision. Son mouvement est suggéré par une suite d'images étroitement imbriquées : à midi, son calme fait penser au Dimanche et donc au sommeil, lui-même personnifié puisqu'il « a pris le corps d'un Dieu pliant ses jambes ». Le dormeur ressemble à un bouddha; un peu plus loin, le poète évoque « l'idole à robe de gala », vraisemblablement la figure religieuse devant laquelle il priait comme l'indique le mouvement des mains jointes. L'espace, peuplé de dieux, incite à la rêverie et suggère les rapprochements fantastiques (vst. 4, 5) et les images surréalistes sur une comparaison exotique (« les lunes roses et vertes pendaient comme des mangues », vst. 11). De même le décor est humanisé avec les hypallages (figure de grammaire qui consiste à attribuer à un mot ce qui convenait à un autre) : « une vieillesse des racines...!, l'amer feuillage, la crudité d'un soir ». L'espace exotique suggère la dérive dans l'irréel parce qu'il figure ce qui est étranger, donc étrange.

La nature, quoique simple, est transfigurée par la vision impressionniste de l'enfant retranscrite par le poète. Elle suggère une poésie du légendaire au travers de la célébration du monde des îles.

III.1.   L'enfant apparaît comme une sorte de petit Prince qui projette ses souvenirs de lecture sur le monde. Le rythme évoque la progression lente de la barque (retour de sons avec « lumineux », « studieuse », etc). Alors que les invités avancent sur une barque, il les voit marcher sur l'Eau, comme le Christ, et les pare de toutes les somptuosités des héros fabuleux : « des Princes et leurs Gendres, des hommes d'un haut rang » dans le silence et l'immobilité hiératique de midi. La silhouette noble du père se dresse sur l'horizon et symbolise l'humanisme sur la barque « studieuse » parce que le père la conduit avec scrupule. Mais cette solennité n'exclut pas l'irrespect : les anges sont « dépeignés »; la figure religieuse est évoquée comme une idole ornée (vst. 7); le décor fabuleux du verset 6 est évoqué au travers d'une accumulation achevée sur « fer-blanc », matière bien peu noble en comparaison de l'« ébène ».

III.2. Le feu apparaît comme l'énergie créatrice : les images se multiplient qui donnent la nature exotique comme l'expression de cette force solaire et souterraine. En effet, la référence au volcan (vst. 4) et au déluge (vst. 10) montre bien que la terre peut trembler sous l'irruption du feu intérieur; nous avons, peut-être, ici, une allusion au tremblement de terre qui secoua la Guadeloupe et incita la famille de Perse à rentrer en France. Néanmoins, le poète reste fidèle à sa conception d'une poésie objective et ne laisse pas apparaître clairement la possible allusion biographique. Le dieu célébré dans le poème est bien l'énergie cosmique, ce feu qui brûle la végétation, les palmes, la maison, qui fait scintiller la mer et embrase les volcans. Cependant, la « vieillesse des racines » (vst. 9) suggère la permanence de la terre et la solidité de l'enracinement végétal. Le poème évoque une civilisation ancestrale qui voue un rite primitif aux éléments, au soleil, au volcan...

III.3. Nous avons noté l'importance des images mais elles sont comme liées par des silences : ce poème met en forme ce qui dépasse l'expression, l'indicible. En effet, le rythme, lent, reproduit le mouvement de la mémoire et donne leur solennité aux visions. Le maniement de la ponctuation introduit des sortes de points d'orgue. Les points de suspension lient les versets deux et trois, trois et quatre alors que l'astérisque détache le dernier verset qui commence, néanmoins, sur un silence. La longueur des phrases, les échos sonores et les accumulations fréquentes accentuent l'impression d'entrer dans un autre monde, un univers fabuleux dont il convient de capter le souffle, grâce au verset.

Saint-John Perse pratique un langage poétique symbolique qui restitue à la fois la réalité et son développement imaginaire. La vérité est alors atteinte grâce à la libération des limites rationnelles. En restituant le regard de l'enfant sur le monde, Perse communie directement avec la nature et donne une forme à ce qui le définit, lui, comme poète, à ce qui fut à la source de sa création. Evoquer la forme des choses n'exclut pas d'en déployer toutes les virtualités secrètes.

FICHE TECHNIQUE 17

Le poème en prose

Au cours du XIXe siècle, les poètes libèrent progressivement le vers de ses contraintes métriques et de la rime : déjà, Victor Hugo désarticule l'alexandrin; ensuite, les recherches des poètes s'orientent dans deux directions parallèles. Les unes privilégient le travail sur le rythme et les jeux sur les sonorités et les images : elles ouvrent la voie au vers libre et au verset. Les autres confèrent à la prose une tonalité poétique : au XIXe siècle, ce sont les *Poèmes en prose* (1855) de Baudelaire, bientôt suivis des innovations de Rimbaud et de Mallarmé. Au XXe siècle, dans la mouvance de « l'esprit nouveau », Apollinaire supprime la ponctuation; puis, les surréalistes font du poème un bouquet d'images déconcertantes.

Nous avons vu que le poète classique observe différentes règles, liées au syllabisme, à la rime et au dessin harmonique de leurs pièces. Libérer le vers n'équivaut certainement pas à supprimer toutes les contraintes, sinon il n'y aurait plus aucun critère qui permettrait de définir le caractère poétique de tel ou tel texte. Certains principes se maintiennent donc :
— l'importance du rythme
— la disposition graphique
— les effets de sens.

TEXTE 35

Baudelaire
« Un Hémisphère dans une chevelure »
Petits Poèmes en prose,
1869

Laisse-moi respirer longtemps, longtemps, l'odeur de tes cheveux, y plonger tout mon visage, comme un homme altéré dans l'eau d'une source, et les agiter avec ma main comme un mouchoir odorant, pour secouer des souvenirs dans l'air.

Si tu pouvais savoir tout ce que je vois ! tout ce que je sens ! tout ce que j'entends dans tes cheveux ! Mon âme voyage sur le parfum comme l'âme des autres hommes sur la musique.

Tes cheveux contiennent tout un rêve, plein de voilures et de mâtures ; ils contiennent de grandes mers dont les moussons me portent vers de charmants climats, où l'espace est plus bleu et plus profond, où l'atmosphère est parfumée par les fruits, par les feuilles et par la peau humaine.

Dans l'océan de ta chevelure, j'entrevois un port fourmillant de chants mélancoliques, d'hommes vigoureux de toutes nations et de navires de toutes formes découpant leurs architectures fines et compliquées sur un ciel immense où se prélasse l'éternelle chaleur.

Dans les caresses de ta chevelure, je retrouve les langueurs des longues heures passées sur un divan, dans la chambre d'un beau navire, bercées par le roulis imperceptible du port, entre les pots de fleurs et les gargoulettes rafraîchissantes.

Dans l'ardent foyer de ta chevelure, je respire l'odeur du tabac mêlée à l'opium et au sucre ; dans la nuit de ta chevelure, je vois resplendir l'infini de l'azur tropical ; sur les rivages duvetés de ta chevelure je m'enivre des odeurs combinées du goudron, du musc et de l'huile de coco.

Laisse-moi mordre longtemps tes tresses lourdes et noires. Quand je mordille tes cheveux élastiques et rebelles, il me semble que je mange des souvenirs.

 EXERCICE : relevez les faits de style et les effets sonores qui font de ce texte un poème en prose.

▶ COMMENTAIRE RÉDIGÉ

Pour Baudelaire, le poète des «correspondances», la chevelure sensuelle de la femme aimée apparaît comme un médium de l'imaginaire. L'organisation circulaire de ce poème en prose le rapproche de l'évocation litanique : le titre, «Un hémisphère dans une chevelure», lance le thème majeur d'un réseau serré d'images inséré dans un système rythmique et sonore cohérent.

Le poème se referme sur lui-même et son mouvement mime celui d'une boucle, spirale qui suscite le retour en arrière. Le premier et le dernier paragraphe s'ouvrent sur la même supplication à la fois ferme et tendre avec quelques variations : «laisse-moi respirer longtemps» devient «laisse-moi mordre longtemps» parce que le travail de l'imaginaire se fait plus pressant et le poète passe de l'odorat au goût, à l'assimilation symbolique de la tresse, elle-même emblématique de la tentation — à cause de sa forme qui rappelle celle du serpent biblique. La chevelure s'impose du début à la fin comme l'équivalent d'un lien visuel avec le mouvement de la vague : le poète veut se plonger dans ses souvenirs. Donc les thèmes et la construction grammaticale sont identiques.

Les différents paragraphes, à peu près équivalents entre eux, possèdent, comme les strophes d'un poème rimé, une unité thématique : le deuxième lance les correspondances, entre les visions, les odeurs et les sons, développées dans les suivants. «Si tu pouvais savoir tout ce que je vois! tout ce que je sens! tout ce que j'entends dans tes cheveux!» Le troisième paragraphe développe le pronom indéfini «tout» du précédent : la chevelure s'impose comme un contenant et les trois paragraphes suivants s'ouvrent sur la même préposition «dans», qui lance une variation sur le thème principal.

Ce poème en prose développe une longue métaphore, dont chaque facette trouve une expression particulière : le réseau d'images semble grossir comme une excroissance devenue tellement importante, tellement crédible, que le poète oublie le réel pour vivre dans l'imaginaire.

Les cheveux sont évoqués sous leurs diverses formes : d'abord dénoués, ils suscitent les images de «l'eau d'une source» et du «mouchoir odorant» Le poète s'imagine déjà en plongeur, prêt à tenter l'odyssée du souvenir : ainsi, la forme de la chevelure suscite un premier réseau d'images marines, développées dans un champ lexical fort riche. D'abord s'imposent les images du mouvement qui ouvrent l'espace, la mer et le ciel (« voilures », « mâtures », « grandes mers », « océan », « port fourmillant »). Alors, le rêve se précise, se teinte d'exotisme, parce que suscité par Jeanne Duval, la mulâtresse. De plus, l'image des cheveux tressés lance un deuxième réseau d'images, notamment celui des mâtures compliquées (quatrième paragraphe). La femme apparaît donc comme la tentatrice, la femme à la natte de serpent, mais aussi comme la médiatrice de l'absolu, que le poète des correspondances appréhende au travers des sens.

La chevelure est un « paradis artificiel ». Sa consistance évoque peu à peu une atmosphère beaucoup plus intimiste, comme en témoignent le bercement du divan (cinquième paragraphe) et plus encore l'odeur des cheveux et la couleur noire dans l'avant-dernier paragraphe. La chevelure suscite d'autres senteurs, notamment celle, significative, de l'opium, et, par le travail des sens, l'envoi vers l'infini : « dans la nuit de ta chevelure, je vois resplendir l'infini de l'azur tropical ». Seuls subsistent les attributs de la chevelure. La femme, elle, disparaît : elle n'est jamais placée en position de sujet. Son rôle se réduit à inspirer le poète.

Le rythme est assuré par les balancements engendrés par les cadences binaires (grande structure : premier paragraphe ; petite construction : « de voilures et de mâtures ») ou ternaires (deuxième paragraphe et « un port fourmillant de chants mélancoliques, d'hommes vigoureux de toutes nations et de navires de toutes formes »). Le plus souvent, le paragraphe est constitué par une phrase unique, qui module toutes les variations à partir d'un thème majeur. Dans le troisième paragraphe, par exemple, la première proposition se précise avec l'adjonction progressive d'une expansion du nom « rêve », puis avec la seconde proposition dotée du même verbe (contenir) et juxtaposée à la précédente et développée par deux relatives explicatives bâties sur le même modèle. La phrase progresse donc par prolifération de la vision. Le rythme bénéficie du retour constant des sonorités : allitérations en (t) — « Tes cheveux contiennent tout un rêve (...). » —, en (m) — mers, moussons, me, charmants climats, atmosphère, parfumée — et en (p) — portent, espace, plus, parfumée, par, peau.

Ainsi, ce poème en prose développe les visions oniriques du poète en se libérant des contraintes formelles classiques. La ponctuation, le mouvement des phrases, miment l'envol de l'imaginaire et mettent en place un rythme, le chant d'une âme à la recherche d'un ailleurs dans le retour lancinant de mots, de sons, de tournures identiques. Ce texte ressemble à une litanie, à un cantique païen, proféré par un initié uniquement soucieux d'un idéal personnel. La chevelure féminine n'est qu'un moyen d'échapper au réel, une sorte de paradis artificiel.

COMMENTAIRE COMPOSÉ 18

Francis Ponge (1899-1988)
Pièces

Francis Ponge est le poète des choses : il veut restituer, par l'écriture, l'âme des objets et des êtres vivants. Aussi sa démarche est-elle double : le poète tente d'exprimer la nature profonde, l'essence, de ce qu'il décrit et donc il ne cesse de réfléchir sur la façon dont il s'exprime, parce qu'il se veut absolument fidèle et essaie d'éliminer son propre point de vue sur le monde.

TEXTE 36

Francis Ponge
« La Crevette dans tous ses états »
Début de la première partie
« La Crevette dix fois (pour une) sommée »
Pièces (1961)
Tome III de *Le Grand Recueil*

... C'est alors que du fond du chaos liquide et d'une épaisseur de pur qui se distingue toutefois mais assez mal de l'encre, parfois j'ai observé qui monte un petit signe d'interrogation, farouche.
Ce petit monstre de circonspection, tapi tantôt d'aguet aux chambranles des portes du sous-marin séjour, que veut-il, où va-t-il ?
Arqué comme un petit doigt connaisseur, flacon, bibelot translucide, capricieuse nef qui tient du capricorne, châssis vitreux gréé d'une antenne hypersensible et pleine d'égards, salle des fêtes, des glaces, sanatorium, ascenseur, — arqué, capon, à l'abdomen vitreux, habillé d'une robe à traîne terminée par des palettes ou basques poilues — il procède par bonds. Mon ami, tu as trop d'organes de circonspection. Ils te perdront.
Je te comparerai d'abord à la chenille, au ver agile et lustré, puis aux poissons.
A mon sac échapperont mieux ces stupides fuseaux de vitesse qui goûtent, le nez aux algues. Tes organes de circonspection te retiendront dans mon épuisette, si je l'extirpe assez tôt de l'eau — ce milieu interdit aux orifices débouchés de nos sens, ce cuvier naturel —, à moins que bonds par bonds rétrogrades (j'allais dire rétroactifs, comme ceux du point d'interrogation), tu ne rentres aux spacieuses soupentes où se réalise l'assomption, dans les fonds non mémorables, dans les hauteurs du songe, du petit ludion connaisseur qui caracole, poussé par quelle instigation confuse...

Francis Ponge, *Pièces*
© Editions Gallimard

▶ DÉMARCHE

Travail au brouillon

1. A première vue, dans ce texte en prose, Ponge décrit une crevette. Quels sont les procédés qu'il utilise pour tenter d'y parvenir?

2. En outre, cet extrait est aussi un dialogue entre l'auteur et la crevette qu'il veut décrire.
Relevons tous les indices qui permettent d'affirmer qu'il s'agit d'un dialogue :

— dialogue de l'auteur et du lecteur : **que veut-il, où va-t-il?**

— dialogue du poète et de l'objet de sa description : «Mon ami, tu as trop d'organes de circonspection, Je te comparerai, Tes organes»; jeu sur le «je» et le «tu».

3. Pourquoi cette description et ce dialogue? Sans doute parce que le poème prend acte d'une analogie entre la forme de la crevette et celle du point d'interrogation. Dans la première séquence, en effet, le poète semble regarder son encrier et voir se dessiner des formes qui suscitent l'image de la crevette. Autrement dit, le texte met en forme le constant parallèle entre l'activité du poète et l'attitude du «monstre de circonspection».

• **Idée générale :** ce poème naît d'une comparaison, donnée par le titre, entre la crevette et le point d'interrogation, qui symbolise **l'attitude du poète devant l'animal à décrire.**

• **Hypothèse de lecture :** une sorte d'aller et retour s'élabore entre l'objet à décrire et l'activité de celui qui s'efforce de le décrire mais demeure affronté à son irréductible mystère. Voilà définis les axes principaux de l'analyse.

352 / *Le poème*

Plan du commentaire composé

I. La description de la crevette.
1. Les analogies.
2. Le mouvement de la crevette.
3. Les comparaisons.
/transition/

II. Le dialogue du poète et de son objet.
1. La mise en scène du poète.
2. Le texte en mouvement.
3. Le parallèle entre l'écriture et l'objet.
/transition/

III. L'activité de l'écrivain.
1. Le projet du poète.
2. Le « monstre ».
3. L'insuffisance du langage.

▶ COMMENTAIRE COMPOSÉ RÉDIGÉ

Dans ses poèmes descriptifs, Francis Ponge, poète contemporain, a voulu exprimer la nature même de l'objet évoqué. Ce fragment de « La crevette dix fois (pour une) sommée » *(Pièces)* témoigne de cette ambition : la forme recourbée de la crevette s'impose comme la figure des interrogations du poète à la recherche d'un nouveau langage. Le texte se modèle sur son objet et progresse par bonds : le poète s'interroge d'abord sur la matière même de son inspiration et de son écriture (sq. 1 et 2), puis il procède à la description proprement dite (sq. 3 et 4) avant de suggérer à la fois son intention de capturer la crevette et son échec possible. Nous envisagerons donc d'abord comment le poète décrit la crevette, puis comment se noue le dialogue entre l'auteur et son objet et, enfin, comment le texte s'élabore à la faveur de retouches successives.

Pour décrire la crevette, Ponge procède de deux façons, soit qu'il tente d'épuiser les différentes caractéristiques de l'animal, soit qu'il essaie d'approcher une définition (sq. 3) par comparaison (sq. 4). Cette double approche doit lui permettre d'exprimer la nature de la crevette en elle-même, et non pas la vision subjective que le poète peut avoir d'elle.

I.1. La définition approchée de la crevette s'effectue en deux temps, scandés par la reprise de l'adjectif « arqué », qui introduit à la fois la description de la substance et celle du mouvement de la crevette. Placé devant le mystère de l'animal, Ponge commence par faire une sorte de catalogue des formes déjà connues de lui, qui pourraient lui permettre de mieux saisir la nature intime de la crevette. Presque toute la deuxième séquence est constituée par une accumulation de termes ou d'expressions placés en apposition. Le poème en prose joue sur les sonorités et les images : l'auteur cherche à capter la forme extérieure de la crevette, dont la fine membrane ne semble pas lui conférer une consistance bien définie. Ponge procède par analogie en recourant à des termes de plus en plus précieux, recherchés : la courbure de la crevette évoque, avec quelque mignardise, l'arc du « petit doigt connaisseur »; puis la forme suggère le contenant vide, le flacon, qui appelle à son tour le « bibelot translucide » qui souligne l'idée de transparence, de forme à la limite de la forme; puis la « nef », terme poétique d'un niveau de langue soutenu, suggère la référence à la constellation du « Capricorne » avec un jeu de mot sur l'étymologie du terme (*caper,* en latin, signifie « bouc », d'où provient le terme *capricorne,* inspiré par le mouvement de la crevette; de même, plus haut, *capra,* « chèvre », donne *capricieuse*); mais le « capricorne », c'est aussi un coléoptère dont la larve creuse une galerie : nous retouvons l'idée de contenant développée par « châssis vitreux » doublé de la connotation de la transparence déjà notée « bibelot » et de celle du navire « nef ». Ensuite, la courbure cède la place aux antennes de la crevette : « gréé » (le bateau, toujours) « d'une antenne hypersensible » avec une expansion qui joue sur le propre et le figuré de l'adjectif précédent : « hypersensible » donne « pleine d'égard »; d'où « salle des fêtes », pour la somptuosité de l'animal, « glaces » pour la transparence de son enveloppe — qui inspire « sanatorium » — et, en contre-point, « ascenseur » — pour le mouvement.

I.2.   Notons que, dans la phrase nominale, cette première série suit un rythme très soutenu : les deux dissyllabes « Arqué » et « flacon », introduisent un mouvement binaire et sont suivis par des groupes ternaires que l'on peut découper en mesures de six syllabes : « bibelot translucide » (6), « caprici-euse nef (6 avec diérèse) qui tient du capricorne » (6), « châssis vitreux gréé » (trois fois six : réunion des rythmes binaire et ternaire). Puis, les images renvoient à d'autres référents et le rythme se modifie mais les échos sonores demeurent (en (i) et en (c) pour la première série rythmique; en (a) et en (s) pour la seconde). Le mot « ascenseur » lance le mouvement de la deuxième série d'analogies. Le rythme s'amplifie progressivement sur le modèle de la première série : d'abord des adjectifs de deux syllabes, « arqué », « capon » (« lâche »), puis une mesure de six, « à l'abdomen vitreux » et une dernière image qui métamorphose la forme de l'animal en vêtement — que, éventuellement, on pourrait enlever... Enfin, la dernière remarque éloigne l'animal du champ de la vision et mime ses bonds avec l'allitération en (p).

I.3.   La phrase deux porte sur le lieu où se trouve l'animal, « tapi tantôt d'aguet aux chambranles des portes » : la crevette se tiendrait dans l'embrasure des portes, comme en attente d'autre chose; à moins qu'elle n'adopte l'attitude du gardien ou encore de l'initiateur. Quoi qu'il en soit, les allitérations en (t) et (p), ainsi que l'assonance en (a) scandent le rythme heurté du poème en prose et prépare la double interrogation finale. Dans la quatrième phrase, le poète procède d'une autre manière : au lieu de cerner la nature propre de la crevette, il la rapproche d'autres animaux, mollusques ou poissons. A la description analogique succède la définition différentielle. Ponge tente de mettre en œuvre son projet initial, qu'il développe, notamment, dans ses *Proêmes*, écrits théoriques à la frontière entre la prose et la poésie. Il remet ainsi en question le lyrisme des romantiques et cherche à fonder sa démarche de poète sur une morale : il ne faut pas se projeter sur le monde mais essayer de faire entendre la voix des choses et des animaux, qui n'ont pas la parole mais qui ne sont pour autant muets pour qui sait les entendre. Il faut donc adapter son écriture à son objet — et non l'inverse.

Placé devant la nécessité de dire le monde, le poète tente d'épouser, par l'écriture, le mouvement même de son objet. Il cherche à approcher du mieux possible la singularité de la crevette, parce que sa forme en point d'interrogation symbolise, pour lui, son attitude devant le monde.

II.1. Le poème dramatise la naissance de la crevette dans le monde de l'écriture. Elle semble prendre forme dans le mouvement même du texte : Ponge ne le nomme pas par son nom dans notre extrait, bien au contraire, il la désigne par une forme de neutre en français, le pronom « il ». L'animal, monstrueux, participe à la fois féminin et masculin : il porte « une robe à traîne, terminée par des palettes ou basques poilues ». Le lecteur soupçonne que le poète parle de la crevette parce qu'il a lu le titre... En outre, le texte commence par des points de suspension, comme si le poète poursuivait une réflexion de poème en poème, comme si la dynamique de sa pensée ne s'interrompait pas ; or, ce texte ouvre une nouvelle section. Il convient donc d'affiner notre analyse : les points de suspension indiquent que l'auteur s'intègre dans une réalité qui lui préexiste, qui n'a pas besoin de lui pour être. La crevette est donc comme prise en étau entre sa propre réalité, sa vérité profonde, et le travail de l'écriture. D'emblée, Ponge prend la parole en son nom, à la première personne du singulier « parfois j'ai observé » pour tenter d'effacer ce qui pourrait le donner comme un producteur de fictions poétiques. Il se met en scène pour mettre en évidence sa présence, pour clarifier la situation. Il avertit, en quelque sorte, le lecteur, qu'il va d'abord traduire une réalité vivante avec des mots.

II.2. Le poète veut rendre compte à la fois de la nature et du mouvement de la crevette, il se refuse à la figer dans un lieu et à donner d'elle une vision statique et donc trop subjective. Le poème en prose doit se calquer sur son objet sans imposer de structure préétablie. Il définit son propre code. Ainsi, dans la deuxième phrase, la ponctuation rend visible la progression du poète, qui part du plus extérieur à la crevette (avant le premier tiret), pour aller d'abord à ce qui se rapporte directement à elle (entre les deux tirets) et, enfin, la placer en position de sujet, dans la clausule, « il procède par bonds ». Ponge est très sensible à la disposition graphique de son texte sur la page : elle fait sens tout autant que le contenu. En même temps, il commence par se référer à ce qui lui est le plus proche, à lui, puis les images s'enchaînent et évoquent des réalités de plus en plus éloignées de lui. De même, la séquence cinq met en place le milieu où évolue la crevette, « l'eau — ce milieu interdit aux orifices débouchés de nos sens, ce cuvier naturel — [...] ». Cela signifie que l'homme n'a pas accès dans l'élément aquatique, où s'élabore le mystère de la Création. En ce sens, le poète, lui aussi, doit utiliser des subterfuges (l'épuisette) pour pallier ses insuffisances. Nous reviendrons sur cet aspect dans la troisième partie.

II.3.   Le parallèle entre l'écriture et l'objet s'impose à l'évidence. Le poète s'exprime dans un langage à la fois familier et soutenu (« chaos », « pur »). Son texte, très rhétorique s'ouvre sur une synecdoque : Ponge commence par considérer son encrier ; la profondeur de ce contenant suggère l'image du gouffre, du moins, l'encre qui lui sert à former des lettres est désignée comme un chaos, symbole de la création encore à venir : « du fond du chaos liquide et d'une épaisseur de pur qui se distingue toutefois mais assez mal de l'encre [...] ». L'allitération en (p) scande l'expression « épaisseur de pur » qui désigne les difficultés rencontrées par le poète lorsqu'il veut élaborer un texte « pur » de toute interprétation subjective — on se rappelle l'ambition de Mallarmé (fin XIXe siècle), qui voulait traduire le texte du monde dans toute sa vérité. Dès lors s'instaure une structure binaire : le poète est confronté à la matière concrète, l'encre, qui lui sert à écrire ; celle-ci évoque la forme d'un animal dont le lecteur ignore jusqu'au nom. Ainsi se noue le dialogue entre le poète et « un petit signe d'interrogation, farouche, un petit monstre de circonspection ». Le poète insiste sur la distance qui le sépare de son objet, toujours désigné par la deuxième personne du singulier. Mais il est frappé par l'analogie qui existe entre la forme de la crevette et sa propre attitude en tant que poète : l'interrogation.

Ce poème témoigne de l'entreprise menée par Ponge, qui se rapproche de son objet pour, sans cesse, se séparer de lui. Cet écart entre le sujet et l'objet, entre le signifiant (« les mots ») et le signifié (« la réalité » ou « l'idée ») définit le texte même du poème et lui confère son rythme.

III.1.   Quel est le projet du poète ? Il affirme qu'il va prendre la crevette à son propre piège. En effet, il dénonce l'excès de scrupule de l'animal : « Mon ami, tu as trop d'organes de circonspection. » Si l'on réduit le texte à sa fonction informative, Ponge veut dire que les petites pinces de la crevette vont la retenir dans ses filets alors que les poissons vont glisser à travers les mailles. « Tes organes de circonspection te retiendront dans mon épuisette, si je l'extirpe assez tôt de l'eau [...] ». Mais, au deuxième degré, Ponge sous-entend que si l'on réfléchit trop, si l'on doute trop de soi et des autres, on échoue, on se laisse prendre. Autrement dit, Ponge, à la lettre, se « jette à l'eau » : même s'il est conscient de l'incapacité du langage à tout dire, il ne peut reculer devant la nécessité de s'exprimer. Ainsi s'explique à la fois l'usage et le sens de la parenthèse — la crevette avance « par bonds rétrogrades (j'allais dire rétroactifs, comme ceux du point d'interrogation) » —, elle rectifie une première affirmation, la traduit en termes symboliques, comme si le texte se commentait lui-même. La crevette marche à l'envers, par bonds rétrogrades (répétition du préfixe avec « rétroactifs » par mimétisme), tout comme le poète réfléchit sur ce qu'il vient de dire et le note dans son texte même.

III.2.   Néanmoins, la crevette demeure un « monstre », un mystère : jamais nommée, elle finit par rejoindre le monde des limbes. A la fin de notre texte, le poète évoque la possibilité de son échec : « tu ne rentres aux spacieuses soupentes où se réalise l'assomption, dans les fonds non mémorables, dans les hauteurs du songe, du petit ludion connaisseur qui caracole, poussé par quelle instigation confuse... » La crevette retourne donc dans les profondeurs aquatiques que, par un renversement des perspectives, Ponge désigne aussi par l'expression « les hauteurs du songe » parce que le « ludion », petite boule creuse, monte et descend dans son bocal. Elle rejoint donc le monde de ce qui est encore à naître, dans les « soupentes » (« chambres sous les toits ») où rêvent, d'ordinaire, les poètes. Elle triomphe, réalise son « assomption », comme si elle acquérait le statut d'un être sacré.

III.3. Le poète échoue donc à exprimer, ici, la nature intime de son objet. En effet, son texte témoigne de sa projection sur son objet. Il commence par interpréter la forme de la crevette en fonction de son impression personnelle : qui a jamais vu dans une crevette un point d'interrogation ? En outre, alors qu'il veut prendre quelque distance vis-à-vis de son objet en l'évoquant de manière humoristique : il l'interpelle (« Mon ami »), il la personnifie, l'humanise, comme s'il nouait un dialogue avec une personne de bonne compagnie. Aussi ce texte rend-il compte de la difficulté du poète à saisir la singularité des êtres et des choses à l'aide du langage, code très général de la communication.

Comme l'indique d'emblée le titre, Ponge somme la crevette de se dire. Réflexion sur la réalité et sur la capacité du langage à la traduire, ce texte bute sur son propre mystère et achoppe à la difficulté qu'il désigne lui-même : cet animal, ce texte, « que veut-il, où va-t-il ». L'auteur poursuit ensuite sa réflexion dans ce qu'il est permis d'appeler « l'épopée de la crevette », qui retrace les pérégrinations de l'esprit en quête de ses moyens d'expression et en proie au désir, utopique, de changer la grammaire en fonction de son objet.

COMMENTAIRE COMPOSÉ 19

Aimé Césaire (né en 1913)
Cahier d'un retour au pays natal

D'origine martiniquaise, Aimé Césaire collabore à la création de *L'Etudiant noir* (1934) et cherche à définir l'originalité de la culture noire, qu'il appelle la «négritude». Pour lui, la poésie antillaise se définit par la prise de conscience de soi et par la revendication nationale; les Noirs, humiliés et misérables, symbolisent, en général, l'homme exploité par la société. Compagnon d'infortune de son peuple, il écrit, à Paris, *Cahier d'un retour au pays natal,* long poème où s'exprime une révolte qui rappelle celle de Rimbaud et Lautréamont. Après la Seconde Guerre mondiale, André Breton salue comme «le plus grand monument lyrique de ce temps» ce texte qui critique la notion européenne de la raison et prône une folie nouvelle.

Aimé Césaire
Cahier d'un retour au pays natal
1939

Et moi, et moi moi qui chantais le poing dur
Il faut savoir jusqu'où je poussai la lâcheté.
Un soir dans un tramway en face de moi, un nègre.

C'était un nègre grand comme un pongo[1] qui essayait de se faire tout petit sur un banc de tramway. Il essayait d'abandonner sur ce banc crasseux de tramway ses jambes gigantesques et ses mains tremblantes de boxeur affamé. Et tout l'avait laissé, le laissait. Son nez qui semblait une péninsule en dérade[2] et sa négritude même qui se décolorait sous l'action d'une inlassable mégie[3]. Et le mégissier était la Misère. Un gros oreillard subit dont les coups de griffes sur ce visage s'étaient cicatrisés en îlots scabieux[4]. Ou plutôt, c'était un ouvrier infatigable, la Misère, travaillant à quelque cartouche hideux. On voyait très bien comment le pouce industrieux et malveillant avait modelé le front en bosse, percé le nez de deux tunnels parallèles et inquiétants, allongé la démesure de la lippe, et par un chef-d'œuvre caricatural, raboté, poli, verni la plus minuscule mignonne petite oreille de la création.

C'était un nègre dégingandé sans rythme ni mesure.

Un nègre dont les yeux roulaient une lassitude sanguinolente.

Un nègre sans pudeur et ses orteils ricanaient de façon assez puante au fond de la tanière entrebâillée de ses souliers.

La misère, on ne pouvait pas dire, s'était donné un mal fou pour l'achever.

Elle avait creusé l'orbite, l'avait fardée d'un fard de poussière et de chassie mêlées.

Elle avait tendu l'espace vide entre l'accrochement solide des mâchoires et les pommettes d'une vieille joue décatie. Elle avait planté dessus les petits pieux luisants d'une barbe de plusieurs jours. Elle avait affolé le cœur, voûté le dos.

Et l'ensemble faisait parfaitement un nègre hideux, un nègre grognon, un nègre mélancolique, un nègre affalé, ses mains réunies en une prière sur un bâton noueux. Un nègre enseveli dans une vieille veste élimée. Un nègre comique et laid et des femmes derrière moi ricanaient en le regardant.

Il était COMIQUE et LAID
COMIQUE et LAID pour sûr.
J'arborai un grand sourire complice...
Ma lâcheté retrouvée !

---
1. Pongo : genre de singe
2. Dérade : action de quitter la rade, quand le mouillage est dangereux.
3. Mégie : synonyme de tanage.
4. Scabieux : galeux.

Aimé Césaire, Cahier d'un retour au pays natal
© Présence africaine

▶ DÉMARCHE

- **Situation du texte :** Aimé Césaire écrit le long poème en prose intitulé *Cahiers d'un retour au pays natal* à Paris, peu avant de retourner dans son pays natal. Le poète-narrateur évoque la misère de la Martinique; puis il exorcise le cauchemar du « bon nègre » pour en appeler à la révolte et au combat. Dans notre extrait, l'auteur décrit un Nègre qui s'asseoit devant lui dans un tramway, à Paris. Il n'a pas le courage de prendre la défense de l'humilié : il renie son frère de couleur, en quelque sorte, par crainte de s'opposer aux autres voyageurs. La situation du texte nous permet d'en préciser l'idée générale.

- **Idée générale :** l'auteur évoque un Nègre et, en écrivant cette description, il avoue et dénonce sa propre trahison.

Travail au brouillon

Il est clair que le poète regrette son attitude; commencez par identifier ses sentiments à son propre égard (paragraphes 1 et 6); vous remarquerez alors que l'expression du remords encadre la description du Nègre; puis, relevez les termes qui renvoient à la description du Nègre et classez-les de façon à mettre en évidence le travail de la misère sur cet être misérable et à souligner l'inadaptation du personnage à la situation.

La description revêt une fonction précise : elle n'est pas faite pour elle-même mais, pour l'auteur, elle s'impose comme une façon d'exprimer sa culpabilité et sa honte, non tant pour se faire pardonner que pour la regarder en face et la dépasser.

Nègre	Regard du narrateur	Misère
« Strophe » 1 : description encadrée par une même constatation		
pongo, seul	mouvement du regard	mégissier
boxeur à l'étroit	silhouette, nez	oreillard (griffe)
îlot	visage, front, lippe	ouvrier (pouce)
« Strophe » 2 : expansion de la précédente		
lassitude	yeux	bourreau acharné
animalisé, sale	regard en sympathie	creuse, fardée
« Strophe » 3 : gradation, action de la misère		
chose = tissu	rythme scandé	chosifie
	joue, barbe, cœur, dos	humilie
« Strophe » 4 : déshumanisation totale et triomphe de la misère		
un tout	ricanement des autres	caricature

— D'abord, en ce qui concerne la description du Nègre, vous remarquez que l'auteur multiplie les images. Rappelez-vous donc comment il convient d'analyser les images dans un texte (voir lexique *Comparaison*).

1. Les images : reprenez donc les éléments qui se rapportent au comparant, au comparé : animal ; boxeur ; matière première privée d'identité et atomisée, le corps du nègre est présenté comme l'espace où s'inscrit, concrètement, l'action de la misère.

2. L'organisation des images : caricature du Nègre, qui commence par perdre son identité, sa négritude, et qui finit par perdre toute personnalité.

3. Leur fonction : le Nègre est inadapté à l'espace restreint du tramway.

— Ensuite, l'action de la misère est personnifiée : procédez de la même manière que pour le Nègre.

1. Images.
2. Organisation.
3. Sens.

— Enfin, il nous reste à évoquer l'attitude du poète-narrateur et le jugement qu'il porte sur lui-même. Ce fragment d'un poème en prose dramatise un événement qui a révélé au poète sa propre lâcheté. Analysons les procédés qui font de cet extrait un petit drame.

1. D'abord, vous remarquez que cette description, en elle-même, n'est pas neutre; chaque détail physique donne lieu à une remarque d'ordre moral de la part du narrateur et traduit son point de vue, renforce l'impression générale de misère du malheureux; la première strophe encadrée par un même constat, le présentatif à l'imparfait de l'indicatif; reprise constante du terme de « Nègre » et litanie dans la dernière strophe.

2. Ensuite, quand les événements se sont déroulés, c'est lui qui regardait le Nègre : la description est donc orientée par le regard du narrateur. D'abord, la silhouette, puis le visage et, en particulier, le nez, l'œil, enfin, un retour à l'ensemble. Mais le poète s'inclut dans le groupe des moqueurs.

3. Enfin, le poète revient sur le rôle qu'il joua; il faut analyser l'expression du remords. Principe général : le balbutiement; les répétitions; les points de suspension. Le poète est comme confondu par sa propre faiblesse, qui défie l'expression.

• **Hypothèse de lecture :** ce texte repose sur une sorte de vaste métaphore : le corps du Nègre constitue la matière première où s'élabore l'action de la misère. Le narrateur s'impose, en quelque sorte, comme le maillon entre le Nègre et la force abstraite qui le métamorphose. Nous avons donc trois termes : le Nègre/le narrateur/la misère. Voyons s'ils ne peuvent pas définir les grands axes de l'analyse.

364 / *Le poème*

Plan du commentaire composé

I. A quoi est comparé le nègre ?
1. La nature des images.
2. Leur organisation.
3. Leur signification.
/transition/

II. Quelle est l'action de la misère ?
1. Les images qui la désignent.
2. Le véritable acteur du drame, c'est la Misère (le nègre est passif).
3. Le sens de cette dénonciation.
/transition/

III. Comment le narrateur le voit-il ?
1. La progression de la description.
2. Le lien physique-moral.
3. La dénonciation de la lâcheté passée et lyrisme du poème en prose.

▶ COMMENTAIRE COMPOSÉ RÉDIGÉ

Dans ce fragment de *Cahier d'un retour au pays natal*, le poète martiniquais Aimé Césaire évoque la figure d'un grand Nègre rencontré dans un tramway parisien. Il n'a pas eu le courage de défendre cet homme et cette description a pour fonction d'exprimer cette trahison. Encadrée par le constat de lâcheté dressé par le poète-narrateur, la description progresse en suivant le travail de la dépersonnalisation du Nègre : cet être humilié a subi toutes les atteintes de la misère. Nous orienterons l'analyse de ce texte dans trois directions : la nature de la description, l'action de la misère et l'expression froide du remords ressenti par l'auteur.

I.1.   D'abord animalisé, ce «pongo», autrement dit ce grand singe, se métamorphose en chose de façon implicite puis explicite. En effet, le corps du Nègre est atomisé; ainsi, chaque partie de son corps suggère une image : un «nez qui semblait une péninsule en dérade»; «le front en bosse», etc. Ensuite, une métaphore court dans la description du Nègre : la joue du Nègre, «une vieille joue décatie», est comparée à une toile informe; quant à sa barbe, elle évoque de «petits pieux luisants» plantés dans un espace vide. Il n'existe plus comme individu mais comme un «ensemble», une sorte de résumé de la misère du monde, comme le suggère l'accumulation finale où l'auteur énumère une série d'adjectifs dépréciatifs qualifiant le substantif «Nègre» : laid («hideux»), triste («grognon», mélancolique), sans aucune tenue («affalé»), il se fige comme une sorte de statue en une ultime image. Cette figure réunit les caractéristiques de la misère noble puisque le Nègre ressemble à un pèlerin («ses mains réunies en une prière sur un bâton noueux») et de la dérision puisque les Parisiennes se moquent de lui.

I.2.   Le Nègre perd son identité, «sa négritude même qui se décolorait sous l'action d'une inlassable mégie». Sa peau noire est tannée comme celle d'un animal. La misère le métamorphose physiquement et moralement. D'abord, ses narines deviennent «deux tunnels parallèles et inquiétants»; sa bouche se transforme en lippe. Ensuite, il n'a plus la force d'éprouver de la pudeur. «Un Nègre sans pudeur et ses orteils ricanaient de façon assez puante au fond de la tanière entrebâillée de ses souliers.» A la faveur d'une synecdoque, son corps parle pour lui, qui ne s'exprime jamais. Il semble incapable de réagir et se transforme en présence physique pure et simple. Dans le tramway, «enseveli dans une vieille veste élimée», il semble comme se survivre à lui-même et ressemble à une tête de mort : la misère «avait creusé l'orbite, l'avait fardée d'un fard de poussière et de chassie mêlées». Il devient une sorte de grossière mais achevée caricature du Nègre («parfaitement»), une image qui pourrait susciter l'effroi des bien-pensants et des racistes.

I.3.   Son attitude suggère mieux que son état d'esprit (il ne semble plus avoir la force de penser) un état de fait. Le Nègre échappe aux catégories de la « normalité » telle qu'elle semble définie par les dimensions des banquettes et des tramways, réalisés par des Européens. Il est d'abord présenté comme un être qui n'a pas, à la lettre, sa place dans cet espace. La première comparaison, en forme, le renvoie non pas à l'humain mais à l'animal : il se caractérise par sa maladresse et sa raideur. Maladresse puisque la répétition du verbe « essayait » suggère que l'action se répète, bégaie, parce que le Nègre ne sait pas comment s'asseoir. Raideur, puisqu'il ne sait que faire de son corps, comme monstrueux (« se faire tout petit », « jambes gigantesques ») et de sa force (« mains tremblantes de boxeur affamé »). Par une sorte d'enchaînement ironique, l'auteur montre que si le Nègre tente en vain d'abandonner son corps, son isolement est réel : « Et tout l'avait laissé, le laissait. » Il n'est pas dans le « ton » (« C'était un Nègre dégingandé sans rythme ni mesure. ») et demeure exclu du groupe.

Le tissu très cohérent des images fait de ce poème en prose une sorte de cadre pictural où s'enchâssent les visions qui convergent toutes vers le Nègre, pitoyable et dérisoire. Jouet du destin et de la misère, le Nègre se métamorphose au gré de son bourreau et demeure passif, sorte d'incarnation de tout le malheur du monde.

II.1. La misère fait du Nègre un exclu. Ses coups (« cicatrisés en îlots scabieux ») le marquent au visage comme on marquait les esclaves au fer. Elle déforme le Nègre de façon à le mettre hors la loi sociale commune : il est sale, répugnant même et il sent mauvais. Surtout, elle le rend comme étranger à lui-même. Elle corrige l'action du Créateur, comme le suggère la synecdoque : « le pouce industrieux et malveillant. » Elle travaille la matière première, la chair, perce le nez, allonge la bouche et dénature complètement « la plus minuscule mignonne petite oreille de la création. » Cette série d'hypocoristiques (« termes qui expriment la tendresse ») témoigne de la pitié du narrateur et s'oppose à la familiarité qui souligne l'acharnement systématique de la misère : « La misère, on ne pouvait pas dire, s'était donné un mal fou pour l'achever. »

II.2. La misère s'impose comme le véritable agent du drame subi par le Nègre. L'auteur la présente d'abord comme oiseau de proie, «gros oreillard» qui donne des «coups de griffes» violents. Ensuite, il corrige sa pemière évocation, trop nette et trop franche et la personnifie : « Mégissier, ouvrier infatigable. » Enfin, elle apparaît comme une sorte d'allégorie. Cette force abstraite possède une puissance concrète qui se traduit par le déclassement du Nègre.

II.3. Le narrateur ne prend pas la parole pour élaborer une dénonciation de la misère. Il se contente de décrire son action sans la commenter. Cette description, à la fois prolixe et elliptique, traduit le pouvoir absolu de l'argent dans une société qui juge les êtres en fonction de ses possessions. Expression tragique de la misère humaine, cet être à la limite de l'humain inspire au narrateur une sorte d'horreur sacrée parce qu'il incarne la figure emblématique du Pauvre.

Le narrateur assiste néanmoins à cette scène d'humiliation sans prendre le parti de son compagnon de misère. La présence de l'auteur se décèle d'abord dans le travail de l'écriture, qui transforme le Nègre en une figure symbolique de la misère. Elle s'impose aussi lorsque l'auteur évoque son attitude en tant qu'acteur du drame et dénonce sa propre lâcheté.

III.1. Dans cet extrait d'un long poème en prose, le narrateur transfigure l'évocation du Nègre à la faveur d'une transposition d'arts. La littérature se ressource dans la peinture, la poésie emprunte son rythme à la musique et le texte se rapproche de la célébration rituelle. Le poème se présente comme une sorte de tableau : la description du malheureux est encadrée par un même constat, le présentatif à l'imparfait de l'indicatif («C'était un Nègre»), qui éloigne le texte dans le temps, lui confère une sorte de solennité. Le tissu phonique du poème est très serré («allongé», «raboté», «verni», «poli»). Enfin, le lyrisme de cette sorte de litanie sacralise presque le contenu de la description. Le travail de l'écriture permet au poète de confesser ses impressions personnelles et d'honorer le malheureux. En effet, ce poème constitue une rétrospection : l'auteur transforme le corps du malheureux en une sorte de texte où se lit à la fois l'influence de la misère et la souffrance du Nègre. Le détail physique suscite une interprétation morale du narrateur qui revient sur le passé. « Un Nègre dont les yeux roulaient une lassitude sanguinolente. » La tragédie du Nègre est suggérée de manière concrète ; en outre, l'image (« rouler ») est empruntée aux stéréotypes de la description des Nègres — ce qui accentue le caractère dérisoire du personnage. Ainsi, le poète semble d'autant plus coupable qu'il a ignoré cette figure exemplaire de la misère vécue par ses frères.

III.2.   La description est orientée par le regard du narrateur, qui perçoit d'abord un effet d'ensemble, évoque la silhouette du Nègre, puis détaille avec minutie, comme s'il ne voulait rien omettre : le visage, le nez, l'œil. Le narrateur semble fouiller son souvenir et s'acharner sur son propre mutisme décelable au travers de l'emploi ambigu du pronom personnel indéfini « on ». Le « on » désigne l'ensemble des voyageurs du tramway et souligne la lâcheté du narrateur qui s'inclut dans ce groupe, implicitement. A la fin du texte, le poète reprend les adjectifs qui synthétisent l'opinion des voyageurs sur le malheureux. De façon directement visible dans la disposition du texte, les majuscules traduisent le jugement humiliant :

> « Il était COMIQUE et LAID
>   COMIQUE et LAID pour sûr. »

La répétition et le passage à un niveau de langue familier (« pour sûr ») soulignent la perte de personnalité de l'auteur. Lui aussi se fait complice des autres voyageurs et il reprend les termes qu'ils pouvaient employer. En ce sens, le poète pourrait aussi se donner comme une sorte de victime d'un état de fait. Mais, bien au contraire, il insiste sur sa trahison.

III.3.   Ainsi, l'évocation de l'un des représentants les plus caractéristiques du peuple noir prend tout son sens dans la dénonciation de la lâcheté du poète-narrateur. Un principe général d'organisation sous-tend la déploration : l'évocation qui encadre le tableau du Nègre, le balbutiement de la syntaxe avec de multiples reprises lexicales et grammaticales suggère le caractère indicible, parce qu'insoutenable, de l'évocation du narrateur par lui-même. Il souligne ses propres contradictions en montrant que des belles paroles, ses attitudes (« moi qui chantais le poing dur ») n'ont pas résisté à l'épreuve des faits :

> « J'arborai un sourire complice...
> Ma lâcheté retrouvée... »

Il fustige son incapacité à affirmer des convictions dont il remet en doute, à présent, l'authenticité : il « retrouve », en effet, la lâcheté qui le définit en tant qu'être et qu'il avait oubliée en se faisant le chantre de la négritude. Mais il convient de nuancer ce propos : Césaire se charge parce qu'il ne supporte pas l'idée de s'être montré inférieur à lui-même et à son idéal.

Aimé Césaire rend hommage à son peuple en se faisant le chantre de sa déchéance. Cette démarche semble suggérer que l'humiliation grandit l'être qui la subit : le poète avoue sa faiblesse et la fustige avec énergie. Quoi qu'il en soit, ce faisant, il donne ses lettres de noblesse au spectacle de la misère noire. En outre, loin de se poser en dépositaire d'une vérité intangible, il témoigne de sa propre humanité et accroît d'autant l'intensité dramatique de ses revendications.

FICHE TECHNIQUE 18

Les discours

Rappel grammatical : les styles
(ou manières de rapporter un énoncé)

Le français dispose de trois façons de rapporter un même événement. Soit l'énoncé suivant : « Aujourd'hui, c'est le printemps et la nature s'épanouit. » Imaginons que vous êtes un journaliste et que vous écriviez un article sur l'opinion des vacanciers.

— si le journaliste veut donner de la vivacité à son propos, il rapporte telles quelles les paroles du touriste : il les reproduit sans les transposer. On a un récit au style direct : « Je suis heureux parce que les jardins refleurissent. Aujourd'hui, c'est le printemps et la nature s'épanouit. » **Le discours direct rapporte textuellement le propos cité comme une simple citation.** Il respecte donc le système des temps, des pronoms et les tonalités. Il a la même fonction que le discours dramatique.

— le journaliste veut étoffer son propos, lui donner plus de « tenue ». Admettons qu'il raconte comment il voit la nature lui-même, puis il rapporte les propos du touriste dans son propre récit : « Les vacanciers ont confirmé l'opinion des météorologues et ont dit qu'en ce moment, c'était le printemps et la nature s'épanouissait. » **Le discours indirect introduit le discours d'une personne (ou d'un personnage) dans une narration.** Le narrateur insère les propos dans son récit avec le verbe d'énonciation de la principale (comme « dire », « affirmer »); il les rapporte dans la proposition subordonnée complétive qui suit. Lorsque le journaliste reproduit les propos des poètes, il transforme le temps des verbes (c'est / c'était; s'épanouit / s'épanouissait), ainsi que les pronoms et les adverbes (aujourd'hui / en ce moment). Ce discours ne reproduit que partiellement les propos du touriste; dans un texte littéraire, les propos du personnage se trouvent le plus souvent condensés, tronqués, interprétés.

— le journaliste écrit dans un journal de bonne tenue; il ne veut pas employer la structure syntaxique lourde du discours indirect et veut donner plus de vie à sa description. Voici l'énoncé transformé : « Le soleil nous sourit. Les vacanciers expriment leur joie de vivre. Aujourd'hui, c'est le printemps et la nature s'épanouit. » **Le discours indirect libre allège le discours indirect :** il supprime des marques de la subordination, mais les guillemets n'apparaissent pas. Le discours indirect libre reproduit dans la narration les intonations du discours direct. Il est parfois difficile de l'identifier, parce qu'on ne sait pas si le récit (les vacanciers expriment leur joie de vivre) introduit des paroles réellement prononcées et on ignore si les propos restitués prennent en compte le point de vue de l'auteur ou celui du personnage. Cette confusion du point de vue est exploitée, au XIXe siècle, par Flaubert, alors que, chez La Fontaine, les marques stylistiques sont beaucoup plus claires.

 EXERCICE : étudiez les différents discours remarquables dans le texte suivant.

TEXTE 38

La Fontaine
« Le Rat qui s'est retiré du monde »
Fables, VII, 3

1 Les Levantins en leur légende
  Disent qu'un certain rat, las des soins d'ici-bas,
  Dans un fromage de Hollande
  Se retira loin du tracas.
5 La solitude était profonde,
  S'étendant partout à la ronde.
  Notre ermite nouveau subsistait là dedans.
  Il fit tant, de pieds et de dents,
  Qu'en peu de jours il eut au fond de l'ermitage
10 Le vivre et le couvert ; que faut-il davantage ?
  Il devint gros et gras ; Dieu prodigue ses biens
  A ceux qui font vœu d'être siens.
  Un jour au dévot personnage
  Des députés du peuple rat
15 S'en vinrent demander quelque aumône légère :
  Ils allaient en terre étrangère
  Chercher quelque secours contre le peuple chat ;
  Ratopolis était bloquée :
  On les avait contraints de partir sans argent,
20 Attendu l'état indigent
  De la république attaquée.
  Ils demandaient fort peu, certains que le secours
  Serait prêt dans quatre ou cinq jours.
  « Mes amis, dit le solitaire,
25 Les choses d'ici-bas ne me regardent plus :
  En quoi peut un pauvre reclus
  Vous assister ? que peut-il faire,
  Que de prier le Ciel qu'il vous aide en ceci ?
  J'espère qu'il aura de vous quelque souci. »
30 Ayant parlé de cette sorte.
  Le nouveau saint ferme sa porte.
  Qui désignai-je, à votre avis,
  Par ce rat si peu secourable ?
  Un moine ? Non, mais un dervis :
35 Je suppose qu'un moine est toujours charitable.

▶ CORRECTION

Le discours direct (vers 24 à 29) se caractérise par les guillemets (qui introduisent les propos du solitaire) et par l'incise avec inversion du sujet. La tonalité des phrases est affective : les interrogations rhétoriques se succèdent, traduisant, à l'évidence, l'impuissance du reclus face à la situation.

Le discours indirect (vers 1 à 4 et vers 35) apparaît comme une transposition dans le récit du discours direct. Elle se caractérise par l'utilisation de complétives introduites par des principales au présent de l'indicatif qui ne posent pas de problème de concordance des temps : « Les Levantins [...] disent qu'un [...]. » « Je suppose qu'un [...]. »

La présence du discours indirect libre (vers 16 à 23) se déduit du contexte : les propos de la délégation sont introduits par le récit précédant la prise de parole. Le locuteur n'est pas individualisé : l'auteur rapporte les dires du groupe en utilisant la troisième personne du pluriel. Les temps des verbes sont ceux de la narration (imparfait : « allaient », plus-que-parfait : « on les avait contraints » et conditionnel : « Serait prêt »); en revanche, la tonalité du discours direct est conservée, comme en témoigne la formulation un tantinet procédurière (« Attendu que », « certains que ») et les efforts de persuasion. En outre, à l'intérieur du discours indirect libre, on note l'introduction elliptique du discours indirect avec « certains que ».

L'alternance de ces trois discours a pour effet de rapprocher le solitaire du lecteur et, inversement, d'éloigner le groupe. Le personnage le plus important s'exprime au style direct : l'auteur dramatise son intervention, reproduite dans son intégralité, alors que les propos de ses faire-valoir sont intégrés dans la trame de la narration.

374 / *Le poème*

COMMENTAIRE COMPOSÉ 20

La Fontaine (1621-1695)
Fables

TEXTE 39

La Fontaine (1621-1695)
« La Fille »
Fables, VII, 5

---

1   Certaine fille un peu trop fière
    Prétendait trouver un mari
    Jeune, bien fait, et beau, d'agréable manière,
    Point froid et point jaloux : notez ces deux points-ci.
5   Cette fille voulait aussi
    Qu'il eût du bien, de la naissance,
    De l'esprit, enfin tout ; mais qui peut tout avoir ?
    Le destin se montra soigneux de la pourvoir :
    Il vint des partis d'importance.
10 La belle les trouva trop chétifs de moitié.
    « Quoi ! moi ? quoi ! ces gens-là ? L'on radote, je pense.
    A moi les proposer ! Hélas ! ils font pitié.
    Voyez un peu la belle espèce ! »
    L'un n'avait en l'esprit nulle délicatesse ;
15 L'autre avait le nez fait de cette façon-là ;
    C'était ceci, c'était cela,
    C'était tout : car les précieuses
    Font dessus tout les dédaigneuses.
    Après les bons partis, les médiocres gens
20 Vinrent se mettre sur les rangs.
    Elle de se moquer. « Ah ! vraiment, je suis bonne
    De leur ouvrir la porte : ils pensent que je suis
    Fort en peine de ma personne.
    Grâce à Dieu, je passe les nuits

25 Sans chagrin, quoique en solitude. »
La belle se sut gré de tous ces sentiments.
L'âge la fit déchoir; adieu tous les amants.
Un an se passe, et deux, avec inquiétude.
Le chagrin vient ensuite : elle sent chaque jour
20 Déloger quelques ris, quelques jeux, puis l'amour;
Puis ses traits se choquer et déplaire;
Puis cent sortes de fards. Ses soins ne purent faire
Qu'elle échappât au temps, cet insigne larron.
Les ruines d'une maison
35 Se peuvent réparer : que n'est cet avantage
Pour les ruines d'un visage !
Sa préciosité changea lors de langage.
Son miroir lui disait : « Prenez vite un mari. »
Je ne sais quel désir le lui disait aussi :
40 Le désir peut loger chez une précieuse.
Celle-ci fit un choix qu'on n'aurait jamais cru,
Se trouvant à la fin tout aise et tout heureuse
De rencontrer un malotru.

Exemple d'énoncé de sujet

Vous ferez de cette fable un commentaire composé. En vous fondant sur une analyse précise des procédés de style et de la versification et sans séparer la forme et le fond, vous pourrez montrer, par exemple, comment La Fontaine exploite ici les ressources de la satire pour se moquer de ces précieuses que Molière ridiculisa.

▶ DÉMARCHE

• **Idée générale :** ce conte satirique illustre l'assurance des femmes qui s'imaginent supérieures et capables de toujours séduire.

376 / *Le poème*

Travail au brouillon

Essayez de rassembler vos souvenirs : La Fontaine écrit au XVIIe siècle des fables, qui évoquent des animaux ou des personnages humains et qui illustrent toujours de façon dramatique une moralité, le plus souvent explicite. Vous avez déjà trouvé une idée : ce texte se présente sous la forme d'un petit conte. Deux voix se font entendre, celle du moraliste et celle de la fille.

1. Quelles sont les prétentions de la fille ? Que lui arrive-t-il ? Quelle est la conséquence ?

2. Montrez comment l'auteur évoque ce drame.

3. L'intitulé du sujet vous demande de prêter attention à la formulation satirique du texte. Au XVIIe siècle, ce conte est donc une **satire des précieuses,** de femmes qui mettaient un point d'honneur à revendiquer l'élégance du langage au point de se rendre parfois ridicules. Mais, plus généralement, la caricature concerne toutes les femmes dédaigneuses qui laissent passer l'occasion d'être heureuses au nom de principes purement formels. Ce texte illustre donc un thème courant dans la littérature réaliste, qui s'en prend souvent aux femmes, aux prêtres et aux hommes trompés. Analysez les procédés de la satire et sa portée.

• **Hypothèse de lecture :** l'auteur laisse entendre au lecteur que la fille est trop dédaigneuse, qu'elle a commencé par ne trouver personne à son goût pour se marier avec un triste sire.

• **Mouvement du texte :** la fable présente de façon dramatique (« comme au théâtre ») les prétentions excessives de la fille (vs 1 à vs 25) puis la déconvenue engendrée par les ravages du temps (vs 26 à la fin).

Plan du commentaire composé

Réfléchissez : conte satirique, prétentions féminines, mouvement dramatique apparaissent comme les éléments les plus importants de notre analyse. Il faut que vous vous serviez de ces remarques pour procéder avec méthode. Qu'est-ce qui vous semble le plus évident? Manifestement, ce sont les prétentions; puis, par ordre d'importance croissant, le mouvement dramatique et, enfin, l'élaboration et la portée de la satire.

I. Les prétentions de la fille.
1. Leur nature.
2. Le retournement de la situation.
3. La désillusion de la fille.
/transition/

II. Le mouvement dramatique de la fable.
1. Le discours de la fille.
2. Le piège du discours.
3. La précipitation de l'action.
/transition/

III. L'élaboration et la portée de la satire.
1. Férocité du narrateur.
2. Complicité avec le lecteur.
3. Le contenu et la portée de la critique.

▶ COMMENTAIRE COMPOSÉ RÉDIGÉ (introduction très détaillée)

Dans son second recueil de *Fables,* La Fontaine élabore son style de manière plus réfléchie et plus riche que dans le premier. Souvent, il semble faire des variations sur le même thème, multipliant les points de vue. En effet, par ses vertus dramatiques et sa visée morale, la fable se prête, de façon privilégiée, à l'expression de la satire : ici, elle se moque d'une précieuse trop assurée de ses charmes et de sa supériorité sur autrui. L'auteur ne stigmatise pas l'attitude de la fille de façon péremptoire mais il restitue avec vivacité ce petit drame: d'abord, il montre que la fille refuse tous ses prétendants (vs 1 à vs 25) puis, avec férocité, il prouve que la femme, en général, est double, qu'elle ne peut se passer d'un mari malgré ses dénégations dédaigneuses. Nous analyserons donc la représentation de la précieuse, puis les procédés de la dramatisation pour, enfin, dégager la portée de la satire.

I. La satire s'attaque à une prétention de la précieuse, qui s'affiche, au XVIIᵉ siècle, comme une intellectuelle méprisant la puissance vulgaire des sens. La fille n'est jamais décrite : elle n'existe qu'au travers de son propre discours, qui définit sa psychologie. Elle se caractérise par l'absence totale de sens logique, ce que La Fontaine traduit par le contraste entre la violence de son langage et les prétentions affichées. La précieuse est une inconséquente, comme toutes les femmes, mais sans doute de façon plus caricaturale.

I.1. Le lecteur la perçoit au travers de l'image qu'elle recherche, celle d'un Prince charmant doté de toutes les qualités, comme en témoigne l'accumulation suivante :

« Jeune, bien fait, et beau, d'agréable manière,
Point froid et point jaloux [...]. »

Cette première approche précise les canons de la beauté physique requis. Mais la précieuse ne dédaigne pas, non plus, l'argent et la bonne extraction (vers six). Et le commentateur de remarquer : « mais qui peut tout avoir ? » La précieuse manque de bon sens et ses exigences soulignent son aveuglement et surtout son narcissisme : elle ne s'intéresse qu'à elle, comme en témoigne le vers charnière suivant qui introduit le récit pur et simple :

« La belle se sut gré de tous ces sentiments. »

I.2. Les véritables acteurs du drame sont des agents impersonnels : le destin (vers 8) et l'âge (vers 27). Dès lors, la fille n'apparaît plus en position de sujet : elle devient l'objet des ravages du temps. Les alexandrins se multiplient, allongeant le rythme même si La Fontaine aime à jouer sur les coupes et les enjambements :

« [...] elle sent chaque jour
Déloger quelques ris, quelques jeux, puis l'amour ; »

Ce vers souligne la dégradation progressive de la fille et lance la métaphore filée qui, avec quelque irrévérence, assimile l'apparence de la fille à celle d'une façade. La décomposition de la syntaxe traduit la déchéance de la fille, tout à fait irrémédiable — à l'inverse de la façade.

I.3. Toutes les illusions s'effondrent, à la lettre, et la mauvaise foi de la fille se découvre :

« Le désir peut loger chez une précieuse. »

Enfin, elle tombe sur un « malotru » comme le veut la chute brutale du dernier vers. Le mot « malotru » signifie d'abord « né sous un mauvais astre », donc « mal fait » et même « tout à fait démuni », plutôt rustaud. La fille est donc contrainte d'en venir aux réalités les plus simples. Sa fin est symétrique de celle du héron, dans la fable précédente. Le mélange d'alexandrins et d'octosyllabes ne repose pas sur un schéma strophique quelconque : l'alexandrin n'est pas destiné à traduire un style noble alors que l'octosyllabe serait consacré au style familier. Leur répartition se fait donc non pas sur un principe formel mais selon un agencement purement rythmique : les octosyllabes précipitent la cadence et ponctuent la fable comme autant de résumés symboliques, de morales à tirer du récit ; aux vers 15-16, on passe du particulier au plus général ; au vers 19 s'impose la médiocrité des nouveaux prétendants. La Fontaine crée donc ses effets en mêlant les mètres et les tons.

Le poète joue donc sur le décalage entre l'intention première et la nécessité de s'adapter aux circonstances. Ces manipulations du discours renvoient à la présence d'un conteur omniprésent, à la fois féroce et candide.

II.1. Le statut de la narration semble ambigu : d'une part, le récit commence *in medias res* : l'auteur saisit son personnage en action et désigne un comportement au travers de l'adjectif indéfini « Certaine fille » ; le lecteur a donc l'impression que l'anecdote va se dérouler très rapidement. Cependant, l'auteur rapporte, à l'imparfait, des événements passés. En réalité, le récit évoque un petit drame déjà avenu, celui d'une parole qui se révélera inefficace. Seule est valorisée la situation, révélatrice d'une psychologie; ainsi, pas plus que la fille, les « partis » ne sont décrits : ils n'existent qu'au sein de groupes anonymes :

> « Il vint des partis d'importance »
> « Après les bons partis, les médiocres gens »
> « [...] un choix qu'on n'aurait jamais cru. »

II.2.   Ainsi la narration tient-elle compte des « perversions » du discours propre à une fille manifestement aveugle. En effet, elle se prend au piège de son propre discours, d'abord rapporté en indirect libre — donc intégré à l'ensemble de l'histoire et comme ironiquement renvoyé à un passé révolu. Ensuite, le discours direct introduit une dissonance dans un style soutenu et souligne la brutalité de la fille : accroissent cette impression désagréable différents procédés stylistiques. Les tonalités affectives traduisent l'indignation ainsi que la phrase nominale (« A moi les proposer ! »); l'accent tonique est mis sur les mots introducteurs peu euphoniques (« Quoi ! moi ? quoi ! » : l'harmonie « imitative » reproduit les caquètements de volailles). Le mépris le plus total pour les prétendants se traduit par la perte de toute identité : ils sont désignés par le pronom personnel indéfini « on », ou par des termes dépréciatifs comme « gens » et « espèce ». Pour traduire l'affectation de son personnage, La Fontaine place à la rime des groupes terminaux importants, en contraste avec les monosyllabes ou les dissyllabes initiaux (voir les vers 13 et 14; 16 et 17; 25 et 26).

II.3.   Le deuxième groupe de prétendants semble beaucoup moins séduisant que le premier :

> « Après les bons partis, les médiocres gens »

— « médiocres » est à prendre au sens de « moyens » —
Le deuxième épisode est bâti en parallèle avec le premier et l'antiphrase (« je suis bonne ») traduit le mépris persistant de la fille.
Dans sa deuxième intervention, elle se préoccupe beaucoup de l'opinion des prétendants et seule semble l'intéresser l'image que l'on a d'elle :

> « [...] ils pensent que je suis
> Fort en peine de ma personne. »

L'enjambement, la désarticulation du dessin harmonique et de la construction syntaxique soulignent le manque d'assurance réel qu'elle tente de dissimuler mais qui réapparaît dans les vers suivants (une seule phrase enchaînée sur trois octosyllabes désarticulés), et surtout dans la concessive «quoique en solitude». Ce dernier indice laisse prévoir l'évolution future de la fille. Celle-ci est, dès lors, évincée, en tant que personne, de la narration : à la lettre, elle n'a plus le droit à la parole et seul son miroir s'exprime de façon claire. Puis le récit s'accélère et le passé simple laisse la place au présent de narration, qui réactualise l'action, la rapproche du lecteur :

« Un an se passe, et deux, avec inquiétude. »

La narration laisse transparaître l'angoisse grandissante de la fille au travers de l'adjonction progressive de précisions. La fille est comme prise dans les rets du destin — ce que traduit la construction chiasmatique :

« Sa *préciosité* changea lors de langage.
[...] Je ne sais quel *désir* le lui disait aussi :
Le *désir* peut loger chez une *précieuse*. »

La reprise des termes souligne l'effet de réflexion engendré par la découverte de son image dans le miroir. Cette dissociation de soi reprend pour le modifier un stéréotype du conte de fées : la fille n'est plus la plus belle... Évincée de la narration, elle s'efface mais laisse au lecteur une forte impression.

Suivant sa fonction traditionnelle, la fable apparaît comme une sorte d'exemple destiné à édifier les lecteurs : l'attitude de la fille est emblématique du comportement de toutes les femmes qui font fi du bon sens et rejettent la loi naturelle au profit d'obscures affabulations romanesques.

III.1. Le récit laisse une impression complexe : la férocité de l'auteur à l'égard de son personnage se teinte, malgré tout, d'un enjouement certain. Alors que, d'ordinaire, le poète emploie des possessifs pour déterminer ses personnages, l'auteur s'applique à créer la distance entre lui et la fille ; ses prétentions semblent la mettre hors la loi naturelle. On retrouve un thème traditionnel de la moquerie attachée, au XVIIe siècle, de façon privilégiée, aux prudes et aux coquettes. La satire porte sur l'hypocrisie plus ou moins consciente des femmes. La précieuse croit pouvoir échapper à la loi du désir et c'est en cela que se manifeste son aveuglement stupide: notons que La Fontaine aurait pu reprendre les métaphores précieuses mais qu'il ne s'y risque pas puisqu'il veut centrer sa critique sur un défaut de caractère et non sur une théorie littéraire.

III.2. Néanmoins, La Fontaine s'attire la complicité du lecteur en s'adressant directement à lui; en outre, le pronom personnel indéfini «on» du vers 41 semble bien représenter à la fois un groupe anonyme dont l'auteur ferait partie et le lecteur lui-même. Les interventions du commentateur sont, le plus souvent, difficiles à identifier: le narrateur badine. Elles scandent l'évolution de l'action et visent à faire réfléchir le lecteur sur la précarité de la condition humaine.

III.3. De façon subreptice, la narration critique l'attitude de la fille. Le commentaire de l'auteur dédouble la perspective narrative: il intervient constamment; en témoignent certains indices lexicaux comme «Prétendait», dont la connotation péjorative souligne l'excessive prétention de la fille. En outre, le récitant intervient pour commenter constamment l'action ou, plus précisément, le discours de la fille. D'abord, sa première remarque, au présent de narration, introduit une note ironique, en jouant sur le sens du mot «point» au vers quatre. Il souligne l'incohérence qui consiste à vouloir un mari ardent et froid en même temps. Le début est fort rapide, très allègre: les octosyllabes sont enchaînés à des alexandrins dont le rythme est scandé par de nombreuses coupes parfois appuyées par des anaphores (vers 4) mais le plus souvent en asyndète (vers 3, 6, 7); en effet, l'enchaînement se fait sur la rime en (i). Ensuite, comme les épisodes se succèdent, le commentaire se fait de plus en plus critique tout en jouant sur l'ambiguïté permise par le discours indirect libre. En effet, on ne sait si les deux vers suivants sont attribués à la fille ou constituent des remarques émises par le narrateur:

« L'un n'avait en l'esprit nulle délicatesse ;
L'autre avait le nez fait de cette façon-là ; »

Le retour au récit semble plus clair avec les deux vers suivants, des octosyllabes qui reprennent la construction en parallèle des alexandrins précédents, mais suivent une gradation évidente (ceci, cela, tout). Le commentateur s'exprime de façon claire et son ironie se traduit par l'emploi, à la rime, de termes dont l'important volume sonore souligne l'insignifiance de ceux qu'ils désignent (« dédaigneuses » et « précieuses », qui est même accentué par la diérèse).

La fable mime des attitudes, des réactions ; elle pastiche non seulement l'affectation de la précieuse mais le langage quotidien, la sagesse des nations. C'est sans doute ce qui caractérise l'originalité du style de La Fontaine, que cette tentative d'élaborer une sorte de compte rendu de la réalité sous forme anecdotique mais aussi emblématique.

COMMENTAIRE COMPOSÉ 21

Paul Verlaine (1844-1896)
Fêtes galantes

TEXTE 40

Paul Verlaine
« Colloque sentimental »

Dans le vieux parc solitaire et glacé,
Deux formes ont tout à l'heure passé.

Leurs yeux sont morts et leurs lèvres sont molles,
Et l'on entend à peine leurs paroles.

Dans le vieux parc solitaire et glacé,
Deux spectres ont évoqué le passé.

— Te souvient-il de notre extase ancienne ?
— Pourquoi voulez-vous donc qu'il m'en souvienne ?

— Ton cœur bat-il toujours à mon seul nom ?
Vois-tu toujours mon âme en rêve ? — Non.

Ah ! les beaux jours de bonheur indicible
    Où nous joignions nos bouches ! — C'est possible.

— Qu'il était bleu, le ciel, et grand, l'espoir !
L'espoir a fui, vaincu, vers le ciel noir.

Tels ils marchaient dans les avoines folles,
Et la nuit seule entendit leurs paroles.

▶ DÉMARCHE

- **Situation du texte :** à la fin du recueil intitulé *Fêtes galantes*.

- **Idée générale :** deux amoureux reviennent dans un parc désert éclairé par les lueurs sinistres de la lune.

- **Originalité de la situation (?) :** elle est courante dans la poésie romantique; souvenez-vous des lamentations de Lamartine devant le lac où il avait donné rendez-vous à sa bien-aimée. En outre, le romantisme noir et les textes fantastiques multiplient les apparitions spectrales (Théophile Gautier, Victor Hugo, par exemple).

Travail au brouillon

1. Le plus évident concerne l'apparition des deux formes. Analysez ce qui les caractérise en elles-mêmes et dans leurs relations mutuelles.

2. De plus, ces deux spectres conversent. Là encore, il vous faut étudier cet échange. Les deux protagonistes parlent-ils de la même chose? Comment? Pourquoi? Conséquence?

3. On a évoqué l'originalité de Verlaine. A votre avis, peut-on déceler la présence du poète dans ce texte?

- **Hypothèse de lecture :** l'originalité de Verlaine semble résider dans le refus d'idéaliser le souvenir. Il prend l'exact contre-pied des stéréotypes amoureux.

— Comment les poètes évoquent-ils les amoureux? D'abord, ils incarnent un idéal de beauté; puis ils se donnent rendez-vous, ici-bas ou dans l'au-delà, pour s'assurer de la pérennité de leur passion; enfin, vivent en harmonie. Or, les deux formes n'ont aucune consistance; elles ne possèdent aucun but; leurs voix ne sont plus du tout accordées.

— Comment évoluent les amoureux ordinaires ? Dans un lieu paradisiaque, en général, un beau jardin, ils échangent des serments. Le couple de Verlaine se promène dans un vieux parc. Leur indifférence totale renvoie le décor au néant.

— Quel est le but des poètes ? Les romantiques trouvent dans l'âme sœur un réconfort, le moyen d'oublier les vicissitudes du sort. Verlaine souligne, avec une ironie cruelle, la déchéance des amoureux et la vanité de l'amour. Ses personnages ne trouvent pas le salut.

Plan du commentaire composé

I. Les deux formes.
1. Leur inconsistance.
2. La perte des repères temporels.
3. La discordance.
/transition/

II. Le « colloque » proprement dit.
1. Le code amoureux : première voix.
2. La cruauté (?) de la deuxième voix.
3. Le décor.

III. L'ironie du poète.
1. L'importance du titre.
2. Le travail de la « déréalisation ».
3. La dénonciation des illusions.

▶ **COMMENTAIRE COMPOSÉ RÉDIGÉ**

> Le recueil de poèmes les *Fêtes galantes,* de Verlaine, s'achève avec le « Colloque sentimental » et la fête devient danse macabre. Le poète refuse l'idéalisation du souvenir amoureux et deux silhouettes spectrales se retrouvent, sans raison apparente. Le texte se compose d'une série de distiques, qui fragmentent la perception

de la réalité : Verlaine évoque un décor fantomatique (vs 1 à 6), puis le faux dialogue noué entre les personnages, qui n'ont plus rien à échanger. Nous étudierons la représentation du couple, l'évanescence des lieux et le traitement ironique d'une situation banale.

I.   Le thème du rendez-vous amoureux s'impose comme un stéréotype littéraire. Mais si les poètes romantiques tentent de perpétuer le souvenir de la passion, dans ce texte, Verlaine met toute son application à le vider de son sens. Ainsi, dans « Souvenirs », Musset idéalise le souvenir qui remplit le vide de son existence :

« Un souvenir heureux est peut-être sur terre
Plus vrai que le bonheur. »

A l'inverse, Verlaine se dit saturnien, né sous une influence néfaste : il cultive la réflexion sombre.

I.1.   Les deux formes ne sont pas décrites en elles-mêmes, mais au travers de ce qui suggère leur réduction à l'état de spectres. Que dire à propos du champ sémantique de la mort (« formes » vs 2, « morts » vs 3, « spectres » vs 6) ? Peut-on en déduire obligatoirement qu'il s'agit de fantômes ? Verlaine veut peut-être évoquer la mort symbolique de l'amour qui donnait leur raison d'être aux deux anciens amants. Le statut même de ces spectres demeure ambigu. « L'espoir a fui » : ils ont pu croire en eux-mêmes mais, à présent, ils sont mués en silhouettes absurdes. L'auteur insiste sur leur laideur et leur évanescence : ce qui semble promettre le bonheur, l'échange amoureux, est, désormais, privé de vie — comme en témoigne le décasyllabe suivant où cumulent leurs effets le découpage symétrique, l'anaphore de « leurs » en début de mesure de cinq syllabes, la reprise du même schéma syntaxique et l'allitération en (m) des monosyllabes :

« Leurs yeux sont *m*orts et leurs lèvres sont *m*olles. »

Rétrospectivement, ce vers souligne l'ironie amère de l'évocation qui suit aux vers 12 et 13 ; ils évoquent le baiser de façon stéréotypée, comme un instant d'ineffables délices.

I.2.   Ces deux formes semblent cheminer sans but parce que l'amour ne les détermine plus. La reprise du premier vers à la ligne cinq crée une manière de cycle : le couple tourne en rond. Le premier distique revient sur un passé proche : « ont tout à l'heure passé », soulignant que la promenade elle-même est déjà advenue. De même, le dernier distique renvoie le couple à une action ininterrompue : « ils marchaient ». Les verbes au passé (« ont passé », « ont évoqué ») encadrent l'évocation d'une sorte de présent perpétuel, sans repère temporel précis. Leur union passée est présentée comme achevée : à la faveur de leur mouvement parallèle, elle semble s'effacer de leur souvenir. Les réflexions désabusées sur l'amour perdu, la candeur disparue (« Ah ! les beaux jours ») expriment l'effacement progressif de la réminiscence elle-même.

I.3.   Cette promenade n'a plus aucun sens. Pour signifier l'absence d'harmonie, Verlaine use de procédés grammaticaux, stylistiques et musicaux. D'abord, la communication ne s'établit plus sur un pied d'égalité : l'un conserve le tutoiement amoureux (« Te souvient-il »); l'autre adopte le vouvoiement, qui crée la distance. Ils sont devenus étrangers l'un à l'autre. Le dialogue commence sur une double interrogation, qui renvoie les deux spectres l'un à l'autre (troisième distique); il évolue vers plus de prosaïsme à partir de la réponse évasive, « C'est possible », qui accentue l'impression de décomposition. L'emploi de ce tour impersonnel suggère une fuite, un désintérêt encore plus profonds que le « non », catégorique et conscient. Enfin, les deux formes n'évoluent pas au même rythme, comme le suggère le décalage entre la tonalité feutrée des paroles de l'un et la dureté catégorique de l'autre. Ainsi, monosyllabe antipoétique, « non », homophone de « nom », brise le rythme en s'opposant au lyrisme de l'interjection « Ah ! ». Dans les premiers vers, le ton de l'échange est soutenu, un peu désuet, car les tournures archaïques (« Te souvient-il », « qu'il m'en souvienne », « extase ancienne »), appréciées de Verlaine, ont, ici, pour fonction de souligner le vieillissement des personnages.

Verlaine présente donc un couple de spectres; il semble alors remettre en cause, indirectement, la représentation naïvement romantique qu'on donne d'ordinaire de l'amour. Encadré par une évocation du lieu, le colloque, au style direct, se situe au cœur du texte. Le poète semble ne pas exprimer son point de vue en reproduisant les propos des « deux formes », mais, en réalité, il transpose ses propres sentiments, fort pessimistes, sur l'amour et la représentation stéréotypée qu'on en donne.

II.1. Quatre distiques rapprochent ce poème d'un échange théâtral, comme fondu dans un décor évanescent. La structure binaire souligne l'opposition ambiguë des deux formes : l'une a tout oublié, l'autre semble vouloir, en vain, réactiver les poncifs amoureux. Le code amoureux pousse l'expression des sentiments jusqu'à l'hyperbole : « notre extase ancienne » ouvre le « dialogue » sur une tonalité mystique. Le mot « extase » suggère que les amants abandonnaient leur enveloppe corporelle pour se rejoindre en esprit. Ce terme apparaît dans toute la poésie amoureuse, depuis le Moyen Age (amour courtois) en passant par la Pléiade (Ronsard) et le romantisme. Ensuite, la première voix fait entendre le langage conventionnel de l'amour : battement du cœur (vs 9), rêve consacré à l'aimé (vs 10), bonheur inexprimable (vs 12 avec allitération en (b) qui donne plus de force à l'évocation) et décor conventionnel : ciel bleu (vs 13). Le pathétique de l'effusion est toujours lié à l'expression amoureuse : « extase », « indicible », qui soulignent la violence de la passion ancienne, s'opposent à la nonchalance plus ou moins affectée de la seconde voix.

II.2. Celle-ci dénonce les poncifs amoureux, mais sa brutalité ne remet toutefois pas en cause le passé en lui-même. Sa première réponse porte non sur la réalité de l'amour passé, mais sur ce qui pourrait motiver son rappel. Son agacement manifeste peut s'interpréter de deux façons : soit il ne ressent absolument plus rien, soit il se refuse à réveiller les sentiments anciens pour échapper à leur fatalité. En effet, pourquoi les deux spectres ne se séparent-ils pas ? Il semble qu'ils en soient incapables parce qu'ils sont liés pour l'éternité, condamnés l'un à l'autre, dans l'enfer de ce qui vit leur union. Le passé contamine le présent. Ils semblent se refléter l'un l'autre, comme le suggère le chiasme des vers 1 et 14 (« bleu »,

« ciel », « ciel », « noir ») : les deux couleurs antithétiques, le bleu et le noir, se reflètent au risque d'estomper la nette séparation des deux temps. L'unique certitude, c'est la perte de l'espoir et l'adjectif « vaincu » semble triompher dans une position de choix, au milieu du vers.

II.3.   Ils errent sans fin dans le parc, tout aussi fantomatique que le royaume des ombres antiques. Le qualificatif « vieux » donne le parc comme connu : on dirait un paradis perdu dont il ne subsiste que le regret, comme si, dans le clair-obscur, se profilaient les ruines d'une fête achevée, accentuant le pessimisme et l'amertume. Devenu « vieux », « solitaire et glacé », le jardin, lui aussi, est dépossédé de son symbolisme traditionnel : il ne contribue pas à intensifier le souvenir amoureux, mais il subit les effets de la contamination. Dans le lieu même qu'ils affectionnaient, les anciens amoureux n'éprouvent plus rien.

La forme du texte de Verlaine est, en soi, ironique et souligne le travail du sens. En effet, la perspective se creuse en abyme : le poète « évoque » des spectres, qui, à leur tour, tentent d'évoquer leur passé. Inversement, c'est pour lutter contre son propre désespoir que Verlaine tente d'exorciser son penchant pour l'amour.

III.1.   La présence ironique et grinçante du poète est décelable dès l'énoncé du titre. Celui-ci constitue une sorte d'alliance de mots : « colloque » suggère la réunion de plusieurs personnes en vue d'un entretien organisé sur des questions sérieuses ; « sentimental » évoque une belle et douce passion. Le rapprochement des deux termes, incompatibles, annonce la dissonance. Le substantif suggère que les amoureux se sont figés dans leur rôle, qu'ils ont perdu toute spontanéité. Empreint d'une mélancolie grinçante, ce poème repose sur une structure cyclique qui dénonce la monotonie d'une relation devenue habituelle et donc mortelle.

III.2.   Verlaine s'adonne à son penchant à la « déréalisation » du décor : mais si, souvent, il évoque une atmosphère inspirée par Watteau et les délices de Cythère, ici, il évoque avec cruauté un tableau d'ombres incertaines issues de leur enfer affectif. Nul souvenir de la quête d'Eurydice par Orphée ou de la rencontre de Didon par Énée (*L'Énéide* de Virgile). Les deux formes demeurent ensemble sans avoir vraiment rompu et leur couple est d'autant plus absurde que rien ne semble avoir motivé la perte de l'amour. Le texte progresse vers l'impersonnel. Le discours direct est introduit par la suggestion du décor; le poète se donne comme le témoin récent (« tout à l'heure ») de l'entretien et insiste sur le caractère spectral des « formes » avec l'écho sonore « morts » et « molles ». L'emploi de l'article défini (le vieux parc), de l'adjectif possessif (« Leurs yeux », « leurs lèvres », « leurs paroles »), loin de préciser les différents termes, leur attribue une valeur abstraite, proche de l'irréalité, comme si tout se mouvait dans le vague et le flou. L'une des formes commence par tenter de caractériser leur passé commun (« notre extase », « mon seul nom, mon âme », « nos bouches »), mais elle évoque ensuite une situation très générale (« les beaux jours », « le ciel », « l'espoir »). Les silhouettes se survivent à elles-mêmes, sans même pouvoir conserver un souvenir net de ce qu'elles furent, comme en témoigne le rythme très syncopé des évocations. A la fin, les deux formes qui ont perdu leur relative individualité (« ils ») s'évanouissent dans un paysage imprécis : au milieu d'une végétation vulgaire (« avoines ») et anarchique (« folles »), elles s'effacent dans un espace qui symbolise l'espace intérieur du souvenir. Les spectres réintègrent leurs ténèbres.

III.3.   Dans cet univers, les sexes se confondent. En réalité, il semble que ces deux spectres figurent des projections de l'auteur aux prises avec ses propres angoisses. Verlaine pressent l'avenir tourmenté qui sera le sien. Le faux dialogue présente comme illusoire l'ambition de vivre un amour éternel — comme en témoigne la répétition de « toujours » au milieu puis à l'attaque du vers dans le cinquième distique — répétition ironique, vu le contexte. Au vers dix, Verlaine avait d'abord écrit : « Comme mon cœur bat à ton nom seul ? » La variante traduisait un ultime effort dans la parodie de l'amour. Dans la version définitive, la question désabusée reprend la question précédente sur un ton plus bas, comme un triste et faible écho, sans espoir devant la réponse brutale, « non ». Le poète veut étouffer la voix de la candeur innocente : le seul remède pour échapper aux puissances mortelles, c'est la cruauté.

Dans les solitudes glacées des lendemains de fête, ce poème offre une image d'autant plus effroyable et désespérée de l'amour que le couple n'éprouve plus rien. Le néant de la passion, voilà qui touche davantage que le cri de la détresse, de l'abandon. L'amour devient une chimère et ceux qui l'éprouvèrent deux apparitions enchaînées l'une à l'autre pour l'éternité. Verlaine exploite ici la veine macabre de la poésie symboliste; il rappelle Baudelaire et annonce les ruptures de ton plus violentes encore de Rimbaud et Lautréamont.

FICHE TECHNIQUE 19

Le mélange des tons

Code écrit et code oral

En français, il existe deux codes, l'oral et l'écrit; en anglais, l'écart est moins perceptible et les résistances à l'évolution de la langue (grammaire et lexique) moindres. Vous devez absolument prendre conscience de la différence qui sépare ces deux états de la langue : on n'écrit pas en français comme on parle. Evitez de vous exprimer dans un devoir comme vous le feriez avec un ami.

Les différences entre les codes écrit et oral sont perceptibles :

— dans la prononciation; écrasement du pronom «il» : «il y a», courant; «y a», populaire. Beaucoup de formes contractées. Onomatopées fréquentes, etc.

— dans la syntaxe : omission d'un terme de la négation : «il ne réfléchit pas», courant; «il réfléchit pas», populaire. Phrases inachevées, etc.

— dans le lexique : «mal construit», courant; «mal foutu», populaire, etc.

Certains métiers ou certains domaines exigent la connaissance d'un vocabulaire particulier : on parle alors de **langue technique;** exemple : la langue du droit.

Niveaux de langue à l'écrit

En France, la langue écrite est relativement conservatrice. Dès le XVIIe siècle, les grammairiens ont collaboré à leur façon au centralisme prôné par le pouvoir. Ils ont défini les règles de la syntaxe et de la rhétorique. Chaque remise en cause des normes à observer crée une petite révolution même lorsque l'usage a consacré une modification — ainsi, au XVIIIe siècle, Voltaire décide de noter «-ait» (et non plus «oit») les terminaisons des verbes conformément à leur prononciation. Les traités de rhétorique anciens classaient les différents genres littéraires et les différents types d'expression en fonction d'une échelle de valeur représentative de la vision du monde commune dans l'Ancien régime. Ainsi, il était plus noble d'écrire des poésies que des romans, genre vulgaire; plus noble aussi de faire des tragédies que des comédies. Chaque genre (poésie, théâtre / tragédie, comédie) exigeait le recours à un certain type de langage, de personnages, de sujet, etc.

Aujourd'hui, il n'y a plus de genre noble ou de genre vulgaire. Les romantiques, Victor Hugo à leur tête, ont remis en cause cette distinction artificielle. Concernant la langue écrite, les linguistes parlent de **niveaux de langue** mais certains préfèrent utiliser le terme de **style** — qui supprime la notion de hiérarchie du plus bas au plus élevé. Tous admettent l'existence d'une langue écrite commune, qui regroupe les termes et les tournures les plus usités. Au-dessus: la langue soutenue et encore au-dessus: la langue oratoire; au-dessous: la langue familière, et encore au-dessous: la langue populaire. La langue littéraire joue sur tous les écarts possibles par rapport à la norme commune — ou du moins, ce qui est senti comme non marqué. Lorsqu'un auteur veut donner de la force à son propos, il ne recule pas devant le recours aux formes familières, souvent énergiques et expressives.

langue parlée	langue écrite	
langue oratoire	discours	littérature
langue soutenue	cours, exposés	écrits officiels
langue commune	conversation, TV	écrits courants
langue familière	conversation familière	littérature imitant la langue parlée
langue populaire	argot, parler relâché	

La situation de communication

Vous n'écrivez pas de la même manière lorsque vous rédigez un devoir et quand vous correspondez avec un ami. Le type d'expression varie selon la situation de la communication. Nous concevons, alors, que, dans un texte littéraire, la conception même de niveau de langue dépend de la façon dont l'auteur se place vis-à-vis de son objet : il utilise le code adapté à ce qu'il doit dire (sa création esthétique) et à son public (la communication à l'aide du code linguistique). Quand vous étudierez les niveaux de langue ou le mélange des tons, vous tiendrez donc compte de l'effet recherché par l'auteur.

EXERCICE : étudiez les différents niveaux de langue (soutenu, courant, familier et populaire) dans le texte qui suit.

TEXTE 41

Blaise Cendrars (1887-1961)
L'Homme foudroyé
1945

Je n'ai jamais habité Marseille et une seule fois dans ma vie, j'y ai débarqué descendant d'un paquebot, le *D'Artagnan*, mais Marseille appartient à celui qui vient du large.

Marseille sentait l'œillet poivré, ce matin-là.

Marseille est une ville selon mon cœur. C'est aujourd'hui la seule des capitales antiques qui ne nous écrase pas avec les monuments de son passé. Son destin prodigieux ne vous saute pas aux yeux, pas plus que ne vous éblouissent sa fortune et sa richesse ou que ne vous stupéfie par son aspect ultra-ultra (comme tant d'autres ports *up to date*) le modernisme du premier port de France, le plus spécialisé de la Méditerranée et l'un des plus importants du globe. Ce n'est pas une ville d'architecture, de religion, de belles-lettres, d'académie ou de beaux-arts. Ce n'est point le produit de l'histoire, de l'anthropogéographie, de l'économie politique ou de la politique royale ou républicaine. Aujourd'hui elle paraît embourgeoisée et populacière. Elle a l'air bon enfant et rigolarde. Elle est sale et mal foutue. Mais c'est néanmoins une des villes les plus mystérieuses du monde et des plus difficiles à déchiffrer.

Je crois tout simplement que Marseille a eu de la chance, d'où son exubérance, sa magnifique vitalité, son désordre, sa désinvolture. Oui, Marseille est selon mon cœur, et j'aime que sise dans une des plus belles assiettes du rivage de la Méditerranée, elle ait l'air de tourner le dos à la mer, de la bouder, de l'avoir bannie hors de la cité (la Canebière ne mène pas à la mer mais s'en éloigne !) alors que la mer est sa seule raison d'être, de travailler, de s'activer, de spéculer, de construire, de s'étendre, et que tout le monde en vit directement, du plus gros richard de la ville au plus famélique des pilleurs d'épaves.

Blaise Cendrars, *L'Homme foudroyé*
© by Editions Denoël

Le mélange des tons / 397

▶ CORRECTION

Dans ce texte extrait de *L'Homme foudroyé*, Blaise Cendrars décrit Marseille et, pour donner cette ville comme un espace vivant, il intègre différents niveaux de langue dont il exploite toutes les richesses. Le contraste a pour fonction de suggérer la diversité de Marseille, le caractère cosmopolite de la cité. Ainsi se noue une relation affective entre le poète et la ville — mais aussi le lecteur.

I. La structure dialoguée autorise certaines licences grammaticales.

1. les traces de syntaxe orale sont décelables dans :
— la construction elliptique, « d'où » (« d'où son exubérance »);
— de même, l'adverbe d'affirmation « oui » (« Oui, Marseille ») témoigne de la présence réelle de l'auteur dans son texte.

2. français courant :
— les présentatifs : Cendrars noue un dialogue avec le lecteur, comme en témoigne l'abondance des présentatifs. On relève : « C'est aujourd'hui »;
— les formes d'insistance : dans le troisième paragraphe, l'auteur établit le contact avec son interlocuteur et insiste sur le lien qu'il veut créer (fonction phatique du langage). Il multiplie alors les occurrences du datif éthique devant les verbes : « Ne vous écrase pas; ne vous saute pas. » La Fontaine utilise fréquemment cette tournure dans ses fables à tonalité burlesque et familière (exemple : « notre héros »).

3. formes soutenues
— « Ce n'est point », forme soutenue par rapport à « ce n'est pas ».
— les procédés rhétoriques : reprises (« selon mon cœur »); gradations, expressions hyperboliques (superlatifs).

II. Le lexique : trois niveaux de langage.

1. Vocabulaire argotique : « rigolard », « mal foutue », « richard ».

2. Vocabulaire standard : la familiarité permet d'insister sur l'insertion dans le dialogue et sur la relation affective qu'entretient l'auteur avec la cité phocéenne.

3. Vocabulaire soutenu : « sise », « assiette », « anthropo-géographie ». Pour évoquer la noblesse de la ville, Cendrars emprunte à des registres techniques (celui du géographe : « sise », « assiette »); mais il se moque des termes compliqués propres à une certaine conception, prétentieuse, de la culture (« anthropo-géographie »).

Recherche : anglicisme, « ultra-ultra »; une certaine forme de snobisme à l'époque (chez Proust, Odette de Crécy truffe son langage de termes empruntés à l'anglais); mais pas ici puisque Cendrars se moque d'une rhétorique qui ne renvoie qu'à elle-même, qui ne s'intéresse qu'aux formes.

Cendrars multiplie les types de formulation parce qu'il remet en cause les critères conventionnels de la description et de l'éloquence. Il se situe alors dans la modernité, du point de vue poétique, pour approcher la complexité d'une ville et la constituer comme un objet littéraire. Le texte joue donc sur l'imitation de la langue parlée mais il témoigne d'une élaboration certaine. Le poète cherche, en effet, à communiquer au lecteur la relation sentimentale qu'il a nouée avec la cité phocéenne.

COMMENTAIRE COMPOSÉ 22

Guillaume Apollinaire (1880-1918)
Alcools

Apollinaire compose les poèmes d'*Alcools* de 1899 à 1913. Dans ses textes s'affirment son goût pour le merveilleux, le monde des légendes et l'élaboration d'une poétique moderne.

TEXTE 42

Guillaume Apollinaire
« Automne malade »
Alcools
1913

Automne malade et adoré
Tu mourras quand l'ouragan soufflera dans les roseraies
Quand il aura neigé
Dans les vergers

Pauvre automne
Meurs en blancheur et en richesse
De neige et de fruits mûrs
Au fond du ciel
Des éperviers planent
Sur les nixes[1] nicettes aux cheveux verts et naines
Qui n'ont jamais aimé

Aux lisières lointaines
Les cerfs ont bramé

Et que j'aime ô saison que j'aime tes rumeurs
Les fruits tombant sans qu'on les cueille
Le vent et la forêt qui pleurent
Toutes leurs larmes en automne feuille à feuille
        Les feuilles
        Qu'on foule
        Un train
        Qui roule
        La vie
        Qui s'écoule

---

1. Nixe : n.f., génie ou nymphe des eaux dans les légendes germaniques.

▶ DÉMARCHE

Nature du texte : poème en vers libres démontés (fiche technique 15) qui jouent sur des mesures traditionnelles.

1. Les rimes (« rum*eurs* »/« pleur*ent* » : rime graphique et phonique) se mêlent aux assonances (« rich*esses* »/ciel).

2. On ne peut identifier de structures qui délimiteraient une strophe ; nous parlerons de paragraphes.

3. Le découpage typographique ne coïncide pas nécessairement avec les types de vers identifiables. On peut, d'ailleurs, accepter deux types de découpages, selon que l'on reprend les règles de la métrique classique ou que l'on se réfère à la prononciation courante — ce qui est parfaitement légitime dans un texte qui mime le langage parlé. Le texte joue, précisément, sur la superposition des deux codes, lyrique et familier, pour établir une relation affective entre le poète et la saison.

Exemples :

— *Découpage classique :*
 « Automne malad(e) et adoré » = 9
 « Tu mourras quand l'ouragan soufflera
  [dans les roseraies » = 15 (3/12) ;

Soit : 9 + 3 = 12/12 (alexandrin).

— *Découpage phonétique :*
 « Automn(e) malad(e) et adoré = (octosyllabe).

 « Quand il aura neigé = 6
 « Dans les vergers » = 4

Soit : 6 + 4 = 10 (décasyllabe).
Ici, pas d'équivoque possible puisqu'il n'y a pas de (e) muet.

— *Prononciations possibles*

Soit l'ensemble :

> Aux lisières lointaines
> Les cerfs ont bramé

Dans la langue courante et dans la langue poétique, le second élément se prononce de la même manière. Donc 5 syllabes dans tous les cas (lé-cèr-on-bra-mé). Mais, pour le premier élément, on peut envisager trois prononciations :

— langue courante :

(o-li-sièr'-loin-tain')
  1 2   3   4   5

— langue poétique (en comptant le « e muet » avant consonne) :

(o-li-siè-re-loin-tain')
  1 2   3   4   5   6

— langue poétique (comme précédemment, mais avec diérèse sur « lisière » :

(o-li-si-è-re-loin-tain')
  1 2 3 4 5   6   7

Dans ce dernier cas (7 + 5), on obtient un alexandrin (cependant avec césure au milieu d'un mot), mais cette dernière prononciation est quand même un peu artificielle.

Conclusion : le découpage typographique délimite des mesures soit paires soit impaires mais, dans les structures métriques régulières rétablies, le nombre des syllabes est en général pair.

— nous avons un **principe de tension** et non pas de régularité : alors que le vers classique comble une attente, ici, les éléments impairs se rangent dans le rythme en général pair. Apollinaire disloque l'alexandrin mais il joue sur le souvenir que nous avons gardé des structures métriques classiques.

— dans ce type de vers, il faut analyser le **jeu des oppositions** entre plusieurs découpages possibles : typographie, syntaxe, dessin harmonique... (On ne pourra donc pas repérer de rejet ou d'enjambement à proprement parler). Le mélange des tons (fiche 6) soutient et accentue ces contrastes.

• **Idée générale :** évocation mélancolique de l'automne, symbole, pour Apollinaire, de ce qui est mis en danger par une menace.

Travail au brouillon

1. Le plus évident, c'est la représentation de l'automne. Comment le poète évoque-t-il les menaces qui planent sur cette saison ? Quelle est leur signification ?

2. L'expression poétique n'est pas traditionnelle. Elle témoigne de la modernité d'Apollinaire, qui abandonne la rhétorique et le lyrisme traditionnels. Mettez à profit vos connaissances sur le mélange des tons.

3. Comment se décèle la présence de l'auteur ? Quel est son sentiment sur la situation vécue ?

• **Hypothèse de lecture :** l'auteur se met lui-même en scène dans son texte, soit directement, soit indirectement à la faveur du dialogue qu'il engage avec la saison et qui se caractérise par le mélange des tons.

Plan du commentaire composé

I. La situation de péril.
1. La représentation de l'automne.
2. Les menaces.
3. Leur sens symbolique.
/transition/

II. Le mélange des tons.
1. La simplicité.

2. Les recherches.
3. Le principe de contraste.
/transition/

III. La structure dialoguée.
1. La présence du poète.
2. La musicalité douloureuse.
3. La projection d'un malaise.

▶ COMMENTAIRE COMPOSÉ RÉDIGÉ

Dans ce poème en vers libres, « Automne malade », l'auteur d'*Alcools* évoque avec mélancolie l'automne, saison mentale qui figure, de manière symbolique, l'angoisse d'Apollinaire face à la mort. Le poète commence par anticiper la fin de l'automne (lignes 1 à 11) avant d'évoquer la musique de cette saison. Nous commencerons donc par analyser la symbolique de l'automne menacé de mort et ses contrastes, avant d'étudier la structure dialoguée qui sous-tend le texte.

I. Au XVIIIe siècle, Jean-Jacques Rousseau célébrait la saison des vendanges et des fêtes paysannes. Depuis l'Antiquité, en effet, le symbolisme de l'automne est double : la saison évoque soit l'abondance des récoltes, soit l'entrée dans l'hiver, la mort de Proserpine, déesse de la mythologie antique. Dans notre texte, Apollinaire exploite la variante sombre de l'automne et nous retrouvons la tonalité du « Pont Mirabeau » dans le dernier paragraphe.

I.1. Le système des images est sous-tendu par la personnification de la saison. L'évocation de la saison est à la fois floue et nette. Elle repose sur deux procédés : Apollinaire désigne l'automne, période temporelle, comme un espace — et un espace innocent (« roseraies », vs 2 ; « vergers », vs 4). Cette inversion des repères de l'espace et du temps engendre l'image finale du train : celle-ci suggère l'idée que l'automne constitue une image en lui-même, celle de la vie. En outre, l'auteur décrit, par petites touches, le décor traditionnel et stylisé de l'automne : les fruits mûrs, la déploration des cerfs et les pleurs du vent dans la forêt. Sur le fond de la personnification, s'impose un constant mouvement de chute : les fruits tombent (vs 15) ainsi que les feuilles (vs 17). Le rapprochement des feuilles et des larmes (vs 16 et 17) contribue à accentuer l'humanisation de la saison et son identification à l'auteur. L'image visuelle confère, en effet, un caractère concret au contexte abstrait de la mort.

I.2.   La relation affective du poète à l'automne définit un double réseau d'évocations puisque Apollinaire suggère la déchéance prochaine d'une saison flamboyante. L'automne est en péril : le premier vers introduit les deux champs sémantiques dominants, la menace et le caractère somptueux de la saison. « Automne malade et adoré » : le choix du participe passé employé comme adjectif, « adoré », se justifie par le jeu sur l'appel sonore puisque « adoré » suggère la couleur dorée. Le titre lance la thématique de la maladie, qui se révèle rapidement mortelle. Dénombrons les menaces qui pèsent sur l'automne : la violence du vent (« ouragan », vs 2), la neige (« neigé », vs 3 et « neige », vs 7) et les prédateurs (« éperviers », vs 9). Le péril est dénoncé avec certitude et ses agents identifiés : il vient des éléments naturels qui définissent une fatalité extérieure.

I.3.   Mais l'automne recèle en lui-même des éléments négatifs. Il semble participer à sa propre décomposition : d'une part, son opulence fait sa fragilité ; d'autre part, les nixes « n'ont jamais aimé ». Un autre symbolisme apparaît ici : l'emprunt aux légendes germaniques, procédé constant dans *Alcools*. En effet, Apollinaire a séjourné en Allemagne où il éprouva une déception sentimentale. Toute une section du recueil, intitulé « Rhénanes », évoque le caractère maléfique de la femme, la menace qu'elle fait peser sur le poète. On peut alors interpréter la présence aux « nixes », « nymphes des légendes germaniques », comme une allusion à l'ambiguïté de la saison que le poète désigne comme féminine.

Ainsi, l'automne possède à la fois les caractéristiques du masculin et du féminin. Ce brouillage participe d'un système cohérent de contrastes, qui sous-tend l'ensemble du poème. En effet, Apollinaire fait partie de la génération moderniste : comme bien des poètes contemporains, il a voulu renouveler les conceptions anciennes de la poétique. Dans « Automne malade », le mélange des tons, la déconstruction du vers régulier et de la strophe, témoignent d'un parti pris esthétique conscient.

II.1. Dans une tonalité verlainienne, Apollinaire imprime à son poème le ton et le mouvement de la comptine. Le texte se caractérise, en effet, par l'absence d'élaboration rhétorique et la simplicité des constructions syntaxiques. Le poète joue sur les répétitions, lexicales et sonores (« nixes nicettes ») et grammaticales (« quand l'ouragan »/« Quand il aura neigé ») afin de donner à son poème une tonalité familière et musicale.

II.2. Mais, la sobriété apparente du poème dissimule des recherches certaines. En effet, le principe d'organisation des images repose sur l'écart entre la beauté de l'automne et sa mort prochaine. Baudelaire (commentaire composé 2) crée un réseau de métaphores pour souligner la correspondance entre son état d'esprit et la nature. A l'inverse, Apollinaire juxtapose les détails significatifs parce que l'expression de la menace passe au travers de l'exploitation du principe du contraste. Ainsi, au travers d'une métonymie (au vers 6), l'auteur convie l'automne à « mourir en beauté » — c'est cette dernière expression figée qui suggère la construction inhabituelle. De même, le troisième paragraphe se distingue par l'inversion du complément circonstanciel de lieu, « Aux lisières lointaines », d'autant plus perceptible qu'elle apparaît dans un distique et introduit un principe d'opposition très fort par rapport aux deux paragraphes précédents tout en créant son propre système d'allitération en (l) et d'assonance en (i) et (è).

II.3. Apollinaire s'attaque aux stéréotypes en jouant sur la construction du poème. Ainsi, le principe d'organisation des deux premiers paragraphes repose sur la reprise des structures syntaxiques qui souligne la progression inéluctable du mal : « Tu mourras », futur proche, constitue une première annonce; « Meurs », impératif de prière, souligne que la disparition est en train de se produire. Mais la structure d'attente classique est minée par un système de tension introduit par le vers libre. Les rimes se mêlent aux assonances; « planent »/« naines »/« aimé » sont enchaînés par un simple rappel de consonnes nasales (n) et (m). Les mesures impaires entrent dans un système métrique général délimité par des vers pairs. La décomposition des structures traditionnelles est particulièrement patente à la fin du poème. Dans l'avant-dernier paragraphe, nous relevons un alexandrin (vs 14), un octosyllabe (vs 15), un vers de six syllabes (vs 16); puis, à cette structure binaire traditionnelle s'oppose un alexandrin :

« Toutes leurs larmes en automne feuille à feuille. »

Mais l'on peut aussi considérer que l'on a un vers de neuf syllabes si, en suivant la prononciation courante, on élide les (e) à la terminaison des mots; ce type de découpage imprime au vers un rythme syncopé mimant alors les sanglots lents des arbres qui se dépouillent. Les deux vers suivants comptent deux syllabes, brisent le système d'attente, reproduisent le mouvement de la chute des feuilles au sein même de la disposition graphique du texte et introduisent la dernière strophe. Dans cette sorte de clausule, le mouvement du train scande la mesure. Cette dernière image évoque la marche absurde de la vie, qui continue en dépit de tout, comme une machine moderne — à l'époque d'Apollinaire, la machine à vapeur est une invention récente. L'absence de ponctuation se trouve donc palliée par le rythme intérieur du vers et des enchaînements d'un vers à l'autre.

Le poème produit donc son propre système de référence tout en échappant aux poncifs traditionnels. Si la structure dialoguée justifie le mélange des tons et la familiarité de l'ensemble, le poète se met en scène dans son texte pour exprimer sa sensibilité douloureuse.

III.1. La présence du poète se manifeste au travers de l'interpellation directe (« Automne ») et de sa modulation affective (« Pauvre automne »); ensuite, elle se fait plus nette encore avec l'introduction du pronom personnel de la première personne du singulier. Dans l'avant-dernière strophe, le lyrisme s'exprime au travers de la répétition de l'affirmation « j'aime » et la présence du « ô ». Cependant ces signes évidents n'épuisent pas le repérage de tous les éléments qui suggèrent l'implication de l'auteur dans son texte. Sa présence est constante et se traduit par la mélancolie de l'ensemble et un point de vue douloureux sur le monde.

III.2. Apollinaire choisit l'automne parce que cette saison possède sa propre musique : la déploration des cerfs, les gémissements des vents. Au-delà du sens explicite s'élabore le chant d'une âme aux prises avec ses angoisses. Ainsi, l'absence de ponctuation s'impose comme un principe courant chez cet auteur. Par définition, la ponctuation joue deux rôles : elle introduit dans les textes des signes typographiques qui créent des pauses entre des termes ou des groupes de mots unis par le sens; elle suggère les intonations. Or, dans les textes d'Apollinaire, le rythme est commandé par l'expressivité des échos sonores et des constructions. « Le rythme et la coupe des vers, disait Apollinaire, voilà la véritable ponctuation. » L'absence de ponctuation est donc palliée par de multiples répétitions, des effets de symétrie, d'opposition et d'allitérations (notons la permanence des sonorités nasales; mais aussi, par exemple : « feuilles », « foule », « roule », « s'écoule »). Apollinaire joue donc sur les sonorités pour suggérer son inquiétude au travers de la musicalité de son texte.

II.3. Dans sa vision de l'automne, le « Mal aimé » projette donc son propre malaise, sans doute causé par une déception sentimentale. L'ensemble du recueil *Alcools* témoigne du danger auquel s'expose le poète, voleur de feu qui cherche les paradis artificiels. Ici, il semble s'identifier à une saison qui recèle en son sein des éléments mortifères : l'expression enfantine « nixe nicette » crée une distance, tente d'exorciser le maléfice germanique. Mais l'idée demeure que l'amour seul donne vie.

Dans « Automne malade », Apollinaire semble oublier le caractère initiatique de l'automne évoqué par la mythologie puisque la descente de Proserpine aux Enfers n'est pas définitive et qu'elle retrouve sa mère, Cérès, au printemps. Blessé à mort, l'automne d'Apollinaire ne laisse aucun espoir de renouvellement dans une vie marquée par l'absurdité. Ce texte illustre donc une première phase dans le parcours de l'auteur, encore hanté par la mort. Par la suite, dans « Zone », notamment, les images solaires introduiront une double thématique, de la mort et de la résurrection indissociables.

COMMENTAIRE COMPOSÉ 23

Henri Michaux (1899-1984),
Mes Propriétés (L'Espace du dedans)

D'origine belge, Henri Michaux s'interroge sur sa propre identité : toute son œuvre s'oriente vers cette interrogation essentielle dans la continuité de la révolte rimbaldienne et de la violence de Lautréamont, un des prédécesseurs des surréalistes. La métaphore spatiale informe l'ensemble de sa représentation du moi : dans « l'espace du dedans », s'élabore une introspection fondée sur le rejet de toute fausse science et la revendication de son originalité.

TEXTE 43

**Henri Michaux,
« La Paresse »,
*Mes Propriétés***
1929

L'âme adore nager.

Pour nager on s'étend sur le ventre. L'âme se déboîte et s'en va. Elle s'en va nageant. (Si votre âme s'en va quand vous êtes debout, ou assis, ou les genoux ployés, ou les coudes, pour chaque position corporelle différente l'âme partira avec une démarche et une forme différentes, c'est ce que j'établirai plus tard.)

On parle souvent de voler. Ce n'est pas ça. C'est nager qu'elle fait. Et elle nage comme les serpents et les anguilles, jamais autrement.

Quantité de personnes ont ainsi une âme qui adore nager. On les appelle vulgairement des paresseux. Quand l'âme quitte le corps par le ventre pour nager, il se produit une telle libération de je ne sais quoi, c'est un abandon, une jouissance, un relâchement si intime.

L'âme s'en va nager dans la cage de l'escalier ou dans la rue suivant la timidité ou l'audace de l'homme, car toujours elle garde un fil d'elle à lui, et si ce fil se rompait (il est parfois très ténu, mais c'est une force effroyable qu'il faudrait pour rompre le fil) ce serait terrible pour eux (pour elle et pour lui).

Quand donc elle se trouve occupée à nager au loin, par ce simple fil qui lie l'homme à l'âme s'écoulent des volumes et des volumes d'une sorte de matière spirituelle, comme de la boue, comme du mercure, ou comme un gaz — jouissance sans fin.

C'est pourquoi le paresseux est indécrottable. Il ne changera jamais. C'est pourquoi aussi la paresse est la mère de tous les vices. Car qu'est-ce qui est plus égoïste que la paresse ?

Elle a des fondements que l'orgueil n'a pas.

Mais les gens s'acharnent sur les paresseux.

Tandis qu'ils sont couchés, on les frappe, on leur jette de l'eau fraîche sur la tête, ils doivent vivement ramener leur âme. Ils vous regardent alors avec ce regard de haine, que l'on connaît bien, et qui se voit surtout chez les enfants.

Henri Michaux, *L'Espace du dedans*
© Editions Gallimard

▶ TRAVAIL AU BROUILLON

1. Premier constat : de quoi parle ce poème ? De la paresse et, plus précisément de la paresse de l'âme. Un paradoxe s'impose à l'évidence : on parle, d'ordinaire, de la paresse du corps mais pas de celle de l'âme. Comment Michaux semble-t-il la présenter ? Comme le principe de liberté de l'homme. L'âme est donc dotée d'une autonomie. Mais alors qu'elle inspire aux romantiques de belles envolées lyriques, elle semble prendre une certaine consistance pour Michaux. Elle n'a rien d'immatériel. Ainsi, le sujet même de notre poème est iconoclaste.

2. Deuxième constat : tout naturellement, le ton s'accorde à cette perspective irrévérencieuse : l'auteur s'exprime avec familiarité. Relevons les éléments prosaïques :
— les images (« L'âme se déboîte et s'en va », « L'âme s'en va nager dans la cage de l'escalier », « elle garde un fil d'elle à lui », « on leur jette de l'eau fraîche sur la tête »)
— les tournures (« Ce n'est pas ça. C'est nager qu'elle fait. »)
— les termes (« indécrottable », « s'acharne »).

3. Conséquence : quelle est la fonction de cette familiarité ? Michaux revendique le droit à la paresse et s'oppose en cela aux moralistes bien-pensants, qui veulent interdire tout relâchement de l'âme. Notons le jeu entre les « je » du poète et le « on » de l'opinion publique. Ce texte est conçu comme une démonstration : d'abord une thèse (trois premiers paragraphes) puis une confirmation par l'expérience (trois paragraphes suivants) et enfin une loi générale.

Idée générale : élaborant un éloge paradoxal d'une des qualités de l'âme, la paresse, Michaux argumente : il affirme que le voyage de l'âme hors du corps déplaît aux censeurs. La familiarité du ton traduit à la fois l'amusement du poète et son opposition au groupe des bien-pensants.

Mouvement : il est donné par la reprise anaphorique en début de paragraphe de la tournure « L'âme adore nager. » D'abord une première affirmation, puis le voyage de l'âme et, enfin, la conclusion de portée générale (« C'est pourquoi »).

Plan du commentaire composé

I. L'espace du dedans.
1. La nature de l'âme.
2. L'âme du paresseux.
3. L'espace du dedans.
/transition/

II. Le voyage de l'âme.
1. Conditions préalables.
2. Modalités du voyage.
3. Sens de ce voyage.
/transition/

III. L'opposition du poète aux bien-pensants.
1. Le faux dialogue.
2. La critique des opinions courantes.
3. La révolte contre les censeurs.

▶ COMMENTAIRE COMPOSÉ RÉDIGÉ

Intitulé « La paresse », ce poème illustre ce que Henri Michaux appelle ses « Propriétés », ce qui définit son espace intérieur et suscite une interrogation constante. En effet, sous la forme apparente de la fable, le poète remet en cause la vision conventionnelle de l'âme et du corps. Il produit sa propre argumentation : il affirme d'abord que l'âme du paresseux, sorte de paradigme (« essence ») du genre, se détache de son corps pour jouir de sa liberté; puis il évoque ce voyage avant de conclure, logiquement, sur la morale asociale du paresseux. Le mélange des tons vise à dédramatiser les possibles interrogations métaphysiques en les situant dans le domaine du jeu, à la manière surréaliste. Analysons donc comment le poète définit les relations entre le corps et l'âme et quels sont la nature, les modalités et le sens de ce voyage « spirituel » avant de tenter d'éclairer l'opposition du poète aux censeurs moralisants.

I.1.   Michaux ne donne aucune définition de l'âme : il la présente comme une entité que tous connaissent comme en témoigne l'utilisation de l'article défini (« l'âme », « le corps », « le ventre »). Autrement dit, le poète donne comme connu ce qui précisément suscite les interrogations des penseurs et des poètes. L'affirmation initiale, très surprenante, donne le ton : « L'âme adore nager ». Elle lance le mouvement d'ensemble et revient ensuite comme un leitmotiv qui scande le progrès de la démonstration ou mieux de la monstration puisque le poète « montre » davantage qu'il ne « démontre ». Le poète approche donc la nature de l'âme au travers du mouvement qu'il lui prête et le texte occulte le référent (« la réalité »); il produit un discours à partir d'une vision subjective de la réalité et la donne comme certaine, comme le prouve l'emploi constant du présent de l'indicatif, l'emploi du pronom personnel indéfini « on » et toutes les occurrences de l'article indéfini. Le poème renvoie à « l'espace intérieur » de l'auteur : à partir de l'affirmation initiale qui déplace les perspectives courantes, les affirmations et les images s'enchaînent. Le poète précise sa propre pensée au fil de l'écriture; le poème se corrige peu à peu grâce aux parenthèses qui creusent la perspective en abyme. La première trame décrit le mouvement de l'extérieur, comme si l'auteur cherchait à donner une information alors que, en réalité, son évocation de l'âme est parfaitement surréaliste; la deuxième trame suggère une possible angoisse sur le devenir de l'âme après la mort. Reconstituons le discours apparent.

II.2.   Toutes les âmes adorent nager mais il est un cas particulier, une sorte d'accomplissement de l'âme nageuse, celle du paresseux. Cette fois-ci, Michaux redéfinit le « paresseux » : « Quantité de personnes ont ainsi une âme qui adore nager. On les appelle vulgairement des paresseux. » Alors que la première proposition (ligne 1) donnait toutes les âmes comme des adeptes de la nage, la correction évoquée ensuite fait de la nage la propriété particulière, la qualité spécifique, de l'âme du paresseux. Remarquons la tournure gnomique (voir lexique) qui produit un discours en apparence sérieux sur la base d'une affirmation très personnelle : « on », pronom personnel indéfini renvoie à la collectivité et le présent de l'indicatif à l'intemporel.

I.3.   Si l'âme n'est pas définie, le corps ne l'est pas davantage. Il apparaît comme une sorte de boîte qui contiendrait l'âme : elle « se déboîte ». Cette métaphore fait penser à une image utilisée par Rabelais dans son adresse au lecteur : il l'avertit que son texte peut lui sembler comique mais que, sous le voile de l'anecdote, il découvrira une pensée corrosive et complexe ; et Rabelais compare alors son œuvre à la figure de Socrate, laid en apparence mais très intelligent. Ainsi, Michaux considère-t-il le corps comme une enveloppe, qui définit les limites de l'espace du dedans — limites que lui-même franchit dans les expériences diverses qu'il tenta en poursuivant l'investigation de son propre mystère. L'âme vivante est toujours liée au corps par un fil. Quand l'âme se sépare du corps, elle se libère mais elle se trouve aussi dans une situation de péril comme le suggère la deuxième parenthèse : « si ce fil se rompait (il est parfois très ténu, mais c'est une force effroyable qu'il faudrait pour rompre le fil) ce serait terrible pour eux (pour elle et pour lui) ». Michaux évoque la rupture brutale du lien entre le corps et l'âme, autrement dit la mort, au travers d'une formulation familière (image du fil qui relie l'âme au corps et tournure syntaxique courante du présentatif « c'est », « ce serait ») bien que son lexique demeure soutenu (« ténu », opposé au champ sémantique de l'effroi, « effroyable », « terrible »). Le caractère prosaïque de la forme et la double parenthèse ont donc pour fonction d'éviter toute dramatisation, de prendre ses distances vis-à-vis de la désintégration possible. Plus l'évocation risque de susciter l'angoisse, plus le poète recourt au mélange des tons.

Michaux met en place une sorte de géographie de l'imaginaire en empruntant ses images au monde familier. Dans un texte construit comme un puzzle, il précise peu à peu la nature du voyage onirique de l'âme dans un espace qui se prête à la lévitation.

II.1. Par nature, le voyage libère Michaux de la contrainte extérieure, qui ne cesse de peser sur son être. Le texte procède par approximation, comme si le poète lui-même se libérait progressivement de l'image qui l'occupe. Le voyage de l'âme est surtout évoqué dans les paragraphes « pairs » (deux, quatre, six) alors que, nous le verrons plus loin, dans les autres paragraphes, le poète prend en compte le point de vue d'autrui. Comment commence ce voyage ? Dans le deuxième paragraphe, le poète précise les conditions préalables à la sortie de l'âme hors du corps : il pose une première affirmation incontestable. Puis il procède par analogie : à partir d'une position du corps, allongé dans l'espace, elle se trouve dans un état de disponibilité absolue, elle « s'en va ». L'allitération en (a) suggère le mouvement de l'âme. Alors que le poète commence par affirmer de façon catégorique à l'aide de propositions fort brèves, il procède à une amplification dans la parenthèse : la nature du voyage dépend de la position initiale du corps qui semble comme atomisé à la faveur d'une émunération de toutes les postures possibles. Celle-ci se clôt sur la reprise du démonstratif « c'est », qui introduit la personne du poète et pose le caractère relatif, délibérément incomplet du poème : « c'est ce que j'établirai plus tard » suggère une suite possible. En effet, Michaux définit ici un mouvement particulier, celui qu'adopte l'âme du paresseux : elle sort par le ventre, une partie du corps qui n'est pas vraiment considérée comme noble.

II.2. Pourquoi l'âme nage-t-elle ? Pourquoi ne vole-t-elle pas ? En privilégiant le milieu liquide (ou sa représentation car qui nous dit que l'âme ne nage pas dans l'air ?), Michaux ôte à l'âme toute sa densité et interdit de se représenter son envol. Elle semble, au mieux, définie par son mouvement même, dont la nature dépend de la position du corps et l'ampleur soumise à certaines déterminations du caractère : « suivant la timidité ou l'audace de l'homme ». Cette indétermination permet d'évoquer le mouvement en soi. L'âme ne poursuit d'autre but que de se mouvoir. Comment nage-t-elle ? « Comme les serpents et les anguilles, jamais autrement ». Là encore, l'affirmation est catégorique et s'appuie sur une comparaison en forme, quoique, de nouveau, iconoclaste : l'âme se meut comme un reptile, ou, corrige le poète, comme un poisson qui ressemble à un serpent. La reptation suggère le manque de but et de cause : l'âme demeure portée par son mouvement. En outre, dans le bestiaire symbolique, la figure du serpent est connotée péjorativement : nul n'ignore que le Serpent tenta Eve dans le Paradis originel et l'induisit en tentation. La précision suivante va dans le sens de notre analyse : « Quand l'âme quitte le corps par le ventre pour nager, il se produit une telle libération de je ne sais quoi, c'et un abandon, une jouissance, un relâchement si intime... » Le « je ne sais quoi », les points de suspension et la gradation (« abandon », « jouissance », « relâchement ») suggèrent le caractère ineffable de la libération. Le corps et l'âme semblent échanger leurs attributs et jouir, tous deux, de leur séparation conçue comme une libération mutuelle, une sorte de seconde naissance — bien que le fil qui les lie puisse aussi évoquer le cordon ombilical : dans ce cas, le voyage de l'âme permet à la fois de renaître et de conserver un lien avec la vie utérine.

II.3. La jouissance physique tient, précisément, à l'évacuation de ce qui, d'ordinaire, constitue le matériau noble : « s'écoulent des volumes et des volumes d'une sorte de matière spirituelle, comme de la boue, comme du mercure, ou comme un gaz — jouissance sans fin ». Les comparaisons donnent l'esprit comme quantité négligeable et dégradée (boue) et contradictoire (le mercure étant le corps le plus lourd par opposition au gaz, très léger). Elles visent à dévaluer tout ce qui concerne l'esprit comme le laisse supposer l'expression (presque une alliance de mots), « matière spirituelle ». Dès lors, le paresseux se déleste, symboliquement, de tout le faux savoir élaboré par les sages, les intellectuels. Il est « indécrottable », au propre et au figuré : la familiarité du ton a pour fonction, ici, de souligner la différence entre celui qui refuse la science acquise et les autres. Il n'est pas certain qu'il faille attribuer ce terme à l'opinion générale : comme Rimbaud, le poète chercherait à souligner, avec d'autant plus de force que le terme est plus vulgaire, l'opposition radicale entre le paresseux et les autres. Il pratiquerait l'ironie. La fausse interrogation qui suit semble le confirmer : la paresse est égoïste, elle ne se réfère qu'à elle-même, ne se définit que dans son rapport à elle-même. « Elle a des fondements que l'orgueil n'a pas ». Cette formulation, d'un niveau de langue élevé, exprime l'opinion du poète qui donne alors le sens de son éloge paradoxal de la paresse : celle-ci s'impose comme un refus des lois communes et la revendication de la parfaite autosuffisance de qui s'y adonne.

Grâce aux multiples parenthèses, le poème semble suivre une double trame ; l'auteur ne cesse de remettre en cause les hypothèses et les représentations collectives et il ne donne pas son texte comme un tout définitif mais comme un texte en train de se faire. Le double point de vue sur son propre texte est donc mis en perspective avec l'opinion générale.

III.1. La première proposition (ligne 1) requiert l'adhésion, la complicité du lecteur : si celui-ci ne la remet pas en cause, il ne lui reste plus qu'à admettre la suite. Il est comme happé dans l'espace personnel du poète, il est intégré dans le jeu sur l'apparence et la réalité qui constitue l'ensemble du texte. Dès lors se poursuit un faux dialogue entre le poète, qui prend la parole, et le lecteur. En effet, l'auteur mène sa réflexion à son terme et ne produit pas du tout les objections que pourrait avancer un interlocuteur averti. Le statut de la deuxième personne du singulier est flou : « votre âme » renvoie à toutes les âmes et pas seulement à celle du lecteur, le poète s'inclut dans l'ensemble.

III.2. En effet, la représentation de l'âme et du corps et de leur relation s'affirme, à un premier degré, comme burlesque, à un deuxième degré elle prend en compte l'opinion des métaphysiciens. En effet, l'âme est liée au corps par un fil : cette représentation iconoclaste donne de l'âme et du corps une vision familière en apparence. Qui, parmi les poètes romantiques, songerait à présenter l'âme dans la boîte du corps ou comme tenue en laisse par une ficelle ? En effet, chacun sait, depuis Platon et Socrate, que l'homme ne voit pas la réalité mais seulement des ombres, et que son âme, immortelle, parcourt l'immensité de l'espace après s'être libérée de sa pesante enveloppe corporelle. Le troisième paragraphe corrige cette interprétation, présentée comme fautive : « On parle souvent de voler. Ce n'est pas ça. C'est nager qu'elle fait. » Qui est représenté par le pronom personnel indéfini « on », sinon des philosophes, comme Platon et Aristote, ou des théologiens, comme Bossuet ? La familiarité de l'expression masque la référence culturelle. Le poème se fait, indirectement, polémique mais il se contente d'avancer un point de vue sans nourrir l'argumentation puisqu'il ne précise pas la nature et le contenu de la philosophie qui informe le jugement commun sur l'âme et le corps. Le point de vue singulier du poète prend en compte la représentation collective parce que le poète veut se moquer d'un présupposé, de la spiritualité de l'âme : il prouve que nous raisonnons en fonction d'idées préconçues et il joue sur d'autres possibles.

III.3. Et pire, encore, au nom de ces hypothèses, les censeurs châtient avec violence les contrevenants. Michaux insiste sur les articulations logiques pour souligner le caractère arbitraire de la logique humaine (anaphore de « C'est pourquoi », multiplication des conjonctions de coordination, « car », « mais », « et »; des adverbes, « aussi », « alors »). La familiarité du ton est alors mise au service de la dénonciation : « les gens s'acharnent sur les paresseux ». En effet, le paresseux, comme les enfants, n'obéit pas à la convention qui fonde la société. La violence finale, « le regard de haine », traduit l'intensité des tensions qui opposent les individus entre eux et la force d'inertie de la société. Au-delà du visible, Michaux rejoint les causes qui informent telle ou telle représentation de la société. Il s'intéresse à ce qui fait sens mais dont on ne perçoit pas les ramifications de façon consciente.

Dans ce poème, Michaux provoque le lecteur : il l'incite à ne plus réagir en fonction des catégories communes de la pensée mais à réagir selon sa sensibilité. L'affabulation et la familiarité du ton sont mises au service de l'éradication de toute assurance : l'homme doit savoir remettre en cause sa conception de la vie et s'adonner à des plaisirs narcissiques sans remords.

Michaux est un poète difficile à classer dans les mouvements littéraires contemporains. Il se construit dans son opposition difficile avec le monde extérieur et ses lois, et sa poésie se fonde sur l'exigence d'une révolte et d'une reconstruction du moi.

FICHE TECHNIQUE 20

Les jeux d'images

Dans l'Antiquité, la rhétorique enseignait aux orateurs l'art de bien parler. Pour convaincre, il fallait savoir bien manier le langage et donc les « ornements » du discours, c'est-à-dire les figures (répertoriées dans notre lexique et identifiées par l'appel « rhéto »). Dans la langue écrite, on peut identifier quatre types de figures :

- **figures sémantiques** : concernent le sens (métaphore, métonymie, synecdoque, etc.).

- **figures syntaxiques** : concernent la syntaxe (anacoluthe, ellipse, énumération, inversion, etc.).

- **figures logiques** : concernent la structure logique d'ensemble de la phrase (litote, hyperbole, répétition, pléonasme, etc.).

- **figures phoniques ou graphiques** : concernent les sons et la graphie des mots (allitération, rimes, assonance, etc.).

Toutes ces figures se trouvent dans le texte ci-dessous et contribuent à l'expression imagée du rêve. En effet, pour produire une image, le poète doit maîtriser les procédés techniques de la connotation, et notamment les figures de rhétorique.

TEXTE 44

Michel Leiris (né en 1901)
« Rêves »
Haut Mal
1943

Deux nuits, deux rêves, — et dans une parcelle de chacun une légère flaque de beauté que je n'aurai garde de renier. Douceur! Le pacte serait-il renoué?

Sur une mer calme un long palais, planté vers l'horizon comme une île. Un blason d'or au centre du fronton — lignes droites si claires, si pures, si nobles! — et sous l'éclat de ce blason (mien miroir, complice de mes rêves) un grand vaisseau toutes voiles déployées, rondes sous le vent et teintes en rouge, tels ces rochers dont les croupes rouges montent au fond.

Dans une ville où je traîne avec des aventures, des craintes, des amis, — un soudain coin d'Orient. Ciel bleu sur les maisons framboise. Hautes fenêtres en demi-cintre, et la dentelle de leurs pilastres délicats... Et cette fille brune — si belle — marchant pieds nus sur le sol frais de la chaussée...

Deux flaques très douces, deux flaques sous ma paupière pour éclairer mon œil. Deux sources vives pour mon réveil... Bonheur! le pacte serait-il renoué?

Mais le squelette, le lansquenet aux coutures blanches qui veille au centre de nous-mêmes pour — d'une imperceptible poussée — nous rappeler à l'ordre chaque fois qu'il convient, ne permet pas que cela soit ainsi...

Amour, pourquoi tes vagues dorées me gonflent-elles si c'est pour rejeter — sur la grève âcre et chargée d'algues de ma vie — ma peau, ma sueur, mon ventre, mes prunelles, bétail tremblant des noyés de féeries?

Michel Leiris, *Haut Mal*
© Editions Gallimard

EXERCICE: dans ce texte de Michel Leiris, analysez les images, leur organisation et leur signification.

► CORRECTION

Ce poème en prose, extrait du recueil *Haut Mal*, témoigne de l'intérêt que Michel Leiris porta au surréalisme; il appartint, en effet, à ce mouvement littéraire contemporain avant de poursuivre son itinéraire personnel. Comme l'indique le titre « Rêves », l'auteur exploite la production imaginaire du songe : il donne une représentation symbolique de son désir sensuel, qui s'exprime au travers des images liquides et des figures en mouvements (vertical et circulaire).

I. Le poète et le désir de fusion amoureuse

1. Le trouble sensuel :

A un premier degré, il se traduit par des images empruntées au lexique du liquide (« pourquoi tes vagues dorées me gonflent-elles »). Il entre dans la thématique générale de l'eau, de la circulation du désir dans un décor tout aussi signifiant que les personnages. En outre, les images de la verticalité traduisent l'énergie mais aussi la délicatesse des pensées de l'auteur (« le palais », « long », « plante », « vaisseau »; « ciel bleu »; « pilastres délicats »). Les figures circulaires, elles, évoquent le féminin (« l'île »; « centre »; « voiles rondes »; « croupes rouges »; « les maisons framboise »; « hautes fenêtres en demi-cintre »).

2. Le fantasme du poète :

Il voudrait rencontrer une femme. Ce désir de former un couple se traduit par l'espoir de nouer un pacte, répété dans deux interrogations, avant et après le rêve (« Douceur ! le pacte serait-il renoué ? »; « Bonheur ! le pacte serait-il renoué »). L'image du pacte repose sur une certaine conception des relations amoureuses : la fusion du féminin et du masculin dans une totale harmonie. La figure de femme qui apparaît, réellement, entre en contact direct avec la nature (« marchant pieds nus sur le sol frais »).

3. L'échec du fantasme passe par la fragmentation :

Le corps du poète est atomisé en ses différentes parties, assimilées à des « noyés de féeries »; il perd sa virilité et l'émergence de sa conscience lui fait réintégrer le monde réel par opposition à la fête onirique. De multiples figures graphiques présentent le « corps » du texte lui-même comme fragmenté (de nombreux tirets et signes de ponctuation). Elles constituent le cadre privilégié aux énumérations (« ma peau », « ma sueur », « mon ventre » [...]) et anacoluthes (« Deux nuits », « deux rêves »; « Bonheur ! »), qui agissent sur la syntaxe.

II. L'ambiguïté

Dans la symbolique du rêve, l'eau et le feu sont mêlés pour suggérer la fusion des éléments, expression imagée du couple humain.

1. La lumière et le reflet :

L'éclat du blason d'or, miroir du poète et les lignes droites (« si claires, si pures ») représentent le moi de l'auteur sous une forme très cryptée — métonymique, pourrait-on dire.

2. Les thèmes liquide et solaire :

Le cadre du songe suscite l'image de la flaque (« une légère flaque de beauté », « Deux flaques très douces »). L'image de la rondeur reflète le désir du poète, lui révèle sa propre vérité (« pour éclairer mon œil », synecdoque); mais le liquide est, paradoxalement, lié au feu; les sources sont trop parlantes et produisent le choc du réveil (« vives pour mon réveil »). Comme les précédentes, ces images reposent sur des figures sémantiques : le sens symbolique des images est, en effet, approché par le biais de déplacements.

3. L'ambiguïté du rêve :

L'échange des propriétés du masculin et du féminin apparaît comme un principe constant dans ce poème, comme en témoigne le décor du premier rêve. Ainsi, la mer, élément liquide associé au féminin, supporte le palais, qui ressemble à une île (même chose déjà notée pour le dernier paragraphe). Dans ce poème, Leiris évoque plus qu'il ne décrit : les phrases nominales et les litotes perturbent l'ordre logique et ne laissent subsister que les images sélectionnées par le souvenir.

III. Le rêve et la réalité

1. Le corps du poète constitue un premier imagé :
Le rêve naît dans le sommeil; l'œil ouvre sur le domaine du songe (« sous ma paupière pour éclairer mon œil »).

2. Le réveil :
Est produit par les mouvements du squelette — peut-être un faux mouvement — qui suscite la métaphore du lansquenet, du garde qui porte des armes cruelles (« le lansquenet aux coutures blanches »).

3. Le retour au réel :
S'impose au travers d'un décor marin puisque le poète est rejeté sur « la grève âcre et chargée d'algues » — qui suggère l'insatisfaction perpétuelle du désir.

Ce texte présente une structure très cohérente : peut-être Leiris a-t-il noté ses songes, comme le faisaient les surréalistes. Toujours est-il qu'il a mis en place un système d'images qui, toutes, suggèrent un désir de fusion totale, éperdue, avec une femme aux multiples visages.

COMMENTAIRE COMPOSÉ 24

Rimbaud (1854-1891)
Illuminations

Dans une lettre fameuse à Izambard, 13 mai 1871, qui fut son professeur, Rimbaud rejette la poésie subjective, qui recherche la beauté dans un monde idéal et se nourrit de formes poétiques stéréotypées. Il n'y a pas d'autre monde que le nôtre et la poésie, objective, évoquera tout ce qui existe.

Deux jours plus tard, dans une lettre à Paul Demeny, 15 mai 1871, Rimbaud exprime sa révolte contre l'ordre établi : il rejette les habitudes, la faiblesse des esprits qui se conforment aux normes et perdent tout esprit critique. Il dénonce l'égocentrisme des poètes imbus d'eux-mêmes et de leur art, sourds aux besoins profonds de l'homme. La poésie ne peut pas se réduire à un exercice de style, mais elle ne saurait, non plus, avoir une quelconque efficacité contre un ordre social tout-puissant (rappelez-vous la guerre de 1870 et la Commune).

───── TEXTE 45 ─────

Rimbaud
« Après le Déluge »
Illuminations
1872-1873

Aussitôt que l'idée du Déluge se fut rassise, un lièvre s'arrêta dans les sainfoins et les clochettes mouvantes, et dit sa prière à l'arc-en-ciel à travers la toile de l'araignée.

Oh ! les pierres précieuses qui se cachaient, — les fleurs qui regardaient déjà.

Dans la grande rue sale les étals se dressèrent, et l'on tira les barques vers la mer étagée là-haut comme sur les gravures.

Le sang coula, chez Barbe-Bleue, — aux abattoirs, — dans les cirques, où le sceau de Dieu blêmit les fenêtres. Le sang et le lait coulèrent.

Les castors bâtirent. Les « mazagrans » fumèrent dans les estaminets.

Dans la grande maison de vitres encore ruisselante, les enfants en deuil regardèrent les merveilleuses images.

Une porte claqua, et, sur la place du hameau, l'enfant tourna ses bras, compris des girouettes et des coqs des clochers de partout, sous l'éclatante giboulée.

Madame*** établit un piano dans les Alpes. La messe et les premières communions se célébrèrent aux cent mille autels de la cathédrale.

Les caravanes partirent. Et le Splendide-Hôtel fut bâti dans le chaos des glaces et de nuit du pôle.

Depuis lors, la Lune entendit les chacals piaulant par les déserts de thym — et les églogues en sabots grognant dans le verger. Puis, dans la futaie violette, bourgeonnante, Eucharis me dit que c'était le printemps.

Sourds, étang ; — Ecume, roule sur le pont et par-dessus les bois ; — draps noirs et orgues, — éclairs et tonnerre, — montez et roulez ; — Eaux et tristesses, montez et relevez les Déluges.

Car depuis qu'ils se sont dissipés, — oh ! les pierres précieuses s'enfouissant, et les fleurs ouvertes ! — c'est un ennui ! et la Reine, la Sorcière qui allume sa braise dans le pot de terre, ne voudra jamais nous raconter ce qu'elle sait, et que nous ignorons.

Mazagran : café servi dans un grand verre et additionné d'alcool.

▶ TRAVAIL AU BROUILLON

- **Situation du texte :** nul ne sait quand Rimbaud écrivit les *Illuminations*. Le titre fait peut-être allusion aux gravures colorées anglaises : Rimbaud aurait mis en sous-titre *Painted Plates,* « Planches peintes » ou « enluminures ». Mais on peut aussi admettre une autre interprétation : dérivé d'« illuminé », il évoquerait alors les visions du poète. Les deux sens peuvent très bien être retenus, l'un s'imbriquant dans l'autre. Quant à l'année de la rédaction du recueil, les spécialistes hésitent : est-ce en 1873, date probable d'un autre recueil de poèmes, *Une saison en enfer ?* Est-ce en 1875 ? Il est difficile de décider, d'autant que le poète a peut-être rédigé ses textes sur une période plus longue, dont on ne connaît pas la durée. On ignore aussi quelle aurait été la composition définitive du recueil ; quoi qu'il en soit, notre texte a été publié au tout début de l'ensemble. *Les Illuminations* constituent le testament poétique de leur auteur.

Aujourd'hui, « Après le Déluge » ouvre le recueil intitulé *Illuminations* et donne le ton à la révolte rimbaldienne contre l'ordre établi, pour l'émergence du désir. En effet, comme le dit l'auteur, « La vraie vie est absente » et la beauté reste à réinventer.

- **Idée générale :** le titre, « Après le Déluge », donne le sens du poème. Rimbaud envisage le moment initial où tout a commencé sur terre.

- **Hypothèse de lecture :** cet instant est symbolique de tous les commencements, commencement de la vie, commencement de l'Histoire ; il situe le texte avant toutes les dégradations, et, peut-être, l'auteur fait-il une allusion détournée à la Commune de Paris, qui se solda par la mort de nombreux citoyens et traumatisa la population.

- **Mouvement du texte :** fragmentation du texte en versets, comme dans la Bible.
— Premier mouvement : à partir de « Aussitôt que », éveil de la vie (animaux, végétaux, êtres humains).

— Deuxième mouvement: impératif de révolte («depuis lors»), dégradation croissante et fadeur littéraire avec l'évocation d'Eucharis, personnage de Fénelon.
— Troisième mouvement: dans le présent («car depuis»), désir d'un nouveau déluge.

Plan du commentaire composé

Du plus évident au moins évident:

I. La dualité de la vie et de la mort.
1. L'énergie violente du Déluge.
2. L'entrée dans l'Histoire.
3. La dépréciation de ce mouvement.

II. La critique de l'ordre.
1. Le religieux.
2. L'enseignement.
3. La bourgeoisie.

III. La révolte.
1. Le choc des images.
2. L'appel au déluge.
3. La fonction du poète.

▶ COMMENTAIRE COMPOSÉ — PLAN DÉTAILLÉ

I. La dualité de la vie et de la mort

Comment s'exprime le passage du néant à l'histoire de la vie dans le poème?

1. La violence du déluge

Le titre est emprunté à la Genèse, le moment où cessa la malédiction de Dieu sur la race humaine. Pour Rimbaud, le Déluge avait ramené à la Création au chaos originel, comme en témoigne l'expression « le chaos de glaces et de nuit du pôle ». Le déluge se définit par l'indistinction des formes, de la matière première : « l'éclair » et les « eaux » primordiales (verset 12). Très vite, on passe de l'idée à la réalité : l'ordre s'installe ainsi que l'ennui d'entrer dans le temps (« rassise », « s'arrêta », etc.) et l'énergie primordiale est canalisée. L'ouverture cosmique (« arc-en-ciel ») cède la place à l'histoire mercantile. L'alliance de l'homme et de Dieu (« le sceau de Dieu ») dégénère en boucherie. Deux champs sémantiques apparaissent et déterminent **deux fils de lecture possibles** : la vie innocente des animaux et la destruction apportée par les hommes. La vie et la mort sont étroitement dépendantes (« Le sang et le lait coulèrent »).

2. L'entrée dans l'Histoire

Multiplication des activités : série de versets au passé, qui mettent en perspective deux réseaux ; les uns déprécient les autres et réciproquement.

— des images naturelles — innocence naturelle des animaux : « un lièvre », « l'araignée », « les castors » ; végétation champêtre (« sainfoins »), mais voile qui empêche de regarder la vérité en face (« toile d'araignée », piège) ; « pierres précieuses », pureté minérale et froide. Faux lyrisme du « Oh ! », expression narquoise d'une fausse candeur.

— des activités de destruction : les « étals » de boucherie, les « abattoirs » ; les « barques » ramenées sur terre.

3. La dépréciation de ce mouvement

L'homme se sépare de lui-même et de la nature. Le monde devient un spectacle (« la mer étagée là-haut comme sur les gravures », « les enfants en deuil regardèrent les merveilleuses images »). L'esprit d'enfance est oublié (lui qui permet à l'enfant d'entrer en communication avec les vents) et il tourne les talons, comme Rimbaud lui-même. Le mouvement initial se meurt : l'homme retourne à la hiérarchie.

II. La critique de l'ordre

1. Le religieux

La mainmise du religieux sur l'homme : Rimbaud regrette que le déluge évoqué dans la Bible n'ait pas ouvert une nouvelle ère. La violence du texte traduit sa révolte contre le catholicisme qui a privé le monde de sa magie et l'homme de son énergie. « La messe et les premières communions se célébrèrent dans les cathédrales. » Pour Rimbaud, la religion affaiblit l'énergie des enfants : on les enferme dans des lieux clos et on leur ôte toute personnalité.

2. L'enseignement

L'enseignement est ridicule parce que sans relation avec la réalité de la vie : le verset onze évoque les fables que l'on apprend et dont la mièvrerie est ridicule, dérisoire. Critique des images littéraires banales. Procédé surréaliste avant la lettre : un stéréotype dénoncé par l'ellipse, la caricature.

3. La bourgeoisie

L'espace naturel est investi par les bourgeois, qui installent leurs constructions. « Et le Splendide-Hôtel fut bâti dans le chaos de glaces et de nuit du pôle. » Absurdité de l'activité immobilière, dénaturation des sites. Dénonciation de l'installation du capitalisme ; même chose pour le colonialisme avec « mazagran », terme hérité des guerres coloniales.

III. La révolte

1. Le choc des images

La provocation : système d'interférence des images : « Madame*** établit un piano dans les Alpes. La messe [...] ». Aucun lien logique apparent. Pour Rimbaud, le poète est « le voleur de feu »; il doit récupérer les pouvoirs de l'inconscient et l'énergie du désir brimés par la morale et l'ordre bourgeois. Il inaugure en cela les recherches que menèrent les surréalistes. Refus du rythme traditionnel : le verset (forme traditionnelle des Ecritures religieuses) est haché, le lexique est incongru (« désert de thym »).

2. L'appel au Déluge

Energie du désespoir (« Eaux et tristesses ») : série d'impératifs qui interpellent les éléments naturels (« étangs », eau morte; « écume » des vagues; « draps noirs » de l'anarchie; « orgue » de l'insurrection; énergie des « éclairs », du « tonnerre »). Le salut ne peut survenir que d'ici-bas : aucune invocation lancée à Dieu. Le poète explore des territoires inconnus, fait reculer les frontières de la connaissance : « la Reine, la Sorcière qui allume sa braise dans le pot de terre, ne voudra jamais nous raconter ce qu'elle sait, et que nous ignorons ». Image dévaluée pour signifier qu'il faut retrouver l'énergie primitive en brisant les limites de la conscience et se faire « voleur de feu » en récupérant les pouvoirs de l'inconscient.

3. La fonction du poète

Quelle est donc la fonction de la poésie? Trésor esthétique et imaginaire de l'humanité, la poésie sauvera l'homme du matérialisme. Le poète est un prophète; en avance sur son temps, il pressent l'évolution future et il apporte la parole, le verbe magique. Ici, Rimbaud annonce les révolutions futures, après l'échec de la Commune et la faillite de son expérience personnelle, celle du « Bateau ivre » qui brisa sa coque. Au travers d'un langage symbolique, il va vers l'universel, au-delà du sens apparent. Il construit sa propre mythologie du Déluge, comme le remarque Jean-Pierre Richard (critique contemporain). Dans les *Illuminations* se manifestent, en effet, la hantise et le rêve de l'apocalypse, qui nourrissent toutes les insurrections — jusqu'à mai 68.

Dans ce poème, cette fable, Rimbaud réunit les deux faces de l'énergie, la violence et le désespoir. Il exprime le besoin de libérer une force intérieure. Mais le culte absolu de la liberté est difficile. L'itinéraire ultérieur du poète le prouvera...

COMMENTAIRE COMPOSÉ 25

Emile Verhaeren (1855-1916)
Les Campagnes hallucinées

Emile Verhaeren fait partie de ces écrivains belges qui, rejetant les poncifs, s'inspirent de leur pays natal et se forgent une poétique originale. « Il faut fonder dans la Poésie, affirme ce Flamand fervent, une école flamande, digne de sa sœur aînée, la fille des peintres. » Avec *Les Campagnes hallucinées* et *Les Villes tentaculaires,* il s'engage délibérément dans le sillage de la poésie moderne, sans abandonner la tonalité lyrique de ses premiers recueils.

TEXTE 46

Emile Verhaeren
« La Ville », extrait
Les Campagnes hallucinées
1893

Le long du fleuve, une lumière ouatée,
Trouble et lourde, comme un haillon qui brûle,
De réverbère en réverbère se recule.
La vie avec des flots d'alcools est fermentée.
5 Les bars ouvrent sur les trottoirs
Leurs tabernacles de miroirs
Où se mirent l'ivresse et la bataille;
Une aveugle s'appuie à la muraille
Et vend de la lumière, en des boîtes d'un sou;
10 La débauche et le vol s'accouplent en leur trou;
La brume immense et rousse
Parfois jusqu'à la mer recule et se retrousse
Et c'est alors comme un grand cri jeté
Vers le soleil et sa clarté
15 Places, bazars, gares, marchés,
Exaspèrent si fort leur vaste turbulence
Que les mourants cherchent en vain le moment de
                                                [silence
Qu'il faut aux yeux pour se fermer.
Telle, le jour — pourtant, lorsque les soirs
20 Sculptent le firmament, de leurs marteaux d'ébène,
La ville au loin s'étale et domine la plaine
Comme un nocturne et colossal espoir;
Elle surgit : désir, splendeur, hantise;
Sa clarté se projette en lueurs jusqu'aux cieux,
25 Son gaz myriadaire en buissons d'or s'attise,
Ses rails sont des chemins audacieux
Vers le bonheur fallacieux
Que la fortune et la force accompagnent;
Ses murs se dessinent pareils à une armée
30 Et ce qui vient d'elle encor de brume et de fumée
Arrive en appels clairs vers les campagnes.

> C'est la ville tentaculaire,
> La pieuvre ardente et l'ossuaire
> Et la carcasse solennelle.

35 Et les chemins d'ici s'en vont à l'infini
   Vers elle.

▶ TRAVAIL AU BROUILLON

Situation du texte : il ouvre le recueil et donne le ton en soulignant la solitude de l'homme dans une ville mécanisée.

Idée générale : l'avant-dernière strophe définit parfaitement la vision « hallucinée » que l'on peut avoir de la ville :

> « C'est la ville tentaculaire,
> La pieuvre ardente et l'ossuaire
> Et la carcasse solennelle. »

La ville est donnée comme un animal monstrueux, une sorte de pieuvre, d'hydre, qui enserre l'homme dans ses multiples bras.

Hypothèse de lecture : dans un style très lyrique, Verhaeren évoque la cité moderne, sorte de Babylone qui attire les hommes et les voue à une mort certaine.

Mouvement du texte : d'abord une longue évocation de la ville et de ses habitants ; les deux derniers mouvements traduisent le point de vue de l'auteur sous une forme symbolique.

Exploitation des champs lexicaux : (ou termes se rapportant à la même idée).
Sur la définition de la ville, relevez les termes qui renvoient au vocabulaire de :

— la lumière : « lumière ouatée », « brûlé », « réverbère », « lumière », « brume immense et rousse », « le soleil et sa clarté », « yeux », « clarté », « gaz myriadaire », « buissons d'or », « ardente ».

— les machines : « gaz », « rails ».

Sur les habitants :

— la misère : « haillon », « aveugle », « mourant », « bonheur fallacieux », « ossuaire », « carcasse ».

— la débauche : « flots d'alcools », « bars », « ivresse », « débauche », « vol ».

Exploitation du repérage des figures :

— logiques : beaucoup de phrases avec des compléments en incise entre le sujet et le verbe; impression de confusion.

— syntaxiques : énumérations fréquentes.

— sémantiques : beaucoup de métaphores (« lumière ouatée ») comparaison (« comme un haillon qui brûle »), personnifications (lumière, ville, ciels), etc.

— graphiques : strophes détachées à la fin.

— sonores : rimes irrégulières; allitérations presque dans tous les vers.

Plan du commentaire composé

I. La ville et ses métamorphoses.
1. Force de vie et de mort.
2. L'espace : clôture et ouverture.
3. Lieu de l'illusion.
/transition/

II. La ville, espace de la tentation.
1. Le mouvement.
2. La lumière.
3. Les images mythologiques.
/transition/

III. La ville, lieu de mort.
1. La misère.
2. La débauche.
3. La lutte.

▶ COMMENTAIRE COMPOSÉ RÉDIGÉ

Ce poème en vers libres est extrait du long texte qui ouvre le recueil intitulé *Les Campagnes hallucinées*. L'auteur, Emile Verhaeren, traduit le mal de vivre qui sévit dans les villes modernes. Dans une série de visions lyriques, il évoque les lumières de la ville, de nuit comme de jour ; puis, dans les deux dernières séquences, il donne une double conclusion à son poème d'ouverture, qui s'achève sur une sorte de « morale » et un point d'orgue. Nous envisagerons d'abord la ville et ses métamorphoses monstrueuses, puis les tentations qu'elle suscite et son pouvoir mortifère.

I.   Verhaeren se fait le chantre rousseauiste des malheureux paysans que la révolution industrielle accule à la misère et à la débauche. Il montre dans la cité un monstre qui enferme les êtres humains dans ses murs et qui domine l'espace des campagnes désertées.

I.1.   La ville n'est pas nommée avec précision : le poète la donne comme la ville moderne par définition comme en témoigne l'article défini qui détermine le substantif « la » ville. L'avant-dernière séquence s'ouvre sur un présentatif qui produit le même effet qu'un tableau : le poète désigne la cité, « la ville tentaculaire », monstre doté de bras multiples. Puis Verhaeren procède par accumulation des caractéristiques, appuyée sur la reprise anaphorique de la conjonction de coordination « et » — ce qui accroît l'impression de puissance recelée par la ville. Il la donne comme un animal fabuleux, à la faveur d'une métaphore qui rappelle les images épiques de Victor Hugo : « La pieuvre ardente » ; l'adjectif souligne l'effet de façon ambiguë : si on l'interprète au passif, elle brûle de tous ses feux; à l'actif, son feu intérieur brûle ses habitants. Ainsi, la ville dévore ses habitants et détruit elle-même sa propre substance. L'image suivante introduit une totale rupture avec la précédente puisque « l'ossuaire » (ou concentration d'os dans un cimetière) évoque non tant les forces de mort que le résultat d'une entreprise de destruction menée à bien de façon systématique : la ville apparaît alors comme une sorte de cimetière géant. Enfin, la dernière image synthétise les deux précédentes : « la carcasse solennelle » suggère l'état de décomposition du monstre porteur de mort. L'adjectif « solennel » introduit une seconde rupture dans la mesure où ce terme qualifie, d'ordinaire, des édifices publics ou religieux qui inspirent une certaine déférence.

I.2.   Le regard du poète se fixe d'abord sur l'activité qui règne dans cette ville, située au bord de l'estuaire (vs 12) d'un fleuve (vs 1). Mais, loin de symboliser le passage vers un autre monde, ce fleuve introduit les hommes dans une sorte de prison. Le vers dix traduit la réduction la plus forte du champ de la vision puisque les êtres humains se réfugient dans un « trou ». L'espace intérieur est donc donné comme orienté vers le bas; il attire l'homme dans ses propres ténèbres. En outre, les limites de la ville enserrent les individus dans les tentacules du monstre :

« Ses murs se dessinent pareils à une armée » (vs 29)

La comparaison en forme est claire et définit l'étau qui se referme sur les êtres humains et définit l'espace de la lutte, comme dans les cirques antiques. Ensuite, la ville manque d'harmonie; ainsi, le poète évoque-t-il les différents lieux d'activité qui la caractérisent à l'aide d'une accumulation :

« Places, bazars, gares, marchés » (vs 15)

L'espace intérieur de la ville est donc présenté comme le lieu de l'hétéroclite, de ce qui ne possède pas d'unité, donc pas d'âme. Enfin, vue de loin, la cité « domine la plaine » (vs 21) et « s'étale »; ce verbe, tiré du vocabulaire familier, insiste sur l'importance démesurée acquise par la cité en constante progression horizontale et verticale, puisque sa clarté monte « jusqu'aux cieux » (vs 24).

L'omnipotence de la cité se manifeste donc par son importance dans l'espace.

I.3. Ce poème peut être rapproché de la fable; en quelque sorte, les deux dernières séquences donnent une double morale à la fin du texte. D'abord, l'auteur tire une sorte de conclusion qui prend une simple valeur de constat (vs 32 à vs 34). Mais cette dénonciation demeure implicite, comme portée par un contexte très violent, très oratoire puisque le poème file une métaphore géante, celle de l'hydre mythologique. Mais, le poète ne peut pas tirer une véritable conclusion et une morale à proprement parler parce qu'il part de l'idée qu'il n'y a rien à faire. Dans un dernier alexandrin à la rime équivoquée (même son avant la césure et à la rime), il ouvre alors son poème sur une image ultime, fondée sur une antiphrase, qui résume le destin de l'homme moderne; pour lui, la seule forme d'infini, dans un monde privé d'idéal, c'est encore la ville. Aussi le poème s'achève-t-il, à la faveur d'une réduction graphique signifiante du volume sonore, sur le « Vers elle », deux syllabes qui définissent la fatalité moderne. Le simple fait qu'il existe une double conclusion suffit à invalider la possibilité de conclure parce que cela sous-entendrait l'existence d'un sens. Or, le monde moderne devient absurde.

Ainsi, Verhaeren critique avec violence l'espace de l'illusion défini par la ville. Il n'évoque pas la ville moderne sous son plus bel aspect mais focalise sa critique sociale sur le pouvoir à la fois abstrait et concret de la cité en elle-même. Il dénonce l'industrialisation mais pas ses agents ni le capitalisme naissant. Cependant, comme dans *Germinal*, le Voreux, la mine mythologique, le monstre de Verhaeren tue et entraîne l'homme dans un lieu artificiel. En effet, ses lumières et son mouvement, factices, l'induisent en tentation.

II.1. La ville est un monstre à la fois immobile et agité d'un mouvement constant d'expansion — comme le suggère l'accumulation des verbes de mouvement : « s'étale », « domine » (vs 21), « surgit » (en position de choix, au début du vers 23). Cette agitation triomphante mais désordonnée, convulsive, s'oppose à la sérénité de la nature. En témoigne l'opposition entre la périphrase qui évoque le ciel nocturne (vs 19-20) et l'alexandrin coupé par une césure entre les deux verbes de mouvement (vs 21) et prolongé par l'enjambement sur le décasyllabe qui suit (vs 22). Puis le rythme se fait encore plus syncopé avec l'accumulation construite sur une anacoluthe (vs 23) et la reprise anaphorique de l'adjectif possessif en début de vers, qui insiste sur les « attributs » de la ville. La ville apparaît donc comme un animal soulevé de soubresauts artificiels. Ses machines modernes attirent l'homme dans un monde sans espoir qui se présente, fallacieusement, comme le lieu même où il pourra s'épanouir.

> « Ses rails sont des chemins audacieux
> Vers le bonheur fallacieux »

Les deux terminaisons en -ieux successives, placées à la rime, insistent sur le rythme qui imite le mouvement du train dans le décasyllabe et l'octosyllabe.

II.2. Le texte suit également la progression de la nuit au jour : la lumière varie et imprime différents rythmes au mouvement, d'abord de nuit puis de jour. A l'intérieur de la cité, les « Lumières de la ville » revêtent ici la même fonction que dans le film de Charlie Chaplin. Elles sont chargées d'une connotation morbide : d'abord, cette clarté impose presque sa matérialité. Le premier vers :

« Le long du fleuv(e) 4, une lumièr(e) 5 ou-atée, 3 »

est un alexandrin, avec diérèse sur l'adjectif signifiant. L'expression, « une lumière ouatée », souligne, par antiphrase, le caractère très obscur de cette fausse luminosité qui semble réduite à l'espace proche de chaque réverbère. L'enjambement sur les deux vers suivants, le rejet du verbe à la fin de la phrase confirment cette première impression. Entre le sujet et le verbe, s'insèrent les deux adjectifs apposés, « Trouble et lourde » : l'allitération en (r, vibrante) et (l, liquide) et une comparaison, qui renvoie à un comparant encore plus matériel (« haillon », connoté péjorativement) que la métaphore. Par un effet d'évidente ironie, l'aveugle (vs 8) vend de la lumière en boîte. Le personnage de l'aveugle apparaît souvent dans les textes littéraires pour suggérer qu'il existe une autre lumière, celle qui éclaire l'au-delà perçu par le devin Tirésias. Mais, ici, cette valeur symbolique du personnage est totalement dévaluée.

II.3.   La lumière appartient aux forces cosmiques ou à la cité mais l'homme en demeure privé, comme plongé dans des ténèbres symboliques. Les éléments naturels sont personnifiés; la brume est féminisée : suggérant les lueurs rouges du soleil levant, cette « rousse » (vs 11) se « retrousse » (vs 12) avec un écho sonore. Quant aux soirs, ils :

« Sculptent le firmament, de leurs marteaux d'ébène, »
(vs 20)

L'expression, d'un niveau de langue très soutenu, évoque le ciel étoilé, l'espace divin, comme un lieu vide, purement artistique : il n'y a plus de Dieu pour sauver l'homme. Quant à la ville, sa splendeur demeure factice. Certes, sa « clarté se projette en lueurs jusqu'aux cieux » (vs 24), ce qui signifie qu'elle fait concurrence à Dieu. La métaphore « buissons d'or » confirme cette impression parce qu'elle rappelle l'image biblique du buisson ardent, forme que Dieu revêt pour s'adresser à Moïse et lui confier les Tables de la loi. Dans l'alexandrin suivant :

« Son gaz myri-adaire en buissons d'or s'attise, »

le ton très soutenu et la diérèse soulignent la haute tenue rhétorique. Un réseau rhétorique serré fait de la ville un espace mythique, presque un lieu maudit.

Lieu de mort, la ville entraîne l'homme dans la misère et la débauche. Le gigantesque organisme sortira vainqueur de la lutte.

III.1.   La misère des habitants s'impose à l'évidence. Le poète n'idéalise certes pas les pauvres êtres qui peuplent la ville : ils ne sont jamais désignés comme des sujets d'une action — sauf la misérable aveugle. Une série d'allégories donnent « La vie » (vs 4), « l'ivresse et la bataille » (vs 7) « La débauche et le vol » (vs 10) comme les seuls agents. Les habitants désertent les campagnes (vs 31) et cèdent à l'appel trompeur de fausses richesses :

« Et ce qui vient d'elle encore de brume et de fumée
Arrive en appels clairs vers les campagnes. »

Ils ne peuvent acheter que des boîtes à un sou (vs 9) pour obtenir une lumière factice.

III.2. A quoi s'adonne le peuple dans tous les textes littéraires de la fin du XIXe siècle ? En général à la débauche, comme en témoignent les romans de Zola. Cette représentation du peuple par des écrivains bourgeois n'échappe pas à stéréotype, qu'évite, par exemple, Vallès, issu du peuple. Quoi qu'il en soit, dans notre texte, les pauvres ne peuvent trouver de compensation à leur misère que dans l'alcool et toute leur vie « avec des flots d'alcool est fermentée » (vs 4). La métaphore signale l'importance de la boisson dans la vie nocturne, centrée dans les bars, qui dégorgent leurs consommateurs sur les trottoirs. Dans ces « tabernacles de miroirs » se célèbre la cérémonie moderne qui se solde par la déshumanisation des hommes ; ils regagnent leur trou (vs 10) comme des bêtes.

III.3. La lutte contre le monstre ne peut aboutir qu'à la mort des malheureux, dans un monde qui ne respecte même pas les ultimes moments de l'agonie. Si bien

« Que les mourants cherchent en vain le moment de
[silence
Qu'il faut aux yeux pour se fermer. »

L'hyperbole vient au secours de l'expressivité du vers très long. Cette vision des mourants, au pluriel pour accentuer leur nombre, souligne l'aliénation, l'amoralité totales de la ville.

Ce texte de Verhaeren n'évite pas les stéréotypes littéraires mais il témoigne de l'engagement évident du poète en lutte contre les forces modernes et l'asservissement de l'homme à ses propres créations. Le ton lyrique et violent, les formules et les imprécations mythiques, permettent d'éviter le moralisme et font de ce poème une illustration de l'humanisme contemporain.

SECTION IV

Le théâtre

FICHE TECHNIQUE 21

L'exposition

Quand nous entrons dans un théâtre, nous savons qu'un spectacle va se dérouler sur la scène, qui raconte une histoire en fonction de certaines conventions. Des personnages évoluent sur la scène où le décor donne une idée, plus ou moins réaliste, des lieux et du moment où se déroule l'action. De manière générale, toute l'histoire passe au travers des dialogues ou des monologues : dans le théâtre de langue française, le discours est roi.

Lorsque le rideau se lève, la scène d'exposition a pour fonction d'informer le spectateur du contenu de la pièce. Sur le plateau, les acteurs dialoguent entre eux mais ils font aussi allusion aux principaux protagonistes de l'action, au nœud de l'intrigue et à la situation dans l'espace et le temps. La scène d'exposition revêt donc une fonction informative : les propos des personnages s'adressent, indirectement, à la salle et lui permettent de comprendre ce qui va se passer.

TEXTE 47

Marivaux (1688-1763)
L'île des esclaves (extrait, Acte I, scène 1)
1725

La scène est dans l'île des esclaves.
Le théâtre représente une mer et des rochers d'un côté,
et de l'autre quelques arbres et des maisons.

SCÈNE PREMIÈRE

IPHICRATE *s'avance tristement sur le théâtre avec* ARLEQUIN.

IPHICRATE, *après avoir soupiré*. — Arlequin !

ARLEQUIN, *avec une bouteille de vin à sa ceinture*. — Mon patron !

IPHICRATE. — Que deviendrons-nous dans cette île ?

ARLEQUIN. — Nous deviendrons maigres, étiques, et puis morts de faim ; voilà mon sentiment et notre histoire.

IPHICRATE. — Nous sommes seuls échappés du naufrage ; tous nos camarades ont péri, et j'envie maintenant leur sort.

ARLEQUIN. — Hélas ! ils sont noyés dans la mer, et nous avons la même commodité.

IPHICRATE. — Dis-moi ; quand notre vaisseau s'est brisé contre le rocher, quelques-uns des nôtres ont eu le temps de se jeter dans la chaloupe ; il est vrai que les vagues l'ont enveloppée : je ne sais ce qu'elle est devenue ; mais peut-être auront-ils eu le bonheur d'aborder en quelque endroit de l'île et je suis d'avis que nous les cherchions.

ARLEQUIN. — Cherchons, il n'y a point de mal à cela ; mais reposons-nous auparavant pour boire un petit coup d'eau-de-vie. J'ai sauvé ma pauvre bouteille, la voilà ; j'en boirai les deux tiers, comme de raison, et puis je vous donnerai le reste.

IPHICRATE. — Eh ! ne perdons point de temps ; suis-moi : ne négligeons rien pour nous tirer d'ici. Si je ne me sauve, je suis perdu ; je ne reverrai jamais Athènes, car nous sommes dans l'île des esclaves.

ARLEQUIN. — Oh ! oh ! qu'est-ce que c'est que cette race-là ?

446 / *Le théâtre*

IPHICRATE. — Ce sont des esclaves de la Grèce révoltés contre leurs maîtres, et qui depuis cent ans sont venus s'établir dans une île, et je crois que c'est ici : tiens, voici sans doute quelques-unes de leurs cases; et leur coutume, mon cher Arlequin, est de tuer tous les maîtres qu'ils rencontrent, ou de les jeter dans l'esclavage.

ARLEQUIN. — Eh! chaque pays a sa coutume, ils tuent les maîtres, à la bonne heure; je l'ai entendu dire aussi; mais on dit qu'ils ne font rien aux esclaves comme moi.

IPHICRATE. — Cela est vrai.

ARLEQUIN. — Eh! encore vit-on.

IPHICRATE. — Mais je suis en danger de perdre la liberté et peut-être la vie : Arlequin, cela ne suffit-il pas pour me plaindre?

ARLEQUIN, *prenant sa bouteille pour boire*. — Ah! je vous plains de tout mon cœur, cela est juste.

IPHICRATE. — Suis-moi donc.

ARLEQUIN *siffle*. — Hu! hu! hu!

IPHICRATE. — Comment donc! que veux-tu dire?

ARLEQUIN, *distrait, chante*. — Tala ta lara.

IPHICRATE. — Parle donc; as-tu perdu l'esprit? à quoi penses-tu?

ARLEQUIN, *riant*. — Ah! ah! ah! Monsieur Iphicrate, la drôle d'aventure! je vous plains, par ma foi; mais je ne saurais m'empêcher d'en rire.

EXERCICE : quels renseignements sur les personnages et l'action nous donne cet extrait de la scène d'exposition de *L'Ile des esclaves*, comédie de Marivaux?

▶ TRAVAIL PRÉPARATOIRE

1. Qui sont les personnages?

— Arlequin : son nom, d'emblée, nous situe dans la tradition de la comédie italienne. Ce domestique est un personnage avenant, qui aime bien la vie : les didascalies (ou indications scéniques) le présentent comme un homme qui aime le vin et qui rit facilement.

— Iphicrate : c'est un jeune noble, venu d'Athènes.

« Si je ne me sauve, je suis perdu ; je ne reverrai jamais Athènes, car nous sommes dans l'île des esclaves. »

2. Que sait-on de leurs aventures récentes ?

Les deux personnages ont échappé au naufrage de leur navire, sur la Méditerranée. Ils n'ont rien sauvé du désastre — si ce n'est la bouteille, objet symbolique, qui caractérise la personnalité d'Arlequin.

3. Quelle est leur situation présente ?

Ils semblent n'avoir échappé à un danger que pour tomber dans un péril, du moins est-ce le cas pour Iphicrate. Ils se retrouvent, en effet, sur l'île des esclaves : « Ce sont des esclaves de la Grèce révoltés contre leurs maîtres, et qui depuis cent ans sont venus s'établir dans une île, et je crois bien que c'est ici [...] ».

4. Comment se distribuent les rôles ?

Le dialogue est relativement équilibré ; les deux personnages occupent le même volume de parole. Mais le maître apparaît comme celui qui sait, qui informe son domestique : l'ignorance d'Arlequin justifie les informations d'Iphicrate et rend plausibles les explications destinées au spectateur. L'ensemble donne une impression réaliste et ne tombe pas dans l'artifice.

5. Quel est le sujet de la pièce ?

D'après ce premier dialogue, il est clair que la pièce aborde, sur un mode léger et ironique, le problème de l'esclavage et, plus généralement, des relations de pouvoir entre le maître et le serviteur. Marivaux traite donc un sujet brûlant au XVIIIe siècle, siècle des Lumières où les rapports de pouvoir injustes étaient remis en cause par les philosophes.

Il est clair que les thèmes à commenter, dans ce passage, ont trait à la fois à la fonction de la scène d'exposition et à la critique amusée, ici, de la société.

Plan du commentaire

Dans ce passage, le décor de *L'Ile des esclaves* s'ouvre sur une île isolée. Après avoir fait naufrage, Iphicrate et Arlequin se retrouvent en un lieu utopique où les esclaves prennent leur revanche sur leurs anciens maîtres. Informé par Iphicrate (jusqu'à « ou de les jeter dans l'esclavage »), Arlequin se désolidarise de son maître et se moque de ses craintes. Au travers de cette allégorie, Marivaux dénonce les abus de pouvoir commis par les Grands et les nobles en un temps où la contestation sociale s'exprimait partout. Cette scène d'exposition a donc pour fonction d'introduire la distanciation critique vis-à-vis du système en place.

I. La scène d'exposition.
1. Les indices informatifs.
2. La situation de péril.
3. La tonalité du dialogue.

II. Maître et serviteur.
1. Les fonctions des deux personnages.
2. L'évolution de leurs relations.
3. La suite prévisible de l'intrigue.

Sur le ton amusé de la comédie, Marivaux réduit les différences sociales à néant : désormais ce sont des hommes, tout simplement, qui se trouvent isolés sur une île et qui devront prouver leurs qualités sans recourir à leurs privilèges.

FICHE TECHNIQUE 22

La péripétie

L'intrigue et l'action

Dans une pièce de théâtre, on appelle action la marche logique des événements. L'action suit le déroulement de l'intrigue, qui se développe de la scène d'exposition au dénouement et résulte du jeu des passions ou de l'influence d'interventions extérieures. Au XVIIe siècle, la dramaturgie française resserre les données des pièces de théâtre et la tragédie obéit aux trois unités de temps (vingt-quatre heures), de lieu et d'action. Même élargie, au XIXe siècle, par les romantiques, à l'unité d'intérêt, l'unité d'action, de manière générale, a bien résisté aux critiques : comment, en effet, suivre une pièce de théâtre qui multiplierait les intrigues à plaisir ?

Dans la tragédie, le héros est dépossédé de l'action : son destin est fixé à l'avance par les dieux, qui définissent le plan de l'intrigue. Dans la comédie (XVIIe siècle), le drame bourgeois (XVIIIe siècle) et le drame romantique (XIXe siècle), le héros influe sur sa destinée et oriente le cours de l'action.

La péripétie

Dans le cours de l'intrigue, les personnages peuvent se trouver confrontés à des problèmes imprévus, ou bien ils peuvent changer tout à fait de point de vue sur les êtres et les choses. Ces modifications, nommées péripéties, entraînent une nouvelle orientation de l'action. Aux XVIIe et XVIIIe siècles, les pièces à intrigue centrent la progression de l'intrigue sur les complications de l'action; ainsi, dans *Le Barbier de Séville* ou dans *Le Mariage de Figaro,* le héros, Figaro, imagine des plans complexes pour parvenir à ses fins : c'est un intrigant. La péripétie est un procédé très exploité, au XVIIIe siècle, dans le drame bourgeois, et, au XIXe siècle, dans le mélodrame et le drame romantique. Elle témoigne d'une vision du monde particulière où le hasard intervient dans la destinée des personnages. Aussi est-elle relativement peu fréquente dans les tragédies classiques où la progression de l'action est fortement déterminée par la fatalité; cependant elle n'y est pas vraiment exclue : ainsi le retour de Thésée, le père que l'on croyait mort, constitue la péripétie qui noue tout le drame dans *Phèdre,* tragédie de Racine (XVIIe siècle). Dans ce cas-là, la péripétie est voulue par les dieux et les hommes ne la maîtrisent pas. Dans la comédie ou dans le drame, elle résulte de pures coïncidences.

---------------- TEXTE 48 ----------------

Beaumarchais (1732-1799)
Le Mariage de Figaro (extrait, III, 16)
1784

*(Le héros, Figaro, est assigné en justice par Marceline :
il lui avait, en effet, assuré qu'il acquitterait sa dette
envers elle ou qu'il l'épouserait. Or, il n'a pas l'argent
et doit se marier avec Suzanne...)*

BARTHOLO. — Vous l'épouserez.

FIGARO. — Sans l'aveu de mes nobles parents ?

BARTHOLO. — Nommez-les, montrez-les.

FIGARO. — Qu'on me donne un peu de temps : je suis bien près de les revoir ; il y a quinze ans que je les cherche.

BARTHOLO. — Le fat ! c'est quelque enfant trouvé !

FIGARO. — Enfant perdu, docteur ; ou plutôt enfant volé.

LE COMTE, *revient.* — *Volé, perdu,* la preuve ? il crierait qu'on lui fait injure !

FIGARO. — Monseigneur, quand les langes à dentelles, tapis brodés et joyaux d'or trouvés sur moi par les brigands n'indiqueraient pas ma haute naissance, la précaution qu'on avait prise de me faire des marques distinctives témoignerait assez combien j'étais un fils précieux : et cet hiéroglyphe à mon bras... *(Il veut se dépouiller le bras droit.)*

MARCELINE, *se levant vivement.* — Une spatule à ton bras droit ?

FIGARO. — D'où savez-vous que je dois l'avoir ?

MARCELINE. — Dieux ! c'est lui !

FIGARO. — Oui, c'est moi.

BARTHOLO, *à Marceline.* — Et qui ? lui !

MARCELINE, *vivement.* — C'est Emmanuel.

BARTHOLO, *à Figaro.* — Tu fus enlevé par des Bohémiens ?

FIGARO, *exalté.* — Tout près d'un château. Bon docteur, si vous me rendez à ma noble famille, mettez un prix à ce service ; des monceaux d'or n'arrêteront pas mes illustres parents.

BARTHOLO, *montrant Marceline.* — Voilà ta mère.

FIGARO. — ... Nourrice ?

BARTHOLO. — Ta propre mère.

LE COMTE. — Sa mère !

FIGARO. — Expliquez-vous.
MARCELINE, *montrant Bartholo*. — Voilà ton père.
FIGARO, *désolé*. O o oh! aïe de moi!
MARCELINE. — Est-ce que la nature ne te l'a pas dit mille fois?
FIGARO. — Jamais.
LE COMTE, *à part*. — Sa mère!
BRID'OISON. — C'est clair, i-il ne l'épousera pas.
BARTHOLO. — Ni moi non plus.
MARCELINE. — Ni vous! Et votre fils? Vous m'aviez juré...
BARTHOLO. — J'étais fou. Si pareils souvenirs engageaient, on serait tenu d'épouser tout le monde.
BRID'OISON. — E-et si l'on y regardait de si près, personne n'épouserait personne.

EXERCICE : quelles sont la nature et la fonction du rebondissement de l'action dans ce passage du *Mariage de Figaro*, pièce de Beaumarchais?

▶ CORRECTION

Cet extrait de la scène 16, acte III du *Mariage de Figaro* met en scène une péripétie qui oriente le cours de l'action dans une direction nouvelle : en effet, au cours de cette scène de reconnaissance, Figaro, le héros populaire, retrouve ses parents comme dans un roman d'aventures traditionnel. Alors que le Comte semble triompher et que son mariage paraît différé sine die (jusqu'à la didascalie : « Il veut se dépouiller le bras droit »), Figaro réintègre l'ordre social. Il s'humanise mais il perd la maîtrise de l'action.

I. Un héros plus humain

1. Analyse de la péripétie
Reprise dramatique du motif traditionnel dans les comédies de Molière (mais plutôt au dénouement) et dans les romans d'aventures.

2. Intégration de la convention romanesque sur scène : procédé du mélodrame, proche du drame larmoyant (voir la dernière pièce de la trilogie : *La Mère coupable* fait suite au *Mariage de Figaro*).

3. Changement de statut de Figaro : ce n'est plus le domestique marginalisé qu'il incarne dans *Le Barbier de Séville*. Désormais, il s'intègre dans l'ordre social.

II. Un intrigant déconcerté

1. Les relations de pouvoir

Dans la première partie, la stichomythie témoigne de la maîtrise verbale du héros; dans la deuxième partie, il perd le monopole de la parole efficace. Dans « la folle journée », sous-titre de la pièce, le valet semble, de manière générale, dépossédé de la maîtrise de l'intrigue. Dans le passage proposé, certes, il échappe au mariage avec Marceline, mais ce n'est pas de son fait.

2. La déconvenue

Elle est à la mesure des prétentions de Figaro à la noblesse. Il est clair qu'il aurait bien aimé être issu d'une famille noble. Cet extrait met en évidence, s'il en était encore besoin, l'idée que *Le Mariage de Figaro* n'est pas, à proprement parler, une pièce révolutionnaire qui remettrait en cause les structures sociales.

3. L'utopie sociale

La contestation ne vise pas à transformer la société mais à affirmer l'égalité des individus entre eux. Il s'agit de redonner au valet un statut social, de l'insérer dans la société mais pas de remplacer un état de fait illégitime par un état de droit.

Dans la fiction, le motif de la bâtardise symbolise l'approche philosophique de la légitimité au sein de toute la société du XVIIIe siècle. L'enfant trouvé, illégitime, est un exclu; il ne joue pas de rôle social. Ici, au terme de tout un débat de justice, Figaro réintègre son statut social mais il perd sa fonction dramatique.

FICHE TECHNIQUE 23

Le monologue

Au théâtre, tout (l'histoire, la psychologie des personnages, l'émotion, etc.) passe au travers du discours des personnages. Nul narrateur ne commente l'action ou ne décrypte les intentions cachées des héros.

Aussi l'auteur recourt-il parfois au monologue, soit pour traduire les pensées d'un protagoniste, soit pour résumer des événements qui se sont déroulés en dehors de la scène; dans *Phèdre* (tragédie de Racine, XVIIe siècle), le récit de Théramène constitue un exemple célèbre de ce type de monologue. Le monologue est donc prononcé par un personnage et certains d'entre eux étaient même écrits par l'auteur pour mettre en valeur la personnalité d'un acteur en vue. Un confident peut servir d'interlocuteur muet au personnage qui débite son monologue sur scène.

Ces procédés mettent en évidence l'existence d'un destinataire double aux propos des acteurs : ils s'adressent à la fois aux autres personnages de la pièce et aux spectateurs. On peut parler, dès lors, de double énonciation.

On peut donc distinguer deux types de monologues : soit l'acteur qui s'exprime sur scène parle seul, tout haut, à l'intention des spectateurs — alors que le **soliloque** est muet, intérieur; soit le personnage parle seul devant un, ou plusieurs auditeur(s) muet(s).

Le premier type de monologue remplit souvent une fonction dramaturgique : il sert alors à faire le point et à anticiper l'avenir; ou bien, il découvre la psychologie du personnage, qui traduit ses sentiments.

Dans le second cas, le héros occupe le devant de la scène : il ne laisse pas s'exprimer les autres, ou les autres ne cherchent pas à lui répondre. Ce type de monologue témoigne, entre autres, de l'exaltation du protagoniste en proie à ses visions ou de l'incommunicabilité régnante.

TEXTE 49

Jean Genet (1910-1986)
***Les Bonnes* (extrait)**
1947

(Deux bonnes, Solange et Claire, jouent, sur scène, leurs fantasmes.)

SOLANGE

Hurlez si vous voulez! Poussez même votre dernier cri, madame! *(Elle pousse Claire qui reste accroupie dans un coin.)* Enfin! Madame est morte! étendue sur le linoléum... étranglée par les gants de la vaisselle. Madame peut rester assise! Madame peut m'appeler mademoiselle Solange. Justement. C'est à cause de ce que j'ai fait. Madame et Monsieur m'appelleront mademoiselle Solange Lemercier... Madame aurait dû enlever cette robe noire, c'est grotesque. *(Elle imite la voix de Madame.)* M'en voici réduite à porter le deuil de ma bonne. A la sortie du cimetière, tous les domestiques du quartier défilaient devant moi comme si j'eusse été de la famille. J'ai si souvent prétendu qu'elle faisait partie de la famille. La morte aura poussé jusqu'au bout la plaisanterie. Oh! Madame... Je suis l'égale de Madame et je marche la tête haute... *(Elle rit.)* Non, monsieur l'Inspecteur, non... Vous ne saurez rien de mon travail. Rien de notre travail en commun. Rien de notre collaboration à ce meurtre... Les robes? Oh! Madame peut les garder. Ma sœur et moi nous avions les nôtres. Celles que nous mettions la nuit en cachette. Maintenant, j'ai ma robe et je suis votre égale. Je porte la toilette rouge des criminelles. Je fais rire Monsieur? Je fais sourire Monsieur? Il me croit folle. Il pense que les bonnes doivent avoir assez bon goût pour ne pas accomplir de gestes réservés à Madame! Vraiment il me pardonne? Il est la bonté même. Il veut lutter de grandeur avec moi. Mais j'ai conquis la plus sauvage... Madame s'aperçoit de ma solitude! Enfin! Maintenant je suis seule. Effrayante. Je pourrais vous parler avec cruauté, mais je peux être bonne...

Jean Genet, *Les Bonnes*
© Marc Barbezat - L'Arbalète
1947-1958-1963-1976

EXERCICE : identifiez les procédés propres au monologue dans cet extrait des *Bonnes* de Jean Genet.

▶ CORRECTION

Cet extrait se situe à la fin des *Bonnes* : dans cette pièce publiée en 1946, Jean Genet évoque la révolte des domestiques contre l'autorité de leur maîtresse. Les deux sœurs, Solange et Claire, jouent à Madame et sa bonne. Mais elles ne s'en tiennent pas à cette réaction banale : elles ont envoyé à la police une lettre de dénonciation à l'encontre de Monsieur. Or, contre toute attente, elles ont fourni à Madame l'occasion de tenir un nouveau rôle, celui de la courageuse éplorée. Ici, Solange vit son propre délire : elle imagine ce qui se passerait si elle avait tué sa sœur, qu'elle juge lâche devant sa maîtresse. Dans ce monologue, la frontière tremble entre le rêve et la réalité : la violente révolte de Solange s'exprime au travers d'une mise en scène où elle joue tour à tour son propre rôle et celui de Madame, tels qu'elle les imagine.

I. Le monologue comme expression de l'angoisse

1. La solitude

Elle se manifeste d'abord par le geste indiqué dans la didascalie. Solange repousse sa sœur, elle s'isole dans son propre délire. Elle ne supporte pas que Claire cherche à lui faire réintégrer la réalité. Ainsi, le monologue constitue, à présent, le signe indubitable de l'incommunicabilité des deux femmes, qui, auparavant, s'entendaient à merveille. Solange renvoie Claire dans le monde de l'autorité, comme en témoigne l'utilisation de la dénomination Madame à son endroit. Elle veut s'exclure de la communauté des hommes qui l'humilie et, pour cela, elle rêve d'une mise à mort : « Madame s'aperçoit de ma solitude! Enfin! Maintenant je suis seule. Effrayante. » L'angoisse qu'elle voudrait communiquer n'est que l'expression de son propre malaise.

2. Le flottement de personnalité

La relation à son interlocutrice n'est pas toujours très claire, puisque Solange utilise la même dénomination pour désigner sa maîtresse et sa sœur. Elle imagine avoir tué sa sœur, mais elle rêve d'éliminer sa maîtresse : « Vous ne saurez rien de mon travail. Rien de notre travail en commun. » Il s'agit là, vraisemblablement, des mises en scène auxquelles se livraient les deux bonnes en l'absence de Madame. Claire portait les robes de sa maîtresse. De plus, Solange imagine son dialogue avec l'inspecteur de police et, là encore, s'impose un glissement : elle commence à s'adresser à l'inspecteur puis elle converse avec Monsieur : « Je fais rire Monsieur ? » Le monologue suit, avec rapidité, les mouvements d'un esprit en délire.

3. La revendication de l'identité

Solange ne cesse de revendiquer son identité. Elle veut être reconnue pour ce qu'elle est : « mademoiselle Solange Lemercier ». Mais elle revendique aussi le droit d'accomplir les gestes réservés à Madame : « Il pense que les bonnes doivent avoir assez bon goût pour ne pas accomplir les gestes réservés à Madame ! »

Au travers de ce monologue, Jean Genet, lui-même repris de justice, exprime sa propre révolte contre l'autorité, contre une société qui ne revêt que les formes de l'égalité et qui perpétue les inégalités réelles.

II. La théâtralité

1. La mise en scène

Solange joue son rôle et celui de Madame. Elle dénonce le caractère artificiel de la vie en société : tout le monde joue un rôle et celui de sa maîtresse se révèle particulièrement stéréotypé : emphatique et méprisant.

2. Le rêve semble devenir plus réel que la réalité elle-même. Le costume s'impose comme un élément important de sa propre mise en scène. Elle imagine avoir tué

sa sœur avec des «gants de vaisselle», objet symbolique dégradé qui témoigne de sa condition de domestique. Elle fait allusion à la robe noire de Madame que Claire revêtait pour jouer le rôle de sa maîtresse. Enfin, elle se voit porter «la toilette rouge des criminelles». De manière paradoxale, pour elle, le vêtement ne constitue plus seulement un élément du costume: il devient le signe tangible d'un état social.

3. La montée de l'hystérie

La violence s'exprime au travers de la déconstruction de la syntaxe, signe de l'exaltation grandissante du personnage. Le rythme de ses propos est haché, haletant: les points de suspension se multiplient ainsi que les phrases à tonalité affective; en effet, interrogations et exclamations se succèdent. L'ensemble du passage est scandé par la répétition lancinante de l'égalité des êtres entre eux. Quoi qu'il en soit, Solange s'exprime avec une grande correction et certains critiques ont reproché à l'auteur son manque de réalisme. Mais qui pourra dire comment est censée s'exprimer une bonne?

A la faveur du dédoublement de l'espace théâtral, de cette mise en abyme du délire permis par le monologue, Jean Genet désigne le processus d'aliénation qui caractérise la société tout entière: elle alimente les haines et engendre un jeu tragique qui peut mener à la folie et au crime. Aussi ce passage ne doit-il pas être considéré comme une simple illustration de la lutte idéologique, mais comme une manifestation de l'angoisse et de la folie, propres à la condition humaine.

FICHE TECHNIQUE 24

Le dénouement

Dans une pièce de théâtre, l'action s'achève sur le dénouement : soit il sanctionne le déroulement logique des événements, soit il se produit à la faveur d'une ultime péripétie.

Au XVIIe siècle, les théoriciens de la tragédie privilégient la première option. Un bon dénouement doit ne rien laisser au hasard et maintenir l'intérêt jusqu'au dernier moment : il faut que le spectateur soit fixé sur le sort de tous les personnages et que la conclusion revête un caractère de vraisemblance. La tragédie ne saurait s'achever que sur le malheur du héros, victime d'un enchaînement causal fatal.

La comédie recourt, bien souvent, à un rebondissement final de l'action. Ainsi, dans les pièces de Molière, une scène de reconnaissance permet aux personnages de s'entendre au mieux et tout finit bien.

Dans la mesure où elle remet parfois en cause la notion d'intrigue, la dramaturgie moderne laisse parfois l'action ouverte : à la fin de la pièce, le destin des personnages n'est pas toujours fixé. Ainsi, dans son théâtre, Beckett centre son point de vue sur la dégradation des protagonistes : Godot ne viendra jamais *(En attendant Godot)*...

TEXTE 50

Paul Claudel (1868-1955)
Partage de Midi
(extrait III, fin de l'acte et de la pièce)
1906

(Après s'être longtemps cherchés sur cette terre,
Mesa et Ysé se retrouvent, enfin, au seuil de la mort :
ils s'unissent totalement dans un amour partagé.)

YSÉ

Maintenant regarde mon visage car il en est temps encore
Et regarde-moi debout et étendue comme un grand olivier dans le rayon de la lune terrestre, lumière de la nuit,
Et prends image de ce visage mortel car le temps de notre résolution approche et tu ne me verras plus de cet œil de chair !
Et je t'entends et ne t'entends point, car déjà voici que je n'ai plus d'oreilles ! Ne te tais point, mon bien-aimé, tu es là !
Et donne-moi seulement l'accord, que...
Jaillisse, et m'entende avec mon propre son d'or pour oreilles
Commencer, affluer comme un chant pur et comme une voix véritable à ta voix ton éternelle Ysé mieux que le cuivre et la peau d'âne !
J'ai été sous toi la chair qui plie et comme un cheval entre tes genoux, comme une bête qui n'est pas poussée par la raison,
Comme un cheval qui va où tu lui tournes la tête, comme un cheval emporté, plus vite et plus loin que tu ne le veux !
Vois-la maintenant dépliée, ô Mesa, la femme pleine de beauté déployée dans la beauté plus grande !
Que parles-tu de la trompette perçante ! lève-toi, ô forme brisée, et vois-moi comme une danseuse écoutante,
Dont les petits pieds jubilants sont cueillis par la mesure irrésistible !
Suis-moi, ne tarde plus !

Grand Dieu! me voici, riante, roulante, déracinée, le dos sur la subsistance même de la lumière comme sur l'aile par-dessous de la vague!
O Mesa, voici le partage de minuit! et me voici, prête à être libérée,
Le signe pour la dernière fois de ces grands cheveux déchaînés dans le vent de la Mort!

MESA

Adieu! je t'ai vue pour la dernière fois!
Par quelles routes longues, pénibles,
Distants encore que ne cessant de peser
L'un sur l'autre, allons-nous
Mener nos âmes en travail?
Souviens-toi, souviens-toi du signe!
Et le mien, ce n'est pas de vains cheveux dans la tempête, et le petit mouchoir un moment,
Mais, tous voiles dissipés, moi-même, la forte flamme fulminante, le grand mâle dans la gloire de Dieu.
L'homme dans la splendeur de l'août, L'Esprit vainqueur dans la transfiguration de Midi!

Paul Claudel, *Partage de Midi*
© Editions Gallimard

EXERCICE : quelles sont les caractéristiques du dénouement de *Partage de Midi*, pièce de Paul Claudel?

 CORRECTION

Poète catholique, Claudel fait de l'amour le médium du spirituel : tout au long de l'action, dans *Partage de Midi*, Mesa se dépouille des obstacles intérieurs qui l'empêchent de se donner corps et âme à Ysé, la belle femme à la chevelure d'or. Le dénouement voit se réaliser leur union spirituelle, au-delà de la chair. Dans ce duo incantatoire, Ysé accomplit la promesse qu'elle incarne et Mesa reconnaît la force de l'Esprit. L'action trouve donc sa fin logique : l'amour humain s'impose comme une image de l'amour en Dieu et les héros se dépassent dans la mort.

I. Amour humain et amour en Dieu

1. La dissolution de la chair

Ysé entonne un chant ultime à l'être de chair qui n'est déjà plus, car leurs sens s'affaiblissent : « prends image de ce visage mortel »; « je t'entends et ne t'entends point... » Le verset s'impose comme la forme poétique la plus apte à traduire ce chant de l'âme qui se libère de son enveloppe charnelle.

2. Une beauté sublimée

Pour Claudel, la beauté est incarnation d'une énergie spirituelle. En témoignent les métaphores du mouvement qui traduisent la force du désir amoureux (le cheval) et l'image de la danseuse, enfin accordée au rythme de la Création divine. Dans la lumière lunaire, dressée tel un olivier, arbre mystique qui lie la terre au ciel, tel le Christ au Mont des Oliviers, Ysé vit sa passion avec Mesa, et leurs âmes en travail se reconnaissent enfin.

3. L'union des âmes

Les métaphores renvoient au vocabulaire religieux et l'ensemble du dénouement s'impose comme l'équivalent d'une scène initiatique : les héros meurent à eux-mêmes pour renaître, comme le Christ. Jusqu'alors, l'union charnelle était ressentie comme limitée, surtout par Mesa : un moment tenté par la carrière ecclésiastique, il se sentit refusé par Dieu. Pendant toute la pièce, il n'a cessé de lutter contre son amour et il n'a pas voulu se donner pleinement à Ysé.

> « Par quelles routes longues, pénibles,
> Distants encore que ne cessant de peser
> L'un sur l'autre, allons-nous
> Mener nos âmes en travail ? »

A présent, il comprend que l'amour est don total de soi à l'autre, approche du divin au travers de la créature.

Mesa et Ysé forment donc un couple uni par la fatalité d'une passion qu'ils n'acceptent comme telle qu'au terme d'une lente évolution intérieure. Le couple atteint donc l'harmonie en Dieu.

II. L'assomption des héros

1. Les métaphores solaires

Elles sont multiples et signalent à la fois la purification de la chair, du désir, et l'accession à un monde nouveau, celui de la Vérité.

2. L'initiation

Le dénouement se déroule en un instant tragique. Les deux personnages sont encore en vie, mais pour peu de temps. Aussi cette ultime rencontre s'impose-t-elle comme un dépassement de la chronologie, un passage vers un autre temps, celui de l'au-delà. Les indications temporelles répétées expriment le sentiment d'urgence : « car il en est temps encore, le temps de notre résolution approche. » Cet instant s'impose donc comme l'instant du passage vers la mort, figurée par les deux termes de minuit, pour Ysé, et de midi, pour Mesa. Le mot « minuit » renvoie à la situation vécue : il fait nuit. Mais, plus encore, au dépassement de la condition mortelle : l'indication temporelle désigne l'instant de la métamorphose tout comme « minuit » est le moment inverse du « midi ».

3. Le signe mystique

Dans ce dénouement, toute l'action prend sens. En effet, la destinée des deux héros pouvait paraître mystérieuse, troublante, et l'attitude d'Ysé même, qui abandonne son premier mari et ses enfants, pour le moins étrange. Or, les critères de jugement communs ne sont pas aptes à rendre compte de l'enchaînement d'une causalité invisible. Ysé, la femme aux cheveux d'or, et Mesa, l'homme qui puise son énergie dans l'Esprit, ne pouvaient que se rejoindre, de toute éternité et en dépit de toutes les vicissitudes du sort. Ysé portait le signe mystique : les cheveux d'or, symbole de l'énergie mystique ; ceux de Tête d'or n'étaient encore que la figure d'une force toute tournée vers soi, vers la conquête du monde. Mesa, lui, est tout entier un signe :

« [...] tous voiles dissipés, moi-même, la forte flamme fulminante, le grand mâle dans la gloire de Dieu,
L'homme dans la splendeur de l'août, L'Esprit vainqueur dans la transfiguration de Midi ! »

Ainsi, pour Claudel, la créature ne prend toute sa consistance qu'accordée au rythme de la Création, comme figure de l'au-delà.

Dans ce dénouement, l'action de *Partage de Midi* s'achève sur un dépassement de l'humain et une transfiguration des héros. La pièce constitue une transposition d'une expérience personnelle de l'auteur, qui dépasse alors son propre déchirement en l'inscrivant sur un plan spirituel. *Partage de Midi* constitue le «midi» même de l'œuvre de Claudel et ses héros se détourneront désormais d'eux-mêmes pour aller vers la créature et donc vers Dieu.

Index des auteurs étudiés

Apollinaire, p. 400
Aragon, p. 30, p. 42
Balzac, p. 172
Baudelaire, p. 289, p. 345
Beaumarchais, p. 451
Ben Jelloun, p. 219
Butor, p. 118
Camus, p. 223
Celine, p. 257
Cendrars, p. 396
Césaire, p. 360
**Choderlos
de Laclos**, p. 151
Claudel, p. 325
Cohen (A.), p. 250
Colette, p. 48, p. 242
Diderot, p. 83
Duras, p. 135
Eluard, p. 300
Flaubert, p. 180
Genet, p. 456
Giono, p. 92
Green, p. 198
Hémon, p. 230
Hugo, p. 278

La Fontaine,
p. 372, p. 374
Laforgue, p. 304
Leiris, p. 421
Mac Orlan, p. 166
Marivaux, p. 445
Maupassant, p. 161
Michaux, p. 411
Modiano, p. 236
Montesquieu, p. 144
**Pieyre de
Mandiargues**, p. 205
Ponge, p. 350
Rimbaud, p. 426
Rousseau, p. 129
Sarraute, p. 111
Saint-John Perse, p. 335
Stendhal, p. 191
Supervielle, p. 312, p. 320
Verhaeren, p. 434
Verlaine, p. 384
Vigny, p. 265
Voltaire, p. 104
Yourcenar, p. 211
Zola, p. 182

Du même auteur :

Technique de la nouvelle chez Buzzati, Pierre Bordas et fils, « Littérature vivante ».

L'Idée de bonheur chez Stendhal, Gide, Giono, Pierre Bordas et fils, « Littérature vivante » (en collaboration).

Le Surréalisme, Nathan, « Nathan université ».

La Peste, Nathan, « Balises ».

Thérèse Desqueyroux de François Mauriac, Puf, Etudes littéraires.

Au catalogue Marabout

PARASCOLAIRE - CULTURE GÉNÉRALE

- *Une bibliothèque idéale pour se cultiver.*
- *Une aide précieuse pour préparer examens et concours.*

■ PHILOSOPHIE

- Amiel A.
50 grandes citations philosophiques expliquées
8508   40-0327-3   M9

- Chatelet F.
La philosophie
De Platon à St Thomas
MU311   40-1719-0   M9
De Galilée à J.-J. Rousseau
MU312   40-1720-8   M9
De Kant à Husserl
MU313   40-1759-6   M9
Au XXe siècle
MU314   40-1760-4   M9

- Grigorieff V.
Philo de base
MS56   40-2222-4   M7

- Play Bac
1000 questions de philo
MS1531   40-0699-5   M6

■ HISTOIRE - GÉOGRAPHIE

- Beaucarnot J.-L.
Ainsi vivaient nos ancêtres
MS1312   40-0528-6   M9

- Biélande P.
300 questions-tests sur les grands hommes du XXe siècle
MS1490   40-0635-9   M12

- Bordonove G.
Les rois qui ont fait la France
Hugues Capet
MU475   40-5475-5   M12
Philippe Auguste
MU476   40-5476-3   M12
Saint Louis
MU477   40-5477-1   M12
Philippe le Bel
MU478   40-5478-9   M12
Philippe le Bel
MU478   40-5478-9   M12
Henri IV
MU485   40-5485-4   M12
Louis XIII
MU486   40-5486-2   M12
Louis XIV
MU487   40-5487-0   M12
Louis XV
MU488   40-5488-8   M12

- Bordonove G.
Les templiers
MU292   40-1472-6   M7

- Cauvin A.
Découvrir la France cathare
9810   40-1020-3   M9

- Cizek E.
  Néron
  MU466 40-5466-4 M13

- Courrière Y.
  La guerre d'Algérie
  Les fils de la Toussaint
  MU432 40-5432-6 M9
  Le temps des léopards
  MU433 40-5433-4 M9
  L'heure des colonels
  MU434 40-5434-2 M9
  Les feux du désespoir
  MU435 40-5435-9 M9

- Delarue J.
  Histoire de la Gestapo
  MU459 40-5459-9 M12

- Denis B.
  300 questions-tests sur l'homme et son environnement
  MS1492 40-0651-6 M12

- Désalmand P. - Forest P.
  100 grandes citations historiques expliquées
  MS98 40-0326-5 M12

- Fleury P.
  300 questions-tests sur la géographie générale
  MS1485 40-0517-9 M9

- Griorieff N.
  300 questions-tests sur l'histoire de France - Des origines à la Révolution
  MS1482 40-0440-4 M9
  De la 1ère guerre mondiale à 1958
  MS1489 40-0629-2 M9
  La Ve République
  MS1495 40-0870-2 M9

- Horst E.
  César
  MU468 40-5468-0 M12

- Kalisky R.
  L'islam
  MU160 40-0047-7 M7

- Malet et Isaac
  L'Histoire
  Rome et le Moyen Age
  MU354 40-1906-3 M6
  L'âge classique
  9806 40-1915-4 M6
  Les révolutions
  9807 40-1914-7 M6
  La naissance du monde moderne
  MU357 40-1913-9 M6

- Mathieu-Rosay J.
  Ils ont gouverné la France
  MU465 40-5465-6 M9

- Miquel P.
  La grande Révolution
  MU490 40-5490-4 M13
  Histoire de la France
  MU499 40-5449-0 M14
  Les hommes de la Grande Guerre
  MU472 40-5472-2 M12

- Montet P.
  L'Égypte éternelle
  MU302 40-0689-6 M9

- Nelli R.
  Les cathares
  MU326 40-1905-5 M6

- Pernoud R.
  Les hommes de la croisade
  MU324 40-2175-4 M7

- Play Bac
  1000 questions de géographie
  MS1536 40-0745-6 M6
  1000 questions d'histoire
  MS1537 40-0746-4 M6

- Rousselet M. - Chatagner F.
  300 questions-tests sur la CEE et les organismes internationaux
  MS1484 40-0471-9 M9

LITTÉRATURE

- Anglard V.
25 prix Goncourt résumés - analyses - commentaires
8516   40-0913-0   N

- Arnould M. - Coremans J.-F.
100 livres en un seul
8504   40-0106-1   M9

- Berranger M.-P.
12 poèmes de Rimbaud analysés et commentés
MS1207   40-0908-0   M9

- Borile G.
100 chefs-d'oeuvre à la loupe
MS765   40-1703-4   M14

- Brunet J.-J.
50 grandes citations du théâtre et du cinéma
MS76   40-0685-4   M12

- Conio G.
25 grands romans français résumés et commentés
8509   40-0328-1   M12

Oeuvres majeures: Baudelaire
8052   40-0674-8   M12

Oeuvres majeures: Molière
8051   40-0673-0   M9

- Dansel M.
12 poèmes de Verlaine analysés et commentés
MS1208   40-0909-8   M9

- Désalmand P. - Hongre B.
12 poèmes de Baudelaire analysés et commentés
MS1204   40-0901-5   M9

- Désalmand P. - Forest P.
100 grandes citations littéraires expliquées
MS103   40-0535-1   M12

- Ferraro T.
Oeuvres majeures: Flaubert
MS59   40-0680-5   M9

- Forest P.
Oeuvres majeures: Camus
8083   40-0677-1   M9

- La Fontaine
Les fables
MB14   40-7014-0   M7

- Masson N.
Panorama de la littérature française
8510   40-0374-5   M12

- de Maupassant G.
Contes fantastiques
9001   40-0045-1   M6

- Mille L.
Le livre d'or des plus belles lettres d'amour
MS1215   40-0991-6   N

- Perrault
Les contes
MA17   40-7017-3   M6

- Play Bac
1000 questions sur les écrivains
MS1534   40-0708-4   M6

1000 questions sur les oeuvres
MS1535   40-0744-9   M6

- Rosny Ainé J.-H.
La guerre du feu
MB531   40-0364-6   M4

- Scientrier P.
Tester et enrichir ses connaissances en littérature
MS1203   40-0900-7   M9

- Seghers P.
Le livre d'or de la poésie française
6604   40-0059-2   M9

- Shelley M.-W.
Frankenstein
9002   40-0087-3   M7

- Stoker B.
Dracula
9000   40-0041-0   M7

- Wright M.
300 questions-tests sur la littérature française
MS1486   40-0533-6   M12

■ MYTHOLOGIE - RELIGION

- Grant M. - Hazel J.
Le dictionnaire de la mythologie
7002   40-3366-8   M7

- Grigorieff V.
Les mythologies du monde entier
MU470   40-5470-6   M9

Les religions du monde entier
MU491   40-5491-2   M13

- Hamilton E
La mythologie
MU20   40-0056-8   M9

- Julien N.
Le dictionnaire des mythes
MS1427   40-0676-3   M12

- Santoni E.
Panorama des religions
8538   40-1150-8   N

■ CULTURE GÉNÉRALE

- Amancy N. - Garnier J.-M.
1000 citations pour les examens et concours
MS75   40-0679-7   M9

- Amey C.
25 tableaux modernes expliqués
8539   40-0919-7   N

- Arnould M. - Coremans J.-F.
100 livres en un seul
8504   40-0106-1   M9

- Baritaud B.
50 mots clés de la culture générale classique
MS1200   40-0869-4   M9

- Bernard Ph.
L'immigration
8600   40-1163-1   N

- Biélande P.
300 questions-tests sur la culture générale
MS1481   40-0438-8   M9

300 questions-tests sur les grands hommes du XXe siècle
MS1490   40-O635-9   M12

- Borile G.
100 chefs-d'oeuvre à la loupe
MS765   40-1703-4   M14

- Chatagner F.
La protection sociale
8603   40-1146-4   N

- Dansel M.
Tester et enrichir sa culture générale
MS126   40-0867-8   M9

- Deraime S.
  Economie et environnement
  8602   40-1165-6   N

- Désalmand P.
  Tester et enrichir son vocabulaire
  8012   40-0589-8   M9

- Désalmand P. - Forest P.
  100 grandes citations expliquées
  MS89   40-0243-2   M7

- Féron B.
  La Yougoslavie, origine d'un conflit
  8601   40-1164-9   N

- Forest P.
  50 mots clés de la culture générale contemporaine
  8506   40-0325-7   M12

- Gougeon J.-P.
  L'économie allemande
  8605   40-1168-0   N

- Grimal J.-C.
  L'économie de la drogue
  8606   40-1169-8   N

- Jacquenod R.
  100 expressions latines usuelles traduites et expliquées
  MS1205   40-0902-3   M7

- Julien N.
  Le dictionnaire des symboles
  MS1429   40-0015-4   M12

- Mazel O.
  Les chômages
  MS1429   40-0015-4   M12

- Petit K.
  Le dictionnaire des citations du monde entier
  7000   40-0161-6   M9

- Play Bac
  1000 citations à retrouver
  MS1533   40-0706-8   M6

- Rosmorduc J.
  25 mots clés de la culture scientifique
  8517   40-0921-3   N

- Suhamy J.
  Guide de l'opéra
  MS160   40-0566-6   M9

- Suret-Canale
  Tester et enrichir ses connaissances en histoire
  8020   40-1070-8   N

AIDE-SCOLAIRE

- Amancy N. - Ventura T.
  50 modèles de dissertations
  8002   40-0631-8   M9

- Amancy N - Garnier J.-M.
  1000 citations pour les examens et concours
  MS75   40-0679-7   M9

- Anglard V.
  50 modèles de commentaires composés
  8000   40-0625-0   M12

- Bled
  Dictionnaire d'orthographe
  MS86   40-3086-2   M6

- Bled - Bénac
  Guide d'orthographe
  MS84   40-3084-7   M6

- Caparros C.
  Guide de calcul
  8007   40-3082-1   M6

- Clerc G.
  50 modèles de résumés de textes
  8001   40-0626-8   M9

- Désalmand P.
  Tester et enrichir son vocabulaire
  8012   40-0589-8   M9

- Franlain
  100 dictées pièges
  8010   40-0279-6   M7

- Gourmelin M.-J. - Guédon J.-F.
  Les 100 clés du succès aux examens et concours
  GM96   40-0009-7   M7

- Jacquenod R.
  100 expressions latines usuelles traduites et expliquées
  MS1205   40-0902-3   M7

  La ponctuation maîtrisée
  8017   40-0993-2   N

  Tester et enrichir son orthographe
  8016   40-0874-4   M9

- Jouette A.
  Les pièges du français actuel
  MS125   40-0668-0   M9

  L'orthographe maîtrisée
  MS70   40-0468-5   M7

- Le Bras F.
  Les règles d'or pour rédiger un rapport, un mémoire, une thèse
  1909   40-11286-8   N

- Petit K
  Le dictionnaire des citations du monde entier
  7000   40-0161-6   M9

- Play Bac
  1000 questions pièges en français
  MS1532   40-0700-1   M6

- Weil M.
  Comment acquérir une super-orthographe
  4138   40-0873-6   M9

- Younes G.
  Le dictionnaire des synonymes
  7002   40-2040-0   M9

PERFORMANCES INTELLECTUELLES

Lire deux fois plus vite, développer sa mémoire, s'exprimer avec aisance: c'est possible, grâce à **Marabout**.

- Azzopardi G.
  Développez votre intelligence
  MS24   40-0114-5   M9

- Bacus A. - Romain C.
  Développez votre créativité
  MS43   40-0670-6   M7

- Bower S.-A.
  ABC de la parole facile
  GM128   40-0572-4   M6

- Dansel M.
  Tester et enrichir sa mémoire
  3518   40-0868-6   M9

- Dot O.
  La lecture efficace
  1907   40-1092-2   N

- Gourmelin M.-J.
  Les règles d'or de la lecture rapide
  GM77   40-0104-6   M7

- Le Bras F.
  Comment prendre des notes
  4135   40-0675-5   M7

- Picard A.
  Décuplez votre mémoire par la méthode MEMORI
  2120   40-1152-4   N

- Dr Renaud J.
  Comment acquérir une super-mémoire
  GM91   40-4091-1   M7

  Training cerveau
  4149   40-0894-2   M9

- Richaudeau R. - Gourmelin M & F
  La lecture rapide
  MS102   40-2050-9   M7

LANGUES VIVANTES

- Au catalogue **Marabout**, une panoplie complète pour apprendre les langues.
- Des méthodes originales pour s'initier.
- Des manuels pour se perfectionner.
- Des tests de niveau pour contrôler l'acquis.
- Des guides pour se débrouiller en toutes circonstances.
- Des dictionnaires et des grammaires.

■ *MÉTHODES D'APPRENTISSAGE*

- de Angelis P.-N.
  Je parle italien
  7418   40-1086-4   M6
- Barreau A.
  Je parle allemand
  7416   40-1084-9   M6
  Je parle espagnol
  7417   40-1085-6   M6
- Blasquez M. - Giltaire A.-C. Marquant H.
  15 minutes par jour pour apprendre l'espagnol
  GM40   40-4040-8   M9
  15 minutes par jour pour apprendre l'espagnol +K7
  GM1040   40-0064-2   M16
- D'Haese D.
  Testez votre niveau en allemand +K7
  7807   40-0969-2   M16
- Lebouc G.
  15 minutes par jour pour apprendre l'italien
  GM114   40-0251-5   M9
  15 minutes par jour pour apprendre l'italien +K7
  4414   40-0318-2   M16
  Testez votre niveau en espagnol +K7
  7805   40-0956-9   M16
  Testez votre niveau en italien +K7
  7808   40-0957-7   M16
- Perrin M.-M.
  Je parle anglais
  7415   40-1083-1   M6
- Play-Bac
  1000 questions d'anglais
  MS1530   40-0698-7   M6
- Rogers P. - Olorenshaw R.
  L'anglais courant
  MS63   40-0585-6   M9
- Simon J.
  Tester et enrichir ses connaissances en anglais
  MS1202   40-0875-1   M12

- Van Ceulebroeck N.
  15 minutes par jour pour apprendre l'allemand
  GM10   40-4010-1   M9
  15 minutes par jour pour apprendre l'allemand +K7
  GM1010   40-0083-2   M16
- Vandevyvere G.
  Testez votre niveau en anglais +K7
  7806   40-0959-3   M16
- Van Wesenbeeck E.
  15 minutes par jour pour apprendre l'anglais
  GM1   40-4001-0   M9

  15 minutes par jour pour apprendre l'anglais +K7
  GM1001   40-0092-3   M16
- Visser S.
  15 minutes par jour pour apprendre le néerlandais
  GM66   40-4066-3   M6
  15 minutes par jour pour apprendre le néerlandais +K7
  GM1066   40-0523-7   M16

■ DICTIONNAIRES ET GRAMMAIRES

- Collins
  Dictionnaire Collins français-allemand
  MS251   40-0387-7   M9
  Dictionnaire Collins français-anglais
  MS252   40-0388-5   M9
  Dictionnaire Collins français-espagnol
  7412   40-0389-3   M9
  Dictionnaire Collins français-italien
  7413   40-0390-1   M9
  5000 mots d'allemand
  MS66   40-0391-9   M7
  5000 mots d'anglais
  7407   40-0392-7   M7
  5000 mots d'espagnol
  7408   40-0393-5   M7
  5000 mots d'italien
  MS69   40-0394-3   M7

- Cupers J.-L. - Loriaux C.
  La grammaire facile de l'anglais
  MS58   40-3661-2   M6
- Hurtgen A.
  Help ! Dico-guide de l'anglais
  7419   40-1044-3   N
- Lebouc G.
  Les 100 pièges de l'espagnol
  MS1250   40-0903-1   M7
  Les 100 pièges de l'italien
  MS1251   40-0914-8   M9
- Rogers P. - Olorenshaw R.
  Les 100 pièges de l'anglais
  7401   40-3718-0   M6

IMPRESSION : BUSSIÈRE S.A., SAINT-AMAND (CHER). — N° 1313
D. L. MAI 1995/0099/186
ISBN 2-501-01630-0
Imprimé en France